Entscheidungen
des Reichsgerichts
in Zivilsachen

Sammlung der noch wichtigen Entscheidungen nach Fachgebieten geordnet

Herausgegeben

von

Professor Dr. **L. Auerbach**, Berlin;
Präsident des Reichspatentamtes a. D. **Johannes Eylau**, München; Rechtsanwältin **Charlotte Graf**, Berlin; Ministerialdirektor z. Wv. Senatspräsident Dr. **Ernst Knoll**, Berlin; Rechtsanwalt **Erich Kummerow**, Berlin; Rechtsanwalt **Hermann Reuß**, Berlin; Rechtsanwalt Dr. **Walter Schmidt**, Düsseldorf; Landgerichtsdirektor **Alexander Swarzenski**, Berlin; Rechtsanwalt Dr. **Werner Vahldiek**, Berlin.

Gruppe III Handelsrecht

Eisenbahnrecht

Berlin 1953

Walter de Gruyter & Co.

vormals G. J. Göschen'sche Verlagshandlung / J. Guttentag, Verlagsbuchhandlung / Georg Reimer / Karl J. Trübner / Veit & Comp.

Eisenbahnrecht

Bearbeitet

von

Dr. Werner Vahldiek
Rechtsanwalt in Berlin

Berlin 1953

Walter de Gruyter & Co.

vormals G. J. Göschen'sche Verlagshandlung / J. Guttentag, Verlagsbuchhandlung / Georg Reimer / Karl J. Trübner / Veit & Comp.

Archiv Nr. 28 17 53
Satz und Druck: Berliner Buchdruckerei Union GmbH., Berlin SW 29

Inhaltsverzeichnis

Verzeichnis

der aufgenommenen Entscheidungen

Die Entscheidungen sind grundsätzlich ungekürzt gebracht worden. Ausnahmsweise gekürzte Entscheidungen sind mit einem + gekennzeichnet.

Soweit eine Entscheidung mehrere Fachgebiete betrifft, ist sie nur in einem Fachgebiet aufgenommen worden. Die anderen Gebiete enthalten nur den Leitsatz der betreffenden Entscheidung mit einem Hinweis, wo der vollständige Abdruck erfolgt ist.

Um das Auffinden der Entscheidungen zu erleichtern, wird am Schluß der Gruppe ein Gesamt-Fundstellenregister erscheinen, in dem alle aufgenommenen Entscheidungen verzeichnet und nach der Fundstelle der alten und der neuen Sammlung zitiert sind.

Eisenbahnrecht

RGZ. 10, 105.

Haftung der Eisenbahn für den beim Transport auf unbedeckten Wagen entstehenden Schaden. Was ist unter einem „unbedeckten Wagen" zu verstehen? Gegenbeweis gegen die in Art. 424 HGB. aufgestellte Vermutung, daß ein eingetretener Schade, wenn er aus der nicht übernommenen Gefahr entstehen konnte, aus derselben wirklich entstanden ist.

III. Zivilsenat. Urt. v. 11. Januar 1884.

I. Landgericht Hannover. — II. Oberlandesgericht Celle.

Am 14. November 1881 wurden von dem Spediteur N. zu Bremerhaven bei der dortigen Eisenbahn-Güterexpedition mittels Frachtbriefes von demselben Tage 101 Ballen Baumwolle zur Beförderung an das Fabriketablissement der klagenden Firma in Zawiercie aufgegeben. In dem Frachtbriefe war eine Verladung der Baumwolle in bedeckten Wagen nicht verlangt. Die Baumwolle wurde auf zwei offenen Eisenbahnwaggons von Arbeitern der Eisenbahnverwaltung verladen und mit von dieser hergegebenen Regendecken bedeckt. Die Baumwolle auf einem der Wagen ist während des Transportes in Brand geraten; das Feuer wurde am 18. November 1881 auf der Station Sosnowice entdeckt. Der Inhalt von 39 Ballen ist durch das Feuer zerstört. Die Klägerin, als Zessionarin des Spediteurs N., fordert Entschädigung im Betrage von 10 000 M. Die Eisenbahnverwaltung hat die Zahlung einer Entschädigung verweigert, indem sie ihre Haftpflicht auf Grund der Bestimmungen in Art. 424 Ziff. 1, 2, 4 HGB. und § 67 Ziff. 1, 2, 3 des Betriebsreglements für die Eisenbahnen bestreitet.

Das Landgericht hat die aus Art. 424 Ziff. 2 und 4 entnommenen Einwendungen verworfen, dagegen Art. 424 Ziff. 1 für zutreffend erachtet und die Klage abgewiesen. Das Berufungsgericht hat diese letztere Annahme gebilligt und über die anderen Punkte nicht erkannt. Auf Revision der Klägerin ist das Urteil des Oberlandesgerichts aufgehoben und die Sache zur anderweiten Verhandlung und Entscheidung an das Berufungsgericht zurückverwiesen aus folgenden

Gründen:

. . . „Das Berufungsgericht hat den von der Klägerin wegen Beschädigung der von dem Spediteur N. zu Bremerhaven am 14. November 1881 bei der Eisenbahn-Güterexpedition zu Bremerhaven zur Beförderung an das Fabriketablissement der klagenden Firma zu Zawiercie aufgegebenen Baumwolle erhobenen Entschädigungsanspruch abgewiesen, weil es die Haftbarkeit des Beklagten auf Grund der Bestimmungen in Art. 424 Ziff. 1 HGB. für ausgeschlossen erachtet, und ist daher auf die Frage, ob die Haftbarkeit des Beklagten auch in Gemäßheit der Vorschriften in Art. 424 Ziff. 2, 4 HGB., auf welche der Beklagte sich ebenfalls berufen hat, ausgeschlossen werde, nicht eingegangen. Mit Recht hat zunächst der Berufungsrichter in Übereinstimmung mit dem Landgericht angenommen, daß, da in dem Frachtbrief vom 14. November 1881 eine Beförderung der zur Versendung aufgegebenen Baumwolle in bedeckten Wagen nicht verlangt worden, in Gemäßheit der Bestimmungen in § 67 Ziff. 2 des Betriebsreglements für die Eisenbahnen Deutschlands vom 11. Mai 1874 und der allgemeinen Tarifvorschriften S. 53 III, die in Art. 424 Ziff. 1 HGB. enthaltene Beschränkung der Haft der Eisenbahn für den hier in Rede stehenden Transport als bedungen galt. Es ist auch den Ausführungen des Berufungsrichters beizustimmen, daß unter einem „unbedeckten Wagen" im Sinne des Gesetzes ein solcher zu verstehen sei, welcher seiner Konstruktion und dauernden Einrichtung nach mit einer Bedeckung von oben nicht versehen ist, und daß ein solcher „unbedeckter" (offener) Wagen dadurch nicht zu einem „bedeckten" wird, daß derselbe mit Regendecken usw. überdeckt wird[1]), sowie darin, daß die Zulässigkeit der Berufung auf die Bestimmung in Art. 424 Ziff. 1 HGB. dadurch nicht ausgeschlossen, die Haftbarkeit der Eisenbahnverwaltung für den an dem beförderten Frachtgute eingetretenen Schaden dadurch nicht verändert und erweitert wird, daß sie einen unbedeckten Wagen, auf welchem nach Lage der Sache der Transport vereinbarungsmäßig erfolgen durfte, freiwillig mit einer Wagendecke überdeckt hat[2]).

Wenn sodann das Berufungsgericht den Einwand der Klägerin, der Beklagte könne auf die Vorschrift in § 424 Ziff. 1 HGB. im vorliegenden Falle sich nicht berufen, weil durch die Bestimmung in den allgemeinen Tarifvorschriften, S. 53 III, die Eisenbahnverwaltung die ver-

[1]) Vgl. v. Hahn, HGB. Bd. 2 S. 726 zu Art. 424 § 4; Eger, Das deutsche Frachtrecht Bd. 3 S. 223 und die dort Zitierten; Entsch. des ROHG.s Bd. 12 S. 120. Bd. 13 S. 430, Bd. 14 S. 219.

[2]) Entsch. des RG.s in Zivils. Bd. 1 S. 15.

bindliche Zusage gemacht habe, Baumwolle ohne Erhöhung der Fracht in bedeckten Wagen zu befördern, sofern solche auf der Absendestation verfügbar seien, diese Voraussetzung im vorliegenden Falle gegeben und die Eisenbahnverwaltung in Bremerhaven daher nicht befugt gewesen sei, die hier fragliche Baumwolle in unbedeckten Wagen zu befördern, verwirft, weil sich nicht annehmen lasse, daß durch diese Bestimmung eine von dem Vorrat gedeckter Wagen abhängige Pflicht seitens der Eisenbahn habe übernommen werden sollen, so beruht diese Entscheidung auf einer Auslegung der betreffenden Bestimmung der Tarifvorschriften, bei welcher die Verletzung einer Rechtsnorm, insbesondere der von der Revisionsklägerin hervorgehobenen, nicht erkennbar ist. Die Auslegung würde aber nur dann mit der Revision anfechtbar sein, wenn bei derselben eine Rechtsnorm verletzt wäre, da es sich nicht um die Auslegung eines Gesetzes, sondern einer Vertragsbestimmung handelt. Daß der Berufungsrichter bei seiner Auslegung der fraglichen Bestimmung einen Teil des Vertragsinhalts übersehen habe, insbesondere, daß die Beförderung der bezeichneten Waren in bedeckten Wagen „ohne Erhöhung der Frachtpreise" zugesichert sei, ist nicht anzunehmen, um so weniger, da der Berufungsrichter die Worte „ohne Erhöhung des Tarifs" ausdrücklich erwähnt. Ebensowenig liegt ein Verstoß gegen die Bestimmung in Art. 278 HGB.s vor. Der Berufungsrichter haftet bei seiner Auslegung keineswegs an dem buchstäblichen Sinne des gebrauchten Ausdrucks, legt auch nicht einseitig Gewicht darauf, was die Eisenbahnverwaltung bei der fraglichen Vertragsklausel gewollt habe, sondern gelangt zu der gedachten Auffassung durch die Erwägung, daß der Zusammenhang dieser Bestimmung mit den vorhergehenden in Abs. 1 und 2, sowie die eine feste Zusicherung keineswegs ausdrückende Wortfassung selbst und der sonstige Sprachgebrauch des Reglements und der Tarifvorschriften in Fällen, wo bindende Verpflichtungen haben übernommen werden sollen, deutlich erkennen lasse, daß das bedingungsweise Erbieten zur Stellung gedeckter Wagen nur als eine dem freien Willen der Bahn anheimgegebene, außerhalb des Vertragsnexus liegende Inaussichtstellung zu betrachten sei.

Dagegen erscheint die Beschwerde der Revisionsklägerin über die Ablehnung der Aufnahme des von ihr in zweiter Instanz angebotenen Gegenbeweises begründet. Die Entscheidung des Berufungsgerichts beruht auf einer unrichtigen Auffassung der Vorschriften des vorletzten Absatzes des Art. 424 HGB., insbesondere der Voraussetzungen des dem Absender gegen die hier aufgestellte Präsumtion, daß ein eingetretener Schade, wenn er aus der nicht übernommenen Gefahr entstehen konnte, aus derselben wirklich entstanden sei, nachgelassenen Nachweises des Gegenteils. Nach Inhalt der bei der mündlichen Verhandlung vorgetragenen Berufungsanträge hat die Klägerin in der Berufungsinstanz, unter Bezugnahme auf die von ihr vorgelegten Urkunden und unter Benennung von Zeugen und Sachverständigen, behauptet, daß das Feuer, durch welches die fragliche Baumwolle beschädigt worden, nicht durch die Transportart, also nicht durch den Transport auf unbedeckten Wagen entstanden sei, daß die Bedeckung mit Regendecken, wie sie im vorliegenden Falle stattgefunden habe, die Feuersgefahr von außen her ebenso gut abhalte, wie feste Decken der Wagen, und daß der Schade nicht auf die hier stattgehabte Transportart und die damit verbundene Gefahr zurückgeführt werden könne. Es muß dabei davon ausgegangen werden, daß die in den Urkunden über den stattgehabten Brand, die Art der Bedeckung und der Beschaffenheit des Wagens, sowie der beschädigten Baumwolle enthaltenen Tatsachen vorgetragen und unter Beweis der als Zeugen benannten Personen gestellt sind, welche bei der Entdeckung des Feuers gegenwärtig, bei der Abräumung des Wagens und dem Löschen des Feuers tätig gewesen sind. Wenn der Berufungsrichter diese Beweisantretung zunächst deshalb für unerheblich erachtet, weil dieselbe viel zu allgemein gehalten und zu wenig substanziiert sei, so beruht diese Erwägung offenbar auf der rechtlichen Auffassung über die Voraussetzungen und den Gegenstand des nach der angeführten Gesetzesvorschrift nachgelassenen Gegenbeweises, da die unter Beweis gestellten Tatsachen nicht von vornherein für unerheblich und die Beweisantretung für ungenügend substanziiert angesehen werden können, wenn man von der für richtig zu erachtenden Auffassung jener Gesetzesvorschrift ausgeht. Die weiteren Erwägungen des Berufungsgerichts ergeben, daß dasselbe zur Beseitigung der in Art. 424 HGB. aufgestellten Vermutung den Nachweis einer *bestimmten anderen Entstehungsursache* des eingetretenen Schadens, hier also den positiven Nachweis, durch welche Ursache das Feuer in dem Wagen, auf welchem die Baumwolle verladen gewesen, entstanden ist, für erforderlich erachtet. Diese Auffassung des Gesetzes kann aber nicht für zutreffend erkannt werden. Das Gesetz sieht, indem es die mehrerwähnte Bestimmung trifft, von dem Nachweis des Kausalzusammenhanges zwischen dem eingetretenen Schaden und der von der Eisenbahn nicht übernommenen Gefahr ab, nimmt vielmehr, sofern nur der eingetretene Schaden aus der betreffenden Gefahr entstehen konnte, diesen

Kausalzusammenhang bis zum Beweise des Gegenteils als gegeben an. Diese Annahme wird aber nicht allein dadurch beseitigt, daß der positive Beweis geführt wird, der Schaden sei durch eine bestimmte andere Ursache herbeigeführt, sondern auch durch den Nachweis von Tatsachen, aus denen sich ergibt, daß der gefährliche Umstand, für welchen die Haft ausgeschlossen ist, nach den konkreten Verhältnissen, die Ursache des Unfalls nicht gewesen sein kann. Denn auch in diesem Falle ist, ohne daß es möglich ist, positiv die Ursache des Schadens dazutun, bewiesen, daß nach Lage des konkreten Falles, die Vermutung, daß die Wirklichkeit der Möglichkeit entspreche, nicht zutrifft. Die Vermutung, daß ein Schade, welcher beim Transport von Waren auf ungedeckten Wagen eingetreten ist, aus dieser Art des Transports wirklich entstanden sei, sofern er aus derselben entstehen konnte, kann daher nicht bloß durch den Nachweis widerlegt werden, daß der Schade aus einer bestimmten anderen Ursache entstanden sei, sondern bei einem durch Feuer entstandenen Schaden auch durch den Nachweis, daß durch die konkreten Umstände die Feuergefährlichkeit des Transports auf unbedeckten Wagen in der Art ausgeschlossen sei, daß das eingetretene Feuer aus dieser Art des Transports nicht habe entstehen können, wenn es auch nicht möglich ist, positiv festzustellen, auf welche Weise das Feuer entstanden ist. Geht man hiervon aus, so können die von der Klägerin unter Beweis gestellten Tatsachen nicht als völlig unerheblich bezeichnet werden. Ist dieses aber nicht der Fall, so kann die Beweisaufnahme nicht deshalb abgelehnt werden, weil das Beweisergebnis nur zu einem höheren oder geringeren Grade von Wahrscheinlichkeit führen werde. Wenn auch, wie bereits oben bemerkt, dem Berufungsrichter darin beizupflichten war, daß dem Umstande, daß die unbedeckten Wagen, auf denen der Transport der fraglichen Baumwolle erfolgte, von der Eisenbahnverwaltung mit Decken versehen waren, für den Umfang ihrer Haftpflicht Bedeutung nicht beizulegen sei, so folgt daraus doch nicht, daß die Frage, ob die Gefahr in concreto bei der Transportart in mit Decken versehenen Wagen ausgeschlossen war, von vornherein unerheblich sei; dieselbe ist vielmehr für den der Klägerin nachgelassenen Gegenbeweis nicht ohne Bedeutung." . . .

RGZ. 20, 118.

Haftet die Eisenbahn für unterlassenen Schutz gegen Feuersgefahr bei Beförderung in offenen Wagen?

I. Zivilsenat. Urt. v. 22. Februar 1888.

I. Landgericht Breslau. — II. Oberlandesgericht daselbst.

Mit Frachtbrief vom 7. Mai 1886 wurden der Eisenbahn in Hamburg zum Transport an den Kläger in Brieg 6233 kg „Korkholz" aufgegeben. Das Gut wurde in offenen (unbedeckten) Wagen und ungedeckt befördert. Nachdem in Breslau der Güterzug neu rangiert worden und der fragliche Wagen als dritter hinter der Lokomotive eingestellt worden war, fing nahe vor Brieg das Gut Feuer, welches auf dem Bahnhof Brieg gelöscht wurde. Der Kläger als Empfänger nahm unter Vorbehalt seiner Rechte den unverbrannten Teil (2046 kg) ab und klagt nun als Entschädigung für die verbrannten 4187 kg verschiedener Sorten den Preis von 2745,15 M ein.

Der beklagte Eisenbahnfiskus bestreitet seine Verpflichtung zu dieser Entschädigung.

In erster Instanz wurde der Beklagte klagegemäß verurteilt und in zweiter Instanz die gegen dieses Urteil eingelegte Berufung zurückgewiesen. Die gegen dieses Urteil vom Beklagten eingelegte Revision ist vom Reichsgericht zurückgewiesen worden aus folgenden

Gründen:

„1. Während im Art. 423 HGB. die Vertragsfreiheit der Eisenbahnen in betreff der Verpflichtung zum Schadensersatz dem Prinzip nach ausgeschlossen wird, berechtigt Art. 424 Abs. 1 Nr. 1 HGB. die Eisenbahnen, zu vereinbaren, daß in Ansehung der Güter, welche nach Vereinbarung mit dem Absender in unbedeckten Wagen transportiert werden, für den Schaden nicht gehaftet werde, welcher aus der mit dieser Transportart verbundenen Gefahr entstanden ist. Nach Abs. 2 aber gilt, wenn eine solche Vereinbarung getroffen ist, zugleich als bedungen, daß bis zum Nachweis des Gegenteils vermutet werden solle, daß ein eingetretener Schade, wenn er aus der nicht übernommenen Gefahr entstehen konnte, aus derselben wirklich entstanden ist.

Das Betriebsreglement für die Eisenbahnen Deutschlands § 67 Abs. 1 Nr. 2, 6 enthält die in Art. 424 HGB. für zulässig erklärten Bestimmungen und bestimmt weiter,

a) daß im Tarif bestimmt werde, welche Güter die Eisenbahnen bei Anwendung einer ermäßigten Tarifklasse in unbedeckten Wagen zu transportieren befugt seien;

b) daß betreffs solcher Güter das Einverständnis des Absenders mit dieser Beförderungsart angenommen wird, wenn derselbe nicht auf dem Frachtbriefe eine andere Erklärung abgibt.

Nach dem „Deutschen Eisenbahngütertarif Tl. I Nachtrag IX B III (S. 30) Ziff. 1 gilt als vereinbart, daß die Eisenbahnverwaltung die Güter der Spezialtarife mit Ausnahme der in Ziff. 2 aufgeführten, in unbedeckten Wagen zu befördern befugt sein soll". Unter den in Ziff. 2 aufgeführten Gütern findet sich „Korkholz" nicht, wohl aber unter Nr. 10 „Borken, gemahlene (Gerberlohe)" und unter Nr. 50 „Korkwaren".

Nach einem Gutachten der Breslauer Handelskammer ist das fragliche Gut „als rohes Korkholz anzusehen, und nicht als Korkwaren im Sinne der Nr. 50 B III 2 des Nachtrags IX zum Deutschen Eisenbahntarif vom 1. Februar 1883".

Der Frachtbrief enthält die Bemerkung: „In 1 großen offenen Wagen ohne Decke". Nach den Entscheidungsgründen des ersten Urteils rührt dieser Vermerk vom Versender her.

Da nun das Inbrandgeraten ganz unzweifelhaft aus der mit der Beförderungsart in unbedeckten Wagen verbundenen Gefahr entstehen konnte, so hatte die Eisenbahn die Haftung für den durch Verbrennen des Gutes auf dem Transport entstandenen Schaden vertragsmäßig abgelehnt, und diese Ablehnung ist rechtlich zulässig, soweit nicht die Voraussetzung des Art. 424 Abs. 3 HGB. vorliegt.

2. Die beiden vorigen Richter sehen als bewiesen an, daß das Korkholz durch die von der den Zug führenden Lokomotive ausgeworfenen Funken entzündet worden sei. In diesem Aussprühen an sich finden sie aber kein Verschulden der Eisenbahn. Auch darin wird kein Verschulden gefunden, daß die Vorschrift in Nr. XXXV der Anlage D zu § 48 des Betriebsreglements nicht beachtet sei. Nach dieser „werden Gegenstände, welche durch Funken der Lokomotive leicht entzündet werden, wie Heu, Stroh, Borke, Torf usw., in unverpacktem Zustande nur vollständig bedeckt . . . zum Transport zugelassen". Mit Recht führt der Berufungsrichter aus, jene Vorschrift „begründe nur ein Recht der Bahn, solche Gegenstände in unbedecktem Zustande vom Transport auszuschließen, keine Pflicht, für Befolgung jener Vorsichtsmaßregel besondere Fürsorge zu treffen". Das Verschulden wird darin erblickt, daß der Wagen an dritter Stelle im Zuge eingestellt und dadurch der Einwirkung des Funkenflugs ausgesetzt worden sei.

Es könnte nun allerdings die Frage aufgeworfen werden, ob die Eisenbahn, wenn sie, um dem Publikum den Transport gegen geringere Fracht zu ermöglichen, sich ausbedingt, daß sie die mit dieser wohlfeileren Transportart verbundene Gefahr nicht zu tragen habe, damit nicht auch von der Verpflichtung zu derjenigen Sorgfalt entbunden ist, deren Anwendung erst infolge dieser besonderen Transportart ihre Voraussetzungen erhält.

Allein diese Auffassung würde nicht nur den Worten des Gesetzes, welches in Art. 424 Abs. 3 HGB. allgemein von Verschulden spricht, sondern auch dem Geiste der betreffenden Bestimmungen zuwiderlaufen. Die von dem in Art. 424 aufgestellten Prinzip des Ausschlusses der Vertragsfreiheit der Eisenbahnen betreffs Umfangs der Haftpflicht und der Beweislast in Art. 424 Abs. 1 Nr. 1 zugelassene Ausnahme beruht auf der Erwägung, daß, sollte dem Publikum die Möglichkeit einer wohlfeileren Beförderungsart gewährt werden, den Eisenbahnen nach der betreffenden Richtung hin die Vertragsfreiheit gewährt werden mußte; denn nur unter dieser Voraussetzung war es den Eisenbahnen möglich, eine Beförderungsart auszuführen, durch welche die Gefahr des Transports wesentlich vergrößert wurde. Allein auch nur soweit diese Vergrößerung eintritt, war die Gewährung der Vertragsfreiheit erforderlich, und es ist nicht anzunehmen, daß der Gesetzgeber vom aufgestellten Prinzip weitere Ausnahmen hat machen wollen, als durch die Erwägung, welcher der Art. 424 sein Dasein verdankt, notwendig geworden war. Dem entspricht nun aber auch die Fassung des Gesetzes vollständig. Nicht übernommen wird die mit der betreffenden Transportart verbundene besondere Gefahr, und die Vermutung spricht für die Entstehung des eingetretenen Schadens aus dieser Gefahr. Die gesetzgeberische Erwägung aber führt nicht dazu, daß an der Bestimmung über die der Eisenbahn obliegenden Verpflichtung zur Sorgfalt etwas geändert worden. Die Eisenbahn haftet, gleichviel welche Transportart sie ausführt, für das eigene Verschulden wie für das ihrer Leute. Aus der Aufstellung der Präsumtion für die Entstehung des Schadens folgt nur, daß das Verschulden vom Absender nachgewiesen werden muß. In dieser Weise ist der Satz in Abs. 3 des Art. 424 formuliert.

Daraus folgt aber nicht, daß bei Beurteilung der Frage, ob im einzelnen Falle die erforderliche Sorgfalt eines ordentlichen Frachtführers angewendet worden sei, jede Berücksichtigung der mit der Besonderheit der Transportart zusammenhängenden Momente ausgeschlossen wäre, und daß jede Nichtvornahme von solchen Handlungen, welche erst infolge der Besonderheit der Transportart zur Sicherung des Gutes als zweckmäßig erscheinen, ohne weiteres als ein Verschulden zu erachten ist. Es ist vielmehr im einzelnen Falle nach der Gesamtheit der Umstände und unter Berücksichtigung der ratio der Ausnahmebestimmung des Art. 424 die Prüfung anzustellen.

Was nun aber die Frage nach der bei Einstellung eines offenen Wagens in einen Zug zu beobachtenden Sorgfalt betrifft, so ist zwar dem Kläger der Beweis seiner Behauptung, daß eine Instruktion bestehe, wonach offene mit leicht brennbaren Gegenständen beladene Wagen in einer bestimmten Entfernung von der Lokomotive einzustellen seien, nicht gelungen, es wird aber von zwei Zeugen, deren einer Lokomotivführer, der andere Stationsassistent ist, dies Verfahren als üblich bezeichnet, und letzterer Zeuge sagt weiter aus, daß ihm von dem Beamten, welchem er früher zur Instruktion überwiesen gewesen, mitgeteilt worden sei, daß in dieser Weise zu verfahren sei, und daß er den von ihm zu instruierenden jungen Beamten die gleiche Mitteilung gemacht habe.

Aus dem Bestehen einer solchen Übung kann nun zwar nicht eine die Eisenbahn dem Absender verpflichtende Erklärung entnommen werden; sie gibt aber Zeugnis von der im Eisenbahnverkehr herrschenden Auffassung, und der Kläger kann sich insofern auf dieselbe berufen, als er geltend macht, er habe annehmen dürfen, daß das sonst übliche Verfahren auch betreffs der von ihm aufgegebenen Güter eingehalten werde.

Vgl. Entsch. des ROHG.'s Bd. 9 Nr. 100 S. 338, Bd. 15 Nr. 32 S. 90.

Unter diesen Umständen und da vom Beklagten nicht geltend gemacht ist, daß die Einstellung des Wagens an dritter Stelle durch irgend einen besonderen Umstand geboten oder indiziert war, kann dem Berufungsrichter daraus kein Vorwurf gemacht werden, daß er in dem Einstellen des Wagens in der Nähe der Lokomotive ein Verschulden der Leute der Eisenbahn findet und folgeweise den Art. 414 Abs. 3 HGB. seiner Entscheidung zu Grunde legt.

3. Der Angriff gegen die Verurteilung des Beklagten zu Zinsen von der Entschädigungssumme vom Tage der eingetretenen Beschädigung an ist unbegründet, weil beide Parteien Kaufleute sind, das Frachtgeschäft, aus welchem der Entschädigungsanspruch entstanden ist, mithin ein beiderseitiges Handelsgeschäft ist und daher Art. 289 HGB. zur Anwendung kommt."

RGZ. 67, 276.

1. Zur Auslegung des Internationalen Übereinkommens über den Eisenbahnfrachtverkehr vom 14. Oktober 1890.

2. Ist die Frist des Art. 12 Abs. 4 Satzes 2 eine Verjährungs-, oder eine Ausschlußfrist? Replik der Arglist gegen die Einrede der Verjährung. Findet bei Arglist oder grober Fahrlässigkeit des Schuldners eine Verlängerung der Frist statt? Welche Ansprüche unterliegen der Verjährung nach Art. 12 Abs. 4?

3. Folgen der Nichtbeobachtung der Vorschrift des Art. 7 Abs. 2, daß der Berechtigte einzuladen ist, bei der Prüfung des Inhaltes der Sendung durch die Bahn zugegen zu sein.

4. Inwieweit gilt die Verjährung nach Art. 12 Abs. 4 für die Rückforderung gezahlter Frachtzuschläge? Voraussetzungen der Anwendung des Art. 7 Abs. 4. Was sind „unrichtige Angaben" im Sinne dieser Vorschrift? Wem fallen die Standgelder zur Last, wenn sie durch eine nur zum Teil berechtigte Nachforderung der Bahn entstanden sind, und diese dabei der ihr nach Art. 24 Abs. 1 obliegenden Benachrichtigungspflicht nicht nachgekommen ist?

I. Zivilsenat. Urt. v. 28. Dezember 1907.

I. Landgericht Königsberg, Kammer für Handelssachen. — II. Oberlandesgericht daselbst.

Die ursprünglich klagende Firma T. & Co., die inzwischen erloschen, und deren Rechtsnachfolger der jetzige Kläger auch bezüglich der hier streitigen Forderungen geworden war, hatte dem Beklagten auf seiner Station Eydtkuhnen im Mai und Juni 1898 zur Beförderung an die Société de Forges et Aciéries du Donetz in Druschkowka (Rußland) folgende Sendungen übergeben:

a) laut Frachtbriefs vom 12. Mai 1898 eine eiserne Sohlplatte im Bruttogewichte von 19 810 kg, verladen im Wagen Nr. 35 297, unter der Inhaltsangabe „eiserne Platte",

b) laut Frachtbriefs vom 31. Mai 1898 zwei Walzenständer und einen Zylinderdeckel im Bruttogewichte von 44 730 kg, verladen im Wagen Nr. 37 004, unter der Inhaltsangabe „ein Stück eiserner Ständer", „ein Stück eiserner Ständer" und „ein Stück eiserner Deckel",

c) laut Frachtbriefs vom 2. Juni 1898 einen Ständerdeckel, zwei Sohlplatten, vier Einbaustücke und einen Spindelstuhl im Bruttogewichte von 30 239 kg, verladen im Wagen Nr. 28 714, unter der Inhaltsangabe „1 Stück eiserner Deckel", „2 Stück eiserne Platten", „4 Stück gußeiserne Konstruktionsteile" und „1 Stück eiserne Maschinenteile".

Angaben darüber, nach welchen Tarifsätzen des maßgebenden deutsch-russischen Gütertarifes die Fracht zu berechnen sei, hatte die Firma nicht gemacht.

Die Station Eydtkuhnen erhob von ihr eine Fracht von insgesamt 2095,36 Rubel, indem sie die verfrachteten Gegenstände, welche sämtlich Maschinenteile darstellten, mit Ausnahme des letzten Stückes nach dem Satze der Gruppe 33 als „Eisen-, Stahl- und Gußeisenwaren", nicht, wie es nach Behauptung des Beklagten hätte geschehen müssen, nach dem höheren Satze der Gruppe 61 als „nicht besonders benannte Maschinenteile" tarifierte.

Die russische Eisenbahnverwaltung verlangte indessen Nachzahlung von im ganzen 4404,98 Rubel, wovon nach Feststellung des Berufungsgerichts entfallen

694,82 Rubel auf tarifmäßige Fracht, d. h. den Mehrbetrag, der bei Tarifierung nach Gruppe 61 gegenüber der erfolgten Tarifierung nach Gruppe 33 zu erheben gewesen wäre;

184,29 Rubel auf tarifwidrige Fracht, d. h. den Betrag, der bei Wagen Nr. 35 297 irrtümlich auch bei Tarifierung nach Gruppe 61 zu viel berechnet ist;

1959,79 Rubel auf Frachtzuschläge gemäß Art. 7 Abs. 4 des internationalen Übereinkommens vom 14. Oktober 1890, und

1568,08 Rubel auf Stand- und Lagergelder und sonstige Gebühren, beruhend auf verspäteter Abnahme des Gutes.

Nachdem die Empfängerin und auch die Absenderin zunächst die Nachzahlung verweigert, und die Absenderin sich vergeblich bemüht hatte, durch Vorstellungen bei den russischen Behörden eine Ermäßigung der Forderung herbeizuführen, wurde der gesamte Betrag auf Anweisung der Firma T. & Co. am 21. Juli 1898 von der Empfängerin unter Vorbehalt bezahlt, und ihr dagegen das Gut ausgeliefert.

Der Kläger behauptete, daß die Tarifierung, soweit sie nach Gruppe 33 erfolgt sei, zu Recht geschehen sei, und verlangte Rückerstattung der nachgezahlten Summe, außerdem eines Betrages von 210,46 Rubel, der schon in Eydtkuhnen bei Wagen Nr. 28 714 zuviel bezahlt worden sei. Jedenfalls sei die Erhebung der Frachtzuschläge ungerechtfertigt gewesen, weil bei der Zweifelhaftigkeit der Tarifbestimmungen von einer unrichtigen Angabe des Inhaltes der Sendungen im vorliegenden Falle nicht die Rede sein könne, aber auch deshalb, weil Art. 7 Abs. 4 des internationalen Übereinkommens nicht auf unverpackt aufgegebene Waren, wie sie hier vorlägen, bezogen werden könne. Wenn aber die Nachforderung unbegründet gewesen sei, so könnten auch Stand- und Lagergelder nicht verlangt werden, weil die Verzögerung der Abnahme lediglich durch die dem Beklagten zur Last fallende ungerechtfertigte Nachforderung verursacht sei. Eventuell entfalle dieser Anspruch deshalb, weil die Ablieferungsstation nicht der ihr nach Art. 24 Abs. 1 des Übereinkommens obliegenden Pflicht, die Absenderin unverzüglich von der Ursache des Ablieferungshindernisses in Kenntnis zu setzen, nachgekommen sei. Endlich habe die Bahn jedes Recht auf Nachforderung dadurch verwirkt, daß die Absenderin zu der Prüfung des Inhaltes der Sendungen nicht, wie es Art. 7 Abs. 2 des Übereinkommens vorschreibe, gehörig eingeladen sei.

Der Beklagte führte zunächst aus, daß die Tarifierung nach Gruppe 61 die richtige gewesen sei, daß der Tarif in dieser Hinsicht eine Unklarheit nicht enthalte, und daß auch die Forderung der Frachtzuschläge wegen unrichtiger Inhaltsangabe gerechtfertigt gewesen sei. Demzufolge hätte die Absenderin auch für die entstandenen Standgelder aufzukommen. Die Vorschrift des internationalen Übereinkommens, daß der Berechtigte zur Prüfung des Inhaltes der Sendung zuzuziehen sei, sei rein instruktionell; die Unterlassung habe Rechtsnachteile nicht zur Folge; jedenfalls stehe sie einem anderweiten Nachweise der Unrichtigkeit der Deklaration nicht entgegen. Die Unterlassung der unverzüglichen Benachrichtigung der Absenderin von der Ursache des Ablieferungshindernisses habe im vorliegenden Falle keinen Schaden verursacht, da die Absenderin sofort von der Empfängerin benachrichtigt worden sei und bei voller Kenntnis der Sachlage die Nachzahlung geweigert habe. Vor allem stehe der teils am 3. Oktober 1899, teils am 15. März 1900 erhobenen Klage der Einwand der Verjährung gemäß Art. 12 Abs. 4 des internationalen Übereinkommens entgegen.

Der Kläger erwiderte, der Einwand der Verjährung greife nicht Platz, da die erhobenen Ansprüche nicht auf unrichtiger Tarifierung, sondern, wie der Beklagte behaupte, auf unrichtiger Deklarierung beruhten. Da sich ferner die russische Eisenbahnverwaltung bei der Behandlung der Sache einer groben Fahrlässigkeit schuldig gemacht habe, so gelte gemäß Art. 45 und Art. 44 Abs. 2 Nr. 1 des Übereinkommens eventuell nicht die einjährige, sondern eine dreijährige Verjährung. Endlich aber stände der Einrede die Replik der Arglist entgegen, weil die Klägerin durch die inzwischen stattgehabten Verhandlungen, sowie durch die Verzögerung der Erledigung ihrer Gesuche von seiten der russischen Behörden und durch die Zurückhaltung der Frachtbriefe und anderer Beweisurkunden an der früheren Erhebung der Klage gehindert worden sei.

Das Landgericht hatte der Klage zu einem erheblichen Betrage stattgegeben, indem es annahm, daß zwar die Tarifierung nach Gruppe 61 die richtige gewesen sei, daß indessen bei unverpackten Gütern Frachtzuschläge im Falle unrichtiger Angabe nicht erhoben werden könnten; daß folgeweise neben der zuviel gezahlten Fracht und den Frachtzuschlägen auch die Standgelder zurückzuerstatten seien, weil ihre Entstehung überwiegend auf der Zuvielforderung der Eisenbahn beruhe. Der Einwand der Verjährung sei nicht begründet, weil ihm die Replik der Arglist entgegenstehe, bezüglich der Frachtzuschläge auch um deswillen nicht, weil Art. 12 Abs. 4 des internationalen Übereinkommens darauf nicht anwendbar sei.

Dagegen hatte das Oberlandesgericht die Klage gänzlich abgewiesen, indem es in der Begründung im wesentlichen den Ausführungen des Beklagten folgte.

Das Berufungsurteil wurde auf die Revision des Klägers aufgehoben aus folgenden

Gründen:

„Es empfiehlt sich, zunächst die Einrede der Verjährung zu prüfen, weil sie nach der vom Vorderrichter geteilten Ansicht des Beklagten die ganze Klage erledigen würde, und weil sich zeigen wird, daß sie in der Tat einen wesentlichen Klagegrund, der somit der Erörterung nicht bedarf, und damit zugleich einen Teil der Klagansprüche erledigt.

Der Beklagte stützt den Einwand der Verjährung auf Art. 12 Abs. 4 des internationalen Übereinkommens vom 14. Oktober 1890, wo gesagt ist:

> „Wurde der Tarif unrichtig angewendet, oder sind Rechnungsfehler bei der Festsetzung der Frachtgelder und Gebühren vorgekommen, so ist das zuwenig Geforderte nachzuzahlen, das zuviel Erhobene zu erstatten. Ein derartiger Anspruch kann nur binnen Jahresfrist vom Tage der Zahlung an geltend gemacht werden." . . .

Der Kläger hat in der Revisionsinstanz darzulegen versucht, daß es sich hier gar nicht um eine Verjährungsfrist, sondern um eine Präklusivfrist handle, und daß unter dem „Geltendmachen" auch eine Reklamation bei der Eisenbahn zu verstehen sei. Er hat sich dafür bezogen auf die Entscheidung des erkennenden Senats vom 3. Februar 1906, Jurist.

Wochenschr. S. 205 Nr. 29. Diese Auslegung erscheint indessen durch den dritten Satz des Abs. 4 Art. 12 ausgeschlossen. Danach soll nämlich Art. 45 Abs. 3 auf die fraglichen Forderungen Anwendung finden, und hier ist gesagt:

„Bezüglich der Unterbrechung der Verjährung entscheiden die Gesetze des Landes, wo die Klage angestellt ist."

Da diese Bestimmung durch die Inbezugnahme zu einem Bestandteile des Art. 12 Abs. 4 gemacht ist, ist die hier bezeichnete Frist dadurch als eine Verjährungsfrist gekennzeichnet. Eine Unterbrechung der Frist durch bloße Reklamation findet nur statt, sofern dies in dem einschlägigen Landesgesetze angeordnet ist, was für den vorliegenden Fall unbestritten nicht zutrifft. Ebensowenig greift nach der hier maßgebenden Fassung des Übereinkommens vom 14. Oktober 1890 die in dem Zusatzabkommen vom 16. Juni 1898 angeordnete Hemmung der Verjährung durch schriftliche Reklamation bei der Eisenbahn (Art. 12 Abs. 4, Art. 45 Abs. 4 neuer Fassung) Platz. Der Art. 12 Abs. 4 Satz 1 und 2 hat gewissermaßen eine authentische Interpretation erfahren in § 470 Abs. 1 des neuen Deutschen Handelsgesetzbuchs, der dazu bestimmt war, die Norm des Übereinkommens allgemein auf den deutschen Eisenbahnverkehr zu übertragen.

Vgl. Denkschrift zu § 443 des Entwurfes, amtliche Ausgabe von 1896 S. 276.

In der Fassung des Handelsgesetzbuches aber lautet die Bestimmung:

„Ansprüche der Eisenbahn auf Nachzahlung zuwenig erhobener Fracht oder Gebühren, sowie Ansprüche gegen die Eisenbahn auf Rückerstattung zuviel erhobener Fracht oder Gebühren verjähren in einem Jahre, sofern der Anspruch auf eine unrichtige Anwendung der Tarife oder auf Fehler bei der Berechnung gestützt wird. Die Verjährung beginnt mit dem Ablaufe des Tages, an welchem die Zahlung erfolgt ist."

Dies ist in der Tat nichts anderes als eine verbesserte Redigierung des Art. 12 Abss. 1 und 2, die dessen Sinn nur klarer zum Ausdrucke bringt.

Die Entscheidung Jurist. Wochenschr. 1906 S. 205 Nr. 29 kann nicht zum Vergleiche dienen. Dort handelte es sich um eine Konnossementsklausel, welche lautete: „Ansprüche auf Grund dieses Konnossements können nur innerhalb vier Monate vom Datum desselben berücksichtigt werden". Danach konnte sehr wohl angenommen werden, daß die Kontrahenten eine Anmeldung der Ansprüche beim Verfrachter ins Auge gefaßt hätten. Von Verjährung konnte überhaupt keine Rede sein.

Die hiernach in Art. 12 Abs. 4 des internationalen Übereinkommens vorgesehene einjährige Verjährung ist nach der tatsächlichen Gestaltung des vorliegenden Falles, soweit sie nach den rechtlichen Voraussetzungen der Ansprüche Platz greift, unbestritten eingetreten; denn die Klage hätte dann schon im Juli 1899 erhoben werden müssen, während sie erst teils im Oktober 1899, teils im März 1900 erhoben ist.

Der Kläger machte zwar geltend, daß der Einrede, soweit sie begründet wäre, die Replik der Arglist entgegenstehe. Indessen kann dem nicht beigetreten werden. Vielmehr ist diese Replik vom Vorderrichter zutreffend zurückgewiesen worden. Schon im Sommer 1898 hatte die frühere Klägerin Kenntnis davon, daß der Beklagte den jetzt erhobenen Rechtsanspruch bestreite und höchstens ein Entgegenkommen der russischen Eisenbahn aus Billigkeitsgründen für möglich erachte. Schon von dieser Zeit an lag Veranlassung für die Klägerin vor, mit Rücksicht auf die drohende Verjährung mit der Klage vorzugehen. Jede Veranlassung, hiermit zu zögern, entfiel aber, als die Klägerin durch das Schreiben des Beklagten vom 5. Juli 1899 die endgültige Ablehnung ihrer Reklamation von seiten der russischen Behörden erfuhr. Mit diesem Schreiben wurden ihr zugleich die Frachtbriefe und sonstigen Belege zurückgegeben, so daß sie auch nicht geltend machen kann, sie sei durch Vorenthaltung dieser Schriftstücke an der Erhebung der Klage gehindert worden; denn damals war die Verjährung jedenfalls noch nicht eingetreten. Übrigens kann auch nicht zugegeben werden, daß die Klägerin ohne den Besitz der betreffenden Schriftstücke die Klage nicht hätte erheben können.

Ebenso unbegründet ist der ferner gegen die Verjährungseinrede erhobene Einwand, daß in analoger Anwendung der Art. 45 und Art. 44 Nr. 1 des internationalen Übereinkommens die Verjährungsfrist auf drei Jahre zu berechnen sei. Art. 45 betrifft Entschädigungsforderungen wegen Verlustes, Minderung, Beschädigung oder Verspätung, für die im Falle des Art. 44 Nr. 1, d. h. wenn dem Anspruche Arglist oder grobe Fahrlässigkeit der Eisenbahn zugrunde liegt, die gewöhnliche Verjährungsfrist von einem Jahre auf drei Jahre verlängert wird. Dagegen betrifft Art. 12 Abs. 4, soweit er hier zur Anwendung kommen könnte, Ansprüche ganz anderer Art, nämlich auf Erstattung des zufolge unrichtiger Anwendung des Tarifes zuviel Erhobenen. Für Ansprüche dieser Art ist eine Verlängerung der dafür normierten einjährigen Verjährungsfrist *nicht* vorgesehen, und es fehlt an jedem Anhalte dafür, daß die vertragschließenden Staaten diese Verlängerung trotzdem für den Fall hätten vereinbaren wollen, daß die unrichtige Anwendung des

Tarifes von seiten der betreffenden Eisenbahn auf grober Fahrlässigkeit beruhe, oder gar für den Fall, daß bei Behandlung der betreffenden Waren die der Eisenbahn nach Art. 7 Abs. 2 obliegende Einladungspflicht oder die ihr nach Art. 24 Abs. 1 obliegende Benachrichtigungspflicht aus grober Fahrlässigkeit verabsäumt sein sollte.

Für die Verjährungseinrede kommt es daher darauf an, inwieweit die erhobenen Ansprüche auf Erstattung des zufolge unrichtiger Anwendung des Tarifes zuviel Erhobenen gerichtet sind, mit anderen Worten, um die Voraussetzung noch mehr dem im konkreten Falle entscheidenden Momente anzupassen, inwieweit zum Klagegrunde die unrichtige Anwendung des Tarifes gehört. Soweit die Ansprüche notwendig auf diesem Klagegrunde beruhen, sind sie zur Abweisung reif; soweit sie wenigstens mit darauf gestützt werden, ist dieser Klagegrund auszuscheiden.

Ersteres trifft zu bezüglich der auf Rückerstattung einfacher Fracht gerichteten Ansprüche, sei es daß sie damit begründet sind, daß bei der Tarifierung die Güter nicht der Gruppe 61, sondern der Gruppe 33 hätten zugerechnet werden sollen, sei es damit, daß selbst bei Anerkennung der Tarifierung nach Gruppe 61 noch zuviel berechnet sei. Ein anderer Klagegrund, als Erhebung zufolge unrichtiger Anwendung des Tarifes oder — was keinen Unterschied begründen würde — infolge von Rechnungsfehlern bei Festsetzung der Frachtgelder, kommt bei diesen Ansprüchen wenigstens ernstlich nicht in Frage.

Es scheint freilich, als ob der Kläger jetzt aus der Nichtbeachtung des Art. 7 Abs. 2 Satzes 3 des internationalen Übereinkommens den Anspruch herleiten will, das etwaige Recht der Eisenbahn auf Nachzahlung von Fracht für verwirkt zu erklären. Für eine derartige Rechtsfolge der Versäumnis der Bahn fehlt es aber in dem Übereinkommen an jeder Grundlage, mag man nun die Vorschrift, daß der Berechtigte gehörig eingeladen werden soll, bei der Prüfung der Übereinstimmung des Inhaltes der Sendungen mit den Angaben des Frachtbriefes zugegen zu sein, mit dem Vorderrichter für eine rein instruktionelle halten, deren Nichtbefolgung keine Rechtsfolgen hat, oder mag man ihre Beobachtung mit den vom Kläger für diese Auslegung angeführten Schriftstellern und Gutachtern für obligatorisch ansehen. Denn auch im letzteren Falle würde die Folge der Nichtbeobachtung, wie auch jene Schriftsteller[1]) annehmen, doch nur die sein, daß sich die Bahn auf ihre Feststellung nicht berufen könnte, sondern die Nichtübereinstimmung

[1]) Vgl. insbesondere Eger, Das internat. Übereink. usw. 2. Aufl. S. 129; Rosenthal, Intern. Eisenbahnfrachtrecht S. 73.

des Inhaltes der Sendungen mit den Angaben des Frachtbriefes anderweit beweisen müßte. Dieser Rechtsnachteil wäre indes für den vorliegenden Fall, wo die tatsächlichen Unterlagen für die Anwendung des Tarifes unstreitig sind, insbesondere feststeht, daß Maschinenteile verfrachtet worden sind, unerheblich. Die Behauptung der Revision, daß in Ermangelung einer ordnungsmäßigen Feststellung des Inhaltes der Sendung von der Bahn überhaupt keine Ansprüche auf Nachzahlung von Fracht oder auf Frachtzuschläge erhoben werden könnten, ist unrichtig. Diese Feststellung ist der Bahn nur freigestellt; sie ist dazu nicht verpflichtet. Voraussetzung der Nachforderung von Fracht ist gemäß Art. 12 Abs. 4 lediglich die unrichtige Anwendung des Tarifes oder das Vorkommen von Rechnungsfehlern bei der Festsetzung der Frachtgelder zum Nachteile der Bahn, wie Voraussetzung der Forderung von Frachtzuschlägen gemäß Art. 7 Abs. 4 lediglich „unrichtige Angabe des Inhaltes einer Sendung" ist, und es ist die Erhebung dieser Ansprüche nicht abhängig von der Erfüllung irgend welcher formeller Bedingungen. Es bedarf auch keiner Ausführung, daß der Bahn jene Ansprüche nicht dadurch entzogen werden könnten, daß sie zu einer Feststellung des Inhaltes der Sendung, etwa infolge der Ablieferung an den Empfänger, nicht mehr imstande wäre.

Hieraus ergibt sich, daß die Klage wegen 210,46 Rubel, die die ursprüngliche Klägerin schon in Eydtkuhnen zuviel bezahlt haben will, sowie wegen 694,82 Rubel, die der Vorderrichter als nachgezahlte tarifmäßige Fracht, und wegen 184,29 Rubel, die er als nachgezahlte tarifwidrige Fracht bezeichnet hat, mit Recht abgewiesen ist.

Die verbleibenden beiden Ansprüche, betreffend 1959,79 Rubel Frachtzuschläge und 1568,08 Rubel Stand- und Lagergelder, stützen sich nur zum Teil auf den Klagegrund der unrichtigen Anwendung des Tarifes.

Es wird geltend gemacht, daß sich, wenn die verfrachteten Waren der Gruppe 33 zuzuzählen seien, mit anderen Worten, wenn die Tarifierung nach Gruppe 61 eine unrichtige gewesen sei, damit zugleich die Deklaration in den Frachtbriefen als richtig herausstelle, so daß die Voraussetzung für die Forderung von Frachtzuschlägen entfalle; ferner daß, wenn aus diesem Grunde weder eine Nachforderung von Fracht, noch eine Forderung von Frachtzuschlägen berechtigt gewesen sei, die Waren auch dem Empfänger nicht hätten vorenthalten werden dürfen, und daß daher auch die Entstehung von Standgeldern auf unrichtiger Anwendung des Tarifes beruhe. Diese Argumentation ist zwar zutreffend; sie zeigt aber, daß bei ihr der Klagegrund der Ansprüche die

Verpflichtung der Bahn zur Erstattung von infolge unrichtiger Anwendung des Tarifes zuviel erhobener Beträge ist, daß es sich somit um den in Art. 12 Abs. 4 des internationalen Übereinkommens der einjährigen Verjährung unterworfenen Anspruch handelt. Dieser Klagegrund ist daher nicht zu erörtern, weil ihm die Verjährungseinrede entgegensteht. Damit scheidet der Streitpunkt aus, ob der deutschrussische Tarif von der russischen Eisenbahn richtig angewandt ist, oder nicht.

Die beiden erwähnten Ansprüche sind aber auch noch in anderer Weise begründet worden.

Es wird ausgeführt, daß, wenn man davon ausgehe, daß sämtliche verfrachtete Waren als nicht besonders benannte Maschinenteile zu tarifieren gewesen seien, dennoch die Forderung von Frachtzuschlägen nicht gerechtfertigt gewesen sei, weil Art. 7 Abs. 4 auf unverpackte Sendungen nicht anwendbar sei, und weil jedenfalls eine unrichtige Angabe des Inhaltes im Sinne dieser Bestimmung nicht vorliege. Danach beruhe aber auch die Zurückhaltung der Sendung und somit die Entstehung von Standgeld wenigstens überwiegend auf dem Verhalten der Bahn, nämlich auf der ungerechtfertigten Nachforderung von Frachtzuschlägen; ferner beruhe die Entstehung von Standgeld auf der Verabsäumung der der Bahn nach Art. 24 Abs. 1 des internationalen Übereinkommens obliegenden Benachrichtigungspflicht.

Es ist klar, daß die Ansprüche mit dieser Begründung nicht der Verjährungsvorschrift des Art. 12 Abs. 4 unterliegen; denn es wird hierbei auf Geltendmachung des Umstandes, daß der Tarif unrichtig angewandt, und um deswillen zuviel erhoben sei, was eine notwendige Voraussetzung des in Art. 12 Abs. 4 behandelten Anspruches bildet, verzichtet. In dieser Begründung müssen die erwähnten Ansprüche daher materiell geprüft werden.

Es ist zunächst dem Vorderrichter darin beizutreten, daß die Anwendung des Art. 7 Abs. 4 nicht auf Güter beschränkt ist, die in einer Verpackung aufgegeben werden, sondern daß sie an sich auch auf unverpackte Güter zu erstrecken ist. Kein Gewicht ist freilich auf den vom Vorderrichter verwerteten Umstand zu legen, daß in Art. 6 Abs. 1 des internationalen Übereinkommens unter d von der „Bezeichnung der Sendung nach ihrem Inhalte" gesprochen wird, und daß hier ohne Zweifel sowohl unverpackte, wie verpackte Sendungen ins Auge gefaßt sind. Denn in dem französischen Texte, der als dem deutschen gleichwertig zu gelten hat, vgl. G e r s t n e r, Internationales Eisenbahnfrachtrecht S. 22, steht hier: „La désignation de la n a t u r e de la marchandise", während es in Art. 7 Abs. 4 heißt: „en cas de fausse déclaration du c o n t e n u", und es erscheint danach die Annahme nicht ausgeschlossen, daß im deutschen Texte das Wort „Inhalt" in der einen Bestimmung einen anderen Sinn hat, als in der anderen. Entscheidend ist aber, daß der Art. 7 ganz allgemein die Haftung des Absenders für die „Richtigkeit der in den Frachtbrief aufgenommenen Angaben und Erklärungen" behandelt, ohne irgendwie zwischen verpackten und unverpackten Sendungen zu unterscheiden. Es ist ferner keineswegs ausgeschlossen, daß auch bei unverpackt aufgegebenen Sendungen die Eisenbahnverwaltung durch eine wissentlich oder fahrlässig falsche Deklaration getäuscht und in ihrem Frachtanspruche verkürzt werden kann. Warum für derartige Fälle die Vereinbarung einer Vertragsstrafe in Gestalt von Frachtzuschlägen nicht gelten solle, ist nicht einzusehen. Man braucht nur für den gegenwärtigen Fall zu unterstellen, daß die verladenen Platten, Ständer und Deckel in dem Tarife ganz zweifelsfrei — etwa durch den Zusatz „außer wenn es sich dabei um Teile von Maschinen handelt" — als solche gekennzeichnet wären, die nach Gruppe 61 zu tarifieren seien, und der Absender ihre Eigenschaft als Maschinenteile in der Deklaration ausdrücklich verneint hätte, um zu erkennen, daß es ungerechtfertigt wäre, unverpackte Sendungen allgemein von der Vorschrift des Art. 7 Abs. 4 auszunehmen.

Ebenso E g e r, Internationales Übereinkommen 2. Aufl. S. 134; a. M. Entsch. des Zentralamtes vom 24. Oktober 1894 bei E g e r, Eisenbahnrechtliche Entsch. Bd. 11 S. 336.

Dagegen ist der Revision darin beizutreten, daß, wenn die verfrachteten Waren sämtlich bei richtiger Auslegung des maßgebenden deutsch-russischen Tarifes der Gruppe 61 zuzuzählen sein würden, eine „unrichtige Angabe" des Inhaltes der Sendungen im Sinne des Art. 7 Abs. 4 nicht als vorliegend anzunehmen wäre.

Offenbar hat sich der Vorderrichter in dieser Hinsicht von den Ausführungen des Gutachters S. bestimmen lassen. Dieser sagt:

„Eine richtige Angabe des Inhaltes einer Sendung liegt erst vor, wenn die Angabe des Inhaltes der Sendung oder — wie der französische Text des internationalen Übereinkommens über den Eisenbahnfrachtverkehr richtiger sagt — der Natur des Gutes derart spezialisiert ist, daß außer Zweifel steht, zu welcher der nach den Tarifen oder sonstigen Vorschriften maßgebenden Kategorien von Gütern die Sendung gehört (vgl. G e r s t n e r, Internationales Frachtrecht, Berlin 1893 S. 117; auch E g e r, Komm. zum internationalen Übereinkommen 2. Aufl. S. 97). Alle Angaben, die diesen Anforderungen nicht entsprechen, also unter Umständen auch ungenaue oder ungenügende Angaben, sind unrichtige Angaben im Sinne des Art. 7 Abs. 4 des internationalen Übereinkommens."

Diese Begriffsbestimmung der „unrichtigen Angaben" ist indessen viel zu weit. Das Zitat aus Gerstner betrifft die Auslegung des Art. 6 Abs. 1 d des internationalen Übereinkommens und bezweckt die Feststellung, zu welcher Art von Bezeichnung der Absender überhaupt verpflichtet ist, nicht aber des Begriffes der „unrichtigen Angaben". Daß die Nichterfüllung jener Verpflichtung keineswegs identisch ist mit einer „unrichtigen Angabe", ergibt schon die Vergleichung der Abs. 1 und 4 des Art. 7, wo einerseits die Haftung des Absenders für die Folgen „unrichtiger, ungenauer oder ungenügender Erklärungen" aufgestellt, anderseits an die „unrichtige Angabe des Inhaltes" die Verpflichtung zur Zahlung von Frachtzuschlägen geknüpft wird. Daraus folgt, daß unterschieden werden muß zwischen „ungenauen oder ungenügenden Angaben" und zwischen „unrichtigen Angaben", sowie daß nur diese die Verpflichtung zur Zahlung von Zuschlägen zur Folge haben. Auch in der angeführten Stelle bei Eger findet die Behauptung des Gutachters keine Stütze. Schon die Anforderung, die Gerstner an den Absender hinsichtlich der „Bezeichnung der Sendung nach ihrem Inhalte" stellt, geht zu weit. In Nr. IV der allgemeinen Zusatzbestimmungen zu § 51 der deutschen Eisenbahnverkehrsordnung (Eger, 2. Aufl. S. 231) heißt es zur Erläuterung jenes Begriffes:

„Der Inhalt der Frachtstücke ist in dem Frachtbriefe genau zu benennen. Für die in den allgemeinen Tarifvorschriften und in der Güterklassifikation aufgeführten Gegenstände sind die daselbst gebrauchten, für alle übrigen Güter die handelsgebräuchlichen Benennungen anzuwenden. Frachtbriefe mit nur allgemeinen Bezeichnungen, wie ätherische Öle, Chemikalien, Effekten, Kalisalze, Kaufmannsgut, künstliche Düngemittel, Meßgut, Steuergut, Tierabfälle usw., werden zurückgewiesen."

Der Gütertarif für den deutsch-russischen Eisenbahnverband . . . enthält eine Erläuterung jenes Begriffes überhaupt nicht.

Hiernach wird jedenfalls nicht allgemein erwartet und verlangt werden können, daß der Absender von vornherein einen Frachtbrief vorlegt, woraus sich die Zugehörigkeit des Frachtstückes zu der für die Tarifierung maßgebenden Warenkategorie zweifelfrei ergibt. Die Gütertarife sind aber überhaupt derart kompliziert und geben selbst den gewiegtesten Sachverständigen so vielfach Anlaß zu Zweifeln, daß selbst bei den in der Güterklassifikation enthaltenen Gegenständen eine sofortige absolut einwandsfreie, die Tarifierung außer Zweifel stellende Deklaration von dem absendenden Publikum nicht immer vorausgesetzt werden darf. Ferner ist die Eisenbahn zwar nur berechtigt, nicht verpflichtet, die Übereinstimmung des Inhaltes der Sendungen mit den Angaben des Frachtbriefes zu prüfen (Art. 7 Abs. 2). Was aber von ihr, als dem Vertragsteile, der den Tarif anzuwenden hat und mit dessen Bestimmungen mutmaßlich weit vertrauter ist als der Gegenkontrahent, nach Treu und Glauben verlangt werden kann, ist die Prüfung der Deklaration selbst auf ihre Zulänglichkeit. Es kann daher nicht zugelassen werden, daß die Bahn den Absender nachträglich für eine Ungenauigkeit und Unvollständigkeit der Deklaration, die aus dem Frachtbriefe selbst ohne weiteres zu ersehen war, haftbar macht; vielmehr liegt es ihr ob, in derartigen Fällen eine Verbesserung oder Vervollständigung der Deklaration zu verlangen.

Hiernach ist davon auszugehen, daß eine Deklaration nicht schon deshalb als „unrichtig" angesehen werden kann, weil sie mit Rücksicht auf die Anwendung des Tarifes — insbesondere wenn dessen wahre Bedeutung nicht ohne weiteres klar ist, sondern erst mit den technischen Mitteln der Auslegung festgestellt werden kann — unzutreffend erscheint, sondern daß das Merkmal der Unrichtigkeit der Regel nach nur dann vorliegt, wenn die Bezeichnung auch ohne Rücksicht auf den Tarif nach der allgemeinen Verkehrsauffassung als falsch erscheinen muß. Nur dann wird man die Beziehung auf den Tarif allein für entscheidend ansehen dürfen, wenn sich der Deklarant der wahren Bedeutung des Tarifes wohl bewußt war und die hiernach unzutreffende Bezeichnung zu dem Zwecke gewählt hatte, um eine Frachtberechnung nach einer in Wahrheit nicht anwendbaren, ihm günstigeren Tarifposition herbeizuführen.

Beides trifft im vorliegenden Falle auf die Bezeichnung der Frachtstücke als Platten, Ständer, gußeiserne Konstruktionsteile oder Deckel nicht zu.

Wenn auch die Auslegung des Tarifes von seiten des Beklagten hier nicht mehr in Frage gezogen werden darf, so ist es doch sicher, daß sie keineswegs auf der Hand lag, da, wie die vom Kläger vorgelegten Erklärungen von Sachverständigen und das Gutachten des gerichtlichen Sachverständigen G. dartun, die gegenteilige Auslegung vielfach in kompetenten Kreisen für die richtige gehalten wird. Es liegt nichts dafür vor, daß nicht auch die ursprüngliche Klägerin diese Auffassung, die in dem Wortlaute des deutsch-russischen Tarifes und anderen vom

Kläger . . . hervorgehobenen Momenten eine wesentliche Stütze findet, geteilt hätte. Danach handelte sie aber von ihrem Standpunkte aus durchaus korrekt, wenn sie die betreffenden Frachtstücke nicht als „Sohlplatten", „Zylinder-, bzw. Ständerdeckel", „Walzenständer" und „Einbaustücke", sondern als „eiserne Platten, Ständer und Deckel" oder als „gußeiserne Konstruktionsteile", entsprechend der nach ihrer Ansicht zutreffenden Tarifposition, bezeichnete. Nach Lage der Sache kann dem Sachverständigen S. nicht beigetreten werden, daß damit die verkehrsübliche Bezeichnung „verstümmelt" wurde. Da es allgemein bekannt ist, daß Platten, Ständer, Deckel und Konstruktionsteile auch Maschinenteile sein können, und das aufgegebene Gewicht jedenfalls darauf schließen ließ, daß es sich unter anderem nicht um gewöhnliche Geschirrdeckel handelte, so lag für die Empfangsstation, falls sie die jetzt für richtig erachtete Auslegung des Tarifes teilte, alle Veranlassung vor, den Absender näher zu befragen, sich die Frachtstücke anzusehen und auf eine zutreffende Deklaration zu dringen. Ein Verschulden des Absenders, seiner Leute oder seines Auftraggebers ist in keiner Weise ersichtlich, und auch das spricht dafür, daß eine „unrichtige Angabe" im Sinne des Art. 7 Abs. 4 nicht vorliegt. Denn da die „unrichtige Angabe" eine Vertragsstrafe nach sich ziehen soll, und zwar eine solche, die, weil sie neben der Forderung auf vollen Schadensersatz besteht, nur den Zweck haben kann, der betreffenden Handlungsweise entgegenzutreten und das Publikum zu einer den Bedürfnissen des Eisenbahnverkehrs entsprechenden Deklarierung zu erziehen, so ist anzunehmen, daß die Vorschrift nicht für Fälle berechnet ist, wo jedes Verschulden der bei der Absendung beteiligten Personen ausgeschlossen ist. Die Nachforderung von Frachtzuschlägen war somit ungerechtfertigt, und es erscheint die Klage zu diesem Punkte begründet.

Die Entscheidung wegen der Frachtzuschläge ist präjudizierlich bezüglich der Standgelder. Diese sind verfallen sowohl wegen Nichtzahlung der nachgeforderten Fracht, als auch wegen Nichtzahlung der geforderten Frachtzuschläge. Jene Forderung muß als gerechtfertigt angenommen werden; diese war es nicht. Die Standgelder würden daher, wenn andere Umstände nicht in Betracht kämen, im Verhältnis der berechtigten Nachforderung zum vollen Betrage gefordert werden können, da sie sowohl auf das Verhalten des Absenders, als auch auf das Verhalten der Eisenbahn zurückzuführen wären, und dieses Verhalten auf beiden Seiten nach Maßgabe der Höhe der zuwenig gezahlten und der zuviel geforderten Beträge kausal erscheint.

Es kommt indessen weiter in Betracht, daß der Kläger die Verzögerung der schließlichen Zahlung auch darauf zurückgeführt hat, daß die Bahn der ihr nach Art. 24 Abs. 1 des internationalen Übereinkommens obliegenden Benachrichtigungspflicht nicht nachgekommen ist. Daß die Erfüllung dieser Pflicht verabsäumt ist, steht fest. Anderseits steht aber auch fest, daß die ursprüngliche Klägerin sehr bald durch Nachricht der Empfängerin in den Stand gesetzt ist, die Nachzahlung zu bewirken. Es bleibt daher aufzuklären, ob und um wie viel die Nichterfüllung der Benachrichtigungspflicht der Bahn die Kenntnisnahme der Absenderin von dem Ablieferungshindernisse verzögert hat. Sodann kommt in Betracht, daß nach dem Schreiben der Klägerin vom 27. Juli 1898 die Annahme angezeigt ist, daß die Klägerin der Forderung der Frachtnachzahlung sofort nachzukommen bereit war, und daß daher die Standgelder lediglich durch die Forderung der Frachtzuschläge entstanden sind. In diesem Falle würden die Standgelder dem Kläger überhaupt nicht zur Last zu legen sein." . . .

RGZ. 70, 174.

1. Was ist unter „Verlust ganzer Stücke" (§ 77 Nr. 1 der Eisenbahnverkehrsordnung) zu verstehen?

2. Kann der Eigentümer einer auf der Eisenbahn beförderten Sache entgegen den Bestimmungen des von einem anderen, aber mit seinem Wissen und Willen abgeschlossenen Frachtvertrags Rechte aus dem § 25 des preußischen Eisenbahngesetzes vom 3. November 1838 herleiten?

I. Zivilsenat. Urt. v. 4. Januar 1909.

I. Landgericht I Berlin. — II. Kammergericht daselbst.

Der Spediteur R. in K. übergab am 14. September 1905 zwei Patentmöbelwagen mit Umzugsgut der verklagten Eisenbahn zur Beförderung nach Berlin. Die Beförderung erfolgte entsprechend den Tarifbestimmungen auf offen gebauten Wagen. Einer der Möbelwagen geriet unterwegs in Brand, wurde nach dem Bahnhofe Tempelhof gefahren und brannte dort ganz nieder. Die Klägerin, bei der das Umzugsgut versichert war, zahlte dem Besitzer des Umzugsguts, L., 16 000 M Entschädigung. R. und der Besitzer des Gutes traten ihre durch den Brand erwachsenen Schadensersatzansprüche an die Klägerin ab. Ferner ermächtigte der Eigentümer des verbrannten Möbelwagens (Sch.) die Klägerin, einen ihm angeblich entgangenen Gewinn von 300 M gegen den Beklagten geltend zu machen. Der Klagantrag ging dahin, den Beklagten zu verurteilen, an die Klägerin zu zahlen: 1. . . ., 2. den Betrag der Entschädigung mit 16 000 M, 3. . . . . 4. den erwähnten entgangenen Gewinn mit 300 M. Beide Instanzen wiesen die Klägerin mit ihren Ansprüchen ab. Die Revision der Klägerin wurde zurückgewiesen.

Aus den Gründen:

„1. . . .

2. Weder vom ersten noch vom zweiten Richter ist die Frage *erörtert worden, ob etwa die Bestimmung des § 77 Nr. 1 EisenbVerk*-Ordn. in Betracht zu ziehen sei, welche den Ausschluß der Haftung der Eisenbahn dann nicht eintreten läßt, wenn es sich um den „Verlust ganzer Stücke" handelt. Die Revision rügt die Nichtanwendung dieser Bestimmung; sie geht davon aus, daß ein solcher Verlust vorliege, wenn der Frachtführer außerstande sei, das Frachtgut auszuliefern, ohne Unterschied, worin dieses Unvermögen seine Ursache habe. Die Rüge geht fehl. Es wäre kein vernünftiger Grund für eine Vorschrift des Inhalts aufzufinden, daß die Eisenbahn nicht ersatzpflichtig sei, wenn die Schadensursache (z. B. Feuer) zur teilweisen Vernichtung des zur Beförderung angenommenen Gutes führt, daß sie dagegen ersatzpflichtig werde, sobald die vollständige Vernichtung eintritt. Der Grund für die Haftung oder Nichthaftung der Eisenbahn kann verständigerweise nicht in dem Umfange des entstandenen Schadens gefunden werden; er ist vielmehr aus den Umständen, unter denen der Schade erwächst, herzuleiten. In der Gesetzessprache werden die Ausdrücke „Verlust" und „verlieren" in verschiedenem Sinne gebraucht. Gewöhnlich bezeichnet „Verlust" im Gegensatz zur bloßen „Beschädigung" den gänzlichen Abgang einer Sache durch eine beliebige Ursache, umfaßt also auch die gänzliche Zerstörung. In diesem Sinne ist z. B. von „Verlust" die Rede in den §§ 255, 701, 804 BGB., §§ 390, 414, 429 (vgl. 457), 606, 609, 610, 673 Abs. 2 HGB., §§ 58, 77 BinnSchiffGes. und § 6 Reichspostges. „Verlieren" und „Verlust" wird aber auch in einem engeren Sinne gebraucht. Dieser engere Begriff trifft nicht die völlige Vernichtung einer Sache; er wird vielmehr angewandt, wo der Verbleib einer Sache unbekannt ist, wo eine Sache „gestohlen worden, verloren gegangen oder sonst abhanden gekommen" ist (s. §§ 935, 1006, 1007 BGB., vgl. auch §§ 799, 804, 808 Abs. 2, 1162 BGB.). Man darf annehmen, daß gerade im Hinblicke auf Fälle dieser Art die den „Verlust ganzer Stücke" betreffende Vorschrift — welche sich in ähnlicher Fassung bereits im § 67 des Eisenbahnbetriebsreglements findet — aufgestellt worden ist. Wenn die Eisenbahnverkehrsordnung in § 77 Nr. 1 dem „Verluste ganzer Stücke" den „auffallenden Gewichtsabgang" gleichstellt, so wird

auch hier auf Fälle des „Abhandenkommens" hingedeutet, dessen Ursache unaufgeklärt ist, und der Fall einer (teilweisen) Vernichtung durch eine bekannte Ursache offensichtlich ausgeschieden; in erster Linie wird an Diebstahl zu denken sein. Die gleiche Auffassung wird vertreten von Rundnagel, Die Haftung der Eisenbahn S. 166, der unter „Verlust" nur „das eigentliche Abhandenkommen des Gutes" verstehen will. Die Zerstörung des Möbelwagens durch Feuer darf hiernach nicht als „Verlust" eines ganzen Stückes im Sinne des § 77 Nr. 1 EisenbVerkOrdn. angesehen werden."

3. . . . (Es wird ausgeführt, daß ein Verschulden der Eisenbahn [§ 459 Abs. 3 HGB.] nicht vorliegt).

„4. Endlich rügt die Revision, daß die Gründe, aus denen der Berufungsrichter die Anwendbarkeit des § 25 des preußischen Eisenbahngesetzes vom 3. November 1838 ablehne, nicht haltbar seien. Nach dem angeführten § 25 ist eine Eisenbahngesellschaft — und ebenso die Staatsbahn (vgl. Entsch. ds RG.s in Zivils. Bd. 23 S. 221) — zum Ersatze für allen Schaden verpflichtet, welcher bei der Beförderung auf der Bahn an den beförderten Gütern entsteht, und sie kann sich von dieser Verpflichtung nur durch den Beweis befreien, daß der Schade entweder durch eigene Schuld des Beschädigten, oder durch einen unabwendbaren äußeren Zufall bewirkt worden ist. Das Berufungsgericht sagt zutreffend, daß die Gesetzesvorschrift nach Art. 105 EinfGes. zum BGB. an sich noch anwendbar sei, aber nur für außervertragliche Sachbeschädigung Geltung habe. Allein gerade als außervertragliche Beschädigung stellt sich das Verbrennen der Sachen für die Eigentümer dar, und der Schadensanspruch ist auch als außervertraglicher unter Berufung auf den angeführten § 25 von der Klägerin, als Zessionarin des L. und Bevollmächtigter von Sch., erhoben worden; im Tatbestande des angefochtenen Urteils wird dies ausdrücklich hervorgehoben. Es läßt sich damit schwer vereinigen, wenn im Eingange der Entscheidungsgründe bemerkt wird, daß die Klägerin „offenbar aus der Abtretung des L. selbständige Ansprüche gar nicht herleiten wolle". Da jedoch eine prozessuale Beschwerde in dieser Richtung nicht geltend gemacht wird, so fragt es sich, ob der genannte nicht bemängelte Entscheidungsgrund, der wenigstens den Anspruch von L. auszuräumen an sich geeignet ist, die Anwendung des § 25 des preußischen Eisenbahngesetzes ausschließe. Diese Frage kann indes auf sich beruhen bleiben, weil unter den obwaltenden Umständen die Klägerin auch von dem Gesichtspunkte des § 25 aus mit ihren Ansprüchen nach materiellrechtlichen Grundsätzen nicht durchdringen kann.

Freilich ist anzuerkennen, daß die Eisenbahn den Eigentümern, die zu ihr in keinem Vertragsverhältnisse stehen, nicht unmittelbar die den Frachtvertags regelnden Vorschriften der § 459 HGB. und § 77 Eisenb.-VerkOrdn. entgegenhalten kann. Für die gegen die Eisenbahn erhobenen Ansprüche der Eigentümer erheischt aber der Umstand Beachtung, daß diese darüber nicht im Ungewissen sein konnten, der Spediteur werde ihre Sachen auf der Eisenbahn versenden. Damit war in Ansehung des Frachtvertrages eine beschränkte Haftung der Eisenbahn nach Maßgabe der angezogenen Vorschriften mit Notwendigkeit gegeben; eine Vereinbarung, die mit diesen Vorschriften in Widerspruch gestanden hätte, wäre gemäß § 471 HGB. nichtig gewesen. Bei einer solchen Sachlage verstößt der Eigentümer gegen Treu und Glauben, wenn er entgegen den Bestimmungen des mit seinem Wissen und Willen über seine Sachen abgeschlossenen Frachtvertrages Rechte aus dem § 25 des Eisenbahngesetzes herzuleiten versucht. (Die Entscheidung des erkennenden Senats vom 16. Mai 1906, Bd. 63 S. 308, beruht auf einem abweichenden Tatbestande.)"

RGZ. 75, 190.

Fallen Zobelpelzmäntel unter den Begriff der „Kostbarkeiten" im Sinne des Art. 3 des internationalen Übereinkommens über den Eisenbahnfrachtverkehr und dazu ergangenen Ausführungsbestimmungen in der durch die Zusatzvereinbarung vom 16. Juli 1895 ergänzten Fassung?

I. Zivilsenat. Urt. v. 18. Januar 1911.

I. Landgericht Danzig. — II. Oberlandesgericht Marienwerder.

Aus den Gründen:

„Es handelt sich in der Revisionsinstanz nur um die Frage, ob der verbrannte Zobelpelzmantel eine „Kostbarkeit" im Sinne des internationalen Eisenbahnfrachtrechts gewesen ist, oder nicht. Darüber, daß bei Bejahung der Frage eine Haftung des Beklagten nicht besteht, weil die für Kostbarkeiten geltenden Tarifvorschriften nicht beachtet worden sind, und darüber, daß bei Verneinung der Frage die Entschädigungsforderung auch in dem bisher nicht zugesprochenen Betrage begründet ist, herrscht Einverständnis der Parteien.

Für den im September 1905 in Paris zum Eisenbahntransporte nach Moskau aufgegebenen Koffer kommen der Art. 3 des internationalen Übereinkommens über den Eisenbahnfrachtverkehr vom 14. Oktober 1890 und die dazu ergangenen Ausführungsbestimmungen in der durch die Zusatzvereinbarung vom 16. Juli 1895 ergänzten Fassung zur Anwendung. Nach § 1 sind von der Beförderung ausgeschlossen oder nur unter besonderen Bedingungen zugelassen:

„1. Gold- und Silberbarren, Platina, Geld, geldwerte Münzen und Papiere, Dokumente, Edelsteine, echte Perlen, Pretiosen und andere Kostbarkeiten;

2. Kunstgegenstände, wie Gemälde, Gegenstände aus Erzguß, Antiquitäten."

Dabei wird bemerkt:

„Zu den Kostbarkeiten sind beispielsweise auch besonders wertvolle Spitzen und besonders wertvolle Stickereien zu rechnen."

Das Landgericht hat angenommen, daß von den Kostbarkeiten im Sinne dieser Ausführungsbestimmungen nach Sprachgebrauch und Verkehrssitte begrifflich ausgeschlossen seien: Bekleidungsgegenstände, die zum regelmäßigen Gebrauche dienten, auch wenn sie noch so hohen Wert hätten. Daher könne auch der verbrannte Pelzmantel nicht als Kostbarkeit angesehen werden. Das Berufungsgericht will bei der Auslegung nicht lediglich Sprachgebrauch und Verkehrssitte berücksichtigen, sondern in erster Linie die Meinung des Gesetzes ermitteln unter Beachtung seines Anlasses und Zweckes. Es hält diese Bestimmungen des internationalen Frachtverkehrs zusammen mit den Vorschriften in Art. 395 Abs. 2 ADHGB. und § 429 Abs. 2, § 462 HGB. und findet, deren Zweck sei, den Eisenbahnen nicht die volle Haftung bei solchen Frachtstücken aufzuerlegen, die in keiner Weise vermuten ließen, daß im Verhältnisse zu ihrem Umfange ihr Wert im Vergleich zu anderen Waren das gewöhnliche Maß erheblich übersteige. Aus diesem Zwecke leitet es den Begriff der Kostbarkeiten ab, während es die daneben erwähnten besonderen Kategorien der ausgenommenen Frachtgüter als aus Zweckmäßigkeitsgründen gegebene konkrete Beispiele zur Erläuterung des nicht definierten abstrakten Begriffs ansieht und dafür insbesondere die sukzessiven Wandelungen bei der Aufzählung in den entsprechenden Vorschriften der Eisenbahnverkehrsordnung in den verschiedenen Fassungen geltend macht. Das Berufungsgericht meint daher, daß auch Kleidungsstücke zu den „Kostbarkeiten" gehörten, wenn sie „bei Betrachtung von Umfang und Gewicht im Vergleiche zu andern als Frachtgut aufgegebenen Waren einen das gewöhnliche Maß erheblich übersteigenden Wert" hätten. Daß diese Voraussetzung bei dem streitigen Zobelpelzmantel zutreffe, entnimmt es dem Umstande, daß er aus 84 Zobelfellen zusammengesetzt gewesen und das Pelzwerk allein auf 25 000 Frs., der ganze Mantel auf mindestens 26 800 Frs. geschätzt worden sei. Es ist der Ansicht, ein Pelz aus so besonders wertvollen Fellen einer an sich teuren Pelzsorte diene, wenn er auch den Zweck eines Gebrauchkleidungsstückes erfülle, doch hauptsächlich als Schau- und Prunkstück.

Die Revision greift die Auslegung des Berufungsgerichts an. Es ist ihr aber nicht gelungen, sie als rechtsirrtümlich nachzuweisen. Wenn sie zunächst einwendet, daß der Begriff der Kostbarkeiten nicht lediglich aus Anlaß und Zweck der gesetzlichen Vorschrift könne abgeleitet werden, daß vielmehr in erster Linie der Wortsinn des Gesetztextes maßgebend sein müsse, so ist dieser Angriff gegenstandslos. Denn es ist nicht die Meinung des Berufungsgerichts, auf Zweck und Anlaß des Gesetzes eine Interpretation zu gründen, die mit dem Wortsinn des Ausdrucks „Kostbarkeiten" nicht vereinbar wäre; vielmehr will es davon nur Gebrauch machen, um die Bedeutung zu finden, in der das Gesetz den an und für sich unbestimmten Ausdruck verstanden wissen wolle. Dagegen ist nichts einzuwenden. Dann aber verdient es auch nicht, wie die Revision meint, einen Tadel, sondern ist ganz in der Ordnung, wenn das Berufungsgericht zur Vergleichung nicht die mit der Haftung des Frachtführers nicht zusammenhängenden Vorschriften in §§ 372, 702 und 1818 BGB. herangezogen hat, obgleich auch darin der Ausdruck „Kostbarkeiten" vorkommt.

Was die Revision selbst über die Bedeutung des Ausdrucks vorbringt, ist nicht durchschlagend. Daß ein bestimmter Sprachgebrauch unter „Kostbarkeiten" in erster Linie Erzeugnisse der Goldschmiedekunst, also insbesondere Schmuckgegenstände, verstehe, kann nicht zugegeben werden. An sich enthält das Wort keine vorzugsweise Beziehung, noch weniger eine Beschränkung auf diese Gegenstände. Es bedeutet ganz allgemein: das kostbare Ding.

Vgl. Grimm, Wörterbuch Bd. 6 S. 1860: Kostbarkeit unter 2b.

Die Revision hält auch selbst an ihrer Auslegung nicht fest, sondern gibt sie sofort zu Gunsten der andern Definition auf, wonach zum Begriff der Kostbarkeit gehören soll, daß sie einen großen Wert auf verschwindend kleinem Raum darstelle, und sie nimmt darum keinen Anstand, „echte Spitzen und sog. Antiquitäten von großem Werte" ebenso unter den Begriff der Kostbarkeiten zu bringen, wie ein Gramm Radium, was doch alles mit den Erzeugnissen der Goldschmiedekunst nicht das mindeste zu schaffen hat. Die Fassung des Gesetzes widerspricht aber auch direkt dieser Beschränkung auf die sog. Pretiosen, indem es zunächst eine Mehrheit konkret bezeichneter Gegenstände aufzählt und dann hinzufügt „und andere Kostbarkeiten", wie dies in gleicher Weise auch in den Eisenbahnverkehrsordnungen vom 15. November 1892, vom 26. Oktober 1899, § 50 B 2, und vom 23. Dezember 1908, § 54 unter 2 B 1, geschehen ist. Mag man nun der Fassung in der Ausführungsbestimmung zu Art. 3 des intern. Übereinkommens die Bedeutung beilegen, daß „die anderen Kostbarkeiten" als Erweiterung zu „Edelsteine, echte Perlen, Pretiosen" zu denken seien, oder mag man sie nur in Beziehung zu den unmittelbar vorhergehenden „Pretiosen" bringen, so ergibt sich in beiden Fällen, daß unter den andern Kostbarkeiten notwendig etwas anderes verstanden werden muß als die vorangehenden Kategorien, insbesondere also die andern Kostbarkeiten nicht identisch sein können mit den Pretiosen, denen sie die Revision in erster Linie gleichstellen will. Auch der französische Text ergibt, wie schon das Berufungsgericht erkannt hat, nichts für die Auffassung der Revision. Unrichtig ist die Behauptung der Revision, daß aus ihm sich deutlicher als aus dem deutschen Text erkennen lasse, es seien in erster Linie Kleinodien gemeint: die „autres objets précieux", die hinter „pierres précieuses, perles fines, bijoux" aufgeführt sind, sind auch hier nicht identisch mit den „bijoux" (Schmucksachen, Kleinodien), und da der französische Text ebenfalls hervorhebt, daß unter den objets précieux z. B. auch „Spitzen und Stickereien von großem Werte" zu verstehen seien, so ist klar, daß die Bezeichnung „objets précieux" hier nichts anderes bedeuten soll als die Bezeichnung „Kostbarkeiten" im deutschen Text.

Verfehlt ist auch die Aufstellung der Revision, es sei ein Begriffsmerkmal der Kostbarkeiten, daß sie einen großen Wert auf verschwindend kleinem Raum darstellen müßten. Daß zum Begriff der Kostbarkeit ein gewisses Mißverhältnis zwischen dem hohen Wert und dem eingenommenen Raum gehöre, ist die übereinstimmende Ansicht von Theorie und Praxis. Die Forderung, daß die Kostbarkeit nur einen verschwindend kleinen Raum einnehmen dürfe, ist eine durch nichts gerechtfertigte Übertreibung. Mit einer solchen Beschränkung würde nicht vereinbar sein die Ansicht des II. Zivilsenats in den Entsch. d. RG.s in Zivils. Bd. 13 S. 36, daß ein wertvolles Ölgemälde unter die Kostbarkeiten falle, wobei von einer besonderen Kleinheit des Gemäldes nicht die Rede ist. Sie würde aber auch damit nicht vereinbar sein, daß die Ausführungsbestimmung als Beispiele der andern Kostbarkeiten ohne Rücksicht auf die Größe besonders wertvolle Spitzen und Stickereien anführt. Willkürlich ist es, wenn die Revision ihre Auffassung des Begriffs der Kostbarkeiten damit zu begründen sucht, daß die Kostbarkeiten in diesem Sinne wegen ihres ganz geringen

Raumgehalts besonders leicht könnten gestohlen werden und daß es gerade die besonders große Diebstahlsgefahr gewesen sei, die offenbar den Ausschluß dieser Klasse von Gegenständen vom internationalen Frachtverkehr oder, wie man ergänzen muß, deren nur bedingte Zulassung veranlaßt habe. Dann müßte auch für die übrigen Gegenstände, die nach § 1 der Ausführungsbestimmungen von der Beförderung ausgeschlossen oder nur bedingungsweise zugelassen sind, in gleicher Weise wegen ihrer Kleinheit eine besonders große Diebstahlsgefahr begründet sein, was aber keineswegs bei allen zutrifft. Es ist aber auch grundlos, in der Diebstahlsgefahr den alleinigen Grund der besonderen Tarifbestimmungen zu erblicken, da für den internationalen Eisenbahnfrachtverkehr noch andere Transportgefahren bestehen, die bei Kenntnis von dem besonders hohen Wert der Sendung durch entsprechend gesteigerte Sorgfalt der Behandlung abgewendet oder vermindert werden können.

In dem angeführten Urteil hat sich der II. Zivilsenat des Reichsgerichts dahin ausgesprochen, daß der Ausdruck „Kostbarkeiten" nach dem gewöhnlichen Sprachgebrauch nicht nur Gegenstände, deren Stoff besonders wertvoll sei, sog. Pretiosen, umfasse, sondern daß darunter nach der offensichtlichen Absicht des Gesetzgebers jedes im Verhältnis zu seinem Umfang und Gewicht besonders wertvolle Gut zu verstehen sei. Damals handelte es sich um § 48 des Eisenbahnbetriebsreglements vom 13. Juni 1880 und Art. 395 Abs. 2 ADHGB. Es besteht jedoch kein Grund, den Kostbarkeiten im Sinne der Ausführungsbestimmung zum internationalen Übereinkommen eine andere Bedeutung beizulegen. Die Literatur hat sich denn auch fast einstimmig der Auffassung des II. Zivilsenats angeschlossen, auch in betreff des internationalen Frachtrechts (vgl. Eger, Intern. Übereink. S. 28). Eine abweichende Ansicht vertritt Dr. Senckpiehl in dem von ihm erstatteten Gutachten und in seinem Werke: Eisenbahntransportgeschäft S. 213 unter 4. Auch er geht davon aus, daß Kostbarkeiten Sachen seien, die im Verhältnis zu ihrem Umfang und Gewicht von besonders hohem Wert sind. Dies sei aber nur eine der festen Abgrenzung entbehrende Erläuterung, die erst durch die Anschauungen des Verkehrs ihre nähere Bestimmung erhalten müsse. Aus dieser Verkehrsanschauung soll sich dann ergeben, daß verschiedene Gruppen von Sachen, u. a. bloße Verbrauchs- und Gebrauchsgegenstände, niemals unter den Begriff der Kostbarkeiten fallen könnten. Im Ergebnis wird gelehrt, daß der Begriff der Kostbarkeiten zu beschränken sei auf 1. alle Edelmetalle und die daraus hergestellten Waren, 2. Schmuck- und Zierstücke, die infolge ihres Stoffes oder der darauf verwendeten Arbeit oder Kunst von besonders hohem Wert seien.

Das Reichsgericht kann sich dieser Ansicht ebensowenig anschließen, wie die Vorinstanz. Es muß als willkürlich ablehnen, bei Gütern, die an sich das vom II. Zivilsenat festgelegte Merkmal einer Kostbarkeit aufweisen, noch diese weiteren, angeblich der Verkehrsanschauung entnommenen Einschränkungen hinzuzufügen. Es kann daher nicht als rechtsirrtümlich angesehen, sondern muß gebilligt werden, wenn das Berufungsgericht verneint, daß Kleidungsstücke unter keinen Umständen zu den Kostbarkeiten gerechnet werden dürften, vielmehr dafür hält, daß auch bei ihnen danach gefragt werden müsse, ob sie bei Betrachtung von Umfang und Gewicht im Vergleich mit andern als Frachtgut aufgegebenen Waren einen das gewöhnliche Maß erheblich übersteigenden Wert hätten. Nun wird allerdings nicht nur bei Senckpiehl a. a. O., sondern auch bei Eger (Intern. Übereink. S. 28) gelehrt, daß speziell Pelze und Pelzwaren nicht zu den Kostbarkeiten gehörten. Bei beiden Autoren wird dafür eine Entscheidung des Appellhofes in Amiens vom 3. Juni 1900

vgl. Ztschr. für intern. Eisenbahntransp. XIV S. 104; Eger, Eisenbahnrechtl. Entsch. XXII S. 360

angeführt. Allein diese Entscheidung kann, abgesehen davon, ob man ihr sachlich beizutreten hätte, schon deshalb nicht in Betracht kommen, weil sie nicht die Bestimmungen für den internationalen Eisenbahnfrachtverkehr, sondern eine damit keineswegs übereinstimmende Vorschrift für den inneren französischen Verkehr (Art. 16 des durch Ministerialerlaß vom 24. März 1898 genehmigten allgemeinen Eisenbahntarifs) zum Gegenstand hat.

Die Revision erhebt weiter den Angriff, daß, wenn das einzelne Zobelfell nicht zu den Kostbarkeiten gehöre, unmöglich der Zobelpelzmantel deshalb, weil er aus vielen wertvollen Zobelfellen hergestellt sei, eine Kostbarkeit sein könne. Deshalb sei die Auffassung des Berufungsgerichts rechtsirrtümlich, weil es nicht kostbares Pelzwerk überhaupt dem § 1 Nr. 1 der Ausführungsbestimmung unterwerfe, sondern nur konkret feststelle, daß der streitige Pelzmantel nach Zahl und Wert der Zobelfelle besonders wertvoll gewesen sei, hauptsächlich als Schau- und Prunkstück gedient habe und deshalb als Kostbarkeit behandelt werden dürfe. Die Revision vertritt die Ansicht, die größere oder geringere Güte des einzelnen Frachtstückes könne unmöglich ein praktisch brauchbares Merkmal für die Bestimmung des gesetzlichen

Begriffs abgeben; dafür könnten vielmehr ausschließlich abstrakte Merkmale in Betracht kommen.

Die Ausführungen der Revision greifen nicht durch. Auf die Behauptung, daß, wenn das einzelne Zobelfell keine Kostbarkeit sei, auch der ganze Zobelpelzmantel keine sein könne, braucht überhaupt nicht eingegangen zu werden. Nirgends hat das Berufungsgericht ausgesprochen, daß die einzelnen Zobelfelle keine Kostbarkeiten seien, und hatte auch, da die Sendung nicht einzelne Zobelfelle, sondern den Zobelpelzmantel enthielt, keine Veranlassung, auf eine Prüfung dieser Frage einzutreten. Der Vorwurf aber, daß das Berufungsgericht die Eigenschaft des verbrannten Mantels als einer Kostbarkeit auf dessen konkrete Beschaffenheit, statt auf die abstrakten Begriffsmerkmale, gestützt habe, beruht auf einem Mißverständnis. Die Grundlage der Entscheidung des Berufungsgerichts beruht auf dem abstrakten, d. h. allgemeinen Satz, daß auch Kleidungsstücke unter den angegebenen Bedingungen unter die Kostbarkeiten zu rechnen seien. Damit ist ausgesprochen, daß auch ein Zobelpelzmantel, obgleich Kleidungsstück, eine Kostbarkeit i. S. der Ausführungsbestimmung sein könne, nämlich dann, wenn das für alle Kostbarkeiten geltende Verhältnis zwischen Wert und Raumumfang vorhanden sei. Konkret sind nur die weiteren Überlegungen und müssen es sein, weil sie sich auf die besondere Beschaffenheit des streitigen Pelzmantels beziehen und zur Begründung dafür dienen sollen, daß sich an ihm dieses kennzeichnende Verhältnis vorfinde und daß daher die Subsumtion des konkreten Pelzmantels unter die begriffliche Definition der Kostbarkeiten gerechtfertigt sei. Wenn das Berufungsgericht bei dieser Subsumtion auch noch geltend macht, daß ein so wertvoller Pelzmantel neben dem, daß er auch den Zweck des Gebrauchs-Kleidungsstückes erfülle, hauptsächlich als Schau- und Prunkstück diene, so kommt es darauf nicht wesentlich an, und es kann daher dahingestellt bleiben, ob man darin eine verbindliche tatsächliche Feststellung oder nur eine allgemeine Erwägung zu finden hätte.

Daß bei der hier gebilligten Auslegung eine gewisse Schwierigkeit für die praktische Anwendung der Ausführungsbestimmung entsteht, muß zugegeben werden. Das ist eine unvermeidliche Folge davon, daß die Ausnahme nicht nur für völlig bestimmt bezeichnete Gegenstände, wie z. B. Edelsteine, echte Perlen, gelten soll, sondern auch für Gegenstände, wofür keine so eindeutigen Bezeichnungen zur Verfügung standen, wie eben die Kostbarkeiten, bei denen die Entscheidung von der mehr oder weniger willkürlichen Beurteilung des Wertverhältnisses zum Raum- und Gewichtsverhältnis abhängt. Doch ist nicht zu übersehen, daß sich gerade im vorliegenden Falle die Unsicherheit der Beurteilung nicht bemerkbar macht, da in dieser Richtung bei dem sehr hohen Wert des verbrannten Pelzmantels kein begründeter Zweifel bestehen kann.

Das Landgericht stellt in den Gründen seiner Entscheidung fest, daß der Beklagte Zobelfelle der Art, wie aus ihnen der Pelzmantel zusammengesetzt gewesen, bisher selbst nicht als Kostbarkeiten betrachtet habe; denn er habe unstreitig alljährlich Zobelfelle in großen Mengen im Werte von vielen Millionen von Rußland nach Deutschland, England, Frankreich und umgekehrt befördert, ohne bei der Beförderung der Felle zu seinen Gunsten die für Kostbarkeiten geltenden besonderen Bestimmungen in Anspruch zu nehmen. Daß in diesen Fällen auch Verlustentschädigung bezahlt worden sei, davon ist hier nicht die Rede. Behauptet aber hat der Kläger auch dies, und so hat das Oberlandesgericht den Einwand verstanden, indem es ihn dahin wiedergibt, daß „der Beklagte in anderen Fällen Rauchwarensendungen, die Zobelfelle enthielten, befördert habe, ohne die Beachtung der für Kostbarkeiten gegebenen Vorschriften zu fordern, und daß er auch in Fällen des Verlustes den vollen Wert von Zobelfellen bezahlt habe." Das Berufungsgericht hat die tatsächliche Richtigkeit der Einwandsbehauptung nicht geprüft. Es erklärt diese für unerheblich, weil auch dann, wenn der Beklagte in andern Fällen dem Gesetz zuwider die Tarife nicht richtig angewandt haben sollte, damit die Klägerin nicht das Recht erlangt haben würde, zu fordern, daß auch vorliegend die vorgeschriebenen Bestimmungen außer acht gelassen würden. Dagegen richtet sich die Revision mit der Rüge, daß die in dieser Behandlung der Zobelfelle zutage getretene Verkehrssitte nicht einfach beiseite geschoben werden dürfe, sondern von ausschlaggebender Bedeutung für die Auslegung des Gesetzes sei. Dabei macht die Revision geltend, daß das Gesetz nachweisbar aus früher üblichen vertraglichen Bestimmungen hervorgegangen sei und daß erst durch § 454 HGB. die früheren Betriebsreglements und Eisenbahnverkehrsordnungen, die nur die Bedeutung von leges contractus gehabt hätten, zu gesetzlicher Kraft erhoben worden seien.

Diese Einwendungen gehen fehl. Das kann und will wohl auch die Revision nicht behaupten, daß auch die Ausführungsbestimmungen zum internationalen Übereinkommen nur vertraglichen Charakter hätten, so daß es dabei auf die besondere Auslegung ankommen könnte, die ihnen eine einzelne Eisenbahn in tatsächlicher Anwendung gibt. Nach

Art. 1 Abs. 2 des intern. Übereinkommens haben die Bestimmungen, die zur Ausführung des Übereinkommens von den vertragschließenden Staaten vereinbart sind, dieselbe rechtliche Wirkung wie das Übereinkommen selbst. Die Folge davon ist, daß eine einzelne Eisenbahn diese Bestimmungen nicht ändern kann. Es ist daher durchaus begründet, wenn das Berufungsgericht verneint, daß aus der noch so häufigen Zuwiderhandlung des Beklagten in andern Fällen der Klägerin das Recht erwachsen sei, für ihren Frachtvertrag die gleiche Zuwiderhandlung zu verlangen. Aber auch darin muß dem Berufungsgericht Recht gegeben werden, daß sich aus den behaupteten Vorgängen nicht eine Verkehrssitte entnehmen läßt, die in bezug auf Zobelpelzmäntel eine Abweichung von dem gesetzlichen Begriff der Kostbarkeiten rechtfertigen könnte. Ohne Rechtsirrtum hat daher die Vorinstanz diesen Einwand der Klägerin für unerheblich erklärt." . . .

RGZ. 84, 237.

Frachtzuschlag wegen unrichtiger Angabe des Inhalts einer Sendung. Gehört in Fällen, wenn die künftige Verwendung der Sendung für den Tarif von Bedeutung ist, auch die Angabe der Verwendung zur Inhaltsangabe? Was ist nötig, um diese Angabe als unrichtig erscheinen zu lassen?

Eisenbahnverkehrsordnung vom 23. Dezember 1908 § 60.

II. Zivilsenat. Urt. v. 27. Februar 1914.

I. Landgericht Hamburg, Kammer für Handelssachen. — II. Oberlandesgericht daselbst.

Der Beklagte bezog in der Zeit vom Oktober 1911 bis März 1912 große Mengen frischer Kartoffeln aus dem Inland und bezahlte die Fracht für den Transport nach Hamburg mit 50 % Ermäßigung nach den damals gültigen Ausnahmetarifen für Sendungen, die im Inland verwendet werden. Die Frachtbriefe trugen einen auf die Tarife hinweisenden Vermerk. Mit der Behauptung, daß der Beklagte die Kartoffeln teils selbst ins Ausland ausgeführt, teils an Exporteure verkauft habe, nahm der preußische Eisenbahnfiskus den Beklagten auf den Rest der vollen Fracht sowie auf einen Frachtzuschlag in Höhe des doppelten Restes in Anspruch. Der Beklagte bestritt die Behauptung, meinte aber auch, daß, wenn dem so wäre, ein Frachtzuschlag doch niemals verwirkt sein würde.

Die Kammer für Handelssachen verurteilte nach dem vollen Klagantrage. Dagegen wies das Oberlandesgericht, während es wegen des

Anspruchs auf Nachzahlung von Fracht Beweisaufnahme anordnete, den Anspruch auf den Frachtzuschlag durch Teilurteil als unsubstantiiert ab. Auf die Revision des Klägers wurde das Teilurteil aufgehoben und die Sache in die Vorinstanz zurückverwiesen.

Gründe:

„Nach § 60 Abs. 1 der Eisenbahnverkehrsordnung vom 23. Dezember 1908 ist bei unrichtiger Angabe des Inhalts einer Sendung ohne Rücksicht darauf, ob ein Verschulden des Absenders vorliegt oder nicht, ein Frachtzuschlag zu entrichten. Der Zuschlag beträgt (vgl. Abs. 1 Buchst. b), wenn die unrichtige Inhaltsangabe keine Frachtverkürzung herbeiführen kann, 1 M für den Frachtbrief, sonst das Doppelte des Unterschieds zwischen der infolge der unrichtigen Angabe entstandenen und der richtig berechneten Fracht von der Aufgabe- bis zur Bestimmungsstation. Nach Abs. 4 ist der Frachtzuschlag verwirkt, sobald der Frachtvertrag abgeschlossen ist, d. h. (vgl. § 61 Abs. 1) sobald die Abfertigungsstelle das Gut mit dem Frachtbriefe zur Beförderung angenommen hat. Zur Zahlung des Zuschlags ist der Absender verpflichtet. Hat der Empfänger den Frachtbrief und das Gut angenommen, so haftet er neben dem Absender als Gesamtschuldner für die Zahlung.

Daß in Fällen, wo die künftige Verwendung einer Sendung für den Tarif von Bedeutung wird, die Angabe der Verwendung zur Inhaltsangabe im Sinne des § 60 Abs. 1 (vgl. auch § 56 Abs. 1 zu d) EVO. gehört, wird im angefochtenen Urteile nicht in Abrede gestellt. Der Vertreter des Revisionsbeklagten hat es bestritten; mit Unrecht. Es kann nicht zugegeben werden, daß die Einbeziehung des Verwendungszwecks in den Inhalt der Sendung dem Sprachgebrauch widerspricht. Inhalt der hier fraglichen Sendungen waren nicht Kartoffeln schlechthin, sondern Kartoffeln zur Verwendung im Inlande. Die engere Auslegung des Wortes Inhalt, die der Revisionsbeklagte vertritt, ist mit den Interessen des Eisenbahnfiskus nicht verträglich. Sie entfernt sich auch völlig von der Art, wie die Eisenbahnverkehrsordnung früher, ohne daß Zweifel laut geworden wären, verstanden worden ist (vgl. Eger, Eisenbahnverkehrsordnung, 3. Aufl. § 60 Anm. 250).

Der Grund, warum das Berufungsgericht die Klagebehauptungen nicht für geeignet erachtet, die Forderung auf den Frachtzuschlag zu rechtfertigen, besteht in seiner Auffassung des Begriffs der Unrichtigkeit. Um die Angabe, meint es, als unrichtig erscheinen zu lassen, genüge es nicht, wenn die Sendung tatsächlich später anders verwendet werde, vielmehr müsse die andersartige Verwendung von vornherein beabsichtigt sein. Es folge dies aus der Natur des Frachtzuschlags als einer Strafe für unrichtige Deklaration. Daraus erkläre es sich, daß für den Zuschlag in erster Linie der Absender, erst in zweiter der Empfänger hafte, und daß der Zuschlag schon mit Abschluß des Frachtvertrags verwirkt werde. Besonders beweiskräftig sei auch der § 13 des Deutschen Eisenbahn-Gütertarifs Teil I Abt. B. In dieser Bestimmung, die den Fall der Ausfuhrgüter behandle, werde ein Frachtzuschlag für Rückbeförderung des Ausfuhrguts in das Zollinland vorgesehen. Die Regelung im einzelnen sei milder als die des § 60 EVO. Weil jene allgemeine Vorschrift nicht erwähnt werde, müsse angenommen werden, daß sie nach der Anschauung der Eisenbahnverwaltung solche Fälle nicht decke, in denen erst durch nachträgliche Bestimmung des Absenders oder des Empfängers die zunächst richtige Frachtbriefangabe über die Verwendung des Gutes geändert werde. Hiernach habe, damit vorliegend ein Frachtzuschlag beansprucht werden könnte, schon bei Absendung der Kartoffeln an den Beklagten die demnächstige Ausfuhr ins Ausland feststehen müssen. Das sei vom Kläger nicht behauptet worden.

Diesen Erwägungen kann nicht beigepflichtet werden. Was das Berufungsgericht dafür anführt, daß die zur Zeit der Absendung bestehenden Absichten — doch wohl des Empfängers — das Entscheidende seien, ist für die aufgeworfene Frage ohne Belang. Mit dem Hinweis auf die Eigenschaft des Frachtzuschlags als Vertragsstrafe läßt sich nichts ausrichten, wobei unerörtert bleiben mag, ob diese Auffassung überhaupt noch berechtigt ist, seitdem die Eisenbahnverkehrsordnung bestimmt hat, daß ein Verschulden des Absenders nicht vorzuliegen braucht. Die Vorschrift ferner, daß der Zuschlag schon mit dem Abschluß des Frachtvertrags, also nicht erst mit Beginn oder gar mit Beendigung der Beförderung, verwirkt wird, soll Zweifeln entgegentreten, die bei unrichtigen Gewichtsangaben und Wagenüberlastungen auftauchen könnten. Daß der Empfänger nur in zweiter Reihe haftete, trifft nicht zu. Er haftet neben dem Absender als Gesamtschuldner, selbstverständlich erst von Annahme des Gutes und des Frachtbriefs an, da vor diesem Zeitpunkt eine Haftung für ihn nicht in Frage kommt (vgl. § 436 HGB., § 76 Abs. 4 EVO.). Ebenso unschlüssig ist die Bezugnahme auf den Gütertarif. Es mag dahingestellt bleiben, inwiefern es bei dem Zweck und der Anlage von Tarifen überhaupt möglich ist, aus einer Tarifbestimmung einen Umkehrschluß auf die Auslegung der Eisenbahnverkehrsordnung zu ziehen. Jedenfalls hebt der Berufungsrichter selbst hervor, daß der § 13 des Deutschen Eisenbahn-

Gütertarifs Teil I Abt. B von der allgemeinen Vorschrift der Eisenbahnverkehrsordnung sachlich abweiche. In der Tat ist die Regelung im Interesse der Förderung des Ausfuhrverkehrs teilweise anders gestaltet. Während nach § 60 Abs. 4 EVO. der Frachtzuschlag für die durch besondere Tarife begünstigten Ausfuhrgüter schon mit dem Zeitpunkt der Wiedereinfuhr in das Zollinland verwirkt sein würde, soll nach der Sonderbestimmung ein Zuschlag nicht erhoben werden, wenn der Absender oder der Empfänger binnen vier Wochen nach Ablauf des Monats, in dem die Rückbeförderung stattgefunden hat, die Eisenbahn hiervon in Kenntnis setzt.

In Wahrheit kommt darauf, was zur Zeit der Absendung beabsichtigt war, nichts an. Die Tarifermäßigung wird gewährt für eine bestimmte Verwendung der Güter, hier für den Verbrauch der frischen Kartoffeln im Inland. Ist es dem Absender darum zu tun, daß die Fracht sofort nach dem niedrigeren Satze berechnet wird, so muß er die Verwendung als solche im Frachtbrief kenntlich machen, d. h. zusichern, daß das Gut in der begünstigten Art verwendet werden wird. Diesen Sinn hatten denn auch die Vermerke der Lieferanten des Beklagten, ob sie nun die Worte „zur Verwendung im Inland" oder das Wort „Notstandstarif" enthielten. Der Bericht des Berufungsgerichts, daß geschrieben sei „zur Verwendung im Inlande bestimmt", steht mit dem Tatbestand des ersten Urteils und mit den beiden Klagschriften nicht im Einklang; doch ist der Wortlaut unerheblich. Auf keinen Fall könnte angenommen werden, daß die Absender durch Hervorhebung der „Bestimmung" zur Verwendung nur den subjektiven Verwendungswillen des Beklagten angezeigt hätten. Vielmehr waren die Vermerke sinngemäß dahin zu verstehen, daß die Voraussetzung der Tarifermäßigung vorliege, m. a. W. daß die Kartoffeln im Inland verbraucht werden würden.

Aus dieser den Frachtbriefvermerken notwendig innewohnenden Bedeutung folgt, daß sich die Vermerke schon durch die bloße Tatsache der anderweiten Verwendung als unrichtig herausstellen. Da nur eine unrichtige Angabe, kein Verschulden erfordert wird, ist damit der Frachtzuschlag verwirkt. Eine andere Ordnung der Sache, insbesondere die Abstellung auf die Absichten zur Zeit der Absendung des Gutes, würde auch den Zwecken, denen der Frachtzuschlag dienen soll, ersichtlich zuwiderlaufen. Müßte der Eisenbahnfiskus jedesmal einen Prozeß darüber führen, ob der Empfänger die tarifwidrige Verwendung von Anfang an beabsichtigt oder erst später beschlossen hat, so könnten die Absender leichten Herzens den begünstigten Tarif wählen. Der

Nachweis der anfänglichen Verwendungsabsicht würde selten gelingen. Damit wäre das Zwangsmittel des Frachtzuschlags seiner Kraft und Schneidigkeit beraubt. Dazu kommt, daß in zahlreichen Fällen, in denen die Art der Verwendung des Frachtguts das Eingreifen verschiedener Tarife bedingt, die künftige Verwendung zur Zeit der Absendung noch nicht feststeht, auch von einem anderen als dem Empfänger, namentlich von dessen Abkäufer, abhängt. So z. B. bei Sendungen von Melasse an einen Händler, wo der Spezialtarif II für Wagenladungsgüter der maßgebende sein würde, wenn die Melasse demnächst entzuckert wird, dagegen der Spezialtarif III, wenn der letzte Abnehmer sie zur Fütterung des Viehs benutzt. In solchen Fällen könnte der Fiskus niemals einen Frachtzuschlag erheben.

Auf der anderen Seite ist es keine übertriebene Härte, wenn man den Frachtzuschlag an jeden Vermerk im Frachtbriefe knüpft, der durch die spätere Verwendung des Gutes widerlegt wird. Der Absender soll die eine Zusicherung enthaltende Venwendungsangabe nur dann machen, wenn er seiner Sache wirklich sicher ist. Bedarf es doch auch der Angabe gar nicht, um im Ergebnis der Frachtermäßigung teilhaftig zu werden. Fehlt der Vermerk auf dem Frachtbrief, wird aber nachträglich der Beweis erbracht, daß das Gut in der tarifbegünstigten Art verwendet worden ist, so kann die Rückerstattung der gezahlten Mehrfracht beansprucht werden (vgl. auch den überreichten, vom 15. Dezember 1911 ab gültigen Ausnahmetarif unter II 3). Damit werden alle berechtigten Anforderungen befriedigt. Allerdings mag es mitunter vorkommen, daß ein Absender den Vermerk auf den Frachtbrief setzt, weil er die Verwendung nach gewissenhafter Prüfung als gewährleistet ansieht, und daß sie dann trotzdem, infolge einer veränderten Verfügung des Empfängers, unterbleibt. Für solche Ausnahmefälle genügt aber die der Eisenbahnverwaltung durch § 60 Abs. 2 EVO. und Nr. 1 der Allgemeinen Ausführungsbestimmungen eingeräumte Freiheit, aus Billigkeitsgründen von der Erhebung des Frachtzuschlags abzusehen. Es ist anzunehmen, daß die Verwaltung, wenn sie von der abweichenden Verwendung sofort benachrichtigt wird und den Frachtunterschied nachgezahlt erhält, von diesem Recht in entgegenkommender Weise Gebrauch machen wird." . . .

RGZ. 89, 338.

1. Ist die Eisenbahn wegen verspäteter Benachrichtigung des Empfängers von der Ankunft des Gutes schadensersatzpflichtig, wenn die Benachrichtigung zwar nicht sofort nach der Ankunft, aber noch vor

Ablauf der Lieferfrist erfolgt, oder wenigstens dann, wenn die Verspätung auf Arglist oder grober Fahrlässigkeit der Eisenbahn beruht? Tragweite des Art. 41 des Internationalen Übereinkommens über den Eisenbahnfrachtverkehr.

2. Haftpflicht der Eisenbahn aus unerlaubter Handlung neben der Haftpflicht aus dem Transportvertrage.

Internat. Übereinkommen über den Eisenbahnfrachtverkehr vom 14. Oktober 1890 (RGBl. 1892 S. 793) Art. 39, 41.

II. Zivilsenat. Urt. v. 19. Januar 1917.

I. Landgericht Hamburg. — II. Oberlandesgericht daselbst.

Laut Frachtbrief vom 4. Mai 1915 wurden 4624 kg Schweinefleisch von Göteberg an die Klägerin als Eilgut abgesandt. Als Empfangsstation war Hamburg angegeben. Die Lieferfrist betrug 16 Tage. Am 7. Mai 1915 kam die Sendung in Hamburg an. Dort wurde der Wagen, wie die Klägerin behauptet, infolge eines groben Verschuldens der Bahnbeamten nach der Station Sternschanze abgefertigt und von da nach Kiel verschleppt, woher er über Wilhemsburg nach Hamburg zurückkam. Hier wurde die Sendung nach ihrer Ankunft am 10. Mai 1915 der Klägerin zur Verfügung gestellt.

Die Klägerin behauptet, daß in der Zeit von der ersten Ankunft des Wagens in Hamburg (7. Mai) bis zu ihrer Benachrichtigung am 10. Mai ein großer Teil der Ware infolge der Hitze verdorben sei. Für den ihr hierdurch entstandenen, auf 6857,10 M bezifferten Schaden macht die Klägerin den Beklagten verantwortlich, weil sie sofort von der Ankunft der Sendung am 7. Mai 1915 hätte benachrichtigt werden müssen und weil die Abfertigung des Wagens nach Sternschanze und dessen weitere Fehlleitung nach Kiel auf eine grobe Fahrlässigkeit der Bahnbeamten zurückzuführen seien. Der Beklagte behauptet, daß nach den reichsgesetzlichen Bestimmungen über die Fleischbeschau die Untersuchung der Ware bei der Zollabfertigungsstelle Sternschanze hätte erfolgen müssen. Zwar sei der Wagen infolge falscher Beklebung nach Kiel verschleppt worden, indes handele es sich hier um ein einfaches, im Eisenbahnbetriebe entschuldbares Versehen. Übrigens sei jede Ersatzpflicht der Bahn ausgeschlossen, weil die Sendung schon am 10. Mai 1915, also innerhalb der erst am 20. Mai endenden Lieferfrist, abgeliefert sei. Aus diesem letzteren Grunde wurde die auf Verurteilung des Beklagten zur Zahlung von 6857,10 M nebst Zinsen gerichtete Klage durch Urteil des Landgerichts abgewiesen. Die Berufung der Klägerin wurde zurückgewiesen.

Auch die Revision der Klägerin wurde zurückgewiesen aus folgenden

Gründen:

„Die Benachrichtigung der Klägerin von der Ankunft des Frachtguts auf der Empfangsstation und die Ablieferung des Gutes sind unstreitig am 10. Mai 1915 innerhalb der Lieferfrist (Art. 14 des Internationalen Übereinkommens über den Eisenbahn-Frachtverkehr, abgekürzt I. Ü.) erfolgt.

Eine Haftung der Eisenbahn für den durch Verzögerung der Ablieferung entstandenen Schaden sieht das I. Ü. nur in Art. 39 vor, und zwar nur für den Fall, daß die Lieferfrist versäumt wird. Nur für diesen Fall kann auch Schadensersatz wegen verzögerter Ablieferung gemäß Art. 41 I. Ü. bei einer von der Eisenbahn zu vertretenden groben Fahrlässigkeit ihrer Beamten gefordert werden. Zutreffend nimmt das Berufungsgericht an, daß Art. 41 I. Ü. nur die nach den bestehenden Bestimmungen bereits gegebene Schadensersatzpflicht der Bahn in ihrem Umfange erweitert, nicht aber allgemein eine Schadensersatzpflicht der Bahn, lediglich gegründet auf ihre Arglist oder grobe Fahrlässigkeit, einführt. Dies ergibt sich aus dem Zusammenhange des Art. 41 mit den unmittelbaren vorausgehenden Art. 30 bis 40, die in den von ihnen geregelten Fällen der Schadensersatzpflicht für Verlust, Minderung, Beschädigung des Gutes und Versäumung der Lieferfrist nur einen dem Umfange nach beschränkten Ersatz gewähren. Dieser beschränkten Ersatzpflicht der Eisenbahn gegenüber — beschränkt sowohl hinsichtlich der die Ersatzpflicht überhaupt begründenden Tatbestände wie hinsichtlich des Umfanges des Ersatzes — ordnet Art. 41 an, daß bei Arglist oder grober Fahrlässigkeit der Eisenbahn Vergütung des vollen Schadens gefordert werden kann, also der Umfang des Ersatzes nicht beschränkt sein soll. Daß auch die Beschränkung hinsichtlich der die Ersatzpflicht überhaupt begründenden Tatbestände bei Arglist und grober Fahrlässigkeit wegfallen soll, ist dagegen aus Art. 41 nicht zu entnehmen. Schon die Fassung des Art. 41, daß voller Ersatz des Schadens gefordert werden kann „in allen Fällen, wenn derselbe infolge der Arglist und grober Fahrlässigkeit der Eisenbahn entstanden ist", spricht mehr für die Auslegung, daß voller Schadensersatz gewährt werden solle in allen in den vorhergehenden Artikeln erwähnten Fällen der Ersatzpflicht, wenn hinzukommt ein als Arglist oder grober Fahrlässigkeit anzusehendes, von der Eisenbahn zu vertretendes Verhalten. Diese Auslegung verdient den Vorzug wegen der in den vorhergehenden Artikeln bezüglich der Transportverzögerung in Abweichung von der allgemeinen

Rechtsregel zugunsten der Eisenbahn bestimmten Einschränkung der Ersatzpflicht auf einen leicht feststellbaren äußeren Tatumstand, die Versäumung der Lieferfrist. Diese Regelung spricht dagegen, daß jede Verzögerung innerhalb der Lieferfrist die Eisenbahn schadensersatzpflichtig machen soll, wenn nur Arglist oder grobe Fahrlässigkeit vorliegt. Sollte in jedem Falle der Arglist oder groben Fahrlässigkeit die Eisenbahn ersatzpflichtig werden, so hätte eine andere Fassung des Art. 41 nahe gelegen, etwa dahin, daß in jedem Falle der Entstehung des Schadens durch Arglist oder grobe Fahrlässigkeit Vergütung des vollen Schadens verlangt werden könne. Der Umstand, daß die in dem Entwurfe des Art. 41 enthaltene Verweisung auf die vorhergehenden Artikel, wodurch die Beschränkung auf die dort geregelten Fälle des Schadensersatzes klargestellt wurde, bei der endgültigen Fassung des Artikels gestrichen wurde, kann zur Auslegung des Art. 41 nicht beitragen, weil nicht feststeht, aus welchem Grunde die Streichung erfolgt ist. Sie kann ebensogut erfolgt sein, weil die Verweisung für überflüssig erachtet wurde, als zwecks Aufhebung der Beschränkung auf die Fälle der vorhergehenden Artikel. Die hier vertretene Auslegung des Art. 41 findet ihre Bestätigung in den §§ 457, 466 HGB., die eine dem I. Ü. entsprechende Regelung bezwecken und durch die unzweideutige Fassung ihrer letzten Absätze in der hier fraglichen Beziehung jeden Zweifel ausschließen. Selbst auf eine grobfahrlässige Transportverzögerung kann daher die Klage nicht gestützt werden, da die Lieferfrist innegehalten ist. Mit Unrecht macht die Revision geltend, im vorliegenden Falle sei der Schade nicht während, sondern erst nach Beendigung des Transports entstanden. Dieser letztere sei beendet gewesen, als das Frachtgut am 7. Mai 1915 in Hamburg angekommen war und der Schaden sei dadurch entstanden, daß die Ankunft des Gutes nicht sofort, noch am Tage der Ankunft, avisiert worden sei. Dem steht entgegen, daß die Pflicht der Bahn zur Ablieferung des Frachtguts die Avisierung des Gutes an den Empfänger mitumfaßt (§ 6 Ausführungsbestimmungen zum I. Ü., § 79 der Eisenbahnverkehrsordnung). Ist also, wie hier, die Benachrichtigung des Empfängers von der Ankunft des Gutes vor Ablauf der Lieferfrist erfolgt, so ist die Eisenbahn wegen verspäteter Avisierung nicht schadensersatzpflichtig.

Durch die Bestimmungen des I. Ü., welche nur die Haftpflicht der Eisenbahn aus dem Transportvertrage regeln, wird zwar eine Schadensersatzpflicht der Eisenbahn aus unerlaubter Handlung (§§ 823, 831 BGB.) nicht ausgeschlossen. Mit Unrecht leitet die Revision aber eine solche daraus her, daß die Eisenbahn nach der ersten Ankunft des

Wagens in Hamburg rechtswidrig über das Frachtgut und damit über das Eigentum der Klägerin verfügt habe, indem sie den Wagen weiter nach Kiel rollen ließ. Das Berufungsgericht hat demgegenüber bereits festgestellt, daß das unnötige schuldhafte Hin- und Herbewegen der Ware zwischen Hamburg und Kiel eher günstig gewirkt hat, daß die Ware noch rascher vordorben wäre, wenn der Wagen statt hin und her bewegt zu werden, nur in Hamburg stehengeblieben wäre. Demnach fehlt der ursächliche Zusammenhang zwischen dem eingeklagten Schaden und der Fahrt des Wagens nach Kiel. Die letztere kommt als Ursache nur soweit in Betracht, als sie von Einfluß gewesen sein mag auf die nicht rechtzeitige Benachrichtigung der Klägerin von der ersten Ankunft des Frachtguts in Hamburg, eine Benachrichtigung, die doch aber noch innerhalb der Lieferfrist erfolgte. Das Unterlassen sofortiger Benachrichtigung der Klägerin am 7. Mai 1915 verstößt lediglich gegen eine Vertragspflicht des Beklagten. Er war nur kraft des Vertrags zur Benachrichtigung verpflichtet. Die Unterlassung, auch wenn der Beklagte und die von ihm zu vertretenden Beamten bei Anwendung pflichtmäßiger Sorgfalt das Verderben der Ware als mögliche Folge der Unterlassung hätten erkennen müssen, stellt daher nicht eine fahrlässige rechtswidrige Sachbeschädigung gemäß § 823 BGB. dar, weil, abgesehen von dem zwischen den Parteien bestehenden Vertragsverhältnis, das Verhalten des Beklagten nicht als rechtswidrig angesehen werden könnte. In anderer Weise als durch Unterlassen sofortiger Benachrichtigung aber hat der Beklagte der Klägerin das Frachtgut mit der Folge des Verderbens nicht vorenthalten; das Hin- und Herbewegen des Wagens zwischen Kiel und Hamburg kommt für die Schadensersatzpflicht aus § 823 BGB. schon deshalb nicht in Betracht, weil es den entstandenen Schaden nicht verursacht hat."

RGZ. 92, 8.

Steht den Eigentümern von Postpaketen, die während der Beförderung des Bahnpostwagens auf einer preußischen Eisenbahn durch einen infolge des Zusammenstoßes zweier Züge entstandenen Brand vernichtet worden sind, ein außervertraglicher Schadensersatzanspruch gegen den Eisenbahnfiskus zu?

Preuß. Gesetz über die Eisenbahnunternehmungen vom 3. November 1838 (GS. S. 505) § 25.

Gesetz über das Postwesen des Deutschen Reichs vom 28. Oktober 1871 (RGBl. S. 347) § 9.

VI. Zivilsenat. Urt. v. 3. Januar 1918.

I. Landgericht Kiel. — II. Oberlandesgericht daselbst.

Am 15. März 1912 stießen auf dem Bahnhof Wittenberge zwei Eisenbahnzüge des verklagten preußischen Fiskus zusammen, bei denen der Postwagen des einen Zuges in Brand geriet. Es wurde dabei eine Reihe von Postpaketen vernichtet, welche die Klägerinnen der Postverwaltung zur Beförderung übergeben hatten. Nachdem die Klägerinnen einen Teil ihres Schadens von der Postverwaltung vergütet erhalten hatten, erhoben sie als Eigentümer der vernichteten Pakete Klage gegen den Beklagten auf Zahlung des Restes.

Während das Landgericht den Anspruch dem Grunde nach für gerechtfertigt erklärte, wurde die Klage vom Oberlandesgericht abgewiesen. Die Revision der Klägerin hatte Erfolg.

Gründe:

„Mit Recht rügt die Revision die Verletzung des § 25 des preußischen Eisenbahngesetzes vom 3. November 1838.

Das Berufungsgericht hat in seinem Zwischenurteile vom 22. Dezember 1913 angenommen, daß diese Vorschrift im vorliegenden Falle nicht Platz greife. Es führt in dieser Hinsicht aus, der § 25, der gemäß Art. 105 EG.z.BGB. neben den Vorschriften des Bürgerlichen Gesetzbuchs in Geltung geblieben sei, bestimme, daß die Bahn für allen Schaden hafte, der bei der Beförderung auf der Bahn auch ohne ihr Verschulden an den beförderten Gütern entstehe. Wenngleich nun die Beförderung der Postsendungen zunächst lediglich Sache der Post sei und auch nur auf Grund eines mit ihr abgeschlossenen Beförderungsvertrags erfolge, so müsse man die Postsendungen doch zu den durch die Eisenbahn „beförderten" oder mindestens zu den „anderen Sachen" im Sinne des § 25 zählen, für deren Beschädigung die Eisenbahn aufzukommen habe. Gleichwohl könne § 25 hier keine Anwendung finden. Denn die Absender der Postsendungen hätten in Kenntnis der Bestimmung, wonach die Post nicht den vollen Wert der beschädigten oder verlorengegangenen Sendungen ersetze, diese der Post zur Beförderung übergeben. Es verstoße deshalb gegen Treu und Glauben, wenn die Klägerinnen unter Berufung auf die Vorschrift des § 25 des Eisenbahngesetzes die Eisenbahn für den vollen Wert der durch den Eisenbahnunfall zerstörten Sendungen haftbar machen wollten, wie dies auch das Reichsgericht in einem freilich etwas anders liegenden Falle in der Entscheidung RGZ. Bd. 70 S. 174 ausgesprochen habe.

Die Ausführungen geben nach mehrfachen Richtungen hin zu rechtlichen Bedenken Anlaß.

1. Schon die Berufung auf das Urteil Bd. 70 S. 174 ist verfehlt. In jenem Falle hatte der Spediteur zwei Patentmöbelwagen mit Umzugsgut der beklagten Eisenbahn zur Beförderung übergeben. Die von dem Spediteur und dem Besitzer des Gutes (oder richtiger deren Rechtsnachfolgerin) geltend gemachten Schadensersatzansprüche wurden abgewiesen, obgleich das Reichsgericht annahm, es würden nur außervertragliche Ansprüche geltend gemacht. Zur Begründung wurde ausgeführt, daß die Vorschriften des § 459 HGB. und des § 77 Nr. 1 der Eisenbahnverkehrsordnung vom 26. Oktober 1899 (RGBl. S. 557) den Schadensersatzanspruch dann ausschlössen, wenn die Beschädigung, wie in jenem Falle, durch einen Transport im offenen Wagen infolge der mit der Beförderungsart verbundenen Gefahr entstanden sei. Obwohl diese Vorschriften die Klagansprüche nicht unmittelbar träfen, verstoße es doch gegen Treu und Glauben, wenn der Eigentümer des Frachtguts entgegen den Bestimmungen des mit seinem Wissen und Willen über seine Sachen abgeschlossenen Frachtvertrags Rechte aus § 25 des preußischen Eisenbahngesetzes herzuleiten suche.

Ob diese Begründung mit dem von anderen Gesichtspunkten ausgehenden Urteile RGZ. Bd. 63 S. 308 in Einklang steht, kann hier dahingestellt bleiben. Ebensowenig bedarf es der Entscheidung, ob der Begründung des Urteils in Bd. 70 in allen Punkten zuzustimmen ist. Denn auf keinen Fall können diejenigen Erwägungen, die in jenem Falle zu einer Abweisung der Klage und zu einer Verneinung der Anwendbarkeit des § 25 geführt haben, im vorliegenden Falle Platz greifen.

Jener Fall unterscheidet sich nämlich ganz wesentlich von dem hier vorliegenden durch zwei erhebliche Umstände.

Einmal hat hier die Beförderung der verbrannten Postgüter nicht in einem offenen Wagen stattgefunden, so daß auch nur von einer entsprechenden Anwendung des § 459 HGB. oder des § 86 Nr. 1 der jetzt geltenden Eisenbahnverkehrsordnung vom 23. Dezember 1908 (RGBl. 1909 S. 93) keine Rede sein kann. Vielmehr würde der Beklagte dann, wenn die Klägerinnen die hier fraglichen Sendungen der Eisenbahn unmittelbar zur Beförderung aufgegeben hätten, diesen gemäß § 456 HGB. und § 84 EVO. zum Ersatze des vollen ihnen erwachsenen Schadens verpflichtet gewesen sein.

Sodann aber erscheint es nicht unbedenklich, in einem Falle, in dem es sich wie hier allein um die Geltendmachung eines außervertraglichen (quasi-deliktischen) Anspruchs handelt, überhaupt auf die Grundsätze von „Treu und Glauben" zu verweisen, die nach den §§ 133, 157, 242 BGB. nur für Vertragsverhältnisse oder für die Erfüllung schuldrechtlicher Verpflichtungen in Frage kommen.

Wenn demgegenüber das Reichsgericht in der Entscheidung Bd. 70 S. 174 auf jenen Grundsatz verwiesen hat, so kommt hierbei die besondere Lage des dort entschiedenen Falles in Betracht. Damals hatte sich der Eigentümer des Frachtguts zwecks dessen Beförderung eines Spediteurs bedient. Dieser schließt den Frachtvertrag zwar im eigenen Namen, aber für fremde Rechnung, d. h. für Rechnung des Auftraggebers ab. Demnach finden auch auf die Rechte und Pflichten des Spediteurs im Verhältnis zu seinem Auftraggeber (dem Versender) die für den Kommissionär geltenden Vorschriften Anwendung (§ 407 Abs. 2 HGB.). Daraus ergibt sich weiter, daß auch die Rechte, die der Spediteur durch den Abschluß des Frachtvertrags gegen den Frachtführer erwirbt, wirtschaftlich ausschließlich seinem Auftraggeber (dem Versender) zugute kommen. Deshalb sind auch im Verhältnis des Versenders einerseits und des Spediteurs und seiner Gläubiger anderseits die Forderungen des Spediteurs gegen den Frachtführer als solche des Versenders anzusehen, so daß also der Versender im Konkurse des Spediteurs dessen Forderung gegen den Frachtführer im Wege der Aussonderung gemäß §§ 43 flg. KO. für sich beanspruchen kann (vgl. § 392 Abs. 2 HGB. und dazu Jaeger, Konkursordnung Anm. 48 zu § 43, besonders aber Düringer-Hachenburg, Handelsgesetzbuch Anm. 7 zu § 407, Vorbem. III Anm. 6 und 7 vor § 407).

Geht man hiervon aus, so ist es ohne weiteres begreiflich und der Rechtskonsequenz entsprechend, daß der Versender gegen die Eisenbahn lediglich die Ansprüche des Spediteurs aus dem Frachtvertrage geltend machen kann und sich deshalb auch diejenigen Einreden gefallen lassen muß, die von der Eisenbahn dem Anspruche des Spediteurs aus dem Frachtvertrag entgegengesetzt werden können. Von diesem Gesichtspunkt aus erscheint RGZ. Bd. 70 S. 174 ohne weiteres gerechtfertigt, ohne daß es der Zuhilfenahme des Gesichtspunktes von Treu und Glauben bedarf.

In dem Urteile RGZ. Bd. 77 S. 317, 320 wird denn auch der Gesichtspunkt von „Treu und Glauben" mit dem Speditionsauftrag, also mit dem vertraglichen Verhältnis verknüpft (vgl. auch Staub, Handelsgesetzbuch Anm. 16 zu § 407).

2. Der dem vorliegenden Falle zugrunde liegende Sachverhalt läßt aber auch nicht einmal eine entsprechende Anwendung der für Bd. 70 S. 174 maßgebenden rechtlichen Erwägungen zu.

Die Post hat hier nämlich nicht etwa als „Spediteurin" der Versender mit der Eisenbahn einen Beförderungsvertrag abgeschlossen. Vielmehr ist die Eisenbahn kraft Gesetzes, nämlich gemäß Art. 1, 4, 5, 6 des Eisenbahnpostgesetzes vom 20. Dezember 1875 (RGBl. S. 318) verpflichtet, die der Post gehörigen Postwagen unentgeltlich zu befördern. Es kann dahingestellt bleiben, ob die Eisenbahn vermöge dieser öffentlichrechtlichen Verpflichtung zur unentgeltlichen Beförderung eines Postwagens überhaupt in ein privatrechtliches Verhältnis zur Post tritt (was in dem Schiedsspruche des IV. und V. Zivilsenats des Reichsgerichts, Gruchot Bd. 30 S. 147, verneint wird). Denn keinesfalls entsteht hierdurch ein vertragliches Verhältnis zwischen den einzelnen Versendern der Postpakete und der Eisenbahn; die Pakete gelangen vielmehr, wie auch das Berufungsgericht zutreffend annimmt, lediglich auf Grund eines zwischen den Absendern und der Post abgeschlossenen Transportvertrags zur Beförderung.

Geht man nun auch davon aus, daß durch jene öffentlichrechtliche Verpflichtung der Eisenbahn zur Beförderung der Bahnpostwagen irgendein privatrechtliches Vertragsverhältnis zwischen der Eisenbahn und der Post nicht entsteht, so haftet doch die erstere der letzteren auf Grund des § 25 des preußischen Eisenbahngesetzes für alle den Bahnpostwagen durch den Transport oder während des Transportes zugefügten Beschädigungen, da es sich hier um eine außervertragliche Haftung handelt. Dies ist schon wiederholt vom Reichsgericht ausgesprochen worden (vgl. das Urteil des V. Zivilsenats in Blums Annalen Bd. 4 S. 530 und den angeführten Schiedsspruch). Um so mehr muß die Eisenbahn auch den Eigentümern der in den Bahnpostwagen beförderten Güter, also namentlich der Postpakete, gemäß § 25, mithin außervertraglich, zum Schadensersatze verpflichtet sein.

Da somit eine auch nur mittelbare vertragliche Haftung der Eisenbahn, insbesondere als Frachtführerin, gegenüber den Versendern nicht in Frage kommt, können auch diejenigen Grundsätze, die in dem der Entscheidung Bd. 70 S. 174 zugrunde liegenden Falle Platz greifen, hier keine Anwendung finden. Demnach kann sich der Beklagte den Klägern gegenüber auch nicht auf die Vorschrift des § 9 des Postgesetzes vom 28. Oktober 1871 berufen, durch welche die Haftung der Post für Paketsendungen auf einen Betrag von 3 M für je 500 Gramm eingeschränkt wird. Denn der Eisenbahnfiskus tritt ebensowenig in den von der Post mit den Absendern abgeschlossenen Beförderungsvertrag ein, wie dies auf seiten der Zollverwaltung der Fall ist, der die Postbehörde ein zur Beförderung übergebenes Paket zwecks zollamtlicher

Behandlung aushändigt (vgl. RGZ. Bd. 84 S. 338). Vielmehr bedient sich der Postfiskus kraft des ihm gesetzlich zustehenden Rechtes der Eisenbahn und ihrer Transportmittel, um seinerseits den von ihm abgeschlossenen Beförderungsvertrag zu erfüllen.

Es könnte sich also höchstens fragen, ob nicht die Postverwaltung durch die Annahme von Paketen zur Beförderung gleichzeitig zugunsten des Eisenbahnfiskus einen Vertrag im Sinne des § 328 BGB. des Inhalts abschließt, daß auch der Eisenbahnfiskus für eine Beschädigung oder Vernichtung von Postpaketen höchstens die im § 9 des Postgesetzes vorgesehenen Beträge zu erstatten habe.

An und für sich ist allerdings ein vertragsmäßiger Ausschluß der im § 25 des Gesetzes vom 3. November 1838 vorgesehenen außervertraglichen Haftung insoweit möglich, als es sich lediglich um die Haftung für Sachschäden handelt. Dies ergibt sich schon daraus, daß das Gesetz vom 3. Mai 1869 (GS. S. 665), betr. einen Zusatz zu § 25, nur untersagt hat, die dadurch vorgesehene Haftung für den einer Person bei der Beförderung zugefügten Schaden durch Vertrag auszuschließen oder zu beschränken. Aber die Anwendung des § 328 BGB. auf einen Fall wie den vorliegenden verbietet sich schon deshalb, weil es hier an jeder tatsächlichen Unterlage für eine derartige Annahme gebricht.

Eine andere hier nicht zu untersuchende Frage ist die, ob nicht der Postfiskus als Bevollmächtigter der Eisenbahn im Einzelfall oder durch allgemeine Abmachungen beim Abschlusse des Beförderungsvertrags mit den Absendern vereinbaren könnte, daß sie auch im Falle einer Weiterbeförderung der Pakete mittels der Eisenbahn dieser gegenüber Entschädigungsansprüche über das im § 9 des Postgesetzes festgesetzte Maß nicht geltend machen dürfen. Für eine derartige Vereinbarung liegt aber hier nichts vor." . . .

RGZ. 98, 95.

Zum Begriff „Packpapier" im Sinne des Eisenbahngütertarifs. Unterschied zwischen Packpapier und Spinnpapier.

I. Zivilsenat. Urt. v. 31. Januar 1920

I. Landgericht Dresden. — II. Oberlandesgericht daselbst.

An die Klägerin sind im Januar und Februar 1919 von schwedischen und deutschen nach böhmischen Stationen mit der Eisenbahn 47 Sendungen befördert worden, die in den Frachtbriefen als „ordinäres Zellulose-Packpapier in Rollen zum Verspinnen" bezeichnet waren. Die Fracht dafür wurde zunächst nach den Sätzen des Spezialtarifs I des schwedisch-deutschen Verbandstarifs und des deutschen Eisenbahngütertarifs erhoben. Später wurde sie aber nach den Sätzen der allgemeinen Wagenladungsklasse berechnet und der sich hiernach ergebende Mehrbetrag eingezogen. Auf Rückzahlung dieses Betrags erhob die Klägerin gegen den Eisenbahnfiskus Klage, wurde aber vom Landgericht abgewiesen.

Ihre Berufung wurde zurückgewiesen. Ihre Revision hatte Erfolg.

Gründe:

„Sowohl nach dem deutschen Eisenbahn-Gütertarif, Teil I Abteilung B, gültig vom 1. April 1918, als auch nach dem Verbandsgütertarife zwischen Deutschland einerseits, Dänemark, Schweden und Norwegen anderseits, Teil I Abteilung B (Fassung vom 15. Juli 1917), gehört „Packpapier" zu denjenigen Warengattungen, für welche die Beförderungssätze des Spezialtarifs I maßgebend sind. In beiden Tarifen lautet die bezeichnete Stelle wörtlich: „Packpapier — unter Packpapier ist alles Papier zu verstehen, das hauptsächlich zu Verpackungen, auch nach weiterer Verarbeitung, verwendet wird."

Die Parteien streiten nun darüber, ob diese Voraussetzungen, wie die Klägerin meint, auf die in Rede stehenden 47 Sendungen zutreffen, oder ob die beförderten Warenmengen, wie der Beklagte geltend macht, in einer als „Spinnpapier" anzusprechenden und mit „Packpapier" nicht völlig gleichzustellenden Papierart bestanden und deshalb den höheren Tarifsätzen der allgemeinen Wagenladungsklasse unterlagen. Beide Vorinstanzen sind zu dem Ergebnis gelangt, daß das beförderte Papier nicht „Packpapier" im Sinne des Spezialtarifs I gewesen sei. Das Landgericht geht davon aus, daß Papier von der Art, wie es gewöhnlich zu Packzwecken verwendet werde, auch dann unter den Spezialtarif I falle, wenn es im Einzelfall einmal zu anderen Verwendungszwecken bestimmt sei. Im Gegensatz zu „Packpapier" stellt es das „Spinnpapier", das zur Verspinnung bestimmt sei, möge es auch in seiner Beschaffenheit dem gewöhnlich zu Packzwecken verwendeten Papiere, dem Packpapier, ähnlich oder gleich sein. Von diesem Standpunkt aus erklärt das Landgericht, daß „der Verwendungszweck allerdings von wesentlicher Bedeutung für die Unterstellung unter den Tarif" sei und das streitige Papier nicht als Packpapier, sondern als Spinnpapier angesehen werden müsse, da „es nicht ein Papier gewesen sei, das nach der Art und dem Zwecke seiner Herstellung hauptsächlich zu Verpackungen habe verwendet werden sollen, sondern ein Papier, das, wie aus der Bezeichnung in den Frachtbriefen hervorgehe, gerade nur zu Spinnzwecken bestimmt gewesen sei". . . .

Das Berufungsgericht hat sich dem Landgerichte vollständig angeschlossen. Die Frage, ob das in Rede stehende Papier von derselben Qualität wie gewöhnliches Packpapier gewesen sei, hat es dahingestellt gelassen und das entscheidende Gewicht allein darauf gelegt, „daß das Papier, wie aus den Frachtbriefen hervorgehe und von der Klägerin auch zugegeben werde, von vornherein zum Verspinnen bestimmt, also nicht Pack-, sondern Spinnpapier gewesen sei".

Demgegenüber rügt die Revision, daß das Berufungsgericht den Begriff „Packpapier" im Sinne des Spezialtarifs unrichtig ausgelegt habe.

Die Revision erscheint begründet. Beizupflichten ist den Vorinstanzen in dem Ausgangspunkt ihrer Erwägungen, daß als Packpapier unter die Gütereinteilung des Spezialtarifs I alles dasjenige Papier falle, das nach seiner Art gewöhnlich zu Packzwecken verwendet werde, auch wenn es im Einzelfalle für einen anderen Gebrauchszweck bestimmt sei. Denn die Fassung der Tarifstelle, die das entscheidende Gewicht auf den „hauptsächlichen" Verwendungszweck legt, spricht deutlich dafür, daß die Einordnung der Ware in die Tarifklasse nach objektiven Gesichtspunkten unter alleiniger Berücksichtigung der regelmäßigen Zweckbestimmung des Papiers erfolgen soll. Dies entspricht auch der Auffassung der ständigen Tarifkommission der deutschen Eisenbahnverwaltungen, der es obliegt, den deutschen Eisenbahngütertarif fortzubilden und Tarifbestimmungen, die zu Zweifeln Anlaß geben, durch erläuternde Beschlüsse klarzustellen. Sie hat, wie aus der Anm. a zur Tarifstelle „Papier" des Spezialtarifs I hervorgeht, in ihrer 83. Sitzung ausgesprochen: „Bestimmend für die Tarifierung ist die Qualität. Die Bezeichnung Packpapier hat nicht den Charakter einer Zweckbestimmung, sondern ist Qualitätsbezeichnung. Es fallen demnach hierunter ohne Rücksicht auf die tatsächliche Verwendung im Einzelfall alle Papiersorten, die hauptsächlich zu Packzwecken verwendet zu werden pflegen und deshalb handelsüblich als Packpapier anzusehen sind." Dieser Auslegung ist durchweg beizustimmen. Mit ihr ist es aber nicht vereinbar, wenn beide Vorinstanzen trotz des richtigen Ausgangspunkts im späteren Teile ihrer Begründung das Schwergewicht darauf legen, daß das zur Beförderung gelangte Papier im gegebenen Falle zum Verspinnen bestimmt gewesen sei. Nicht darauf kommt es an, ob der Empfänger das Papier hat verspinnen wollen, sondern darauf, ob das Papier nach seiner Beschaffenheit sich in nichts von dem handelsüblichen Packpapier unterschied und trotz seiner Bestimmung zum Verspinnen nur dieselbe Bearbeitung erfahren hatte, die beim handelsüblichen Packpapier nötig und gebräuchlich ist.

Über den Unterschied zwischen gewöhnlichem Packpapier und Spinnpapier hat die ständige Tarifkommission in ihrer 119. Sitzung (vom 13. und 14. September 1917) eingehend verhandelt, nachdem vorher sehr ausführliche Ermittlungen durch Nachfrage bei den beteiligten Handels- und Industriekreisen angestellt worden waren. Das Ergebnis der Ermittlungen ist in dem amtlichen Sitzungsbericht S. 14 dahin zusammengefaßt: „Der Unterschied liegt in der Bearbeitung des Papierstoffs. Das Spinnpapier muß besonderen Anforderungen entsprechen. Es muß große Reiß- und Wasserfestigkeit besitzen, sehr dicht sein und darf nur schwach geleimt sein, weil stärkere Leimung die Drahtgebung, das Drehen der Garnfäden, erschweren würde. Um dem Papier diese Eigenschaften zu geben, wird der Papierstoff im Holländer intensiver gemahlen und auf der Papiermaschine langsamer und sorgfältiger bearbeitet, als bei der Herstellung von Packpapier." Nach längerer Beratung gelangte die Tarifkommission einstimmig zu dem erläuternden Beschlusse, daß „Spinnpapier eine Papiersorte besonderer Art ist, die nicht als Packpapier anzusehen ist und daher zur allgemeinen Wagenladungsklasse gehört" (Sitzungsbericht S. 22). Das Ergebnis erscheint durchaus gerechtfertigt. Sind schon bei der Herstellung des Papiers zielbewußt Maßregeln getroffen worden, um es für die besonderen Zwecke des Verspinnens, d. h. der Gewinnung von Papiergarn durch maschinelle Drehung des im Streifen zerlegten Papiers, geeignet zu machen, so kann das Papier nicht mehr als Packpapier im Sinne der Tarifstelle angesprochen werden, mag es auch im übrigen aus den gleichen Rohstoffen (Natron-, Sulfat- oder Sulfitzellstoff) und unter wesentlich gleichen Arbeitsverhältnissen hergestellt sein. Dagegen erscheint es nicht zulässig, dem gewöhnlichen, handelsüblichen Packpapier die Einreihung in Klasse „Packpapier" des Spezialtarifs I dann zu versagen, wenn es ungeachtet der ihm für Spinnzwecke anhaftenden Mängel, insbesondere trotz zu starker Leimung, im einzelnen Falle dennoch zur Verspinnung gebraucht werden soll. Denn trotz dieser ungewöhnlichen Zweckbestimmung im Einzelfalle bleibt solches Papier, von dem allein maßgebenden objektiven Standpunkt aus betrachtet, eine Papiersorte, die hauptsächlich zu Verpackungen verwendet wird.

Werden diese Gesichtspunkte auf den zur Entscheidung stehenden Fall angewendet, so erscheint es bei der in den Frachtbriefen gebrauchten, nicht zweifelsfreien Bezeichnung der Sendungen vom Standpunkte der Eisenbahn aus gerechtfertigt, daß sie von der anfänglichen Berechnung der Fracht nach dem Spezialtarif I abging und die für Spinnpapier geltenden Sätze der allgemeinen Wagenladungsklasse zur Anwendung brachte. Wenn die Klägerin nun diese Berechnung als unrichtig anficht und den von ihr nachträglich entrichteten Frachtunterschied zurückfordert (§ 70 EVO., Art. 12 Abs. 4 Int. Fracht-Üb.), so liegt ihr der Nachweis dafür ob, daß die versandte Ware nicht zu den unter die allgemeine Wagenladungsklasse fallenden Gütern gehörte, sondern lediglich gewöhnliches Packpapier im Sinne des Spezialtarifs I war. Zur Führung dieses Beweises hat sie sich nach der Berufungsbegründung erboten. Das Berufungsgericht hat jedoch dies Beweiserbieten für unerheblich erachtet und allein aus der Erklärung der Klägerin, daß das Packpapier zum Verspinnen bestimmt gewesen sei, den Schluß gezogen, daß dem Empfänger der Ware die Vergünstigung des Spezialtarifs I nicht zugebilligt werden könne. Dies ist rechtsirrig.

Hervorzuheben ist noch, daß die Klägerin die Einreihung der versendeten Ware in den Spezialtarif I nicht etwa schon deshalb verlangen kann, weil das Papier zu Papiergarn verarbeitet und das Papiergarn wiederum zur Anfertigung von Säcken, also zu Verpackungen, verwendet werden sollte. Allerdings ergibt sich aus dem Wortlaute der Tarifstelle, daß dem zu Verpackungen zu verwendenden Papiere die Eigenschaft als Packpapier auch dann zukommt, wenn es zuvor noch einer weiteren Verarbeitung unterliegt. Voraussetzung ist aber, daß das aus der Verarbeitung hervorgehende Papier sich in einem Zustande befindet, in dem es nach den Anschauungen des Verkehrs noch als Papier bezeichnet wird. Im gewöhnlichen Verkehr wird aber Papiergarn oder eine aus ihm hergestellte Ware nicht mehr schlechthin als Papier bezeichnet, vielmehr handelt es sich dabei um ein neues Arbeitserzeugnis, das mit dem Begriffe Packpapier im Sinne des Spezialtarifs I auch dann nicht für gleich erachtet werden kann, wenn es zu Packzwecken dient. Papiergarn oder Papiersäcke stellen daher kein Packpapier dar, auf das der Spezialtarif I anwendbar wäre." . . .

RGZ. 99, 245.

Rechtliche Bedeutung des Frachtbriefs für das Frachtgeschäft der Eisenbahnen. Kann das Frachtgut mit einer Nachnahme zugunsten einer anderen Person belastet werden als derjenigen, mit deren Namen oder Firma der Frachtbrief unterschrieben ist?

HGB. § 471, Eisenbahnverkehrsordnung §§ 55, 56, 72.

I. Zivilsenat. Urt. v. 30. Juni 1920.

I. Landgericht Elberfeld. — II. Oberlandesgericht Düsseldorf.

Die Klägerin übergab am 22. Mai 1918 der Eisenbahn-Güterabfertigungsstelle in V. ein Frachtstück zur Versendung gegen Nachnahme und überreichte ihr einen mit dem Namen der Firma S. in Ch. als Absenderin unterzeichneten Frachtbrief. Sie will dabei der Abfertigungsstelle auch mitgeteilt haben, daß sie und nicht die Firma S. die wirkliche Absenderin des Gutes sei. Sie ist deshalb der Ansicht, daß nur sie einen Anspruch auf Auszahlung des vom Empfänger entrichteten Nachnahmebetrags habe. Demgemäß hat sie auf Zahlung der Nachnahmesumme geklagt.

Das Landgericht wies die Klage ab. Berufung und Revision blieben erfolglos.

Gründe:

„Die Klägerin leitet ihre Ansprüche aus einem Frachtvertrage her, den sie als Absenderin eines mit Nachnahme belasteten Frachtguts mit der zuständigen Eisenbahnbehörde geschlossen, den diese aber nicht gehörig erfüllt habe, da das Frachtgut dem Empfänger ausgehändigt worden sei, ohne daß ihr der eingezogene Nachnahmebetrag übermittelt worden sei. Dabei meint die Klägerin dem Umstande, daß in dem maßgeblichen Frachtbriefe nicht sie, sondern die Firma S. als Absenderin bezeichnet ist, mit der folgenden Behauptung begegnen zu können: Es sei bei Aufgabe des Gutes der Güterabfertigungsstelle mitgeteilt worden, daß die Klägerin die wirkliche Absenderin sei und die Firma S. nur dem Adressaten gegenüber als Absenderin in die Erscheinung treten solle; dementsprechend sei dem der Güterabfertigungsstelle übergebenen Frachtbrief ein Zettel angeheftet gewesen mit dem Vermerke, daß der Nachnahmebetrag nach Eingang dem Konto der Klägerin gutzuschreiben sei. Die Abfertigungsstelle habe auch die Klägerin in ihren Büchern als Absenderin und Empfangsberechtigte für den Nachnahmebetrag bezeichnet. Dieses ganze Verfahren entspreche einem seitens der Eisenbahn allgemein gepflogenen Geschäftsgebrauche.

Mit diesem Vorbringen kann aber die Klägerin nicht gehört werden. Das deutsche Eisenbahnfrachtrecht, wie es im Handelsgesetzbuch und im Anschluß daran in der Eisenbahnverkehrsordnung niedergelegt ist, ist in den hier entscheidenden Punkten zwingendes Recht. Und zwar gilt dies, wie mit der herrschenden Meinung anzunehmen ist, auch da, wo etwaige abweichende Bestimmungen oder Vereinbarungen dem Publikum günstiger sind (§ 471 HGB., Janzer und Burger EVO.

Anm. 1 zu § 2; Staub HGB. 9. Aufl. § 471 Anm. 2, § 453 Anm. 4; Rundnagel Die Haftung der Eisenbahn, 2. Aufl. S. 2 flg.; derselbe in Ehrenbergs Handb. des gesamten Handelsrechts Bd. 5 Abt. 2 S. 259 flg.; a. M. Düringer-Hachenburg HGB. 2. Aufl. § 471 Anm. 4). Abgesehen hiervon kann im vorliegenden Falle nicht ohne weiteres gesagt werden, daß das von der Klägerin behauptete Verfahren an sich für das Publikum günstiger sei als der in der Eisenbahnverkehrsordnung vorgesehene Weg. Nach § 55 EVO. muß eine Sendung der fraglichen Art mit einem Frachtbriefe versehen sein, und dieser muß nach § 56 Buchst. o die Unterschrift des Absenders mit Angabe seiner Wohnung enthalten. Nur durch die Übergabe und die Annahme eines solchen Frachtbriefs (mit dem Gute) bei der Versandstation wird der Frachtvertrag geschlossen (§ 61 EVO.), so daß der ordnungsmäßige Frachtbrief ein wesentliches Erfordernis des Frachtvertrags ist (§ 454 HGB.; Staub § 453 Anm. 5; Düringer-Hachenburg Vorbem. zum 7. Abschn. Anm. 6, Bd. 3 S. 916, § 453 Anm. 10 Abs. 2, § 455 Anm. 3; Janzer und Burger § 56 Anm. II). Allerdings ist der Eisenbahnfrachtbrief nicht nur Vertragsurkunde, sondern insofern auch eine Beweisurkunde, als ein Gegenbeweis gegen seinen Inhalt in jeder Beziehung, also auch hinsichtlich der Bezeichnung und Unterschrift des Absenders, zulässig ist (Janzer und Burger § 56 Anm. 2; Düringer-Hachenburg Bd. 3 S. 916 Anm. 6 Abs. 2). Dies kommt aber bei entsprechendem Nachweis nur gegenüber dem fälschlich im Frachtbrief als Absender Bezeichneten in Betracht und kann nicht dahin führen, daß — wie dies für das österreichische Recht in Eger, Eisenb.-Entsch. Bd. 34 S. 99 angenommen ist — der tatsächliche Absender an die Stelle des im Frachtbrief angegebenen Absenders tritt. Denn in diesem Falle steht dem wirklichen Absender kein ihn als solchen bezeichnender und von ihm unterschriebener Frachtbrief zur Seite, dessen Vorhandensein für den Abschluß eines zwischen ihm und der Eisenbahn geltenden Frachtvertrags sowie für die Ansprüche auf den Nachnahmebetrag (§ 72 EVO.) erforderlich ist. Hieran wird auch entsprechend dem oben dargelegten zwingenden Charakter der maßgeblichen Rechtsvorschriften nichts geändert, wenn die Eisenbahn im Einzelfall über die wahre Sachlage unterrichtet ist, den eigentlichen Absender als solchen oder als den zum Empfang des Nachnahmebetrags Berechtigten in ihre Bücher eingetragen hat und ein derartiges Verfahren regelmäßig in den einschlägigen Fällen anwendet. Ob ein solches Verhalten der Bahnbeamten, wie die Vorinstanzen meinen, als Pflichtwidrigkeit anzusehen ist und ob von diesem Gesichtspunkt aus klägerischerseits Ansprüche, und zwar auch gegen den Beklagten, erhoben werden können, ist hier, wo die Klägerin nur aus angeblichem Vertragsverhältnis geklagt hat, nicht zu prüfen. Für die gegenwärtige Klage ist die Klägerin nicht aktiv legitimiert. Da sie als Absenderin im frachtrechtlichen Sinne nicht in Betracht kommt, kann sie aus dem Frachtvertrag keine Rechte gegen den Beklagten herleiten. Sie kann sich aber auch nicht mit Erfolg auf § 328 BGB. berufen, da der § 99 EVO. die Möglichkeit ausschließt, daß der im Frachtbrief bezeichnete Absender für einen Dritten, hier die Klägerin, ein unmittelbares Forderungsrecht auf den Nachnahmebetrag begründet."

RGZ. 99, 250.

Zur Veröffentlichung von Ausführungsbestimmungen zur Eisenbahnverkehrsordnung.

EVO. § 2 Abs. 1 und 3, § 6 Abs. 1.

I. Zivilsenat. Urt. v. 7. Juli 1920.

I. Landgericht I Berlin. — II. Kammergericht daselbst.

Eine Firma in M. übersandte dem Kläger am 16. April 1919 mit der Eisenbahn als Expreßgut einen Ballen, enthaltend 89,20 m Buxkinstoff im Gewicht von 31 kg. Das Gut geriet bei der Beförderung in Verlust. Der Kläger erhob gegen den preußischen Eisenbahnfiskus Klage auf Schadensersatz zum Betrage von 5262,80 M nebst Zinsen.

Das Landgericht gab der Klage statt. Die Berufung des Beklagten wurde zurückgewiesen. Auch die Revision blieb erfolglos.

Gründe:

„Der Beklagte lehnt seine Ersatzpflicht vornehmlich deshalb ab, weil der verlorengegangene Ballen Buxkinstoff einen Wert von mehr als 150 M für das kg gehabt habe, deshalb im Sinne der am 1. März 1919 eingeführten Ausführungsbestimmung II zu § 54 Abs. 2 B I EVO. als Kostbarkeit anzusehen und von der Beförderung als Expreßgut ausgeschlossen gewesen sei. Das Berufungsgericht hat die Anwendbarkeit der Ausführungsbestimmung auf den vorliegenden Fall verneint, weil die Bestimmung an dem Tage, an dem das Gut zur Beförderung aufgeliefert worden sei, dem 16. April 1919, noch nicht ordnungsmäßig bekanntgemacht gewesen sei und deshalb der Wirksamkeit ermangelt habe.

Vergeblich wird dieser Entscheidungsgrund von der Revision bekämpft. Nach § 2 Abs. 1 EVO. können Ausführungsbestimmungen von der Eisenbahn mit Genehmigung der Landesaufsichtsbehörde getroffen werden. Sie dienen dazu, das Gesetzesrecht für den Eisenbahnverkehr, das vorzugsweise im Handelsgesetzbuch und in der Eisenbahnverkehrsordnung enthalten ist, durch vertragsmäßige Bestimmungen, die den Beförderungsgeschäften allgemein zugrunde zu legen sind, zu ergänzen. Insbesondere sollen sie die Anwendung der Eisenbahnverkehrsordnung durch ergänzende und erläuternde Zusätze erleichtern und solche Punkte, die dort unberücksichtigt geblieben sind, einheitlich regeln. Da sie im Vertragsrechte wurzeln, so stehen sie im engsten Zusammenhange mit den Tarifen, die nicht nur die Beförderungspreise enthalten, sondern eine Zusammenfassung aller Bedingungen bringen, unter denen die Beförderung von Personen und Gütern im öffentlichen Eisenbahnverkehr erfolgen soll (ROHG. Bd. 21 S. 108). Demgemäß schreibt § 2 Abs. 3 EVO. vor, daß die Ausführungsbestimmungen zu ihrer Gültigkeit der Aufnahme in den Tarif bedürfen, mit dem Zusatz: „Auch die Genehmigung muß aus dem Tarife zu ersehen sein."

Die Bekanntmachung der Tarife an die Allgemeinheit wird durch § 6 EVO. geregelt. Danach bedürfen die Tarife zu ihrer Gültigkeit der Veröffentlichung, vor deren Bewirkung sie nicht in Kraft treten. Über die Art und Weise der Veröffentlichung verhält sich eine Ausführungsbestimmung zu § 6, die im deutschen Eisenbahngütertarife, Teil I Abt. A — gültig vom 1. Mai 1917 — bekannt gegeben worden ist. Ihr zufolge werden Änderungen und Ergänzungen der Tarife in der Regel durch neue Tarife oder Tarifnachträge veröffentlicht; werden jedoch neue Frachtsätze oder Entfernungen oder neue Tarifvorschriften für den Tier- und Güterverkehr nur durch Bekanntmachung veröffentlicht, so wird in den zur Veröffentlichung benutzten Blättern oder in einem dem Publikum zugänglichen Tarifanzeiger einer deutschen Eisenbahnverwaltung die Höhe der neuen Frachtsätze oder Entfernungen oder der Wortlaut der neuen Tarifvorschriften bekannt gegeben, wobei es vorbehalten bleibt, auf bereits eingeführte Frachtsätze oder Entfernungen zu verweisen. Ferner wird im Vorworte desselben Tarifs hervorgehoben, daß die Ausgabe der beiden Teile des Tarifs I A und I B und der dazu erscheinenden Nachträge im deutschen Reichsanzeiger und in der Zeitung des Vereins deutscher Eisenbahnverwaltungen bekannt gemacht wird, daß aber für die Gültigkeit der Tarifänderungen lediglich die Bekanntmachung durch den Reichsanzeiger entscheidend ist.

Hiernach läßt sich die Rechtslage, die sich für die Veröffentlichung der in Rede stehenden Ausführungsbestimmung teils aus Gesetzes- teils aus Vertragsrecht ergibt, wie folgt zusammenfassen: Die Ausführungsbestimmung mußte, da derartige Vorschriften den Tarifen völlig gleichgestellt sind, entweder in einen ordnungsmäßig veröffentlichten Tarif oder Tarifnachtrag aufgenommen werden, oder ihr Wortlaut war in den zur einfachen Bekanntmachung benutzten Blättern zu veröffentlichen. Für die Gültigkeit der durch sie herbeigeführten Abänderung der bisher maßgebenden Vorschriften ist jedoch ausschließlich die Bekanntmachung durch den Reichsanzeiger entscheidend. Als weiteres Erfordernis kommt hinzu, daß aus der Bekanntmachung auch die Genehmigung der Ausführungsbestimmung durch die Landesaufsichtsbehörde — d. i. für Preußen der Minister der öffentlichen Arbeiten — ersichtlich sein muß.

Diese Voraussetzungen sind hinsichtlich der fraglichen Ausführungsbestimmung bis zum 16. April 1919, dem Versendungstage, nicht erfüllt worden. Der Tarifnachtrag V, der die Bestimmung in ihrem Wortlaute wiedergibt, ist erst im August 1919 veröffentlicht worden, kommt also als Unterlage für den am 16. April 1919 geschlossenen Beförderungsvertrag nicht in Betracht. Bis dahin war der Wortlaut der Bestimmung nur in dem von der Eisenbahndirektion Berlin herausgegebenen „Gemeinsamen Tarif- und Verkehrsanzeiger" vom 17. Februar 1919 bekanntgemacht, auch war im Deutschen Reichsanzeiger vom gleichen Tage durch eine Anzeige der Eisenbahndirektion Berlin darauf hingewiesen worden, daß „vom 1. März 1919 ab neue Tarifbestimmungen für die nach § 54 (2) B I EVO. bedingsweise zur Beförderung zugelassenen Gegenstände (Gold- und Silberwaren, Platina, Geld und andere Kostbarkeiten sowie Kunstgegenstände) eingeführt würden" und „der Wortlaut der neuen Bestimmungen in der nächsten Nummer des preußisch-hessischen Tarif- und Verkehrsanzeigers für den Güter- und Tierverkehr veröffentlicht werden würde". In derselben Anzeige wurden auch einzelne Änderungen als wesentlich hervorgehoben, darunter zu Nr. 1: „Der Begriff Kostbarkeiten wird dahin festgelegt, daß hierzu solche Gegenstände rechnen, deren Wert 150 M für 1 kg der Ware übersteigt." Diese Art der Bekanntmachung wird mit Recht vom Berufungsgericht als vorschriftswidrig beanstandet. Sie setzt sich hinweg über die Ausführungsbestimmung zu § 6 EVO. und die Vorschrift des Tarifvorworts, aus welchen beiden Vorschriften zusammengenommen sich ergibt, daß Änderungen des Tarifs und der ihm gleichgestellten Ausführungsbestimmungen zu ihrer Gültigkeit der Bekanntmachung ihres Wortlauts durch den Reichsanzeiger bedürfen. Die kurz gefaßte Anzeige im Reichsanzeiger, die den Zusammenhang der Änderungen mit den aufrechterhaltenen Bestimmungen und demgemäß die rechtliche Tragweite der Änderungen nicht genügend ersichtlich macht, kann als zulässiger Ersatz für die vorgeschriebene Veröffentlichung des Wortlauts nicht angesehen werden. Dieser Mangel wird auch nicht, wie die Revision meint, dadurch behoben, daß der Wortlaut im Tarif- und Verkehrsanzeiger mitgeteilt und hierauf in der Ankündigung im Reichsanzeiger besonders hingewiesen worden ist. Denn da das Vorwort des Tarifs „für die Tarifänderung lediglich die Bekanntmachung durch den Deutschen Reichsanzeiger entscheidend sein" läßt, so erscheint es nicht rechtsirrig, wenn das Berufungsgericht die Veröffentlichung des vollen Wortlauts im Reichsanzeiger für unerläßlich und die Bezugnahme auf die Veröffentlichung in einem anderen Blatte für unzulässig erachtet. Dieser Auffassung ist um so mehr beizupflichten, als die Eisenbahnen selbst die Fassung des Tarifvorworts bewirkt und deshalb die Folgen einer unklaren oder unvollständigen Fassung selbst zu tragen haben (Eger EVO. § 6 Anm. 27 a. E., 3. Aufl. S. 26).

Beizutreten ist dem Berufungsgerichte ferner auch darin, daß die Bestimmung des § 2 Abs. 3 Satz 2 EVO., wonach die Genehmigung der Ausführungsbestimmungen aus dem Tarife zu ersehen sein muß, als eine zwingende Vorschrift anzusehen ist, deren Nichtbeobachtung die Nichtigkeit der Ausführungsbestimmungen zur Folge hat. Über die Genehmigung der streitigen Ausführungsbestimmung durch die zuständige Behörde besagt nun die Bekanntmachung im Reichsanzeiger nichts, ebensowenig diejenige im Gemeinsamen Tarif- und Verkehrsanzeiger. Die Revision meint zwar, daß der Genehmigungsvermerk trotz Kleidung der Vorschrift in die „Muß"-Form nicht wesentliches Erfordernis sei, und die gleiche Ansicht wird auch von Eger (§ 2 Anm. 7 S. 7) und Rundnagel (in Ehrenbergs Handbuch des Handelsrechts Bd. 5 Abt. 2 S. 290 Anm. 1) vertreten. Die Begründung, die von beiden Schriftstellern für ihre Ansicht gegeben wird, erscheint aber nicht stichhaltig. Sie verweisen darauf, daß in dem vorerwähnten Satze 2 die die Androhung der Ungültigkeit enthaltenden Worte des unmittelbar vorangehenden Satzes 1 („bedürfen zu ihrer Gültigkeit") fehlen. Dabei übersehen sie aber, daß Satz 2 durch das Wort „auch" eingeleitet wird, welches deutlich zum Ausdruck bringt, daß die Folge der Unterlassung im Falle des Satzes 2 die gleiche sein soll, wie im Falle des Satzes 1, also die Nichtigkeit der Ausführungsbestimmung. Es entspricht demnach durchaus dem engen Zusammenhange der in den beiden Sätzen enthaltenen Vorschriften, wenn für die Anordnung des zweiten Satzes die Mußform gewählt worden ist, die in der neueren Gesetzgebung überhaupt, vor allem seit der Einführung des Bürgerlichen Gesetzbuchs, angewendet wird, um die Vorschrift als eine zwingende, die Nichtigkeit des Rechtsgeschäfts bei Nichtbeachtung herbeiführende zu kennzeichnen.

Wenn Rundnagel a. a. O. sagt, daß in der Eisenbahnverkehrsordnung die scharfe Unterscheidung der Worte „muß" und „soll" nicht, wie in anderen Reichsgesetzen, überall durchgeführt worden sei (vgl. auch Rundnagel, Die Haftung der Eisenbahnen § 29 2. Aufl. S. 223 flg.), so trifft diese Bemerkung jedenfalls nicht den vorliegenden Fall, wo der Zusammenhang und die sprachliche Verbindung der beiden vorerörterten Sätze erkennen lassen, daß die Nichtbeobachtung der Formvorschrift des ersten wie des zweiten Satzes die Nichtigkeit der Bestimmung herbeiführen soll.

Ist hiernach die Ausführungsbestimmung, die den Kostbarkeitsbegriff neu regelt, bis zum 16. April 1919 nicht ordnungsmäßig veröffentlicht worden und demgemäß bis dahin auch nicht in Kraft getreten, so ist die frühere Rechtslage für die Beurteilung des Streitfalls maßgebend geblieben. Nach den bisherigen Bestimmungen hat das Berufungsgericht den in Verlust geratenen Buxkinstoff nicht als Kostbarkeit, sondern als gewöhnliches Frachtgut aufgefaßt. Dabei hat es erwogen, daß der Wert von 59 M für das Meter des Stoffes, zumal bei der jetzigen allgemeinen Preissteigerung, nicht als ungewöhnlich hoch anzusehen sei, auch ein ungewöhnliches Mißverhältnis des Wertes zum Umfange oder Gewichte der Sendung nicht vorliege, da ein Ballen von etwa 9 mm dickem Wolljoppenstoff ein Frachtstück von beträchtlichem Umfange bilde, auch ein erhebliches Gewicht aufweise. Dies wird von der Revision angezweifelt, die darauf hinweist, daß das Gewicht des Ballens auf 62 Pfund angegeben sei, mithin das Frachtstück von einem Manne bequem habe fortgetragen werden können. Der Angriff erscheint indes verfehlt." (Wird näher ausgeführt.)

RGZ. 100, 50.

1. Hat die Eisenbahn im internationalen Frachtverkehr Schadensersatz zu leisten, wenn durch ein fahrlässiges Handeln ihrer Leute die Beförderung verzögert, die Lieferfrist aber doch noch eingehalten wird?

2. Zur Haftung der Eisenbahn für grobe Fahrlässigkeit gemäß Art. 41 des Internationalen Übereinkommens über den Eisenbahnfrachtverkehr vom 14. Oktober 1890 (RGBl. 1892 S. 793).

I. Zivilsenat. Urt. v. 12. Juni 1920.

I. Landgericht Beuthen. — Oberlandesgericht Breslau.

Am 17. November 1916 sandte die Firma G. D. zu Ymuiden in Holland einen Waggon mit 19 100 Pfund Schellfisch für Rechnung der Klägerin, die die Fische gekauft und bezahlt hatte, an die Schlesisch-

Mährische Konservenfabrik in D. Während der Beförderung wurde der Frachtbrief von der Sendung getrennt, auch löste sich der Beklebezettel vom Wagen. Infolgedessen wurde die Sendung nach E. bei Leipzig verschleppt, wo sie am 21. November 1916 eintraf. Am 25. desselben Monats wurden die Fische auf Anordnung der Generaldirektion der Sächsischen Eisenbahnen in Leipizg verkauft. Der dabei erzielte Reinerlös wurde der Klägerin ausgezahlt. Die Firma G. D. hat die aus dem Frachtvertrag und der Versteigerung der Fische ihr erwachsenen Ansprüche an die Klägerin abgetreten. Diese hat geltend gemacht, daß die Verschleppung der Sendung und die Versteigerung der Fische auf grobe Fahrlässigkeiten der Angestellten des Beklagten zurückzuführen seien. Sie hat auf Schadensersatz in Höhe von 15 278,58 M nebst Zinsen geklagt. Das Landgericht erkannte nach diesem Antrage. Dagegen wies das Oberlandesgericht die Klage ab. Die Revision der Klägerin wurde zurückgewiesen aus folgenden

Gründen:

Das Oberlandesgericht führt aus: Die Eisenbahn habe sich allerdings verschiedene Fahrlässigkeiten zuschulden kommen lassen. So sei der Beklebezettel des Wagens nicht ordnungsmäßig angebracht worden. Die Bahn habe es dazu kommen lassen, daß die Begleitpapiere von dem Wagen getrennt seien. Schließlich habe für eine schleunigere Aufklärung gesorgt werden müssen. Dadurch sei aber nur eine Verzögerung der Beförderung bewirkt worden. Am 25. November 1916, einem Sonntage, sei dann der Verkauf der Fische in Leipzig vorgenommen worden. Während der Ausführung sei telegraphisch die Nachricht eingegangen, daß der Wagen nach D. habe gehen sollen. Damals habe aber bereits ein beginnender Verderb der Fische vorgelegen. Einige obenauf liegende Fische seien schon völlig unverwertbar, ein Teil der übrigen sei schon mit einem gelblichen Schleim behaftet gewesen. Bei einer Weiterversendung nach D., wo sie aller Voraussicht nach am 28. November eingetroffen wären, wären die Fische völlig verdorben und namentlich auch für die beabsichtigte Weiterverarbeitung zu Konserven unverwendbar geworden. Die um 10 Tage verlängerte Lieferfrist sei aber erst am 3. Dezember abgelaufen. Sie habe für die Weiterversendung genügt. Nun sei der Zustand der Fische nur eine Folge der Verzögerung der Beförderung gewesen. Dafür hafte aber die Bahn nicht, da sie die ganze Lieferfrist für die Beförderung habe ausnutzen dürfen. Frische Seefische seien nach ihrer eigentümlichen natürlichen Beschaffenheit der besonderen Gefahr ausgesetzt, inneren Verderb zu erleiden. Der Verkauf am 25. November habe verhindert, daß die Fische wertlos oder doch fast wertlos geworden seien, und so für die Klägerin gerettet, was sich noch habe erzielen lassen. Der Kaufpreis von 94 Pfg. für das Pfund sei ein recht guter gewesen. Er habe also nicht zu einem Verlust für die Klägerin geführt, sondern sie vor Schaden bewahrt.

Die Revision macht hiergegen geltend: Die Klage werde auf eine grobe Fahrlässigkeit der Angestellten des Beklagten gegründet, die zur Folge gehabt habe, daß das Gut verdorben sei. Auf eine Versäumung der Lierfrist gründe sie sich nicht. Die Eisenbahn habe keinen Freibrief, den regelrechten Lauf der Güter zu verlangsamen und dadurch inneren Verderb herbeizuführen. Der aus der Vernichtung der Ware sich ergebende Schaden sei ein anderer, als Schaden durch Versäumung der Lieferfrist.

Den Erwägungen des Oberlandesgerichts war jedoch beizutreten.

Es handelt sich um eine in Holland aufgegebene und nach einem Orte in Österreich-Ungarn gerichtete Sendung, die durch Deutschland als Durchfuhrgut ging. Auf das Rechtsverhältnis des Beklagten zum Absender und Empfänger finden daher die Vorschriften des Internationalen Übereinkommens über den Eisenbahnfrachtverkehr Anwendung. Dieses kommt hier als deutsches Recht in Betracht, so daß seine richtige Anwendung nachzuprüfen ist. Keine seiner Bestimmungen kann aber den Klaganspruch rechtfertigen. Aus Art. 29 ergibt sich nur, daß die Bahn für die Handlungen ihrer Angestellten aufzukommen hat, als ob sie ihre eigenen Handlungen wären. Sie kann sich nicht damit entlasten, daß sie bei der Auswahl ihrer Leute die erforderliche Sorgfalt beobachtet habe. Nach Art. 30 haftet die Bahn grundsätzlich für den Schaden, welcher in der Zeit von der Annahme des Guts zur Beförderung bis zur Ablieferung entstanden ist. Danach ist an sich ihre Haftung gegeben. Nach Art. 31 Abs. 1 Nr. 4 haftet die Bahn aber in Ansehung der Güter, welche vermöge ihrer natürlichen Beschaffenheit der besonderen Gefahr ausgesetzt sind, Beschädigung, insbesondere inneren Verderb, zu erleiden, nicht für Schaden, welcher aus dieser Gefahr entstanden ist, und es ist nach Abs. 2 daselbst bis zum Beweise des Gegenteils anzunehmen, daß die aus ihrer natürlichen Beschaffenheit sich ergebende Gefahr sich tatsächlich verwirklicht hat. Die Gefahr des inneren Verderbs, die bei vielen Sachen gegeben ist, folgt daraus, daß sie infolge ihrer natürlichen Eigenschaften im Laufe eines Zeitraums von größerer oder geringerer Dauer sich ändern, daß sie verderben. Diese Gefahr hat sich auch im vorliegenden Falle verwirklicht. Daraus ergibt sich, daß der Klaganspruch nicht nach Art. 30 gerechtfertigt ist.

Die Bahn würde allerdings nach Art. 39 den entstandenen Schaden zu ersetzen haben, wenn er durch eine Versäumung der Lieferfrist entstanden wäre. Das ist aber nicht der Fall. Die Lieferfrist war zur Zeit der Entstehung des Schadens noch nicht abgelaufen. Nach den Feststellungen des Oberlandesgerichts hätte sogar die Zeit bis zu ihrer Beendigung noch reichlich genügt, die Ablieferung rechtzeitig zu bewirken. Wird aber die Lieferfrist eingehalten, so ist nach den Vorschriften des IntÜb. eine Haftung für die Verzögerung der Beförderung auch wenn sie sich hätte vermeiden lassen, nicht gegeben. In Frage kann nur kommen, ob nach Art. 41 etwas anderes anzunehmen ist. Er bestimmt, daß in allen Fällen die Vergütung des vollen Schadens gefordert werden kann, wenn er infolge der Arglist oder der groben Fahrlässigkeit der Bahn entstanden ist. Die Entscheidung hängt insofern davon ab, ob der Artikel nur für solche Fälle, in denen schon nach anderen Bestimmungen eine Haftung der Bahn begründet ist, die Beschränkung der Ersatzpflicht auf einen Teil des Schadens aufheben und das Recht auf volle Entschädigung gewähren soll, sofern der Schaden durch Arglist oder grobe Fahrlässigkeit der Bahn oder ihrer Leute verursacht worden ist, oder ob er unter dieser Voraussetzung die Bahn haftbar machen will auch dann, wenn nach den sonstigen Bestimmungen des IntÜb. eine Haftung der Bahn überhaupt nicht gegeben ist. Für die Beantwortung dieser Frage ist entscheidend, welche Bedeutung die Lieferfristen bei Frachtverträgen haben. Indem die Bahn die tarifmäßige Beförderung eines Gutes übernimmt, verpflichtet sie sich, die Beförderung nach den Bestimmungen des Tarifs auszuführen. Sie hat daher die Pflicht, die Lieferfrist einzuhalten; sie hat aber auch das Recht dazu. Die Sache liegt insoweit nicht anders als bei sonstigen Verträgen, in denen die Erfüllung innerhalb einer Frist vereinbart wird. Nur diese Auffassung wird auch dem Zwecke gerecht, dem die Lieferfristen dienen sollen. Das Oberlandesgericht weist zutreffend darauf hin, daß die Lieferfristen gerade wegen der Möglichkeit, daß das Frachtgut oder der Güterwagen, in dem es sich befindet, irgendwo eine Zeitlang liegen bleibt, über die notwendige Zeit bemessen sind, und daß der Schutz, den diese Bestimmung der Lieferfristen der Bahn gewähren soll, vielfach vereitelt würde, wenn die Bahn trotzdem für den Schaden aufzukommen hätte, der durch ein vorübergehendes Stehenbleiben der Wagen am Frachtgut entsteht. Es ist zu berücksichtigen, daß es sich bei einer Bahn um einen Massenbetrieb handelt. Unregelmäßigkeiten und Versehen lassen sich dabei vielfach nicht vermeiden. Deshalb übernimmt die Bahn nach ihren Tarifen die Beförderung nur innerhalb einer zu ihren Gunsten reichlich bemessenen

Frist. Dazu kommt noch, daß die Bahnverwaltung besonders bei Versendungen über weite Strecken nicht in der Lage ist, die einzelnen Sendungen individuell zu behandeln. Sie muß klare, leicht zu übersehende Verhältnisse haben. Daher kann sie nur einzelne Abstufungen vornehmen, wie sie durch die Unterscheidung von Frachtgut- und Eilgutsendungen gegeben sind (in Deutschland war auch die Versendung als beschleunigtes Eilgut möglich, bei dem sehr kurze Lieferfristen vorgesehen waren); sie kann aber nicht die Lieferfristen nach der jeweiligen Beschaffenheit des Guts bemessen.

Hat aber die Lieferfrist die dargelegte Bedeutung, so kann ein Schaden, der aus einer Verzögerung der Beförderung entstanden ist, die Bahn nicht haftbar machen, wenn die Verzögerung nicht zu einer Überschreitung der Lieferfrist geführt hat. Denn ein schuldhaftes Handeln für sich allein begründet keinen Schadensersatzanspruch. Wenn gesagt ist, daß der Schuldner für Fahrlässigkeit oder grobe Fahrlässigkeit aufzukommen habe, so ist damit nur der subjektive Tatbestand bezeichnet, der vorliegen muß, wenn ein Ersatzanspruch bestehen soll. Der objektive Tatbestand muß hinzukommen. Es muß, von besonderen, hier nicht in Betracht kommenden Fällen abgesehen, eine Rechtsverletzung vorliegen. Eine Pflicht, zu handeln oder zu unterlassen, muß verletzt sein (vgl. Planck, BGB. § 276 Anm. 1a; Komm. v. RGR. § 276 Anm. 1).

Nun ist ja an sich die Auffassung denkbar, daß der Art. 41 den Lieferfristen eine andere Bedeutung verleiht, als sie nach der vorstehenden Darlegung haben. Allein zunächst ist er doch jedenfalls dazu bestimmt, die Haftung der Bahn für den Fall zu erweitern, daß eine Ersatzpflicht nach den Art. 30 bis 40 begründet ist und nun noch der erschwerende Umstand hinzukommt, daß der Schaden arglistig oder grob fahrlässig verursacht worden ist. Diese Bestimmung hat einen guten Sinn. Unter der angegebenen Voraussetzung hat eine Beschränkung der Haftung, wie sie z. B. in den Art. 34, 40 vorgesehen ist, keine innere Berechtigung. Wollte man aber annehmen, der Art. 41 begründe für den Fall, daß Arglist oder grobe Fahrlässigkeit vorliege, allgemein einen Anspruch auf Schadensersatz, so würde damit den Bestimmungen des Übereinkommens über die Lieferfristen ein ganz anderer Sinn verliehen. Das Ergebnis wäre, daß die Bahn nicht mehr das Recht hätte, die Lieferfristen auszunutzen. Daß aber eine Bestimmung, welche die Folgen von Arglist und grober Fahrlässigkeit regelt, zugleich dazu dienen soll, eine sonst nicht bestehende Rechtspflicht zu begründen, kann nicht angenommen werden.

Dazu kommt, daß auch die Stellung des Art. 41 für die dargelegte Auffassung spricht. Er folgt unmittelbar auf Vorschriften, die nur eine beschränkte Haftung der Bahn vorsehen. Im Gegensatz dazu gewährt er unter Umständen einen Anspruch auf vollen Schadensersatz. Danach kann nur angenommen werden, daß sein Zweck lediglich darin besteht, die in den vorangehenden Artikeln vorgesehene Haftung zu erweitern. Daß der Artikel so aufzufassen ist, wird auch durch die §§ 457 Abs. 3, 466 Abs. 3 HGB. bestätigt. Diese sind unzweideutig dahin gefaßt, daß durch sie nur eine aus anderen Bestimmungen sich ergebende Haftung erweitert wird. Es erscheint ohne weiteres ausgeschlossen, daß der Gesetzgeber — das IntÜb. kommt hier, ebenso wie das HGB., als Reichsrecht in Frage — für internationale Beförderungen den Bahnen eine weitergehende Haftung hätte auferlegen wollen, als sie bei Beförderungen besteht, die nur innerhalb Deutschlands vorgenommen werden. Im internationalen Verkehr ist naturgemäß mit erhöhten Schwierigkeiten zu rechnen.

Daß die Art. 30 bis 40 in der schließlichen Fassung des Art. 41 nicht erwähnt sind, wie in dem ursprünglichen Entwurf beabsichtigt war, steht der hier gegebenen Auslegung nicht entgegen. Es kann sich einfach dadurch erklären, daß die Erwähnung für überflüssig erachtet wurde. Auch wäre nicht ohne weiteres maßgebend, was einzelne bei der Abfassung des Übereinkommens beteiligte Personen mit der Änderung des Entwurfs bezweckt haben.

Ebensowenig kann es auf das Bedenken ankommen, daß die Bahn selbst bei einer vorsätzlichen Schädigung nicht hafte, wenn nur die Frist eingehalten werde. Eine solche Möglichkeit ist so fernliegend, daß der Gesetzgeber keinen Anlaß hatte, sie besonders in Betracht zu ziehen, zumal die gewöhnlichen Eilgutfristen so bemessen waren, daß die Bahn in ihrem eigenen Interesse eine unnötige Verzögerung vermeiden mußte. Es bedarf daher auch keiner Untersuchung, wie ein solcher Fall zu beurteilen wäre, ob und wie weit insbesondere die Bestimmungen über unerlaubte Handlungen eingreifen würden.

Hiernach ist in Übereinstimmung mit der Entscheidung RGZ. Bd. 89 S. 338 anzunehmen, daß auch bei grob fahrlässiger Verzögerung der Beförderung die Bahn für den dadurch verursachten Schaden nicht haftet, wenn sie nur die Lieferfrist einhält.

Mit der Revision wird allerdings geltend gemacht, der durch die Vernichtung des Guts entstandene Schaden sei ein anderer als ein Schaden durch Versäumung der Lieferfrist. Allein es handelt sich eben nur um einen Schaden, der auf die Verzögerung der Beförderung zurückzuführen ist. Es fehlt daher, wie die vorstehenden Darlegungen ergeben, an einer Rechtsverletzung, auf welche der Ersatzanspruch gegründet werden könnte. Der Schaden ist entstanden, ehe der Beklagte zur Ablieferung des Guts verpflichtet war. Daß die Fische dann versteigert sind, hat lediglich die Klägerin vor einer Vergrößerung des Schadens bewahrt.

RGZ. 100, 110.

1. Zum Begriff der Kostbarkeit im Sinne des § 467 HGB., §§ 96, 54 EVO.

2. Wie sind die Bestimmungen zu 1 anzuwenden, wenn in einem Frachtstück Gegenstände, auf die der Begriff Kostbarkeit zutrifft, vereinigt sind mit solchen, auf die er nicht zutrifft?

I. Zivilsenat. Urt. v. 9. Oktober 1920.

I. Landgericht Köln. — II. Oberlandesgericht daselbst.

Laut Frachtbrief vom 9. Oktober 1918 wurden in Cr. der Eisenbahn 2 Kisten (KS. 1163/1164) „Seidenwaren" im Gewicht von 117 kg als Frachtgut zur Versendung nach Station Sk. übergeben. Die Kiste 1164 ist angekommen, die Kiste 1163 nicht. Die Klägerin verlangt auf Grund des Frachtvertrags den Wert des Inhalts der Kiste, der 29 667,25 M betragen habe, als Schadensersatz nebst Zinsen seit 9. Oktober 1918. Das Landgericht erklärte den Klageanspruch dem Grunde nach für gerechtfertigt. Auf die Berufung des Beklagten erkannte das Oberlandesgericht auf Abweisung der Klage. Die Revision wurde zurückgewiesen.

Gründe:

Der Beklagte lehnt seine Haftpflicht aus dem Eisenbahnfrachtvertrage unter Berufung auf § 467 HGB., § 96 EVO. in Verb. mit § 54 (2) B Nr. 1 und Ausführungsbestimmung III 1 zu § 54 ab, weil es sich bei dem verlorengegangenen Frachtgut um Kostbarkeiten gehandelt habe und unterlassen sei, diese Eigenschaft und den Wert im Frachtbrief zu bezeichnen. Daß letzteres nicht geschehen ist, ergibt der vorgelegte Frachtbrief. Das Oberlandesgericht hat im Gegensatz zum Landgericht den Standpunkt des Beklagten gebilligt und deshalb die Klage abgewiesen. Dem Oberlandesgericht war im Ergebnis beizutreten.

Maßgeblich für den Begriff Kostbarkeit ist lediglich der eisenbahnrechtliche Gesichtspunkt. Die in Betracht kommenden Bestimmungen sind zu dem Zwecke getroffen, damit die Eisenbahn bei ihrer weitgehenden Haftung aus dem Frachtvertrage in die Lage versetzt werden soll, die vorgesehenen Sicherungsmaßregeln anzuwenden, um nicht mit

Schadensansprüchen belastet zu werden, die ungewöhnlich hoch sein können und zur Zeit der Versendung nach Umfang und Gewicht des Frachtguts nicht ohne weiteres zu erwarten sind. Es kommt demnach im eisenbahnrechtlichen Sinne für den Begriff Kostbarkeit darauf an, ob das betreffende Frachtgut im Vergleich zu anderen gewöhnlichen Sendungen von gleichem oder annähernd gleichem Umfang und Gewicht einen ungewöhnlich hohen Wert hatte. Im gegenwärtigen Falle handelt es sich um eine Sendung Seidenwaren, deren Gesamtwert nach der von Klägerin als Anlage zur Klage mitgeteilten Rechnungsaufstellung zur Zeit der Versendung 29 667,25 M betrug. Wie diese Rechnungsaufstellung ferner ergibt, setzte sich der Gesamtwert von 29 667,25 M zusammen aus 1528,90 M für 101¼ Meter Satin und 28 138,35 M für 401¼ Meter Cachemire. Das Gewicht der Kiste 1163 mit diesen beiden Sorten Seide war, wie sich aus dem vorgelegten Frachtbrief ergibt, 44 kg. Der Umfang der Kiste war 1 Meter im Geviert. Ihre Höhe ergibt sich nicht ziffernmäßig aus den Akten, kann aber keine erhebliche gewesen sein, da bei den in Bertacht kommenden 502½ Meter dünner Seide von etwa 1 Meter Breite die Kiste nur eine geringe Höhe zu haben brauchte. Es handelte sich danach bei der Kiste 1163 um ein Frachtstück von 1 Meter im Geviert von geringer Höhe und 44 kg Gewicht, das einen Wert von 29 667,25 M hatte. In Bertacht zu ziehen für die Frage, ob der Begriff Kostbarkeit gegeben, ist nur das Frachtstück als solches, und es ist nicht, wie im Schrifttum vertreten wird (Eger EVO. Anm. zu § 96, Rundnagel § 67 Anm. 5, Staub § 467 HGB. Anm. 5), ein Unterschied dahin zu machen, daß in einem Falle, wo in einem Frachtstück Gegenstände, die für sich nicht den Begriff der Kostbarkeit erfüllen, mit Kostbarkeiten zusammen verpackt und versandt sind, die Bestimmungen des § 467 HGB., §§ 96, 54 EVO. die Haftpflicht nur bezüglich der letzteren ausschlössen. Vielmehr ist die Haftpflicht in solchem Falle ganz ausgeschlossen, sofern der Begriff Kostbarkeit für das Frachtstück als solches zutrifft. Es kann daher im gegenwärtigen Falle nicht darauf ankommen, daß die 101¼ Meter Satin für sich wohl den Begriff der Kostbarkeit nicht erfüllen könnten, vielmehr steht nur zur Entscheidung, ob der Begriff Kostbarkeit für das ganze Frachtstück als solches zu bejahen ist. Dies ist aber der Fall. Es ergibt sich bei einem Gewicht des Frachtstücks von 44 kg und einem Gesamtwerte von 29 667,25 M für das Kilogramm ein Wert von etwa 650 M; dabei hatte das Frachtstück nur den geringen Umfang einer flachen Kiste von 1 Meter im Geviert. Der Umstand, daß dieser außerordentliche Wertsatz sich nur durch die Valutaverhältnisse gebildet hat, ist nicht von entscheidender

Bedeutung. Es ist mit Rücksicht hierauf jetzt allerdings zu fragen, ob dieser hohe Wertsatz im Vergleich zu den Sendungen anderer Waren von gleichem oder annähernd gleichem Umfang und Gewicht, die aus demselben Grunde ebenfalls eine große Preisverschiebung aufweisen, gleichwohl noch als ein so außergewöhnlicher angesehen werden muß, daß er auch in Berücksichtigung der Preisverschiebung bei Absendung nicht ohne weiteres zu erwarten war. Diese Frage muß für das hier in Betracht kommende Frachtstück bejaht werden.

RGZ. 100, 162.

1. Erwirbt der Verfügungsberechtigte gegen den Verwahrer eigene Rechte auf Auslieferung, wenn die Eisenbahn unanbringliches Frachtgut hinterlegt?

2. Kann ein Verschulden des Verfügungsberechtigten darin erblickt werden, daß er sich längere Zeit um das hinterlegte Frachtgut nicht kümmert?

I. Zivilsenat. Urt. v. 20. Oktober 1920.

I. Landgericht Breslau. — II. Oberlandesgericht daselbst.

Der Kläger hatte im Jahre 1914 von der Firma Gebrüder S. in W. Schuhwaren gekauft und die Ware bezahlt. Die Verkäuferin sandte die Ware auf zwei Frachtbriefe mit der Bahn an den Kläger nach K., wo sie im Januar 1915 eintraf. Da der Kläger nichts von sich hören ließ, beauftragte die Bahn die Beklagte mit der Lagerung der Ware. Die Beklagte setzte sich im Mai 1915 mit der Absenderin in Verbindung und sandte ihr das Gut gegen Zahlung der darauf lastenden Spesen zurück. Erst im September 1915 erkundigte sich der Kläger nach dem Verbleib des Guts. Wegen der Zurücksendung desselben verlangt er von der Beklagten Schadensersatz. Er stützt sein Verlangen hauptsächlich darauf, daß er im Besitz zweier Duplikatfrachtbriefe über die Sendung sei.

Das Landgericht hat die Klage abgewiesen. Auf die Berufung des Klägers hat das Oberlandesgericht der Klage zu drei Vierteln stattgegeben. Die Revision der Beklagten hatte teilweise Erfolg.

Gründe:

Das Berufungsgericht hat angenommen, daß, wenn die Eisenbahn das Frachtgut nach § 437 HGB., § 81 RVO. hinterlegt, der Frachtvertrag beendet wird und damit die weitere Verbindlichkeit der Eisenbahn erlischt, daß aber derjenige, der nach Frachtrecht über das Frachtgut verfügungsberechtigt ist, einen Anspruch nunmehr gegen den Verwahrer auf Auslieferung des Guts erwirbt. Diesen Ausführungen, die die Revision zur Nachprüfung verstellt, ist zuzustimmen. Mit Recht nimmt die herrschende Meinung an, daß derartige unmittelbare Ansprüche des Verfügungsberechtigten gegen den Verwahrer entstehen. Durch die Hinterlegung soll bewirkt werden, daß die Eisenbahn von ihrer strengen Haftung nach Frachtrecht befreit wird. Nimmt sie das Gut selbst auf Lager, so haftet sie nunmehr aus dem Verwahrungsvertrage (Eger, EVO. § 81 Anm. 429); lagert sie es bei einem Dritten ein, so ist ihre weitere Haftung beendet (Senckpiehl, Lagergeschäft S. 390). Dementsprechend sind die allgemeinen Abfertigungsvorschriften § 42 Nr. 16 und 19 gefaßt (Eger a. a. O. § 81 S. 430, 443; Eger, Eisenbahnrechtl. Entsch. Bd. 28 S. 137). In ganz gleicher Weise ist auch für das Gebiet des Seerechts die Regelung der Hinterlegung erfolgt; die Haftung des Verfrachters erlischt auch hier; der Empfangsberechtigte erwirbt einen Anspruch gegen den Verwahrer (Pappenheim, Seerecht Bd. 3 S. 416). Der Verwahrer ist also nicht Erfüllungsgehilfe des Frachtführers, unter welcher Annahme Ansprüche des Dritten gegen ihn nicht gegeben wären, sondern er haftet dem Dritten unmittelbar im eigenen Namen. Streitig ist, ob der Frachtführer den Verwahrungsvertrag seinerseits im Namen des Verfügungsberechtigten, also nicht im eigenen Namen, abschließt (vgl. einerseits Senckpiehl S. 389 Anm. 4, anderseits Pappenheim Bd. 3 S. 415 bei Anm. 1). Dieser Streit bedarf im vorliegenden Falle keiner Entscheidung, da auch mit dem Abschluß im eigenen Namen des Frachtführers vereinbar ist, daß unmittelbar Rechte zugunsten des Dritten zur Entstehung gelangen. Die Passivlegitimation der Beklagten ist also gegeben.

Die Aktivlegitimation des Klägers folgt daraus, daß dieser der Verfügungsberechtigte war, wie das Berufungsgericht zutreffend dargelegt und die Revision hinsichtlich des Frachtbriefs vom 5. Januar 1915 nicht bestritten hat. Nach Ankunft des Guts ist der Empfänger berechtigt, die Übergabe des Frachtbriefs und die Auslieferung des Guts zu verlangen (§ 435 HGB.); eine im Regelfalle an sich mögliche entgegenstehende Anweisung des Absenders (§ 433) war vorliegendenfalls ausgeschlossen, weil der Absender sich nicht im Besitz der ausgestellten Frachtbriefduplikate befand (§ 455), diese vielmehr in Händen des Klägers waren.

Hinsichtlich des Frachtbriefs vom 2. Januar 1915 rügt die Revision, daß aus diesem die Erteilung eines Duplikats nicht hervorgehe und der Kläger also nicht verfügungsberechtigt gewesen, vielmehr die Verfügungsberechtigung der Absenderin in Kraft geblieben sei. Ausweislich dieses Frachtbriefs hat die Absenderin die Erteilung des Duplikats beantragt. Das Duplikat ist auch erteilt worden, wie das Berufungsgericht feststellt. Die Verfügungsberechtigung der Absenderin ist also auch hier ausgeschlossen, da sie nicht im Besitze des Duplikats war. Allerdings ist nun auf diesem Frachtbriefe die Erteilung des Duplikats nicht durch Aufdruck des Stempels in dem dafür bestimmten Raume kenntlich gemacht. Die Revision führt aus, die Beklagte habe danach mit der Erteilung des Duplikats nicht zu rechnen brauchen, und es enthalte also kein Verschulden, wenn sie das Frachtgut der Absenderin zurückgeliefert habe. Das Berufungsgericht hat demgegenüber dargelegt, die Beklagte habe wissen müssen, daß das Duplikat erteilt werden mußte, nachdem ein dahingehender Antrag, wie aus dem Frachtbrief ersichtlich, gestellt war; es sei also Sache der Beklagten gewesen, nähere Erkundigungen hierüber einzuziehen, ehe sie die Ware der Absenderin auslieferte. Dieser Darlegung des Berufungsgerichts ist durchweg beizutreten. Die Anforderungen, die damit an die Sorgfalt eines Lagerhalters gestellt werden, sind nicht überspannt; es lag unter den gegebenen Verhältnissen in der Tat die Annahme nahe, daß der Aufdruck des Stempels durch Versehen unterblieben sei. . . .

Endlich hat das Berufungsgericht zugunsten der Beklagten angenommen, daß ein eigenes Verschulden des Klägers bei der Entstehung des Schadens mitgewirkt habe; es hat dieses Mitverschulden auf ein Viertel bemessen. Das Frachtgut ist anfangs Januar 1915 angekommen; es ist der Absenderin am 11. Mai 1915 zurückgesandt worden. Erst im September 1915 hat sich der Kläger nach dem Verbleib der Ware erkundigt; im Dezember 1915 ist sodann über das Vermögen der Absenderin das Konkursverfahren eröffnet. Die Revision rügt, daß das Mitverschulden des Klägers zu gering bemessen sei. Dieser Rüge muß stattgegeben werden. Das Verschulden der Beklagten erweist sich als kein sehr erhebliches, sondern es stellt sich als ein im Geschäftsbetriebe hin und wieder vorkommendes, wenn auch nicht entschuldbares Versehen dar. Das Verhalten des Klägers ist dagegen im wesentlichen unerklärt geblieben. Der Kläger hat sich von Januar bis September 1915 um seine Ware überhaupt nicht gekümmert, obgleich er doch wußte, daß die Ware an ihn abgesandt war. Ebenso hat er, als er im September 1915 den Sachverhalt erfuhr, keinerlei Schritte zur Abwendung des Schadens gegen die Verkäuferin unternommen, obgleich solche Erfolg versprachen, da die Geschäftsaufsicht sich der Befriedigung zweifelloser Forderungen nicht entzogen haben würde. Dies untätige Verhalten des Klägers hat zu dem Schadenserfolge in gleichem Maße beigetragen wie das Versehen der Beklagten. Es erschien deshalb angemessen, den Schadensbetrag zwischen den Parteien nach Hälften zu teilen.

RGZ. 102, 92.

1. Zu den Begriffen „Annahme" (Abnahme) im Sinne des § 438 HGB., § 97 der Eisenbahnverkehrsordnung und „Selbstverlader" im Sinne des § 61 Abs. 4 EVO.

2. Besteht bei Verlust von Frachtgütern während der Eisenbahnbeförderung unter Umständen die Vermutung, daß der Verlust durch ein Verschulden von Bahnangestellten herbeigeführt worden ist?

I. Zivilsenat. Urt. v. 13. April 1921

I. Landgericht Hamburg. — II. Oberlandesgericht daselbst.

Die Firma W. in Schkeuditz übergab am 22. November 1917 der Eisenbahn einen Kesselwagen Putzölersatz zur Beförderung an die Klägerin. Der Wagen kam am 30. November in Hamburg an. Hiervon wurde die Klägerin durch die Bahn am 1. Dezember benachrichtigt. Sie löste darauf den Frachtbrief Schkeuditz-Hamburg ein, stellte als Absenderin einen neuen Frachtbrief vom 1. Dezember an ihre Abnehmerin, die Firma R. in Wandsbeck, aus und übersandte ihn am selben Tage der Bahn. Da zur Weiterbeförderung noch die Erlaubnis des Kriegsamts in A. einzuholen war, so wurde der Frachtbrief erst nach Eingang der Genehmigung am 3. Dezember 1917 abgestempelt. Am nächstfolgenden Tage ging der Wagen nach Wandsbeck ab, wo er am 8. Dezember eintraf. Hier wurde bahnamtlich festgestellt, daß der Wagen nur noch 2290 kg Putzölersatz enthielt, während sein Inhalt bei Abgang des Wagens von Schkeuditz bahnamtlich auf 15 460 kg festgestellt worden war. Dieses Gewicht hatte die Klägerin auch in dem Frachtbriefe Hamburg-Wandsbeck angeführt. Sie erhob Klage auf Verurteilung des Beklagten zur Zahlung von 17 779,50 M als Schadensersatz für die während der Beförderung verlorengegangene Menge Putzölersatz. Das Landgericht erkannte nach dem Klagantrage, das Oberlandesgericht wies die Klage ab. Die Revision hatte keinen Erfolg.

Gründe:

Die Beförderung des in Rede stehenden Wagens Putzölersatz wurde vom Beklagten auf Grund zweier Frachtbriefe, nämlich gemäß Frachtbrief der Firma W. vom 22. November 1917 zwischen Schkeuditz und Hamburg und gemäß Frachtbrief der Klägerin vom 1. Dezember 1917 zwischen Hamburg und Wandsbeck, ausgeführt. Den Ersatzanspruch wegen des eingetretenen Verlustes (§ 456 HGB.) hat das Oberlandesgericht, soweit der erste Frachtvertrag in Betracht kommt, im Hinblick auf § 438 HGB., § 97 EVO. abgewiesen, weil die Klägerin nach Ausführung der Beförderung bis zum Bestimmungsort Hamburg den hierfür von der Absenderin in Schkeuditz an sie als Empfängerin adressierten Frachtbrief vom 22. November durch Zahlung der Fracht und sonstigen Kosten eingelöst und durch Ausstellen eines neuen Frachtbriefs vom 1. Dezember an ihre Abnehmerin in Wandsbeck und den damit für die Strecke Hamburg-Wandsbeck geschlossenen neuen Frachtvertrag über das Gut verfügt habe, hierin aber, da Umstände, welche eine andere Beurteilung rechtfertigten, nicht hervorgetreten seien, eine An- oder Abnahme des Gutes in Hamburg zu erblicken sei.

Dieser Entscheidungsgrund ist bedenkenfrei, die dagegen erhobenen Einwendungen der Revision sind nicht erheblich. Allerdings würde die bloße Vereinbarung, das Gut an eine andere Adresse zu befördern, noch nicht als Annahme (Abnahme) bzw. Ablieferung betrachtet werden können. So liegt aber die Sache nicht. Nachdem die Klägerin durch Zahlung der Fracht und Kosten und Einlösung des Frachtbriefs Schkeuditz-Hamburg die Möglichkeit erlangt hatte, über das Frachtgut als Empfängerin frei zu verfügen, hat sie auch tatsächlich darüber durch Ausstellung eines neuen Frachtbriefs und Abschluß eines neuen Frachtvertrags, nunmehr als Absenderin, verfügt. Darin konnte gemäß § 157 BGB. nur die Annahme (Abnahme) von seiten der Klägerin und die Ablieferung von seiten des Beklagten erblickt werden, d. h. die Erledigung der Beförderung Schkeuditz-Hamburg. Ob die Klägerin die Absicht gehabt hat, mit der von ihr vorgenommenen Verfügung die Beförderung Schkeuditz-Hamburg nicht als erledigt anzusehen, ist ohne Bedeutung. Eine solche Absicht ist nach dem vom Oberlandesgericht erörterten Sachverhalte weder ausdrücklich noch durch irgendwelche Umstände hervorgetreten und vor allem nicht, worauf es ankam, dem Beklagten erkennbar gewesen, so daß für eine Annahme, die Parteien seien über eine Hinausschiebung der Annahme (Abnahme) und Ablieferung bezüglich der ersten Beförderung bis nach Ausführung der weiteren Beförderung Hamburg-Wandsbeck einverstanden gewesen, was allein die Folge des § 458 HGB. (§ 97 EVO.) hätte abwenden können, der Sachverhalt keinerlei Unterlage gibt. Hierbei ist nicht ersichtlich, inwiefern es erheblich sein sollte, ob der Beklagte den zweiten Frachtvertrag selbst auszuführen hatte oder ihn für die Lübeck-Büchner Bahn abschloß. Auch wenn ersteres der Fall war, liegt die Sache für die Klägerin nicht günstiger. Das Oberlandesgericht stellt zudem fest, daß es der Klägerin leicht möglich war, schon am Vormittage des 1. Deezmber eine Nachwiegung des Wagens vorzunehmen, und erwägt mit Rücksicht hierauf sowie mit Rücksicht auf die Tatsache, daß die Klägerin selbst am Nachmittage des 1. Dezember den neuen Frachtbrief ausstellte und darin die Gewichtsangabe aufnahm, daß der Beklagte auch tatsächlich die Sachlage so auffassen mußte, daß die Klägerin abgenommen habe bzw. ihr abgeliefert sei. Davon, daß der Klägerin ein Nachwiegen am 1. Dezember nicht hätte zugemutet werden können, wie die Revision meint, kann keine Rede sein. Gegebenenfalls hätte die Klägerin aber auch im Hinblick auf § 438 Abs. 3 HGB., § 97 Abs. 2 Ziff. 4 EVO. binnen 1 Woche nach Annahme bezüglich der ersten Beförderung schriftlich die Untersuchung beantragen können, was nicht geschehen ist. Die am 8. Dezember in Wandsbeck erfolgte bahnamtliche Wiegung ist ohne Antrag erfolgt.

Den Ersatzanspruch wegen des Verlustes (§ 456 HGB.) auf Grund des zweiten Frachtvertrags Hamburg-Wandsbeck hat das Oberlandesgericht abgelehnt, weil der von der Klägerin zu führende Nachweis fehle, daß bei Abschluß dieses Vertrags noch die 15 460 kg Putzölersatz im Wagen gewesen seien. Die Annahme des Oberlandesgerichts, daß Klägerin den vermißten Nachweis zu führen hatte, ist zutreffend. Das Landgericht hatte diesen Nachweis unter Bezugnahme auf § 61 Abs. 3 EVO. für geführt erachtet, da der abgestempelte neue Frachtbrief das darin angegebene Gewicht bis zum Beweise der Unrichtigkeit seitens des Beklagten gegen diesen beweise. Das Oberlandesgericht hat dies mit Recht unter Bezugnahme auf § 61 Abs. 4 EVO. mißbilligt. Die Klägerin galt, wie das Oberlandesgericht zutreffend annimmt, als Selbstverlader, sowohl gemäß Tarif B als auch namentlich mit Rücksicht darauf, daß sie den Wagen verladen in den zweiten Frachtvertrag hineingegeben hatte. Der Umstand, daß früher bei Abschluß des ersten Frachtvertrags der Beklagte das Gewicht selbst nachgewogen hatte, ist ebenso unerheblich wie die Tatsache, daß die Klägerin tatsächlich nicht selbst verladen hatte (ROHG. Bd. 13 S. 130).

Die Klägerin hatte zur Stütze ihres Anspruchs geltend gemacht, daß, da die Entleerung des Kesselwagens nur umständlich unter Zuhilfenahme von größeren Werkzeugen möglich gewesen sei, bei solcher Art der Beraubung, wo sie auch auf der Strecke Schkeuditz bis Wandsbeck oder den in Betracht kommenden Bahnhöfen vorgenommen sein möge, die Leute des Beklagten entweder selbst mitgewirkt haben müßten oder wenigstens nicht die erforderliche Bewachung in einer auch nur der geringsten Sorgfalt entsprechenden Weise ausgeübt hätten, so daß nach § 438 Abs. 5 HGB., § 97 Abs. 2 Nr. 1 EVO. der Ersatzanspruch aus

§ 456 HGB. nicht verloren sei. Das Oberlandesgericht hat dieses Vorbringen gewürdigt, erachtet es auch für wahrscheinlich, daß eine Beraubung stattgefunden hat und dabei Leute des Beklagten entweder mitgewirkt oder doch nicht ordentlich bewacht haben können. Es erwägt aber, daß der die Bewachung störende Einfluß der Kriegsverhältnisse in Berücksichtigung zu ziehen sei, daß weiter die Möglichkeit der Fälschung eines Frachtbriefs durch Dritte in Betracht komme. Im Hinblick hierauf sieht sich das Oberlandesgericht nicht in der Lage, zu der Annahme zu gelangen, daß tatsächlich eine Mitwirkung von Leuten des Beklagten bei der Beraubung stattgefunden haben müsse, oder daß diese Leute in grob fahrlässiger Weise ihre Bewachungspflicht vernachlässigt hätten. Das ist rein tatsächlich und läßt einen Rechtsirrtum nicht erkennen. Die Revision meint, daß das Oberlandesgericht hierbei den Rechtsgedanken des sog. prima facie-Beweises nicht beachtet habe. Davon kann aber bei der Würdigung des Oberlandesgerichts keine Rede sein. Das Oberlandesgericht macht ja selbst gegen die von ihm hingestellte Wahrscheinlichkeit, daß Leute des Beklagten bei der Beraubung mitgewirkt oder ihre Bewachungspflicht grob fahrlässig verletzt haben könnten, wieder so viele Bedenken rein tatsächlicher Art geltend, daß darnach von einem von der Klägerin prima facie geführten Beweis nichts mehr übrigblieb und der Klägerin die volle Beweislast verblieb.

Die Behauptung der Revision, daß die Entscheidung des Oberlandesgerichts im Ergebnis unbillig sei, weil die Klägerin gar nicht anders habe handeln können, als sie getan habe, ist nicht für zutreffend zu erachten. Sie konnte die Nachwiegung in Hamburg selbst vornehmen oder behufs Vornahme durch die Bahn den rechtzeitigen Antrag stellen. Alsdann wäre alles zur Erhaltung ihres Ersatzanspruchs gemäß § 456 HGB. in Ordnung gewesen. Eine solche Sorgfaltspflicht mußte ihr auch im Hinblick auf die scharfe Haftungspflicht des Beklagten billigerweise zugemutet werden.

RGZ. 102, 96.

Welche Bedeutung hat die Klausel „Netto Kasse gegen Frachtbriefduplikat" für die Frage des Zeitpunktes, in dem das Eigentum an der verkauften Ware auf den Käufer übergeht?

II. Zivilsenat. Urt. v. 15. April 1921.

I. Landgericht I Berlin, Kammer für Handelssachen. — II. Kammergericht daselbst.

Der ursprünglich mitbeklagte Kaufmann C. in Berlin kaufte im Oktober und November 1916 von dem jetzigen Alleinbeklagten Z.

daselbst je einen Wagen Schuhcreme mit der Bestimmung, daß die Versendung mit Militärzug an Sch. & Co. in Konstantinopel erfolgen sollte, und erhielt von Z. je gegen Zahlung des Kaufpreises die mit dem Stempel der Abgangsstation Berlin, Schlesischer Bahnhof, versehenen Frachtbriefduplikate vom 31. Oktober 1916 über den Wagen 9072 Posen, adressiert an „Sch. & Co. in Konstantinopel", und vom 18. November 1916 über den Wagen 13 542 Breslau, adressiert an Sch. & Co. in Konstantinopel, Sofia transit Türkei", ausgehändigt. Er verkaufte die beiden Wagen Schuhcreme an den Kläger weiter und übergab diesem die beiden Frachtbriefduplikate, wogegen er seinerseits den Kaufpreis bezahlt erhielt. Vor Abgang der Wagen änderte jedoch Z. mit Genehmigung der Abgangsstation die Originalfrachtbriefe dahin ab, daß der über Wagen 9072 Posen vom 2. November 1916 datiert und „an die Weiterleitungsstelle Oberleschen zur Weiterbeförderung an das Kriegsministerium Sofia (Spediteur Sch. & Co.)" adressiert wurde, während der über Wagen 13 542 Breslau das Datum des 25. November 1916 und die Adresse: „An das Kriegsministerium (Disponent Spediteur Sch. & Co.) Sofia transit durch die Weiterleitungsstelle Oberleschen" erhielt. Infolgedessen wurden die Wagen nach Sofia befördert, wo sie von dem Bulgarischen Kriegsministerium angehalten und erst im Sommer 1917, als die Ware schon durch Eintrocknen gelitten hatte, freigegeben wurden.

Im Juni wurde der Kläger gegen C. und Z. auf Zahlung von 70 000 M Schadensersatz (Erstattung des von ihm gezahlten Kaufpreises und des ihm entgangenen Gewinns) nebst Zinsen klagbar. Er verglich sich aber dann, unter Vorbehalt seiner Ansprüche gegen Z., mit C. dahin, daß dieser ihm den Kaufpreis mit etwa 44 000 M und seine Auslagen mit etwa 5000 M, im ganzen 49 000 M, erstattete und er die Klage gegen ihn zurücknahm. Den Rechtsstreit gegen Z. setzte er mit dem Antrage fort, diesen zur Zahlung von 40 000 M zu verurteilen. Zur Begründung behauptet er: Durch die in der Übergabe der Frachtbriefduplikate von Z. an C. und von diesem an ihn liegende Abtretung des Herausgabeanspruchs gegen die Eisenbahnverwaltung sei das Eigentum an der Schuhcreme gemäß § 931 BGB. zunächst auf C. und dann auf ihn übergegangen. Dieses Eigentum habe der Beklagte Z. dadurch widerrechtlich verletzt, daß er die beiden Wagen eigenmächtig nach Sofia geleitet und die Ware dort anderweit verkauft habe.

Der Beklagte Z. bestritt, daß der Kläger Eigentümer der Ware gewesen sei, und behauptete, daß er die Umleitung lediglich im Interesse der schnelleren Beförderung der Ware vorgenommen habe.

Das Landgericht erkannte auf Abweisung der Klage. Der Kläger legte Berufung ein, hielt jedoch den Klagantrag nur in Höhe von 13 200 M nebst Zinsen aufrecht. Das Kammergericht wies die Berufung zurück. Auf die Revision des Klägers wurde das Berufungsurteil aufgehoben und die Sache an das Kammergericht zurückverwiesen.

Aus den Gründen:

Die Erwägungen, die das Kammergericht bestimmt haben, den Klagegrund der widerrechtlichen Eigentumsverletzung zu verneinen (vgl. § 823 Abs. 1 BGB.), können rechtlich nicht gebilligt werden. Es ist zwar richtig, daß das Frachtbriefduplikat nicht die gesetzliche Bedeutung eines Lagerscheins, eines Ladescheins oder eines Konnossements hat (vgl. §§ 424, 450, 647 HGB.), vielmehr zunächst nur dazu dienen soll, den Empfänger gegen eigenmächtige Verfügungen des Absenders über das Frachtgut zu sichern (§ 455 Abs. 2 HGB., Art. 8 Abs. 6, 15 Abs. 2 IntFrachtÜb.). Unter Umständen kann jedoch in der Übergabe des Frachtbriefduplikats vom Verkäufer an den Käufer der Ausdruck des beiderseitigen Willens gefunden werden, daß damit der Anspruch des Verkäufers gegen die Eisenbahn auf Herausgabe des Frachtguts und das Eigentum an dem Frachtgut auf den Käufer übergehen sollen (§§ 931, 929 BGB. vgl. Urt. d. RG. vom 20. Mai 1908 I 444/07, Warneyer Bd. 1908 Nr. 584), und ein solcher Wille ist nach der neueren Verkehrsentwicklung namentlich dann für vorliegend zu erachten, wenn, wie hier, der Vertrag mit der Klausel „Netto Kasse gegen Frachtbriefduplikat" oder einer gleichbedeutenden Klausel geschlossen worden ist und demgemäß beiderseits erfüllt wird (Urt. d. RG. vom 1. Oktober 1918 III 150/18, JW. 1919 S. 182 mit Anmerkung von Geiler; vgl. auch Joerges JW. 1921 S. 329). Das Kammergericht hätte also den Willen der Vertragschließenden (Beklagter — C., C. — Kläger), sofort mit Aushändigung der Frachtbriefduplikate und der Vollzahlung des Kaufpreises den Käufer zum Eigentümer des Frachtguts zu machen, nur dann verneinen dürfen, wenn trotz jener Klausel ein gegenteiliger Wille zutage getreten wäre. Dies ist aber nach der Begründung des angefochtenen Urteils nicht anzunehmen. Im übrigen läßt sich auf Grund der bisherigen tatsächlichen Feststellungen noch nicht entscheiden, ob und wann der Kläger das Eigentum an der verkauften Ware erlangt hat, ob es also sein Eigentum war, das seiner Behauptung nach vom Beklagten widerrechtlich verletzt worden ist.

RGZ. 102, 206.

1. In welcher Art haftet die Eisenbahn für Frachtgut vor Beginn und nach Beendigung des eigentlichen Transports?

2. Grobes Verschulden der Eisenbahnangestellten bei Verwahrung des Frachtguts.

I. Zivilsenat. Urt. v. 28. Mai 1921.

I. Landgericht Karlsruhe. — II. Oberlandesgericht daselbst.

Die Klägerin bezog Anfang Oktober 1918 vier Faß Wein mit der Eisenbahn. Die Sendung kam vollzählig in K. an. Mit der Abrollung beauftragte die Klägerin den Spediteur H. Dieser löste am 4. oder 5. Oktober den Frachtbrief ein, bezahlte die Fracht und quittierte über den Empfang der Ware. Er nahm aber die Ware nicht sofort an sich, sondern ließ sie auf dem Güterboden stehen. Als er sie am 9. Oktober abholen wollte, fehlte von den vier Fässern eins im Gewicht von 834 kg. Dessen Verbleib ist nicht aufgeklärt.

Die Klägerin verlangt mit der Klage Ersatz des Werts des Fasses. Das Landgericht erklärte die Klage dem Grunde nach für berechtigt. Die Berufung des Beklagten wurde zurückgewiesen. Die Revision hatte keinen Erfolg.

Aus den Gründen:

. . . Das Berufungsgericht hat angenommen, der Sinn und die rechtliche Bedeutung der im voraus geleisteten Quittierung sei dahin aufzufassen, daß die Ware als abgenommen gelte (welche Wirkung nur bei sofortigem Widerruf der Quittung aufgehoben werden könne), und daß zwischen Empfänger und Eisenbahn ein Verwahrungsvertrag abgeschlossen werde, der bis zur körperlichen Abholung der Ware in Kraft bleibe. Dieser Verwahrungsvertrag sei ein entgeltlicher. Die Eisenbahn müsse nachweisen, daß sie an dem Verlust des Guts schuldlos sei. Ein derartiger Beweis sei nicht angetreten.

Die Revision rügt, daß zu Unrecht ein entgeltlicher Verwahrungsvertrag angenommen sei.

Zunächst ist es nicht zu beanstanden, wenn das Berufungsgericht in der Bezahlung der Fracht und der Quittierung über den Empfang der Ware rechtlich eine Ablieferung und Abnahme des Frachtguts erblickt hat. Insoweit sind auch von der Revision keine Angriffe erhoben. Da nun aber die Ware nicht körperlich abgenommen (abgeholt), vielmehr sodann in Verlust geraten ist, fragt sich, welche Haftungsart der Eisenbahn außerhalb der Dauer des eigentlichen Transports eintritt. Darüber haben sich in Schrifttum und Rechtsprechung folgende Grundsätze entwickelt: Aufgelieferte Güter, die nicht sofort befördert werden können, hat die Eisenbahn in Verwahrung zu nehmen (§ 64 EVO.). Darin wird ein Verwahrungsvertrag erblickt. Ob der Vertrag unentgeltlich oder entgeltlich ist (vgl. § 690 BGB.), ist nicht unzweifelhaft. In der Zeit von der „Annahme zur Beförderung bis zur Ablieferung" haftet die Eisenbahn bis zur höheren Gewalt (§ 456 HGB.). Sie haftet in dieser Weise grundsätzlich also zunächst auch noch, nachdem das Frachtgut am Bestimmungsort angekommen und ausgeladen ist; jedoch nimmt die vorherrschende Meinung an, daß bei Annahmeverzug des Empfängers infolge unberechtigter Annahmeverweigerung nur noch Haftung für Arglist und grobes Verschulden eintritt. Diese Anschauung wird bestritten von Barnickel, Eisenbahnrechtl. Entsch. Bd. 26 S. 114, und Rundnagel in Ehrenbergs Handb. Bd. 5 Abt. 2 S. 422. Folgerichtig wird die vorherrschende Meinung annehmen müssen, daß die geminderte Haftung nicht nur bei ausdrücklicher Annahmeverweigerung des Empfängers, sondern auch bei Verzug infolge Verzögerung der Abnahme eintritt. Zu betonen ist aber, daß diese Ansicht zunächst nur den Fall ins Auge faßt, daß auch nicht ein Surrogat der körperlichen Ablieferung (Quittierung über den Empfang und Zahlung der Fracht) vorliegt (vgl. z. B. Staub, § 429 Anm. 8; Rundnagel in Eisenbahnrechtl. Entsch. Bd. 23 S. 306). Endlich ist anerkannt, daß auf die Ablieferung ein Verwahrungsvertrag mit Haftung für leichtes Verschulden nachfolgen kann (Staub § 429 Anm. 9; ROHG. Bd. 14 S. 295), und daß eine solche Haftung insbesondere dann eintritt, wenn die Eisenbahn unanbringliche Güter selbst zu Lager nimmt (§ 81 Abs. 3 EVO.; Eger § 81 Anm. 429).

In dem zur Entscheidung stehenden Falle ist die Sachlage so, daß das erwähnte Surrogat der körperlichen Ablieferung eingetreten ist, der Empfänger sich aber um das Gut mehrere Tage lang nicht gekümmert hat. Das Berufungsgericht hat angenommen, daß zwischen den Parteien ein Verwahrungsvertrag geschlossen ist, und zwar ein entgeltlicher, so daß der Beklagte für jedes Verschulden zu haften habe. Dies Ergebnis wäre nur schwer in Einklang zu bringen mit der vorstehend gekennzeichneten vorherrschenden Meinung, daß auch schon vor Ablieferung des Frachtguts bei Verzug des Empfängers nur eine Haftung für grobes Verschulden eintritt. Es bedarf jedoch keiner Prüfung ob deshalb der Entscheidung des Berufungsgerichts entgegenzutreten ist. Denn die Sachlage ist so gestaltet, daß grobes Verschulden auf seiten des Beklagten angenommen werden muß. Es handelte sich um ein Faß Wein im Gewicht von 834 kg, also ein Frachtstück von erheblichem Umfang und Gewicht. Kommt ein solches Frachtstück abhanden, so ist dies jedenfalls so lange auf grobes Verschulden der Eisenbahnbeamten zurückzuführen, als nicht die Eisenbahn irgendeine sie entlastende Erklärung für die Möglichkeit des Verlustes zu geben vermag. Nach dem nächsten Anschein kann ein derartiger Gegenstand nicht ohne grobes Verschulden in Verlust geraten. Daß es versehentlich mit anderen Waren ausgeliefert worden ist, erscheint sehr wenig wahrscheinlich. Unbemerkt fortbringen ließ es sich kaum. Von Einbruchsdiebstählen hat nichts verlautet. Die nächstliegende Annahme ist also, daß die Bahnangestellten es zum mindesten an der nötigen Bewachung haben fehlen lassen. Das schließt ein grobes Verschulden ein. Für eine andere Auffassung der Sachlage hat der Beklagte, wie es bei solcher Beweislage ihm obgelegen hätte, nichts vorgebracht. Für ein grobes Verschulden seiner Beamten und Angestellten aber kann der Beklagte die Haftung nicht ablehnen, und zwar weder, wenn man einen entgeltlichen, noch auch, wenn man einen unentgeltlichen Verwahrungsvertrag annehmen will, noch auch, wenn man einen Verwahrungsvertrag ablehnt, vielmehr eine fortdauernde Haftung aus dem Frachtvertrag annimmt (vgl. Janzer in der Zeitschr. des Vereins Deutscher Eisenb. 1908 S. 269; Rundnagel in Ehrenbergs Handb. Bd. 5 Abt. 2 S. 416, Anm. 11).

RGZ. 102, 257.

1. Zum Begriff „Kostbarkeit" im internationalen Eisenbahnfrachtverkehr.

2. Zur Vorschrift, daß Kostbarkeiten im Frachtbrief ausdrücklich als solche zu bezeichnen sind.

3. Rechtliche Bedeutung der zu § 62 der Eisenbahnverkehrsordnung erlassenen Ausführungsbestimmung über die Verpackung gewisser Arten von Fellen.

I. Zivilsenat. Urt. v. 8. Juni 1921.

I Landgericht Dresden, Kammer für Handelssachen. — II. Oberlandesgericht daselbst.

Der Kläger übergab der Eisenbahn am 7. September 1918 eine Kiste mit Rauchwaren zur Beförderung als Eilgut von Leipzig nach Wien. Die Kiste hatte einen Umfang von 100×75×60 cm und wog mit Inhalt 82 kg. Der Inhalt war im Frachtbrief auf 290 gefärbte Kaninfelle, 50 zubereitete Schirasfelle, 362 zubereitete Iltisfelle, 64 gefärbte Fuchsfelle und 6 gefärbte Fuchsschweife angegeben. Belastet war das Gut im Frachtbriefe mit einer Nachnahme von 22 245 M.

Diese Kiste lagerte nach ihrem Eintreffen in Wien dort kurze Zeit und wurde dann im Auftrage des Klägers nach Leipzig zurückgesandt. Hier wurde festgestellt, daß sie erbrochen und eines Teils ihres Inhalts beraubt war. Die verlorengegangenen Waren hat der Kläger auf 24 blaugefärbte Fuchsfelle im Werte von 5760 M, 20 alaskagefärbte nordische Fuchsfelle, Wert 9200 M, 10 silbergefärbte Fuchsfelle, Wert 2375 M, 153 zugerichtete Iltisschwarten, Wert 826,20 M, 23 Schirasfelle, Wert 115 M, 53 gefärbte Kaninfelle, Wert 106 M, und 5 gefärbte Fuchsschweife, Wert 50 M, angegeben. In Höhe des Gesamtwerts und der Frachtkosten von zusammen 18 665 M nebst Zinsen nahm er den Beklagten auf Schadensersatz in Anspruch. Der Beklagte vergütete ihm den Wert der Iltisschwarten, der Schirasfelle und der Kaninfelle mit 1047,20 M nebst Zinsen. Im übrigen beantragte er Klagabweisung und wendete ein, daß die in Frage stehenden Waren Kostbarkeiten im frachtrechtlichen Sinne gewesen seien und für ihren Verlust von der Bahn nicht gehaftet werde, da bei ihrer Absendung die für die Kostbarkeiten geltenden gesetzlichen und tarifarischen Vorschriften nicht beobachtet worden seien.

Das Landgericht wies die Klage ab. Die Berufung des Klägers wurde zurückgewiesen. Auch die Revision hatte keinen Erfolg.

Gründe:

Auf das streitige Rechtsverhältnis finden die Bestimmungen des Internationalen Übereinkommens über den Eisenbahnfrachtverkehr vom 14. Oktober 1890 (RGBl. 1892 S. 793) Anwendung, da das Gut aus dem Gebiete des Deutschen Reichs in das Gebiet Österreich-Ungarns mit durchgehendem Frachtbrief auf Verbandseisenbahnstrecken versandt worden ist. Im Art. 3 des Übereinkommens ist den Ausführungsbestimmungen die Bezeichnung derjenigen Güter vorbehalten, die wegen ihres großen Werts, wegen ihrer besonderen Beschaffenheit oder wegen Gefährdung der Betriebssicherheit und -ordnung vom zwischenstaatlichen Eisenbahnverkehr ausgeschlossen oder dazu nur bedingungsweise zugelassen sind. Als Güter der letzteren Art werden im § 1 Abs. 2 Nr. 2 der Ausführungsbestimmungen Gold- und Silberwaren, Platina, Geld, geldwerte Münzen und Papiere, Dokumente, Edelsteine, echte Perlen, Pretiosen und „andere Kostbarkeiten" genannt, mit dem Hinzufügen, daß diese Gegenstände entweder nach Maßgabe von Vereinbarungen zwischen den Regierungen der beteiligten Staaten oder von Tarifbestimmungen zugelassen werden, welche von den dazu ermächtigten Bahnverwaltungen aufgestellt und von allen zuständigen Aufsichtsbehörden genehmigt sind. Hinsichtlich Eisenbahnsendungen aus dem Deutschen Reiche nach Österreich-Ungarn war die Beförderung von Kostbarkeiten zu der hier in Rede stehenden Zeit durch den Eisenbahngütertarif Teil I Abt. A für den Verkehr zwischen den österreichischen, ungarischen und bosnisch-herzegowinischen Eisenbahnen einerseits, den deutschen, luxemburgischen, belgischen und niederländischen Eisenbahnen anderseits (gültig vom 1. September 1914), geregelt. Dieser Tarif enthält in Zusatzbestimmung 1 zu Art. 3 des Übereinkommens mit Beschränkung auf den Verkehr zwischen den österreichischen, ungarischen und bosnisch-herzegowinischen Eisenbahnen einerseits, den deutschen und luxemburgischen Eisenbahnen anderseits, folgende besondere Vorschrift: „Gold- und Silberwaren, Platina, Geld und geldwerte Münzen aus edlen Metallen sowie geldwerte Papiere, Dokumente, Edelsteine, echte Perlen, Pretiosen und andere Kostbarkeiten sind als solche im Frachtbrief ausdrücklich zu bezeichnen und werden nur als Eilgut zur Beförderung angenommen. Sie müssen in festverschlossenen Fässern und Kisten, die einzeln nicht unter 25 kg wiegen dürfen, gut verpackt sein. Das Verladen liegt dem Absender, das Ausladen dem Empfänger ob. Die Beförderung findet nur in besonderen Wagen, in die andere Güter nicht verladen werden dürfen, mit den von der Eisenbahn zu bestimmenden Zügen, in Österreich und Ungarn nur mit Personenzügen statt. Die Beförderung in Sonderzügen unterliegt besonderer Vereinbarung zwischen dem Absender und der Eisenbahn. Für jeden Wagen muß vom Absender ein Begleiter gestellt werden, der das tarifmäßige Fahrgeld zu entrichten hat."

Diese Bestimmungen erachtet das Berufungsgericht hinsichtlich der in Rede stehenden Sendung nicht für gewahrt. Es erwägt, daß die noch nicht ersetzten Felle bei ihrem außergewöhnlich hohen Werte im Vergleich mit ihrem Umfang und Gewicht als Kostbarkeiten im verkehrsrechtlichen Sinne anzusehen seien, und gelangt, übereinstimmend mit dem Landgericht, zu dem Ergebnis, daß der Kläger durch Nichtbeobachtung der Versendungsbedingungen seine Ersatzansprüche an die Bahn verwirkt habe.

Hiergegen erhebt die Revision die Rüge, daß der Vorderrichter den Begriff „Kostbarkeit" nicht allein unter Berücksichtigung der deutschen und österreichischen Verhältnisse habe bestimmen dürfen, vielmehr auch die Verhältnisse sämtlicher dem Übereinkommen angehörigen Länder hätte mit in Betracht ziehen müssen. Das müsse dazu führen, den Begriff „Kostbarkeit" für die fraglichen Felle auszuschließen, die, wie der Vorderrichter selbst annehme, auch in Deutschland und Österreich erst durch die Preisentwicklung des Krieges zu Kostbarkeiten geworden seien.

Dieser Angriff ist nicht begründet. Bei der Bestimmung des Kostbarkeitsbegriffs ist das Berufungsgericht der ständigen Rechtsprechung des Reichsgerichts gefolgt, die den Begriff ganz allgemein, auch für den zwischenstaatlichen Eisenbahnverkehr, auf solche Frachtgüter anwendet, deren Wert im Verhältnis zu ihrem Gewicht und Umfang ungewöhnlich hoch ist (RGZ. Bd. 101 S. 87 Urt. vom 12. Juni 1920 I 86/20). In tatsächlicher Beziehung hat es festgestellt, daß der Wert der verlorengegangenen Felle 614 M auf das Kilogramm bei Einrechnung der bereits ersetzten weniger wertvollen Stücke, und 1114 M auf das Kilogramm bei Ausschluß der letzteren ausmacht, auch der Umfang der Kiste im Vergleich mit dem Wert des Inhalts gering war, und die Preissteigerung bei Fellen während des Krieges in höherem Maße hervorgetreten ist, als sie sonst infolge der Geldentwertung bei anderen Waren Platz gegriffen hat. Diese Feststellungen reichen aus, um die Anwendung des Kostbarkeitsbegriffs auf das streitige Frachtgut zu rechtfertigen. Zur Prüfung der Frage, ob nicht nur in den beteiligten Staaten Deutschland und Österreich, sondern auch in allen übrigen Verbandsstaaten die fraglichen Felle als Kostbarkeit angesehen würden, hatte das Berufungsgericht keine Veranlassung. Aus § 1 Abs. 2 Nr. 2 (Abs. 2) der Ausführungsbestimmungen, woselbst die Regelung der Beförderung von Kostbarkeiten den Vereinbarungen der Regierungen der beteiligten Staaten vorbehalten worden ist, folgt ohne weiteres, daß in dieser Beziehung keineswegs innerhalb der Gesamtheit der Verbandsstaaten vollkommen gleiche Grundsätze zur Durchführung gebracht werden sollen, vielmehr dem freien Ermessen der einzelnen Staaten und den Sonderabmachungen unter ihnen der weiteste Spielraum gelassen worden ist. Im Sinne der Ausführungsbestimmungen liegt es daher, wenn die Frage, ob ein Gegenstand, der nicht zu den im § 1 Abs. 2 Nr. 2 ausdrücklich genannten gehört, im einzelnen Falle als Kostbarkeit zu gelten hat, nur nach den wirtschaftlichen Verhältnissen der bei der Beförderung jeweilig beteiligten Staaten entschieden wird. Daß die streitigen Felle bei Berücksichtigung der damaligen deutschen und österreichischen Verhältnisse die in der Rechtsprechung des Reichsgerichts erforderten Merkmale von Kostbarkeiten besaßen, wird von der Revision selbst nicht in Zweifel gezogen. Unter diesen Umständen kann es dahingestellt bleiben, ob nicht für die Bestimmung der Kostbarkeitseigenschaft im zwischenstaatlichen Eisenbahnfrachtverkehr sogar lediglich die wirtschaftlichen Verhältnisse am Versandorte maßgebend sind.

Einen Anhalt für eine solche Annahme könnte der Art. 34 des Übereinkommens bieten, nach welchem für den Wertersatz der Handelswert oder der gemeine Wert am Versandorte maßgebend ist. . . .

Die im Tarif angeordnete besondere Bezeichnung der Kostbarkeiten als solche wurde nicht dadurch entbehrlich, daß der Frachtbrief den Inhalt der Sendung genau angab und auch den Nachnahmebetrag nannte. Die oben mitgeteilte Tarifbestimmung schreibt unzweideutig vor, daß Kostbarkeiten als solche im Frachtbrief ausdrücklich zu bezeichnen sind. Der Grund für diese strenge Bestimmung ist darin zu finden, daß bei der Güterabfertigung meist untergeordnete Beamte beschäftigt werden, denen schwierigere Überlegungen nicht zuzumuten sind, sondern die nach festen, klaren Richtlinien zu verfahren haben. Für sie bedeutet daher erst die klare Bezeichnung einer Sache als „Kostbarkeit" einen genügenden Hinweis darauf, wie sie das Gut bei der Beförderung zu behandeln haben. Hierbei kann es dahingestellt bleiben, ob in jedem Falle gerade der Ausdruck „Kostbarkeit" gebraucht werden muß, oder ob es unter Umständen auch genügen könnte, wenn die Kostbarkeitseigenschaft auf andere Weise im Frachtbrief für jedermann außer Zweifel gestellt würde. An einer solchen klaren Bezeichnung fehlt es aber im vorliegenden Falle unbedenklich. Der Eisenbahn kann deshalb der Vorwurf einer Verletzung von Treu und Glauben nicht gemacht werden, wenn sie sich auf das Fehlen der Bezeichnung des Guts als Kostbarkeit beruft, mag auch bereits bei genauer Durchsicht des Frachtbriefs aus dessen übrigen Angaben, insbesondere nach Aufstellung einer rechnerischen Ermittlung, der hohe Wert des Guts feststellbar gewesen sein. Es kommt noch hinzu, daß es der im Art. 30 der Eisenbahn aufgebürdeten strengen Haftpflicht durchaus entspricht, wenn auch dem Absender eine genaue Befolgung der zugunsten der Eisenbahn getroffenen, zur Schadensverhütung bestimmten Vorschriften zugemutet wird. Deshalb ergibt sich aus der Unterlassung der vorgeschriebenen Angabe im Frachtbrief die Anwendung des Art. 43 IntFrÜb., wonach jede Haftpflicht der Eisenbahn auf Grund des Frachtvertrags ausgeschlossen ist, wenn Gegenstände, die nur bedingungsweise zur Beförderung zugelassen sind, unter ungenauer oder unrichtiger Deklaration zur Beförderung aufgegeben werden, oder wenn die für sie vorgesehenen Sicherheitsvorschriften vom Absender außer acht gelassen werden. . . .

Weiter erörtert die Revision die Anwendbarkeit der Anlage II Ziff. 6 zum deutschen Eisenbahngütertarif Teil I Abteilung A (S. 99). Hier ist bestimmt, daß folgende Felle: Biber, Biberseehund (Seal),

Blaufuchs, Chinchilla, Hermelin, Marder, Nerz, Otter, Persianer, Seeotter, Silberfuchs, Skunks und Zobel, bei Aufgabe als Stückgut in festverschlossenen hölzernen Kisten oder Fässern verpackt sein müssen. Die Revision vertritt die Ansicht, daß hierdurch für die genannten Fellarten, zu denen auch die noch streitigen gehörten, die Versendungsweise abschließend geregelt worden sei und nicht daneben auch noch die Kostbarkeitsvorschriften in Betracht kommen könnten. Diese Ansicht erscheint nicht zutreffend. Die Anlage II enthält lediglich eine Ausführungsbestimmung zu dem die Verpackung des Guts regelnden § 62 EVO., ist also für die Frage, wie Kostbarkeiten zu versenden sind, ohne jede Bedeutung. Sie kommt auch, wie die Eisenbahnverkehrsordnung selbst, für den internationalen Verkehr nur soweit in Betracht, als er nicht durch besondere Bestimmungen geregelt ist (§ 1 EVG.). Über die Verpackung und Versendung von Kostbarkeiten sind aber, wie oben dargelegt worden ist, in den zum Internationalen Frachtübereinkommen ergangenen Ausführungsbestimmungen und in dem für den vorliegenden Fall maßgeblichen zwischenstaatlichen Tarif eingehende Bestimmungen getroffen worden. Nach diesen allein ist daher zu entscheiden, ob die streitigen Felle als Kostbarkeiten anzusehen und welche Bedingungen bei ihrer Versendung zu beachten waren.

Der Revision kann endlich auch nicht darin beigepflichtet werden, daß es den Grundsätzen von Treu und Glauben und den Erfordernissen der Verkehrssicherheit widerspreche, wenn Waren, die vor dem Kriege nicht als Kostbarkeiten gegolten hätten, nunmehr infolge der Kriegs- und Valutaverhältnisse als Kostbarkeiten behandelt würden. Es ist bereits in zahlreichen Entscheidungen des Reichsgerichts ausgesprochen worden, daß sich bei vielen Waren, die früher gewöhnliches Handelsgut waren, infolge der Kriegsverhältnisse eine solche Werterhöhung herausgebildet hat, daß sie selbst bei Berücksichtigung der allgemeinen Preisverschiebung den Charakter des Außergewöhnlichen trägt und die Einordnung der Waren in die Reihe der Kostbarkeiten notwendig macht (RGZ. Bd. 101 S. 166). Eine derartige, nicht allein auf die allgemeine Geldentwertung zurückzuführende Wertsteigerung hat das Berufungsgericht hinsichtlich der in Rede stehenden Felle bedenkenfrei festgestellt, indem es noch näher ausgeführt hat, daß diese auch bereits lange vorher nahe an der Grenze der Kostbarkeiten gestanden hätten. Von einem Verstoß gegen Treu und Glauben kann nicht die Rede sein, wenn die Eisenbahn jetzt die Kostbarkeitsvorschriften auf solche im Preise ungewöhnlich gestiegenen Waren anwenden will. Die veränderten wirtschaftlichen Verhältnisse, auf deren Entwicklung die Eisenbahn einen Einfluß nicht ausüben konnte, rechtfertigen ohne weiteres die Anwendung der nunmehr auf das Rechtsverhältnis passenden gesetzlichen Bestimmungen. Eine vorherige entsprechende Belehrung der beteiligten Kreise konnte der Eisenbahn nicht zugemutet werden (Urt. vom 12. Juni 1920 I 86/20).

RGZ. 103, 146.

1. Kann sich ein wirksamer Handelsgebrauch bilden, durch den die gesetzliche Haftpflicht der Eisenbahn ausgeschlossen oder beschränkt wird?

2. Welche Rechtsbeziehungen entstehen dadurch, daß die Eisenbahn einem Geschäftsmann, der häufig Güter empfängt, auf der Güterabfertigungsstelle ein Schließfach einräumt?

3. Zur rechtlichen Bedeutung des mitwirkenden Verschuldens beim Eisenbahnfrachtgeschäft.

I. Zivilsenat. Urt. v. 5. November 1921.

I. Landgericht Kassel. — II. Oberlandesgericht daselbst.

Für die Klägerin ging Anfang November 1919 auf dem Güterbahnhof zu K. ein Faß Wein als Frachtgut ein. Als sie es durch ihren Kutscher Gr. abholen lassen wollte, ergab sich, daß es bereits an einen Unbekannten, der sich mit dem richtigen Frachtbrief bei der Güterabfertigung gemeldet hatte, herausgegeben war. Für den hierdurch ihr entstandenen Schaden machte die Klägerin den Beklagten verantwortlich und erhob gegen ihn Klage auf Zahlung von 7992 M nebst Zinsen. Der Beklagte bat um Klagabweisung. Er machte geltend, daß die Bahn durch die Herausgabe des Guts an die im Besitz des Frachtbriefs befindliche Person ihre Pflicht zur Ablieferung des Guts ordnungsmäßig erfüllt habe.

Das Landgericht erklärte den Klaganspruch zu $^2/_3$ für gerechtfertigt. Die Berufung des Beklagten wurde vom Oberlandesgericht zurückgewiesen. Auch die Revision blieb erfolglos.

Gründe:

Unstreitig ist das Faß Wein, das die Bahn zur Beförderung an die Klägerin angenommen hatte, an eine nicht empfangsberechtigte unbekannte Person ausgehändigt worden. Dadurch wird an sich die Entschädigungspflicht des Beklagten begründet, da die Bahn nach § 456 HGB., § 84 EVO. für den Schaden haftet, der durch Verlust, Minderung oder Beschädigung des Guts in der Zeit von der Annahme zur

Beförderung bis zur Ablieferung entsteht, es sei denn, daß der Schaden durch ein Verschulden oder eine nicht von der Bahn verschuldete Anweisung des Verfügungsberechtigten, durch höhere Gewalt, durch äußerlich nicht erkennbare Mängel der Verpackung oder durch die natürliche Beschaffenheit des Guts verursacht worden ist. Die Herausgabe des Guts an eine andere Person als den bestimungsmäßigen Empfänger begründet im Sinne der vorgedachten Bestimmungen keine Ablieferung, sondern stellt sich als ein Verlust dar, der die Haftung der Bahn für das Abhandenkommen des Guts zur Folge hat (ROHG. Bd. 4 S. 14, Bd. 14 S. 1; RGZ. Bd. 94 S. 99; Urt. des RG. vom 28. September 1921 I 130/21).

Gegen die Haftung der Bahn sucht die Revision auszuführen, daß das jahrelang betätigte Verhalten der Klägerin so ausgelegt werden müsse, als habe sie darauf verzichtet, daß die Empfangsberechtigung desjenigen nachgeprüft werde, der sich zur Abholung der für die Klägerin eingetroffenen Frachtgüter mit einem von der Klägerin eingelösten Frachtbriefe melde. Das Berufungsgericht hat aber ohne Rechtsirrtum ausgeführt, daß aus den vom Beklagten angeführten Tatsachen keineswegs ein stillschweigendes Einverständnis der Klägerin mit einer derartigen, von jedem weiteren Berechtigungsnachweis absehenden Güteraushändigung gefolgert werden könne. Ebenso hat das Berufungsgericht in bedenkenfreier Weise die Wirksamkeit eines Handelsgebrauchs verneint, demzufolge die Eisenbahn berechtigt sei, Güter, deren Empfänger ein Schließfach hat, dem Überbringer des Frachtbriefs ohne weitere Prüfung der Empfangsberechtigung auszuhändigen. In dieser Beziehung heißt es im Berufungsurteil, daß ein solcher Handelsgebrauch ein Mißbrauch sein und gegen das Gesetz verstoßen würde. Dies ist unzweifelhaft richtig. Nach § 471 HGB. kann die durch § 456 begründete Verpflichtung der Bahn weder durch die Eisenbahnverkehrsordnung noch durch Verträge ausgeschlossen oder beschränkt werden; Bestimmungen, welche dieser Vorschrift zuwiderlaufen, sind nichtig. Lediglich eine Umgehung dieser die Haftung der Bahn regelnden strengen Gesetzesbestimmungen würde es bedeuten, wollte man einem vermeintlichen Handelsgebrauche, der die Eisenbahn von der ihr obliegenden Pflicht zur Prüfung der Empfangsberechtigung und damit von einem wesentlichen Teile ihrer gesetzlichen Haftpflicht befreien soll, rechtliche Wirksamkeit zuerkennen. Im übrigen ist es auch unerfindlich, wie die Bahn durch die Vernachlässigung der ihr obliegenden Prüfungspflicht irgendwelche Rechte für die Zukunft erlangt und sich zu ihren Gunsten ein Handelsgebrauch gebildet haben sollte. Die Vernachlässigung der

Prüfungspflicht hätte nach den Grundsätzen von Treu und Glauben höchstens — worauf es hier aber nicht ankommt — die Grundlage für einen Handelsgebrauch zugunsten der Empfänger auf Entbehrlichkeit der Führung von Nachweisen bilden können. Die Bahn kann sich aber keinesfalls gegen die Entschädigungsansprüche in der Weise verteidigen, daß sie ausführt, sie sei zu der ihr obliegenden Prüfung deshalb nicht mehr verpflichtet, weil sie diese Pflicht jahrelang, ohne dadurch Schaden zu erleiden, verabsäumt habe. Eine derartige Verteidigung findet im Gesetz keine Stütze. Wenn die Revision zur Unterstützung ihrer Rüge geltend macht, die Klägerin habe ihren Empfangsbeauftragten außer den Frachturkunden niemals weitere Ausweise mitgegeben, so ist nicht einzusehen, wie dieser Umstand sich zugunsten des Beklagten sollte verwerten lassen. Wenn die Güterbodenangestellten sorgloserweise die Vorlegung von Ausweisen nicht verlangten, so hatte die Klägerin auch keinen Anlaß, solche Ausweise ihren Beauftragten mitzugeben. . . .

Hiernach unterliegt die Entschädigungspflicht des Beklagten aus § 456 HGB., § 84 EVO. keinem Bedenken, sofern nicht einer der dort erwähnten Haftausschließungsgründe dem Beklagten zur Seite steht. Als ein solcher Grund kann nach Lage des Falls hier nur eigenes Verschulden des Verfüngungsberechtigten in Betracht kommen, und das Berufungsgericht hat in der Tat ein Verschulden auf seiten des Kutschers Gr., des Erfüllungsgehilfen der Klägerin, angenommen. Es hat das Verschulden darin gefunden, daß Gr., der das Schließfach regelmäßig entleert habe, dessen mangelhafte Beschaffenheit seit längerer Zeit gekannt, trotzdem aber hiervon den Beklagten nicht in Kenntnis gesetzt und nicht auf Abhilfe hingewirkt habe. Der Mangel bestand nach der Feststellung des Berufungsgerichts darin, daß sich die Außentür des Schließfachs, auch in verschlossenem Zustande, nach innen zurückdrücken ließ und so die Herausnahme der im Fache befindlichen Papiere gestattete; die zurückgedrückte Tür konnte dann wieder ohne Schwierigkeit in ihre frühere Lage gebracht werden. Das Berufungsgericht nimmt an, daß der Frachtbrief vom Zeugen H. in das Schließfach gelegt und hieraus von einer unbefugten Person entnommen worden sei, die die mangelnde Beschaffenheit des Fachs sich zunutze gemacht und die Tür alsdann wieder in den gewöhnlichen Zustand versetzt habe. Gr. habe die Pflicht gehabt, den Fehler dem Beklagten zu melden. Sein Verschulden müsse die Klägerin als eigenes vertreten, auch wenn sie selbst den fehlerhaften Zustand des Fachs nicht gekannt habe.

Rechtliche Bedenken sind gegen diese Ausführungen nicht zu erheben. Über die Beziehungen, die zwischen den Parteien durch die Überlassung des Schließfachs begründet werden sollten, verhält sich die Erklärung der Klägerin vom 21. Februar 1907, worin sie den Empfang des Schlüssels zu dem Fache bestätigt und darin willigt, daß die Frachtbriefe zu den für sie ankommenden Gütern von der Güterabfertigungsstelle in das Fach eingelegt werden sollten, mit der Wirkung, daß das Verbringen der Frachtbriefe in das Behältnis einer Aushändigung an sie im Sinne der Eisenbahnverkehrsordnung gleich zu erachten ist. Es handelt sich hiernach nicht, wie die Revision annimmt, um einen bloßen Leihvertrag im Sinne des § 598 BGB., da er sich nicht auf die Verpflichtung des Beklagten beschränkt, der Klägerin den Gebrauch des Fachs unentgeltlich einzuräumen. Vielmehr sind in eigenartiger Weise — und anders, als es bei der Überlassung eines Bankschrankfachs (RGZ. Bd. 94 S. 74) oder eines Postschließfachs (RGZ. Bd. 63 S. 337) zu geschehen pflegt — besondere Rechte und Pflichten zwischen den Parteien begründet worden. Der Beklagte bediente sich des Schließfachs, um durch die Verbringung der Frachtbriefe in dieses die mit der Übergabe der Frachtbriefe (§ 76 Abs. 2 EVO.) und der Benachrichtigung des Empfängers (§§ 79 flg. EVO.) verbundenen Weiterungen zu vermeiden. Für die Klägerin ergab sich daraus der Vorteil schnellerer Benachrichtigung und der Ersparung von Portokosten. Sie verzichtete darum auf jedesmalige besondere Nachricht durch die Post, durch Fernsprecher oder durch besonderen Boten (§ 79 EVO.). Die Benutzung des Schließfachs als solche bildete daher nicht den eigentlichen Kernpunkt der Vertragsbeziehungen, sondern sie stellt sich nur als ein Mittel zu dem Zwecke dar, Erleichterungen und Verbesserungen für die Auslieferung der mit der Bahn für die Klägerin eintreffenden Güter zu schaffen. Hieraus folgt, daß der Vertrag ein solcher eigener Art ist, der weder nach den Vorschriften der Leihe noch der Miete noch eines anderen im BGB. besonders geregelten Vertragsverhältnisses zu beurteilen ist. Da der Beklagte im Eigentum und Besitze des Schließfachs geblieben ist und der Klägerin lediglich die Mitbenutzung zu einem bestimmten Zweck eingeräumt hat, so muß es als der selbstverständliche Wille der Vertragschließenden aufgefaßt werden, daß der Beklagte allein verpflichtet war, das Schließfach in gebrauchsfähigem Zustande zu erhalten, es auf das Vorhandensein dieses Zustandes sorgfältig zu beobachten und etwa notwendig werdende Instandsetzungsarbeiten auf eigene Kosten ausführen zu lassen. Anderseits ergibt sich aus der Natur des Vertragsverhältnisses, daß auch die Klägerin, für die die ordnungsmäßige Beschaffenheit des Fachs von Wichtigkeit war, auf dessen Zustand zu achten hatte. Sie war deshalb, wie sie selbst nicht verkennt, nach Treu und Glauben verpflichtet, dem Beklagten von Schäden, die sie an dem Fache bemerkte, Mitteilung zu machen. Bediente sie sich zur Leerung des Fachs eines Angestellten, so fiel diesem selbstverständlich die Pflicht zu, als ihr Vertreter den Zustand des Fachs zu beobachten. Insoweit bediente sie sich des Angestellten zur Erfüllung ihrer Verbindlichkeit gegenüber dem Beklagten, und es kann deshalb nicht als rechtsirrig bezeichnet werden, wenn das Berufungsgericht den Kutscher Gr., der seit längerer Zeit von der Klägerin mit der Leerung des Fachs beauftragt war, als Erfüllungsgehilfen angesehen und auf Grund des § 278 BGB. angenommen hat, daß die Klägerin sein Verschulden in gleichem Umfange wie eigenes zu vertreten habe. Gr. aber hat, wie der Vorderrichter zutreffend ausgeführt hat, die im Verkehr erforderliche Sorgfalt außer acht gelassen, also gemäß § 276 BGB. fahrlässig gehandelt, als er die ihm seit längerer Zeit genau bekannte mangelhafte Beschaffenheit des Fachs nicht zur Kenntnis des Beklagten brachte. Da es nach den Feststellungen des Berufungsurteils durch die Mängel des Fachs dem unbekannten Abholer des Guts ermöglicht worden ist, sich in den Besitz des Frachtbriefs zu setzen, und die Herausgabe des Guts an ihn gerade wegen des Besitzes des Frachtbriefs erfolgt ist, so ist die Fahrlässigkeit des Gr. eine der Ursachen gewesen, die zum Verlust des Frachtstücks geführt haben.

Hierdurch wird der Beklagte aber von der Haftung für den Verlust nicht gänzlich befreit, da das Berufungsgericht auch bei dem Beklagten ein für die Entstehung des Verlustes mitursächliches Verschulden festgestellt hat, und zwar in doppelter Hinsicht. Einmal hat es angenommen, daß der Güterbodenarbeiter M. fahrlässig gehandelt habe, indem er das Gut an den ihm unbekannten Abholer allein gegen Vorzeigung des Frachtbriefs ausgehändigt habe, ohne sich über dessen Empfangsberechtigung zu vergewissern. Zum andern sieht es ein Verschulden von Leuten des Beklagten, übereinstimmend mit dem Landgericht, darin, daß sie das Fach in einem Zustande gehalten hätten, der einem Fremden die Leerung des Fachs ohne den Besitz des Schlüssels ermöglicht habe. Nach beiden Richtungen bieten die Ausführungen des Vorderurteils keinen Anlaß zu Bedenken. Aus § 5 EVO., § 458 HGB. ergibt sich, daß die Eisenbahn für ihre Leute und für die anderen Personen, deren sie sich bei der Ausführung der Beförderung bedient, zu haften hat. Zu Unrecht führt die Revision aus, daß eine Verpflichtung des Beklagten zur Instandhaltung des Fachs nur insoweit bestanden habe, als die Bahn von der Klägerin auf das Vorhandensein von Mängeln hingewiesen worden sei. Denn, wie bereits oben ausgeführt, war sie als Eigentümerin und Besitzerin desjenigen Schranks, in dem sich das Schließfach befand, in erster Reihe verpflichtet, auf die Erhaltung der Fächer in gebrauchsfähigem Zustand dauernd achtzugeben.

Mithin haben bei der Entstehung des Verlustes sowohl Fahrlässigkeiten von Bahnangestellten, für die der Beklagte haftet, als auch ein Verschulden des Kutschers Gr., das von der Klägerin zu vertreten ist, mitgewirkt. Es liegen also die Voraussetzungen des § 254 BGB. vor, wonach bei mitwirkendem Verschulden des Beschädigten die Verpflichtung zum Ersatze sowie der Umfang des zu leistenden Ersatzes von den Umständen des Falls, insbesondere davon abhängt, inwieweit der Schaden vorwiegend von dem einen oder dem anderen Teile verursacht worden ist (Urt. des RG. vom 28. September 1921 I 130/21). . . .

RGZ. 103, 184.

Ist die Eisenbahn von der Haftung für den Verlust von Kostbarkeiten, bezüglich deren die vorgeschriebenen Versendungsförmlichkeiten nicht beobachtet worden sind, auch dann befreit, wenn sie am Bestimmungsorte über das Frachtgut willkürlich verfügt hat?

I. Zivilsenat. Urt. v. 9. November 1921.

I. Landgericht Lübeck. — II. Oberlandesgericht Hamburg.

Die Klägerin sandte Ende November 1917 durch die Beklagte einen Ballen Seide von Teterow nach Hamburg. Die Ware war für die Firma V. & R. in Hamburg bestimmt. Der Ballen kam bei der Güterabfertigungsstelle in Hamburg an; es fand sich aber der Frachtbrief nicht vor. Der Ballen trug auf seiner Außenseite keine Angabe des Namens der Empfängerin; er war vielmehr nur mit der Marke G. R. 725 bezeichnet. Nach seiner Öffnung wurde festgestellt, daß auf der Umhüllung der Ware sowohl der Name der Klägerin als auch der einer Firma C. R. in Köln verzeichnet stand. Bei beiden wurde angefragt, was mit der Sendung geschehen sollte. Die Firma C. R. ersuchte um Zusendung des Ballens. Dagegen überwies die Klägerin die an sie gerichtete Anfrage der Empfängerin V. & R. zur Erledigung, und diese schickte einen Angestellten mit einem schriftlichen Auslieferungsersuchen zur Bahn. Die Auslieferung erfolgte jedoch nicht, trotzdem der Ballen damals noch zur Stelle war; vielmehr wurde der Ballen an die Firma C. R. nach Köln gesandt. Dort ist er vor seiner Ablieferung verlorengegangen. Wegen des ihr hierdurch entstandenen Schadens nimmt die Klägerin die Beklagte in Anspruch.

Das Landgericht gab der Klage statt, das Oberlandesgericht wies sie ab. Der Revision wurde stattgegeben.

Aus den Gründen:

. . . Das Berufungsgericht geht davon aus, daß eine Haftung aus dem Frachtvertrage nicht in Frage komme, weil die Sendung eine Kostbarkeit im Sinne des Frachtrechts gewesen sei und die Klägerin die für die Versendung von Kostbarkeiten gegebenen Vorschriften nicht beobachtet habe. Die Annahme, daß es sich um eine Kostbarkeit im frachtrechtlichen Sinne handelte, ist nicht zu beanstanden; denn die Ware überschritt das bei Warensendungen der Regel nach vorkommende Verhältnis von Gewicht und Umfang zum Wert in erheblicher Weise, wie das Berufungsgericht mit Recht festgestellt hat.

Für solchen Fall bestimmt § 467 HGB., daß die Haftpflicht der Eisenbahn auf Grund des Frachtvertrags ausgeschlossen ist. Diese Vorschrift will nicht etwa sagen, daß der Frachtvertrag nichtig sei. Der Vertrag ist vielmehr voll gültig und wirksam, so daß z. B. die Ablieferungspflicht der Eisenbahn bestehen bleibt; nur die Haftpflicht ist ausgeschlossen. Einige wenige Ausnahmen von der Regel des Ausschlusses der Haftpflicht werden im Schrifttum gemacht. Staub (HGB. § 467 Anm. 1) läßt die Haftung eintreten, wenn die Eisenbahn die unrichtige Bezeichnung selbst verschuldet hat, weil sonst der ohnehin schon sehr schweren Vorschrift ein allzu formeller Charakter beigelegt würde. Aus der gleichen Erwägung heraus wird angenommen, daß die Befreiung auch dann nicht eintritt, wenn die Eisenbahn die unrichtigen Angaben gekannt hat (Eger, EVO. § 96 Anm. 504 Abs. 1 a. E.), wogegen das Reichsgericht allerdings auf dem Standpunkt steht, daß jedenfalls die Kenntnis untergeordneter Organe der Eisenbahn ohne Bedeutung ist.

Vorliegendenfalls handelt es sich darum, wie die Befreiung von der Haftpflicht mit der Verpflichtung zur Ablieferung in Einklang zu bringen ist. Daß eine solche Verpflichtung besteht, wird allgemein mit Recht angenommen (Staub, § 467 Anm. 4; Eger, Anm. 504 Abs. 2). Die Sachlage war so, daß, nachdem die Eisenbahn dem Absender schriftlich mitgeteilt hatte, daß „ein Packen überzählig lagere", und um Verfügung ersucht hatte, die Firma V. & R. sich unter Vorzeigung jener schriftlichen Mitteilung, die ihr von der Absenderin (der Klägerin) eingeschickt war, als Empfängerin meldete und um Aushändigung bat. Trotzdem hat die Eisenbahn den Packen nicht ausgehändigt, sondern nach Köln an eine Firma weitergesandt, die zu ihrer Legitimation nichts beigebracht hatte. Der aufgetragene Transport war also beendigt; das Transportgut war vorhanden. Die Eisenbahn hatte sich dem Verfügungsberechtigten gegenüber erboten, mit dem Gut nach seiner Verfügung zu verfahren; sie hat das trotzdem nicht getan, sondern eigenmächtig anderweitig verfügt. Es fragt sich, ob auch für solchen Fall der Ausschluß der Haftpflicht gilt. Das mußte nach dem Sinne der gesetzlichen Bestimmung verneint werden. Das Gesetz will verhindern, *daß die Eisenbahn infolge der bei Ausführung des aufgetragenen* Transports vorkommenden und nicht zu vermeidenden Zufäligkeiten, zu denen auch Verschulden der Bahnbeamten gehört, für Schadensforderungen in ungemessener Höhe aufkommen muß. Allerdings ist dabei nicht nur an Zufälligkeiten zu denken, die mit der Ausführung des Transports regelmäßig oder häufig verknüpft sind; in Frage kommen vielmehr grundsätzlich auch Vorkommnisse seltener und nicht vorauszusehender Art. Aber es muß doch verlangt werden, daß das Vorkommnis mit dem aufgetragenen Transport und dessen Risiken in Verbindung steht. An einer solchen Verbindung fehlt es hier in zureichender Weise. Statt zur Ablieferung zu schreiten, hat die Eisenbahn das Frachtgut ohne Grund eine neue Transportreise mit neuen Gefahren unternehmen lassen. Das war eine neue selbständige Handlung, die mit dem aufgetragenen Transport nichts mehr zu tun hatte. Es ist nicht angängig, die gesetzliche Befreiung von der Haftpflicht, trotzdem der Empfänger die Ware abforderte, auch auf solche Maßnahmen der Eisenbahn auszudehnen, die derart willkürlicher Art sind, daß sie mit den Gefahren, die der aufgetragene Transport mit sich bringt, nicht mehr im Zusammenhange stehen.

An diesem Ergebnis wird nichts geändert, wenn etwa die Legitimation des Boten der Firma V. & R., der die Ware abholen sollte, als noch nicht voll genügend anzusehen sein sollte. Denn das Fehlende hätte auf Verlangen der Bahn leicht nachgeholt werden können; und jedenfalls war die Firma C. R. in Köln in gar keiner Weise als verfügungsberechtigt anzusehen.

Ein Mitverschulden der Klägerin ist nicht darin zu erblicken, daß sie den Packen nicht mit der Adresse der Empfängerin, sondern mit der Marke G. R. 725 bezeichnet hat. Diese Bezeichnung war zulässig. Ebensowenig liegt ein ursächliches Verschulden der Klägerin darin, daß sie auf die Anfrage der Eisenbahn nicht sofort geantwortet hat; denn die Empfängerin hat sich, wie erwähnt, gemeldet, als der Packen noch vorhanden war. Danach ergeben die erwähnten Tatsachen, aus denen die Beklagte ein Mitverschulden der Klägerin herleitet, den Beweis eines solchen nicht.

Die Beklagte hat ein weiteres Mitverschulden der Klägerin darin erblickt, daß sie die Ware nicht in der für Kostbarkeiten vorgeschriebenen Weise behandelt hat. Insoweit ist die Sache noch nicht entscheidungsreif. Es ist nicht ausgeschlossen, daß ein Mitverschulden gemäß § 254 BGB. in dieser Unterlassung zu finden ist. Dafür wird insbesondere in Betracht kommen, ob die Versendung nach Köln unterblieben wäre, wenn die Klägerin die gebotenen Förmlichkeiten beobachtet hätte. . . .

RGZ. 104, 6.

Ist eine Tarifbestimmung gültig, durch welche die Eisenbahn ihre Haftung für den Verlust von Kostbarkeiten auf einen Höchstbetrag beschränkt?

I. Zivilsenat. Urt. v. 24. Januar 1922.

I. Landgericht Hannover. — II. Oberlandesgericht Celle.

Die Firma Schr. & Co. in S. sandte am 18. April 1920 mit der Eisenbahn eine Kiste, enthaltend Seide in Ballen, als beschleunigtes Eilgut an die Firma Gebr. Sp. in B. Im Frachtbrief ist der Wert der Ware auf „über 150 M pro Kilo" und das Gesamtgewicht der Sendung auf 87 kg angegeben. Der Umfang der Kiste betrug 90 × 65 × 45 cm. Bei ihrem Eintreffen in B. wurde ihre Beraubung festgestellt; es fehlten an der Ware 25 kg. Die Firma Gebr. Sp. trat ihre Ansprüche aus dem Verlust der Ware an die Firma Schr. & Co. ab und diese wiederum übertrug ihren Schadensersatzanspruch auf die Klägerin, die den Betrag des Schadensersatzes auf 24 867,05 M berechnete. Da der Beklagte ihr aber nur 3750 M vergütete und sich im übrigen auf die Haftungsbeschränkung des § 89 Abs. 2 EVO. und des Nachtrags V zum Deutschen Eisenbahngütertarif berief, wonach die Eisenbahn beim Verlust von Kostbarkeiten als Entschädigung nicht mehr als 150 M für das kg Ware zu zahlen habe, so erhob die Klägerin auf Zahlung von 21 117,05 M nebst Zinsen Klage.

Das Landgericht erklärte den Klaganspruch dem Grunde nach für gerechtfertigt. Die Berufung des Beklagten wurde vom Oberlandesgericht zurückgewiesen. Die Revision hatte Erfolg.

Aus den Gründen:

Die Entscheidung über die Revision hängt davon ab, ob die im Nachtrage V zum Deutschen Eisenbahngütertarif, Teil I Abteilung A, vom 1. Mai 1917 enthaltene Ausführungsbestimmung zu § 89 Abs. 2 EVO. rechtsgültig ist.

Diese Bestimmung ist auf folgender Grundlage zustande gekommen: Zu den im § 471 HGB. für zwingendes Recht erklärten Vorschriften gehört der § 456, wonach die Eisenbahn grundsätzlich für den Schaden haftet, der durch Verlust oder Beschädigung des Guts in der Zeit von der Annahme zur Beförderung bis zur Ablieferung entsteht. Über die Höhe des Schadensersatzes bestimmt der gleichfalls zwingendes Recht enthaltende § 457, daß der gemeine Handelswert und in dessen Ermangelung der gemeine Wert zu ersetzen ist, welchen Gut derselben Art und Beschaffenheit am Orte der Absendung in dem Zeitpunkte der Annahme zur Beförderung hatte. Demgegenüber enthalten die §§ 459 flg. Haftungsbeschränkungen. So bestimmt § 461 Abs. 1:

„Die Eisenbahnen können in besonderen Bedingungen (Ausnahmetarifen) einen im Falle des Verlustes oder der Beschädigung zu erstattenden Höchstbetrag festsetzen, sofern diese Ausnahmetarife veröffentlicht werden, eine Preisermäßigung für die ganze Beförderung gegenüber den gewöhnlichen Tarifen der Eisenbahn enthalten und der gleiche Höchstbetrag auf die ganze Beförderungsstrecke Anwendung findet."

In dem dann folgenden § 462 heißt es:

„Inwieweit für den Fall des Verlustes oder der Beschädigung von Kostbarkeiten, Kunstgegenständen, Geld und Wertpapieren die zu leistende Entschädigung auf einen Höchstbetrag beschränkt werden kann, bestimmt die Eisenbahnverkehrsordnung."

Im Anschluß an die §§ 461 Abs. 1, 462 HGB. wurde in die Eisenbahnverkehrsordnung vom 26. Oktober 1899 die Vorschrift des § 81 aufgenommen, die dahin lautet:

„1. Die Eisenbahnen können in besonderen Bedingungen (Ausnahmetarifen) einen im Falle des Verlustes, der Minderung oder der Beschädigung zu erstattenden Höchstbetrag festsetzen, sofern diese Ausnahmetarife eine Preisermäßigung für die ganze Beförderung gegenüber den gewöhnlichen Tarifen der Bahn enthalten und der gleiche Höchstbetrag auf die ganze Beförderungsstrecke Anwendung findet.

2. Den Eisenbahnen ist ferner gestattet, die im Falle des gänzlichen oder teilweisen Verlustes oder der Beschädigung von Kostbarkeiten, Kunstgegenständen, Geld und Wertpapieren zu leistende Entschädigung in den Tarifen auf einen Höchstbetrag zu beschränken."

Diese Bestimmung ist sodann in die jetzt geltende Eisenbahnverkehrsordnung vom 23. Dezember 1908 als § 89 übernommen worden, wobei der Absatz 2 die abgeänderte Fassung erhalten hat:

„Die Eisenbahn kann ferner die bei Verlust, Minderung oder Beschädigung von Gegenständen des § 54 Abs. (2) B Ziff. 1 zu leistende Entschädigung im Tarif auf einen Höchstbetrag beschränken."

Eine solche Regelung haben die deutschen Eisenbahnverwaltungen erstmalig in dem oben erwähnten Nachtrage V zum Gütertarif, Tarif Teil I, Abt. A, getroffen, indem sie zu § 89 Abs. 2 EVO. eine neue Ausführungsbestimmung des Inhalts erlassen haben:

„Für die in der Ausführungsbestimmung II zu § 54 (2) B 1 genannten Kunstgegenstände wird bei Verlust, Minderung oder Beschädigung keine höhere Entschädigung als von 5000 M für den einzelnen Gegenstand, für die übrigen dort genannten Gegenstände keine höhere Entschädigung als von 150 M für das kg der Ware geleistet."

In dem vorerwähnten § 54 Abs. 2 B 1 EVO. sind unter den nur bedingungsweise zur Beförderung zugelassenen Gegenständen genannt: Gold- und Silberbarren, Platina, Geld, Münzen und Papiere mit Geldwert, Dokumente, Edelsteine, echte Perlen, besonders wertvolle Spitzen und besonders wertvolle Stickereien sowie andere Kostbarkeiten, ferner Kunstgegenstände, wie Gemälde, Bildwerke, Gegenstände aus Erzguß, Kunstaltertümer. Das Verzeichnis dieser Gegenstände geht in der gleichfalls durch den Tarifnachtrag V eingeführten neuen Ausführungsbestimmung II zu § 54 Abs. 2 B 1 noch etwas mehr ins einzelne. Genannt werden auch dort „Kostbarkeiten", und zwar mit dem Zusatze: „d. h. Gegenstände, bei denen der Wert für 1 kg der Ware 150 M übersteigt".

Das Berufungsgericht läßt es nun dahingestellt, ob die in Verlust geratene Ware die gesetzlichen Voraussetzungen für den Begriff einer Kostbarkeit erfüllte. Zur Verurteilung des Beklagten gelangt es schon deshalb, weil es die Ausführungsbestimmung zu § 89 Abs. 2 EVO. für rechtsunwirksam und deshalb den Einwand des Beklagten, daß er zur Zahlung von 150 M für das kg der verlorengegangenen Ware seine Haftpflicht voll erfüllt habe, für hinfällig erachtet. Die vermeintliche Unwirksamkeit der Ausführungsbestimmung begründet das Berufungsgericht im Anschluß an Eger, EVO. 3. Aufl. § 89 Anm. 480, folgendermaßen: Aus der verschiedenartigen Fassung der §§ 461, 462 HGB., die einen gewollten Gegensatz erkennen lasse, gehe deutlich hervor, daß den Eisenbahnen zwar bei Einführung der im § 461 näher umschriebenen Ausnahmetarife das Recht zur Beschränkung ihrer Haftpflicht auf einen Höchstbetrag verliehen, ein gleiches Recht aber in Ansehung der von ihnen beförderten Kostbarkeiten usw. im § 462 nicht zugebilligt worden sei. Hier sei die Befugnis zur Festsetzung eines Höchstbetrags der Haftung der Eisenbahnverkehrsordnung selbst vorbehalten worden. Auch wenn der Wortlaut des § 461 dem Art. 35 des IntFrÜb. angepaßt sein möge, sei nicht einzusehen, weshalb der Gesetzgeber nicht die gleiche Fassung auch dem § 462 gegeben haben sollte, wenn er wirklich die Absicht gehabt hätte, den Eisenbahnen auch in dem hier behandelten Falle die gleiche Befugnis einzuräumen. Der Versuch von Rundnagel, Haftung der Eisenbahn S. 207, aus dem Gebrauche des Wortes „inwieweit" in § 462 eine Befugnis der Eisenbahnverkehrsordnung zur Übertragung der Höchstbetragsfestsetzung auf die Eisenbahn zu folgern, sei gekünstelt und nicht überzeugend, da „inwieweit" gleichbedeutend sei mit „bis zu welcher Grenze", nicht aber mit „in welcher Weise" und „unter welchen Formen". Vor allem aber widerspreche eine solche Auslegung dem § 471, der jede Abänderung der Haftpflicht der Eisenbahn zuungunsten des Publikums untersage und es deshalb nicht zulasse, daß eine ausnahmsweise Haftpflichtbeschränkung, für die nur der Weg der Rechtsverordnung seitens einer unparteiischen Behörde vorgesehen worden sei, dem einseitigen, willkürlichen Ermessen der unmittelbar beteiligten Eisenbahnen überantwortet werde. Deshalb müsse, mangels einer klaren Vorschrift des HGB. selber, die Befugnis der EVO. zur Delegation ihrer Rechte auf die Eisenbahn verneint werden.

Diese Ausführungen berücksichtigen nicht in genügendem Maße die Entstehungsgeschichte des § 462 HGB. und des § 89 EVO. Eine den §§ 461, 462 HGB. entsprechende Vorschrift enthielt das Allg. DHGB. nicht; vielmehr gestattete es im Art. 427 Nr. 1 den Eisenbahnen ganz allgemein die vertragsmäßige Festsetzung, daß der der Schadensberechnung zugrundezulegende Wert den im Frachtbrief, im Ladeschein oder im Gepäckschein als Wert des Guts angegebenen Betrag und in Ermangelung einer solchen Angabe einen im voraus bestimmten Normalsatz nicht übersteigen solle. Der Eisenbahn stand danach zwar das Recht zu, für die Höhe ihrer Haftung Normalsätze einzuführen; sie haftete aber dessen ungeachtet bis zum vollen Wert des Guts, wenn der Absender, was ganz in seinem Belieben stand, eine entsprechend höhere Wertangabe in den Frachtbrief usw. aufgenommen hatte. Im Gegensatz hierzu stellte sich das HGB. von 1897 nach dem Vorgange des IntFrÜB. (Art. 34) auf den Standpunkt, daß die Eisenbahn grundsätzlich für den gemeinen Wert des Guts einzustehen habe.

Beschränkungen der Haftpflicht auf einen Höchstbetrag erklärte es nur in den Fällen der §§ 461 und 462 sowie § 465 Abs. 2 (betr. Reisegepäck) für zulässig. Mit diesen Beschränkungen lehnte es sich, wie die Denkschrift S. 271, 272, 273 ergibt, bewußt an ältere Bestimmungen anderer Rechtsquellen an. Den § 461 nahm es aus dem IntFrÜb. her und gab ihm den gleichen Inhalt und im wesentlichen auch die gleiche Fassung, wie sie der Art. 35 des Übereinkommens aufwies. Hinsichtlich des § 462 (454 des Entwurfs) heißt es in der Denkschrift S. 272, es solle durch ihn aus Gründen der Billigkeit und der Zweckmäßigkeit ermöglicht werden, daß auch für den Fall des Verlusts oder der Beschädigung von Kostbarkeiten usw. die Ersatzleistung „nach näherer Anordnung der Eisenbahnverkehrsordnung" auf einen bestimmten Höchstbetrag beschränkt werde, zumal es auch im Interesse des Publikums liege, daß die Eisenbahnen in die Lage versetzt würden, mit Rücksicht auf die Beschränkung des für Wertsachen zu leistenden Schadensersatzes die besonderen Bedingungen für die Beförderung solcher Gegenstände zu erleichtern. Die fragliche Beschränkung der Haftung für Wertsachen sei bereits in dem östereichisch-ungarischen Betriebsreglement vorgesehen, das im übrigen fast durchweg mit der deutschen Eisenbahnverkehrsordnung übereinstimme. Im östereichisch-ungarischen Betriebsreglement vom 10. Dezember 1892 (vgl. Rinaldini, Kommentar zu diesem Reglement S. 380) enthält nun der § 81, dessen erster Absatz wörtlich mit dem § 81 EVO. vom 15. November 1892 übereinstimmt, einen zweiten Absatz, der wörtlich lautet:

> „Den Eisenbahnen ist ferner gestattet, die im Falle des gänzlichen oder teilweisen Verlustes oder der Beschädigung der im § 50 B 2 Abs. 1 bezeichneten Gegenstände zu leistende Entschädigung in den Tarifen auf einen Maximalbetrag zu beschränken."

Genau dieser Vorschrift angepaßt ist der auf Grund des § 462 HGB. zuerst in die Eisenbahnverkehrsordnung von 1899 eingefügte Abs. 2 des § 81, der demnächst, wie bereits oben angeführt, mit gleichem Inhalt, wenn auch mit etwas veränderter Fassung, als Absatz 2 des § 89 in die Eisenbahnverkehrsordnung von 1909 übergegangen ist.

Der in vorstehendem mitgeteilte Entwicklungsgang gibt eine einleuchtende Erklärung dafür, weshalb der § 461 HGB. seine besondere Fassung erhalten hat, und weshalb die abweichende Fassung des § 462 auch dann gewählt sein kann, wenn der Wille des Gesetzgebers schon von vornherein darauf gerichtet war, die Eisenbahnen selbst zu dem für die Festsetzung des Höchstbetrags schließlich zuständigen Faktor zu machen. Denn der § 461 sollte dem Art. 35 IntFrÜb. gleichen, und der § 462 sollte die Grundlage dafür bilden, daß eine dem § 81 Abs. 2 des österreichisch-ungarischen Betriebsreglements genau entsprechende Vorschrift auch in die Eisenbahnverkehrsordnung aufgenommen werden konnte. Der Gesetzgeber hat also den § 462 in das HGB. bewußt zu dem Zwecke aufgenommen, auch in bezug auf einen Haftungshöchstbetrag für Kostbarkeiten die Möglichkeit einer Übereinstimmung zwischen der Eisenbahnverkehrsordnung und dem österreichisch-ungarischen Betriebsreglement zu schaffen. Hieraus ergibt sich, daß der Gesetzgeber von vornherein damit gerechnet und gewollt hat, daß die Eisenbahnverkehrsordnung auf Grund der im § 462 vorgesehenen Ermächtigung den Höchstbetrag nicht selbst festsetzen, sondern ungeachtet des § 471 ihre Festsetzung den Eisenbahntarifen überlassen sollte. Dem entspricht auch die in ihrer Wortfassung etwas auffällige Ausdrucksweise des § 462, der der Eisenbahnverkehrsordnung die Bestimmung darüber überträgt, inwieweit die zu leistende Entschädigung auf einen Höchstbetrag „beschränkt werden kann". Sollte die Verkehrsordnung diese Beschränkung selbst regeln, so hätte, wie R u n d n a g e l (Haftung der Eisenbahn 2. Aufl. S. 207) mit Recht hervorhebt, der Gesetzgeber sich anders ausdrücken und statt „beschränkt werden kann" etwa „zu beschränken ist" setzen müssen (vgl. auch § 466 Abs. 2 Satz 2 und Abs. 3). Die jetzige Fassung des § 462 enthält sprachlich nicht nur eine, sondern zwei Ermächtigungen. Das deutet darauf hin, daß die Bestimmung des Höchstbetrags nicht durch die Eisenbahnverkehrsordnung selbst zu erfolgen brauchte, sondern von ihr einem erst noch zu bestimmenden Dritten überlassen werden durfte. Als solcher konnte nach Lage der Sache nur die Eisenbahn selbst in Betracht kommen.

Die hier vertretene Ansicht findet eine weitere Unterstützung in den Ausführungen der Denkschrift (S. 273) zu § 465 Abs. 2 HGB. (§ 457 Abs. 2 des Entwurfs), der ähnlich dem § 462 folgenden Wortlaut hat:

„Inwieweit für den Fall des Verlustes oder der Beschädigung von Reisegepäck, das zur Beförderung aufgegeben ist, die zu leistende Entschädigung auf einen Höchstbetrag beschränkt werden kann, bestimmt die Eisenbahnverkehrsordnung."

Zur Begründung dieser im Allg. DHGB. fehlenden und auch in der EVO. von 1892 nicht vorhandenen Vorschrift führt die Denkschrift aus: In einzelnen Fällen, in denen es mit Rücksicht auf die Eigenartigkeit der Betriebsverhältnisse angezeigt erschienen sei, beispielsweise im Berliner Vorortverkehr, sei bereits auf dem im Abs. 2 der Eingangsbestimmungen der Verkehrsordnung vorgesehenen Wege (d. h. auf

Grund besonderer, von der Landesaufsichtsbehörde mit Zustimmung des Reichseisenbahnamts bewilligter „abweichender Bestimmungen") eine Regelung in der gedachten Richtung erfolgt. Gegenüber den Bestimmungen des Entwurfs würde dies ohne einen besonderen Vorbehalt, wie er im § 457 Abs. 2 des Entwurfs gemacht sei, künftig nicht mehr zulässig sein; es erscheine aber wünschenswert, Einrichtungen nicht ohne weiteres auszuschließen, bei denen es sich darum handle, eine auch im Interesse des Publikums liegende, besonders einfache Art der Aufgabe und der Beförderung des Reisegepäcks zu ermöglichen. Zutreffend weist die Revision darauf hin, daß hier der „Vorbehalt" des Handelsgesetzbuchs nur dazu dienen soll, die zwingende Vorschrift des mehrerwähnten § 471 HGB. für einzelne Fälle, in denen eine Abweichung von der Regel geboten erscheint, auszuschließen, daß aber die Regelung im Einzelfalle, wie schon vorher unter der Herrschaft des alten Rechts, nicht durch die Eisenbahnverkehrsordnung, sondern durch „abweichende Bestimmungen" der Eisenbahnen mit Bewilligung der Landesaufsichtsbehörde unter Zustimmung des Reichseisenbahnamts erfolgen sollte. Demgemäß bestimmt § 35 Abs. 2 Satz 1 EVO., daß die Eisenbahn bei besonderen Betriebsverhältnissen mit Genehmigung der Landesaufsichtsbehörde nach Zustimmung des Reichseisenbahnamts die bei Verlust, Minderung oder Beschädigung von Reisegepäck zu leistende Entschädigung im Tarif auf einen Höchstbetrag beschränken kann. Auch in dieser Vorschrift hat sich die Eisenbahnverkehrsordnung in bezug auf die Form, in der im einzelnen Falle die Regelung vor sich gehen soll, genau an das ältere Vorbild gehalten. Wie für die Festsetzung des Höchstbetrags unter der Herrschaft des alten Rechts, insonderheit der Eisenbahnverkehrsordnung von 1892, die dortigen Eingangsvorschriften Abs. 2 Satz 2 betreffend „abweichende Bestimmungen" als maßgebend erachtet worden sind, so hat auch die Eisenbahnverkehrsordnung von 1908 im § 35 Abs. 2 Satz 1 eine Form vorgeschrieben, die im einzelnen mit der Formvorschrift des § 2 Abs. 2 über „Abweichungen" genau übereinstimmt. Im übrigen aber verzichtet sie darauf, die Frage der Höchstbetragsfestsetzung selbständig zu regeln, sondern überläßt die Regelung im Einzelfalle den beteiligten Bahnen, wie es auch zweifellos dem aus der Denkschrift zu entnehmenden Willen des Gesetzgebers entsprach. Dies erscheint, wie die Revision zutreffend ausführt, auch für die Auslegung des § 462 HGB. von Erheblichkeit. In den §§ 462 und 465 Abs. 2 ist die der Eisenbahnverkehrsordnung zugewiesene Befugnis mit gleichen Worten bezeichnet. Hinsichtlich des § 465 Abs. 2 ergibt nun die Denkschrift klar, daß die Eisenbahnverkehrsordnung die

Höchstbetragsfestsetzung nicht selbst hat vornehmen, sondern den beteiligten Eisenbahnen hat überlassen sollen. Das spricht in hohem Maße dafür, daß die gleiche Absicht beim Gesetzgeber auch in bezug auf die Handhabung des § 462 bestanden hat.

Nach alledem erscheint es dem Willen des Gesetzgebers entsprechend, wenn die Vorschrift des § 462 dahin ausgelegt wird, daß der Eisenbahnverkehrsordnung in der Regelung der Höchstbetragsfestsetzung freier Spielraum gelassen, ihr besonders auch gestattet sein sollte, sich der näheren Bestimmung des Höchstbetrags ganz zu enthalten und die Befugnis hierzu auf die Eisenbahnen weiter zu übertragen. Bedenken gegen eine solche Auslegung würden allerdings bestehen, wenn sie mit dem Wortlaut des Gesetzes oder mit dem Zusammenhange der Rechtssätze, in deren System die Vorschrift ein Glied bildet, oder mit den Anforderungen des Verkehrs unvereinbar wäre.

Keiner dieser Gesichtspunkte greift hier durch. Der Wortlaut der Vorschrift ist so allgemein gehalten, daß er die Bewegungsfreiheit der Verkehrsordnung in keiner Weise beschränkt. Insbesondere enthält er keinen Hinweis darauf, daß die Eisenbahnen von der Befugnis zur Bestimmung des Höchstbetrags gänzlich ausgeschlossen sein sollten, oder daß zum mindesten die Verkehrsordnung die Richtlinien und Grenzen festsetzen müßte, innerhalb deren eine Mitwirkung der Eisenbahnen zugelassen werden dürfte. Vielmehr spricht die im Gesetzestexte enthaltene zweifache Ermächtigung, auf die bereits oben hingewiesen wurde, dafür, daß die Eisenbahnverkehrsordnung zur Weiterübertragung ihrer Befugnisse berechtigt sein sollte. Etwas Gegenteiliges läßt sich auch nicht aus dem Gebrauch des Wortes „inwieweit" am Anfange der Vorschrift folgern. Dieses Wort wird in der Gesetzes- und Gerichtssprache vielfach gebraucht, um möglichst umfassend zu wirken; es erschöpft sich, wie auch immer seine rein grammatikalische Entstehung sein mag, keineswegs in der vom Berufungsgericht ihm zugeschriebenen engen Bedeutung „bis zu welcher Grenze".

Ebensowenig zwingt der innere Zusammenhang der einzelnen Rechtssätze des Handelsgesetzbuchs über die Schadensersatzpflicht der Eisenbahn zu einer einengenden Auslegung des § 462. Denn in einer nicht geringen Anzahl von Bestimmungen wird der Eisenbahn die Möglichkeit gewahrt, Tarifanordnungen zu treffen, die für das Bestehen und den Umfang ihrer Ersatzpflicht von wesentlicher Bedeutung sind (vgl. §§ 459, 461).

Es läßt sich auch nicht ohne weiteres sagen, daß wichtige Verkehrsinteressen verletzt würden, wenn die Festsetzung des Höchstbetrags in das Ermessen der Eisenbahn gestellt wird. Richtig ist es allerdings, daß eine unparteiische Reichsbehörde, wie seinerzeit der für den Erlaß der Eisenbahnverkehrsordnung zuständige Bundesrat, in höherem Maße zur Abwägung der Anforderungen des Allgemeinwohls und zum gerechten Ausgleich zwischen den widerstreitenden Belangen der Eisenbahn und ihrer Auftraggeber geeignet ist, als die Eisenbahn selbst, deren Streben naturgemäß auf eine Beschränkung ihrer Ersatzpflicht gerichtet ist. Ein derartiges Bestreben wird sich unter ungünstigen wirtschaftlichen Verhältnissen, wie Deutschland sie gegenwärtig durchlebt, ganz besonders fühlbar machen. Auf der anderen Seite steht aber die Erwägung, daß sich die Eisenbahnen durch einfache Tarifänderungen in Zeiten häufiger starker Valuta- und Wertschwankungen leichter den jeweiligen Bedürfnissen des Verkehrs anpassen können, und daß dem Bundesrat oder den jetzt an seine Stelle getretenen Behörden (Art. 91 RVerf., VO. v. 29. Oktober 1920, RGBl. S. 1859) kraft der ihnen durch § 462 HGB. beigelegten Befugnis immerhin die Möglichkeit gewahrt ist, durch Abänderung der Eisenbahnverkehrsordnung einem mißbräuchlichen, verkehrswidrigen Vorgehen der Eisenbahnen zu steuern. Dadurch wird jedenfalls die Gefahr, die sich aus einer im Sinne des Beklagten erfolgenden Auslegung des § 462 ergeben könnte, auf ein geringes, der Zulässigkeit einer solchen Auslegung nicht entgegenstehendes Maß beschränkt.

Von entscheidendem Einfluß ist es auch nicht, daß die Auslegung, die in der Ausführungsbestimmung II zu § 54 (2) B. 1 EVO. laut Tarifnachtrag V dem Begriff „Kostbarkeit" gegeben wird und darunter alle Gegenstände mit mehr als 150 M Kilogrammwert begreift, wegen Verstoßes gegen zwingende gesetzliche Vorschriften des Handelsgesetzbuchs nichtig ist (RGZ. Bd. 101 S. 84). Denn dieser Umstand schließt es nicht aus, die Ausführungsbestimmung zu § 89 EVO., falls sie rechtswirksam zustande gekommen ist, auf diejenigen Gegenstände anzuwenden, die im Sinne des Gesetzes als Kostbarkeiten anzusehen sind.

Endlich erscheint auch die Erwägung nicht zutreffend, daß die in der Ausführungsbestimmung getroffene Höchstbetragsfestsetzung auf 150 M für das kg Ware nichtig sei, weil sie dem gegenwärtigen Stande der deutschen Valutaverhältnisse in keiner Weise gerecht werde und daher in unbilliger und unzulässiger Weise gegen die Belange der Versender wertvoller Güter verstoße. Dem ist vom allgemeinen wirtschaftlichen Standpunkt entgegenzuhalten, daß es nicht unbedingt erforderlich erscheint, den Höchstbetrag so hoch zu bemessen, daß der Versender beim Verlust von Kostbarkeiten eine ausreichende Entschädigung erhält. Es bleibt zu berücksichtigen, daß die Eisenbahn für die Beförderung von Kostbarkeiten keine besonderen Tarifsätze erhält, und daß anderseits die große Masse der mit der Eisenbahn beförderten Güter auch unter den gegenwärtigen wirtschaftlichen Verhältnissen einen Kilogrammwert von 150 M nicht erreicht. Deshalb kann es, auch wenn das Gesetz grundsätzlich die Haftung der Eisenbahn für den gemeinen Wert ausspricht, doch *nicht als schlechthin unzulässig, insbesondere* nicht als gegen die guten Sitten verstoßend (§ 138 BGB.) angesehen werden, wenn der Höchstbetrag, zu dem die Eisenbahn für Kostbarkeiten haften soll, nur auf 150 M für 1 kg der Ware bestimmt wird. Das hierbei zutage tretende Ergebnis, daß die Eisenbahn unter Umständen für gewöhnliches Frachtgut eine höhere Entschädigung leisten muß, als den für Kostbarkeiten geltenden Höchstsatz, mag auf den ersten Blick befremden. Es findet seine Erklärung aber in der Eigenart der Bestimmung eines Höchstsatzes. Als gesetz- oder sittenwidrig kann es nicht bezeichnet werden, zumal kein Anhalt dafür besteht, daß der bezeichnete Übelstand vermieden werden könnte, wenn die Festsetzung des Höchstbetrags der Haftung in der Eisenbahnverkehrsordnung selbst erfolgen würde.

Hiernach versagen alle Angriffe, die von der Klägerin, vom Berufungsgericht und auch im Schrifttum (vgl. Eger, EVO. Anm. 480 zu § 89, Senckpiehl im Recht 1919 Sp. 364, 1910 Sp. 201, Finger in JW. 1921, S. 516, Hertzer, EVO. Anm. 3 zu § 81) gegen die Rechtsbeständigkeit der Ausführungsbestimmung zu § 89 EVO. erhoben werden. Beruht diese aber auf ordnungsmäßiger gesetzlicher Grundlage, so steht ihrer Wirksamkeit auch der § 471 HGB. nicht entgegen.

RGZ. 104, 47.

Zur Haftung der Eisenbahn bei Entwendung von Umzugsgut aus geschlossenen Möbelwagen.

I. Zivilsenat. Urt. v. 11. Februar 1922.

I. Landgericht Duisburg. — II. Oberlandesgericht Düsseldorf.

Die Speditionsfirma W. zu H. versandte im Auftrage des Kaufmanns M. zu D. dessen Umzugsgut von H. nach D. in einem von ihr gestellten geschlossenen Möbelwagen, der auf einen offenen Eisenbahnwagen gesetzt wurde. Während der Beförderung wurde der Möbelwagen aufgebrochen, beschädigt und beraubt. Mit der Klage wird der Beklagte für den Schaden in Anspruch genommen. Das Landgericht erklärte den Klaganspruch dem Grunde nach für berechtigt. Das Oberlandesgericht wies die Klage ab. Die Revision der Klägerin hatte Erfolg.

Aus den Gründen:

Das Landgericht hat den Einwand des Beklagten, daß die Haftung der Eisenbahn nach § 459 Abs. 1 Nr. 1 HGB. entfalle, für unbegründet erklärt. Denn abgesehen davon, daß Diebstahl nicht ohne weiteres eine mit der Beförderung auf offenen Eisenbahnwagen verbundene Gefahr darstelle, müsse sie hier durch die Verpackung des Umzugsguts in den mit festen Wänden versehenen und verschlossenen Möbelwagen als beseitigt angesehen werden. Das Oberlandesgericht geht im Gegensatz hierzu davon aus, daß Diebstahl grundsätzlich als eine mit der Beförderung in offen gebauten Wagen verbundene Gefahr anzusehen sei. Es hält diese im vorliegenden Falle auch nicht für beseitigt; denn die nach dem Aussehen des Möbelwagens offenkundige Tatsache, daß hier Umzugsgut befördert werde, mithin Gegenstände des täglichen Bedarfs, die im Vergleich zur Friedenszeit außerordentlich im Werte gestiegen seien, gebe für Diebe einen ganz besonderen Anreiz zum Diebstahl. Es sei aber auch die Ausführung des Diebstahls erleichtert worden, weil der Verschluß des Möbelwagens an der Stirnseite eine weniger gute Überwachung ermögliche. Da hiernach der Schaden der Beraubung aus den besonderen in § 459 Abs. 1 Nr. 1 HGB. bezeichneten Gefahren entstehen konnte, sei nach Abs. 2 das. bis zum Beweis des Gegenteils durch den Kläger zu vermuten, daß er aus dieser Gefahr entstanden sei.

Diesen Erwägungen kann nicht beigetreten werden. Wie das Reichsgericht schon mehrfach ausgesprochen hat — vgl. RGZ. Bd. 34 S. 42, Bd. 70 S. 174 — wird allerdings dadurch, daß das Gut in einem verschlossenen Möbelwagen auf offen gebauten Eisenbahnwagen verladen ist, die Verladung nicht derjenigen in bedeckten Eisenbahnwagen gleichgestellt. Es handelt sich somit im vorwürfigen Fall um die Beförderung eines Guts in offen gebauten Wagen im Sinne des § 459 Abs. 1 Nr. 1 HGB. Auch gehört der Diebstahl zu den mit dieser Beförderungsart verbundenen Gefahren. Das darf aber nicht dahin verstanden werden, daß allgemein jeder Diebstahl ohne weiteres eine Beförderungsgefahr darstelle. Vielmehr muß stets im einzelnen Fall geprüft werden, ob nach den jeweiligen Umständen der Diebstahlsschaden aus der genannten besonderen Beförderungsart entstanden ist oder im Sinne des Abs. 2 des § 459 HGB. daraus entstehen konnte. Der Eisenbahn obliegt es daher, darzulegen, daß die Möglichkeit besteht, daß der Diebstahl aus der besonderen Gefahr entstanden ist; diese Möglichkeit muß aber immer nach der Lage des Einzelfalls festgestellt werden. Dabei ist zunächst gleichgültig, ob die Gefahr als die alleinige oder nur als die mitwirkende Ursache in Betracht kommt. Letzteren Fall hat offenbar das Oberlandesgericht im Auge, wenn es von dem durch den Anbick des Möbelwagens gegebenen Anreize und der Verschlußart des Wagens spricht. Diese Auffassung erscheint aber als zu allgemein gehalten; sie geht auch auf die Zweckbestimmung des § 459 nicht genügend ein. Wie das Reichsgericht in RGZ. Bd. 98 S. 339 für den Fall des § 459 Abs. 1 Nr. 4 HGB. ausgeführt hat, will der § 459 im Gegensatz zu § 456 nur solche Fälle treffen, in denen wirklich eine besondere Gefahr gegeben ist. Diese Erwägung trifft auch auf den § 459 Abs. 1 Nr. 1 zu. Mit anderen Worten, es muß sich bei der Verfrachtung in offenen Wagen um eine Gefahrerhöhung gegenüber der Beförderung in geschlossenen Eisenbahnwagen handeln. Diese Gefahrerhöhung muß sich aber nach verständiger Auffassung und den Anschauungen des Verkehrs als eine wirklich beachtliche, nicht bloß als eine unwesentliche darstellen. Nur ganz entfernte Möglichkeiten können nicht ohne weiteres in Rücksicht gezogen werden. Hiernach kann aber nicht gesagt werden, daß der Gedanke, in einem Möbelwagen befinde sich Umzugsgut, mithin Dinge, die im Vergleiche zur Vorkriegszeit außerordentlich im Werte gestiegen sind, für Diebe stets einen ganz besonderen Anreiz zum Stehlen biete. Für die Fälle, in denen der Möbelwagen leer läuft, trifft er an sich nicht zu. Wenn man aber hiervon auch ganz absehen will, dann trifft die Wertsteigerung nicht für Umzugsgut allein, sondern für sehr viele, ja die meisten Güter zu. Endlich darf aber nicht unbeachtet bleiben, daß der Anreizgedanke allein nicht von ausschlaggebender Bedeutung ist. Mag er auch zur Entstehung kommen, so ist doch anderseits nicht zu übersehen, daß die gewöhnliche Art der Beladung von Möbelwagen in dichtem An- und Aufstapeln der einzelnen Behältnisse und besonders die Zustellung des Zugangs mit größeren Möbelstücken, wie sie von den ladekundigen Möbelladern regelmäßig vorgenommen wird, erhebliche Erschwerungen der Diebstahlsausführung mit sich bringen wird, die dem bloßen Anreizgedanken sich wieder entgegenstellen. Der Anreiz kann als Beweggrund für sich allein nicht losgelöst werden von den weiteren mit der Diebstahlsausführung verbundenen Umständen, namentlich dem des Verschlusses der Wagen und der dabei vom Diebe zu beseitigenden Hindernisse. Diese liegen aber nach der Erfahrung des Lebens beim geschlossenen Möbelwagen keineswegs für den Dieb günstiger, sondern vielfach ungünstiger als beim gewöhnlichen Eisenbahnwagen. Hierher gehört beim Möbelwagen neben der angedeuteten Verladungsart die meist übliche Verwendung besonderer, guter Schlösser. Daß aber endlich der Verschluß der Möbelwagen an der Stirnseite ihre Beaufsichtigung erschweren sollte, kann nicht zugegeben werden. Wenn überhaupt eine einigermaßen genügende Bewachung des Zugs, wie sie die Eisenbahn nicht verabsäumen darf, stattfindet, muß die Entdeckung von Dieben bei der Arbeit in beiden Fällen gleich gut möglich sein, gerade wenn, wie der Beklagte vortragen läßt, die Beraubung hier, wie auch sonst regelmäßig, nicht auf dem rollenden Zug, sondern gelegentlich des Aufenthalts auf den Stationen vorgenommen wurde. Es hat die Eisenbahn auch keinerlei Anhaltspunkte dafür gegeben, daß bei dem starken Anschwellen der Eisenbahndiebstähle das Stehlen aus Möbelwagen irgendwie besonders hervortrete. Wägt man all diese Umstände gegeneinander, so kann man in Fällen, wie dem vorliegenden, nicht sagen, daß eine beachtliche Gefahrerhöhung für Diebstähle aus Möbelwagen gegenüber denen aus geschlossenen Eisenbahnwagen bestehe. Man kann daher auch nicht davon sprechen, daß nach den Umständen des Falls die Gefahr des Diebstahls aus der besonderen Beförderungsart entstehen konnte. Die Anwendbarkeit des § 459 Abs. 1 Nr. 1 HGB. entfällt mithin. . . .

RGZ. 104, 97.

Zum Begriff der Kostbarkeit im Sinne des Art. 3 des Internationalen Frachtübereinkommens. Können in Zeiten stetig steigender Preise auch solche Waren als Kostbarkeiten angesehen werden, die in normalen Zeiten zufolge steter Gepflogenheit nicht als Kostbarkeiten galten?

I. Zivilsenat. Urt. v. 22. Februar 1922.

I. Landgericht Dresden. — II. Oberlandesgericht daselbst.

Der Sachverhalt ergibt sich aus den Gründen.

Die Vorinstanzen haben die auf Zahlung von 40 000 M gerichtete Klage abgewiesen. Auch die Revision hatte keinen Erfolg.

Gründe:

Die geltend gemachte Forderung stellt den angeblichen Wert eines Frachtstücks dar, das in einer Kiste verpackte Felle enthalten haben soll, 56½ kg wog und laut internationalen Frachtbriefs vom 28. September 1918 der Eisenbahn in Leipzig zur Beförderung nach Wien übergeben wurde, während der Beförderung auf der Eisenbahn aber verlorengegangen ist. Dem Schadensanspruch aus dem Frachtvertrage gegenüber beruft sich der Beklagte darauf, daß es sich bei dem Frachtstück um eine Kostbarkeit im Sinne des Art. 3 IntFrÜb. gehandelt und deshalb, weil die Bedingungen für die Versendung gemäß dem für Art. 3 in Betracht kommenden Tarif für den Verkehr zwischen Österreich-Ungarn und den Deutschen Eisenbahnen von dem Kläger nicht erfüllt gewesen, seine Haftpflicht ausgeschlossen sei. Darüber, daß vom Kläger diese Bedingungen für die Versendung von Kostbarkeiten nicht erfüllt waren, herrscht kein Streit. Der Kläger bestreitet, daß bei dem Frachtstück der gesetzliche Begriff der Kostbarkeit erfüllt gewesen sei. Beide Vorinstanzen sind anderer Ansicht, und dem ist zuzustimmen.

Im tarifmäßigen Sinne — und darauf kommt es an — erfüllte das Frachtstück zur Zeit der Versendung (28. September 1918) den Begriff der Kostbarkeit. Der Umfang des Frachtstücks war nur ein geringer; nach dem feststehenden Gewicht betrug der Wert eines kg etwa 708 M. Dieser hohe Preis war noch nicht ein Ausdruck der Entwertung der deutschen Reichsmark, da diese Entwertung zu der in Betracht kommenden Versendungszeit nicht erheblich war. Die „heutigen" Verhältnisse dürfen nicht, wie es die Revision tut, „berücksichtigt" werden. Es ist danach rechtlich einwandfrei und steht in Übereinstimmung mit der Rechtsprechung des Reichsgerichts, wenn das Oberlandesgericht wie auch das Landgericht den Wert des Frachtstücks nach Umfang und Gewicht, im Vergleich zu dem anderer gewöhnlicher Frachtstücke von gleichem Umfang und Gewicht, als einen besonders hohen erachtet und damit den Begriff der Kostbarkeit als gegeben angesehen haben. Der Kläger macht weiter geltend: Die hier in Betracht kommende Ware (Felle) sei, jedenfalls bis zu dem zur Entscheidung stehenden Fall, nach Anschauung der Absender und der Eisenbahn, möge ihr Wert auch noch so hoch gewesen sein, nicht als Kostbarkeit behandelt worden. Deshalb könne, da so durch stete Gepflogenheit eine Ausnahme von dem gesetzlichen Begriff der Kostbarkeit geschaffen worden sei, der Beklagte sich nicht nachträglich hierauf berufen. Diese Ansicht ist verfehlt. Die Entscheidung des Reichsgerichts vom 2. Mai 1913 II 39/13 (Warneyer Bd. 1913 Nr. 440), welche der Kläger für seinen Standpunkt verwertet, kann ihm nicht zur Stütze dienen. Damals handelte es sich um Friedenszeiten und wesentlich gleichbleibende Verhältnisse hinsichtlich des Preises der Felle. Die auf Grund solcher Verhältnisse beobachtete Übung in der Behandlung einer Ware als Frachtstück kann für die ganz anders gewordenen Verhältnisse, wo die Werte ständig steigen, keine Bedeutung haben.

RGZ. 104, 150.

Ist ein Streik, der sich auf die Angestellten der Eisenbahn beschränkt, als höhere Gewalt im Sinne des § 456 HGB. und des § 84 der Eisenbahnverkehrsordnung anzusehen?

I. Zivilsenat. Urt. v. 4. März 1922.

I. Landgericht Breslau, Kammer für Handelssachen. — II. Oberlandesgericht daselbst.

Der Kläger übergab am 23. Juni 1919 der Eisenbahn einen Wagen Umzugsgut zur Beförderung von Beuthen nach Breslau. Am 24. desselben Monats traf der Wagen auf dem Güterbahnhof in Brockau ein. Hier blieb er stehen, da unter den Eisenbahnarbeitern ein Streik ausbrach. Am 29. wurde festgestellt, daß der Wagen erbrochen und beraubt war. Für die gestohlenen Gegenstände verlangt der Kläger vom Beklagten Schadensersatz. Der Beklagte beantragt Klagabweisung und beruft sich auf höhere Gewalt.

Das Landgericht wies die Klage ab. Das Oberlandesgericht erklärte den Klaganspruch dem Grunde nach für gerechtfertigt. Die Revision des Beklagten blieb erfolglos.

Aus den Gründen:

Zutreffend geht das Berufungsgericht davon aus, daß der Beklagte gemäß § 456 HGB., § 84 EVO. dem Kläger den durch Verlust eines Teils des Guts entstandenen Schaden zu ersetzen hat, sofern nicht seine Einrede, daß der Schaden durch höhere Gewalt verursacht worden sei, sich als begründet erweist. . . .

Das Berufungsgericht versteht unter höherer Gewalt im Sinne des § 456 HGB., § 84 EVO. „ein nach menschlicher Einsicht und Erfahrung nicht voraussehbares, von außen kommendes und außergewöhnliches, nicht mit dem Betrieb in natürlichem Zusammenhange stehendes Ereignis, dessen Eintritt unter den gegebenen Verhältnissen auch durch größte Sorgfalt und Anwendung aller der Eisenbahn vernünftigerweise zuzumutenden Vorkehrungen nicht abgewendet werden kann". Diese Begriffsbestimmung lehnt sich im wesentlichen an die ständige Rechtsprechung des Reichsgerichts auf dem Gebiete des Reichshaftpflichtgesetzes an (RGZ. Bd. 64 S. 404, Bd. 75 S. 390, Bd. 101 S. 95). Von ihr für das Gebiet des Eisenbahnfrachtrechts abzuweichen, liegt kein Anlaß vor (Warneyer 1920 Nr. 174, RG. v. 1. Juni 1921 I 76/21):

nur mag es dahingestellt bleiben, ob die Nichtvoraussehbarkeit des Ereignisses unter allen Umständen zu den notwendigen Merkmalen der höheren Gewalt gehört. Jedenfalls muß es sich bei höherer Gewalt stets um ein Ereignis handeln, dessen Ursachen außerhalb des Eisenbahnbetriebs und seiner Einrichtungen liegen, das also nicht durch Gefahrquellen hervorgerufen wird, die innerhalb des Betriebskreises der Eisenbahn entspringen (RGZ. Bd. 95 S. 65, Warneyer 1920 Nr. 172, Rundnagel, Die Haftung der Eisenbahn § 15, 2. Aufl. S. 90 flg., besonders S. 98 flg., 109).

Es entsteht nun die Frage, ob von diesem Standpunkt aus der Eisenbahnerausstand, der im vorliegenden Falle zur Stillegung des Eisenbahnbetriebs auf den hier in Betracht kommenden Strecken und in weiterer Folge zur Unterlassung jeder Güterbewachung auf Bahnhof Brockau geführt hat, als außerhalb des Betriebskreises der Eisenbahn liegend angesehen werden kann. Die Frage ist zu verneinen. Zum Eisenbahnbetrieb sind neben den sächlichen Einrichtungen und Betriebsmitteln, wie Gebäuden, Schienenwegen, Lokomotiven, Wagen, Gerätschaften usw., vor allem Menschen erforderlich, die den Betrieb leiten und die sonst zur Güter- und Personenbeförderung erforderlichen Arbeiten ausführen. Die Tätigkeit dieser Personen fällt in den Rahmen, innerhalb dessen sich der Gesamtbetrieb der Eisenbahn vollzieht. Dem trägt auch das Gesetz Rechnung durch die Vorschrift des § 458 HGB. und des § 5 EVO., daß die Eisenbahn für ihre Leute und für andere Personen, deren sie sich bei der Ausführung der Beförderung bedient, zu haften hat. Für all diese von ihr beschäftigten Personen haftet die Eisenbahn nicht, wie es sonst bei Verträgen, auch Frachtverträgen, üblich ist, nur insoweit, als sie sich ihrer jeweilig zur Vertragserfüllung bedient (§ 278 BGB., § 431 HGB.); sondern ihre Haftpflicht ist dahin gesteigert worden, daß sie für ein Verschulden ihrer Hilfspersonen auch dann einzutreten hat, wenn diese bei Gelegenheit ihres Dienstes auf die Beförderung des Frachtguts in irgendeiner Weise schädigend einwirken (Denkschrift z. Handelsgesetzbuch S. 259). Hieraus erhellt, daß zwischen dem Eisenbahnbetriebe und der Gesamtheit der darin beschäftigten Personen auch bezüglich der Haftung für Betriebsversehen ein besonders enger Zusammenhang geschaffen worden ist, und es erscheint geboten, das Verhalten der gesamten Arbeiterschaft in bezug auf die Wahrnehmung des Dienstes als inneren Betriebsvorgang aufzufassen. Demgemäß muß auch ein Eisenbahnerausstand als in den Betriebskreis der Eisenbahn fallend angesehen werden, sofern er aus der eigenen Entschließung der Eisenbahnangestellten hervorgegangen und ihnen nicht etwa von außen her aufgenötigt worden ist. Ein solcher Umstand stellt kein von außen auf den Betrieb wirkendes Ereignis dar, da ihm das wesentliche Merkmal fehlt, daß er außerhalb des Betriebskreises der Eisenbahn entstanden ist. Bei seinem Zusammenhange mit den Gefahrenquellen des Betriebs vermag er daher den Tatbestand der höheren Gewalt im Sinne des § 456 HGB. und des § 84 EVO. nicht zu begründen. (Rundnagel a. a. O. S. 112 Anm. 24; derselbe in Ehrenbergs Handbuch des gesamten Handelsrechts Bd. 5 Abt. 2 S. 438 Anm. 9; Eger, Eisenbahnverkehrsordnung § 5 Anm. 20, 3. Aufl. S. 17; Exner, Der Begriff der höheren Gewalt, in Grünhuts Zeitschr. für das Privat- und Öffentliche Recht Bd. 10 S. 497 flg., S. 561; Baumgarten, Eisenbahnfrachtrechtliche Haftung für Streikschäden, in Eger Eisenbahnr. Entsch. Bd. 25, Sonderheft S. 1 flg.).

Im vorliegenden Falle ist vom Beklagten selbst nicht behauptet worden, daß die Eisenbahner durch außerhalb des Eisenbahnbetriebs stehende Personen oder besondere Ereignisse, wie etwa Generalstreik, gezwungen worden seien, in den Ausstand zu treten. Deshalb kann der Streik, der am 24. Juni unter den Eisenbahnern des Direktionsbezirks Breslau, insbesondere unter den Arbeitern des Güterbahnhofs in Brockau, ausgebrochen ist, nicht als höhere Gewalt im Sinne des § 456 HGB. und des § 84 EVO. gelten.

Dieser Streik ist aber die eigentliche Ursache dafür gewesen, daß ein Teil des Umzugsguts des Klägers verlorengegangen ist. Denn auf ihn ist es zurückzuführen, daß der Wagen, in dem sich das Umzugsgut befand, unbewacht auf dem Bahnhof Brockau stehenblieb. Mußte zur schließlichen Entstehung des Verlustes auch noch die Beraubung des Wagens durch die unbekannten Täter hinzutreten, so läßt sich doch mit Sicherheit sagen, daß die Beraubung nicht stattgefunden hätte, wenn der Ausstand unterblieben und der ordnungsmäßige Eisenbahnbetrieb aufrechterhalten worden wäre. Deshalb kann der Beklagte, wenn der Streik als solcher ihn nicht von seiner Haftpflicht befreit, sich auch nicht auf die Plünderung als höhere Gewalt berufen. Die Plünderung war unter den damaligen Verhältnissen kein ungewöhnliches Ereignis, sondern ein Vorkommnis, das sehr häufig zu den schädlichen Begleiterscheinungen von Ausständen gehört.

RGZ. 104, 344.

1. Zur Haftung der Eisenbahn im Falle unvollständiger Angaben im Frachtbrief.

2. Zur Haftung der Versicherungsgesellschaft für eine Auskunft, die ein Angestellter des Generalagenten dem Versicherungsnehmer über eine nicht zweifelsfreie Bestimmung der Versicherungsbedingungen erteilt hat.

VII. Zivilsenat. Urt. v. 19. Mai 1922.

I. Landgericht Köln. — II. Oberlandesgericht daselbst.

Die Klägerin hatte bei der Beklagten 200 Säcke Pferdefutter und 3 Kisten mit je 50 Flaschen Kognak für die Reise von Altona nach Hannover in geschlossenem Eisenbahnwagen versichert. Unterwegs sind eine Kiste mit Inhalt und die übrigen 100 Flaschen aus den zwei andern Kisten abhanden gekommen. Mit der Klage forderte die Klägerin Zahlung der auf die abhanden gekommenen Sachen entfallenden Versicherungssumme. Die Beklagte bestritt ihre Ersatzpflicht unter Berufung auf § 2 Abs. 1 und 2 der Allg. Versicherungsbedingungen, weil die Klägerin in dem Frachtbrief als Inhalt des Wagens lediglich das Pferdefutter, nicht aber die drei Kisten mit Kognak angegeben hatte. Die Klägerin hat demgegenüber die Anwendbarkeit dieser Bestimmungen des Versicherungsvertrags bestritten und weiter sich darauf berufen, daß die Angabe des Kognaks im Frachtbrief deshalb unterblieben sei, weil ihr Angestellter bei den Verhandlungen über den Abschluß der Versicherungen von der diese in Vertretung des Generalagenten der Beklagten führenden Person auf Befragen die Auskunft erhalten habe, daß die Angabe des Kognaks auf dem Frachtbrief nicht nötig sei, wohl aber in der Police. Beide Vorinstanzen haben die Klage abgewiesen. Auf die Revison der Klägerin wurde das Berufungsurteil aufgehoben und die Sache an das Berufungsgericht zurückverwiesen.

Aus den Gründen:

... Zunächst ist der Revision darin beizutreten, daß sich eine Nichthaftung der Beklagten aus § 2 Abs. 1 der Versicherungsbedingungen nicht herleiten läßt. Nach dieser Bestimmung haftet die Beklagte nicht für Schaden, der entstanden ist durch „unrichtige Deklaration". Mit dem Berufungsrichter ist zwar davon auszugehen, daß unter „Deklaration" in dieser Bestimmung die Angaben im Frachtbrief, nicht aber die Angaben in der Police, wie die Klägerin meint, zu verstehen sind; allein der Schaden, für den im Falle unrichtiger Angaben die Haftung ausgeschlossen ist, muß durch die unrichtige Deklaration entstanden, durch sie verursacht sein. Von einem solchen, zum Ausschluß der Haftung notwendigen ursächlichen Zusammenhang kann aber hier, wo der Schaden durch Entwendung entstanden ist, keine Rede sein.

Auch die Anwendbarkeit des Abs. 2 des § 2, nach dem die Beklagte nicht haftet „in den Fällen, in denen die Bahnverwaltung nach ihren Reglements keine Verantwortlichkeit übernimmt", hat der Berufungsrichter zu Unrecht auf Grund des § 57 der Eisenbahnverkehrsordnung angenommen. Nach dieser Bestimmung „haftet der Absender der Eisenbahn für die Richtigkeit und Vollständigkeit der in den Frachtbrief aufgenommenen Angaben . . . und trägt alle Folgen, die aus unrichtigen . . . Eintragungen entspringen." Danach hat allerdings der Absender auch *denjenigen Schaden zu tragen, der ihn selbst trifft,* und zwar auch dann, wenn er durch Abhandenkommen des beförderten Gutes entsteht, aber nach dem klaren Wortlaut des Gesetzes immer nur unter der Voraussetzung, daß der Schaden in ursächlichem Zusammenhang mit der Unrichtigkeit der Angaben steht. Ein solcher Zusammenhang ist aber, wie bereits ausgeführt, hier nicht dargetan.

Nun läßt der Berufungsrichter dahingestellt, ob überhaupt bezüglich des Kognaks ein Vertrag zwischen der Klägerin und der Bahn zustande gekommen ist. Nach § 61 EVO. ist der Frachtvertrag abgeschlossen, sobald die Abfertigungsstelle das Gut mit dem Frachtbrief zur Beförderung angenommen hat. Hier ist das im geschlossenen Waggon verladene Gut seitens der Bahn mit dem Frachtbrief nicht nur angenommen, sondern auch befördert worden. Daß aber im Falle unvollständiger Angaben im Frachtbrief ein Frachtvertrag nicht zustande käme, ist dem Gesetz nicht zu entnehmen. Nach § 84 EVO. würde die Haftung der Bahn nur dann wegfallen, wenn der Absender durch seine unvollständigen Angaben den Schaden verursacht hätte. Fehlt es aber hiernach an dem Nachweis, daß die Bahn eine Verantwortlichkeit für den eingeklagten Schaden „nach ihren Reglements" nicht trifft, so entfällt damit die Berufung der Beklagten auf die im § 2 Abs. 2 ihrer Bedingungen vereinbarte Haftungsausschließung.

Die Revision wendet sich aber auch mit Recht gegen die Ausführungen des Berufungsrichters, mit denen er das Vorbringen der Klägerin bezüglich der ihr angeblich erteilten Auskunft als unerheblich abweist. Die Behauptungen der Klägerin gehen in ihrem Zusammenhang dahin, daß eine Angestellte des Generalagenten diesen mit seinem Wissen und Willen bei mündlichen wie schriftlichen Verhandlungen mit dem Versicherungslustigen und insbesondere bei den Verhandlungen über den Abschluß des der Klage zugrunde liegenden Versicherungsvertrags vertreten habe. Wenn nun auch das Reichsgericht bisher nur ausgesprochen hat, daß die Versicherungsgesellschaften nach dem das Versicherungswesen ganz besonders beherrschenden Grundsatz von

Treu und Glauben die Erklärungen der von ihnen dem Publikum zur Vermittlung bereitgestellten Agenten über den Inhalt und die Bedeutung nicht zweifelsfreier Bestimmungen der Versicherungsbedingungen gegen sich gelten lassen müssen, obgleich die Agenten keineswegs ihre Vertreter sind, so muß doch in folgerichtiger Fortentwicklung dieses Gedankens die gleiche Wirkung einer dem Versicherungslustigen auf Befragen erteilten Auskunft zugestanden werden, wenn sie von einer Angestellten des Agenten gegeben wird, die ihn mit seinem Willen und Wissen dem Publikum gegenüber vertritt. Das gilt vor allem in einem Fall wie dem vorliegenden, wo es sich um einen Generalagenten in einer Großstadt handelt, von dem die Beklagte, wie ohne weiteres anzunehmen ist, recht wohl weiß, daß er sich zur Bescheidung des Publikums seiner Angestellten bedient. . . .

RGZ. 104, 415.

Zum Begriff „Lieferfrist" in § 94 Abs. 2 der Eisenbahnverkehrsordnung.

I. Zivilsenat. Urt. v. 14. Juni 1922.

I. Landgericht Essen. — II. Oberlandesgericht Hamm.

Der Spediteur W. in Singen sandte am 2. Juni 1919 mit der Bahn einen Wagen Apfelsinen als Eilgut und einen Wagen Zitronen als gewöhnliches Frachtgut nach Essen. Hier trafen beide Wagen am 12. Juni vormittags mit dem gleichen Zuge ein. Die Fracht für das Eilgut betrug 10 204,70 M, diejenige für das Frachtgut 5416,80 M. Der Kläger, der das Verfügungsrecht über die Apfelsinensendung erlangt und den Frachtbetrag dafür bezahlt hat, hat geltend gemacht, daß die Eisenbahn vertragswidrig die Apfelsinensendung nicht als Eilgut behandelt habe. Er verlangt deshalb vom Beklagten Erstattung des Unterschieds zwischen den beiden Frachtbeträgen mit 4787,90 M nebst Zinsen.

Das Landgericht wies die Klage ab, das Oberlandesgericht gab ihr statt. Die Revision des Beklagten hatte Erfolg.

Gründe:

Das Berufungsurteil wendet gegen den Beklagten des § 94 EVO. an, wonach die Eisenbahn wegen Überschreitung der Lieferfrist, auch ohne daß ein Schaden entstanden oder nachgewiesen ist, bestimmte Bruchteile der Fracht, je nach der Dauer der Fristüberschreitung zu ersetzen hat. Es verkennt zwar nicht, daß die Lieferfristen des § 75 EVO. durch die Bekanntmachung vom 10. August 1914 (RGBl. S. 368) außer Kraft gesetzt worden sind, glaubt aber, daß dadurch die Wirksamkeit des § 94 nicht berührt worden und nunmehr an die Stelle der gesetzlichen die bei ordnungsmäßiger Beförderung angemessenen getreten seien.

Diese Auffassung ist rechtsirrtümlich. Im § 94 Abs. 2 regelt die EVO. auf Grund der ihr durch § 466 Abs. 3 HGB. erteilten Ermächtigung die Frage, inwieweit bei Versäumung der Lieferfrist eine Vergütung auch ohne den Nachweis eines Schadens zu gewähren ist. Über die Dauer der Lieferfrist verhält sich der § 75 EVO., der, je nachdem es sich um Eilgut oder um Frachtgut handelt, nach Tagen bemessene Höchstfristen von verschiedener Dauer vorschreibt. Hieran anknüpfend trifft dann der § 94 Abs. 2 die Bestimmung, daß die Eisenbahn, wenn ein Schaden durch die Überschreitung der Lieferfrist nicht entstanden oder nicht nachgewiesen ist, dennoch dem Verfügungsberechtigten gewisse Bruchteile der Fracht je nach der Zahl der Tage der Verzögerung zu vergüten hat. Der Grund für die Zubilligung einer Vergütung auch ohne Schadensentstehung war offensichtlich der, daß für die Fälle der Lieferfristversäumung das Entschädigungsverfahren nach Möglichkeit vereinfacht und aus Verkehrsrücksichten langwierigen Streitigkeiten und Beweiserhebungen über die Entstehung und Höhe eines Schadens vorgebeugt werden sollte (E g e r, Eisenbahnverkehrsordnung Anm. 496). Eine solche bündige, durchgreifende Regelung der Vergütungsfrage konnte naturgemäß ihren Zweck nur dann erreichen, wenn die Unterlagen für die Feststellung des zu vergütenden Betrags sofort und ohne Schwierigkeiten zu beschaffen waren. Hierfür war es vor allem wesentlich, daß die Zahl der Tage, die die Lieferungsfristen ausmachten, in der einfachen Weise des § 75 EVO. ohne jeden Zeitverlust zweifelsfrei ermittelt werden konnte. Die Möglichkeit dazu hörte aber auf, als nach Kriegsausbruch durch die Bekanntmachung vom 10. August 1914 die Lieferfristen außer Kraft gesetzt wurden. Damit entfiel die wesentlichste Voraussetzung des § 94 Abs. 2. Denn gibt es nicht mehr Lieferfristen von fest begrenzter Dauer, so läßt sich auch eine nach Tagen zu bemessende Überschreitung der Lieferfristen nicht ohne weiteres feststellen und demgemäß ein je nach den Tagen der Fristüberschreitung abgestufter Bruchteil der Fracht als Vergütungssumme nicht ermitteln. Wenn das Berufungsgericht glaubt, für die Anwendung des § 94 Abs. 2 die fest begrenzten Lieferfristen des § 75 durch angemessene, den Umständen des einzelnen Beförderungsfalls entsprechende Fristen ersetzen zu können, so setzt es sich sowohl mit dem Wortlaut des Gesetzes, für das als Lieferfristen nur die im § 75 bestimmten in Betracht kommen, wie mit dem gesetzgeberischen Zweck, der auf Abschneidung weitläufiger Erörterungen gerichtet ist, in Widerspruch. Nach Aufhebung der Lieferfristen ist der Verfügungsberechtigte nicht mehr in der Lage, wegen Überschreitung der Lieferfrist einen Frachtnachlaß ohne Entstehung oder Nachweis eines Schadens zu erlangen, vielmehr ist er, wenn er sich durch eine Verzögerung der Beförderung für geschädigt hält, allein auf die Geltendmachung des Schadens nach Maßgabe der sonstigen Vorschriften des Handelsgesetzbuchs und der Eisenbahnverkehrsordnung angewiesen. Ein solcher *Schadensersatzanspruch wird aber vom Kläger im vorliegenden Falle* nicht verfolgt. . . .

RGZ. 105, 70.

Rechtliche Natur des der Eisenbahn nach § 80 Abs. 6 der Eisenbahnverkehrsordnung gebührenden Wagenstandgeldes.

I. Zivilsenat. Urt. v. 21. Juni 1922.

I. Landgericht München I. — II. Oberlandesgericht daselbst.

Die Klägerin verlangt vom Beklagten Rückzahlung von 4200 M angeblich zu Unrecht erhobener Wagenstandgelder. Sie behauptet, daß sie die Wagen innerhalb der Entladefrist nicht habe entleeren können, weil am 21. Januar 1920 ihre Arbeiter plötzlich in Streik getreten seien. Auch habe der Beklagte trotz Ersuchens der Klägerin weder das Eingreifen der technischen Nothilfe veranlaßt, noch von dem Recht der Zwangsentladung auf Kosten des Empfängers Gebrauch gemacht. Beide Vorinstanzen haben die Klage abgewiesen. Die Revision blieb ohne Erfolg.

Gründe:

Das Oberlandesgericht legt den § 80 Abs. 6 Satz 1 EVO. dahin aus, daß das tarifmäßige Wagenstandgeld verwirkt ist, wenn das Gut vom Empfänger innerhalb der festgesetzten Entladefrist nicht abgenommen wird, ohne Rücksicht darauf, ob ein Verschulden des Frachtberechtigten vorliegt oder nicht. Denn die genannte Vorschrift sei nicht auf die Verletzung einer Verbindlichkeit des Frachtberechtigten abgestellt, setze keinen Verzug voraus und begründe weder Schadensersatz noch Vertragsstrafe, sondern kennzeichne sich als eine durch Gesetz und Tarif ein für allemal geregelte Vergütung für diejenige Dauer der Wagenbenutzung, die über den für die Entladung zugestandenen Zeitraum hinausreiche. Dieser Rechtsanschauung ist durchaus beizupflichten. Die Folgen des Streiks treffen sonach — auch wenn man ihn als höhere Gewalt ansehen wollte — nicht den Eisenbahnfiskus, sondern den Frachtberechtigten. Die Anschauung der Revision, daß nur von dem schuldhaft säumigen Abnehmer das Wagenstandgeld gefordert werden könne, ist rechtsirrig.

Ebensowenig verfängt der Revisionsangriff, daß ein Verstoß gegen die guten Sitten vorliege. Was die Revision hiermit geltend machen will, ist offensichtlich mehr ein Einwand aus § 242, denn aus § 138 BGB. Auch wenn man unterstellt, daß die fraglichen Wagen — für die Zwecke der Müllabfuhr besonders eingerichtet — nur im Pendelbetrieb zwischen M. und P. Verwendung fanden und für anderweitige Beförderungen nicht gebraucht zu werden pflegten, läßt sich doch nicht sagen, daß nach Treu und Glauben im Verkehr unter den Parteien beim Vertragsschluß voraussetzbar war, daß hier ein Wagenstandgeld dann entfallen sollte, wenn ohne Verschulden der Klägerin eine Ausladung in P. nicht rechtzeitig möglich war. Denn nicht der Gewinnentgang beim Beklagten ist der ausschlaggebende Grund für die Erhebung des Standgeldes, sondern die Tatsache, daß die Klägerin die Wagen länger als der Regel nach in Anspruch nahm. Es ist durch nichts dargelegt, daß es für die Bahn völlig gleichgültig sein konnte oder mußte, ob die Wagen beladen in P. standen oder leer in M. Es war, solange eine Entladung nicht stattgefunden hatte, die Belastung der Wagenachsen eine größere und die Vornahme von Ausbesserungen verhindert; auch war die rechtliche Stellung und Verpflichtung der Bahn eine andere, solange es nicht zu einer regelrechten Abnahme des Gutes gekommen war. Alle diese Fährnisse entstanden durch die längere Inanspruchnahme der Wagen, für welche eben der Tarif die Standgelder vorsieht.

Endlich kann keine Rede davon sein, daß dem Verhalten der Eisenbahn der Vorwurf der Arglist entgegengesetzt werden könne. Eine Nichtentladung aus Schikane hat, wie das Oberlandesgericht ausführt, nicht vorgelegen. Die Nichtanrufung der technischen Nothilfe kann nicht herangezogen werden, weil diese nur bei lebenswichtigen Betrieben einzugreifen hat. Wenn die Bahn in einem Falle, wie hier, von ihrer Befugnis, Wagenstandgeld in Rechnung zu stellen, Gebrauch macht, handelt sie innerhalb ihrer gesetzlichen Befugnisse. Zur zwangsweisen Entladung der Wagen war sie nur berechtigt, nicht verpflichtet; die Rückforderung der Beträge erweist sich daher als nicht begründet.

RGZ. 105, 283.

Unter welchen Umständen gehört die Gefahr des Diebstahls nicht zu den mit der Beförderung in offenen Eisenbahnwagen verbundenen Gefahren?

I. Zivilsenat. Urt v. 21. Oktober 1922.

I. Landgericht Stettin, Kammer für Handelssachen. — II. Oberlandesgericht daselbst.

Am 25. November 1920 versandte St. in Stettin zwei Personenkraftwagen als Frachtgut mit der Eisenbahn nach Hannover. Die Kraftwagen wurden in einem offenen Eisenbahnwagen verladen, mit Planen bedeckt und mit Lattengestellen umgeben. Nach der Behauptung des Klägers sollen sie auch verschlossen gewesen und die Planen so befestigt gewesen sein, daß sie nur gewaltsam gelöst werden konnten. Bei Ankunft der Sendung in Hannover waren an beiden Kraftwagen die Sitzleder in einem Umfange von 0,50×0,70 m herausgeschnitten. Der Kläger, bei dem St. gegen die Gefahren der Beförderung Versicherung genommen hatte, hat den entstandenen Schaden gedeckt. Die Höhe des Schadens hat er auf 8630 M angegeben und auf Zahlung dieses Betrags Klage erhoben.

Das Landgericht erklärte den Klaganspruch dem Grunde nach für gerechtfertigt. Auf die Berufung des Beklagten wies aber das Oberlandesgericht die Klage ab. Die Revision des Klägers hatte Erfolg.

Gründe:

Zutreffend geht das Berufungsgericht davon aus, daß die beiden Kraftwagen nach den Vorschriften des Deutschen Eisenbahngütertarifs in offenen Wagen zu befördern waren, und deshalb die Eisenbahn für den Schaden, der aus der Gefahr dieser Beförderungsart entsteht, nicht zu haften hat (§ 459 Abs. 1 Nr. 1 HGB., § 86 Abs. 1 Nr. 1 EVO.). Es befindet sich auch in Übereinstimmung mit der festen Rechtsprechung des Reichsgerichts, wenn es die Gefahr des Diebstahls zu denjenigen Gefahren rechnet, die unter gewöhnlichen Verhältnissen mit der Beförderung in offenen Wagen verbunden zu sein pflegen (RGZ. Bd. 100 S. 84, Bd. 104 S. 48, 282). Nicht genügend berücksichtigt hat es aber, daß nicht schlechthin jeder Diebstahl an Frachtgut, das in offenen Wagen befördert wird, auf diese Beförderungsart zurückgeführt werden darf, sondern daß durch die besonderen Umstände des Einzelfalls, besonders durch geeignete Sicherheitsvorkehrungen, die Gefahr des Diebstahls wesentlich verringert und auf ein Maß herabgemindert sein kann, das die auch bei der Beförderung in geschlossenen Wagen immer noch vorhandene Diebstahlsgefahr nicht übersteigt. Deshalb muß in jedem einzelnen Falle geprüft werden, ob nach den besonderen Umständen, namentlich im Hinblick auf die Verladungs- und Verpackungsart, noch ein genügender Anhalt dafür vorhanden ist, daß durch die Beförderung in offenen Wagen die Diebstahlsgefahr erhöht wurde

(RGZ. Bd. 104 S. 48, RG. Urt. v. 8. Februar 1922 I 401/21, i. Recht 1922 Nr. 1281).

Nach dieser Richtung enthält das Berufungsurteil folgende Ausführungen: Die Verpackungsart habe die Diebstahlsgefahr nicht ausgeschlossen. Die Kraftwagen seien als solche auch unter den drei Decken zu erkennen gewesen, mit denen sie versehen gewesen seien. Ebensowenig sei ein hinreichender Schutz gegen die Diebstahlsgefahr durch die Befestigung der Decken an der Außenseite der Eisenbahnwagens und die Aufführung von Lattengestellen um die Kraftwagen geschaffen worden. Diese sich der Ausführung des Diebstahls in gewissem Maße entgegenstellenden Hindernisse hätten vom Diebe unschwer beseitigt werden können; sie schlössen also nicht die Möglichkeit aus, daß „den Umständen nach" der Schaden aus der Beförderung in einem offen gebauten Eisenbahnwagen habe entstehen können. Diese Möglichkeit habe selbst dann bestanden, wenn die Kraftwagen geschlossen gewesen seien und zwecks Ausführung des Diebstahls gewaltsam hätten geöffnet werden müssen.

In diesen Ausführungen wird die Frage, ob die Gefahr des Diebstahls mit der Beförderung im offenen Wagen verbunden war (§ 459 Abs. 1 Nr. 1 HGB., § 86 Abs. 1 Nr. 1 EVO.), vermischt mit der im Abs. 2 derselben Gesetzesvorschriften behandelten weiteren Frage, ob der Schaden den Umständen nach aus der der Beförderung in offenen Wagen anhaftenden Gefahr entstehen konnte. Eine Erhöhung der Diebstahlsgefahr tritt bei der Beförderung in offenen Wagen im Vergleich zur Beförderung in geschlossenen Wagen nur dann ein, wenn nicht die größere Gefährdung von vornherein durch geeignete Gegenvorkehrungen wieder ausgeglichen wird. Es ist deshalb in Fällen der vorliegenden Art zunächst zu fragen, ob die Art der Verladung des Guts im offenen Wagen eine solche war, daß das Gut der Gefahr des Diebstahls dadurch in höherem Maße ausgesetzt wurde, als wenn es in einem geschlossenen Wagen befördert worden wäre. Erst wenn diese Frage bejaht wird, entsteht die weitere Frage, ob die näheren Umstände, unter denen der Schaden entstanden ist, also besonders die Art der Ausführung des Diebstahls, der Möglichkeit Raum geben, daß die Beförderung auf offenen Wagen den Anlaß zur Verübung des Diebstahls geboten habe. In dieser Hinsicht ist das Berufungsurteil nicht einwandfrei, da es die Diebstahlsgefahr als verbunden mit der Beförderung in offenen Wagen deshalb ansieht, weil die getroffenen Sicherheitsmaßnahmen nicht ausgereicht hätten, um die Möglichkeit eines Diebstahls auszuschließen. Es hätte vielmehr vorerst prüfen müssen, ob die Maßnahmen nicht wenigstens genügten, um die Diebstahlsgefahr soweit herabzumindern, daß sie nicht höher als bei der Beförderung in geschlossenen Wagen einzuschätzen war. Hierzu hätte es des näheren Eingehens auf die einzelnen zur Abwendung von Diebstählen, namentlich solchen im Innern der Kraftwagen, getroffenen Vorkehrungen bedurft.

RGZ. 105, 312.

In welcher Währung wird bei Verlust des Frachtguts der von der Eisenbahn zu erstattende gemeine Handelswert oder gemeine Wert berechnet, wenn der Versendungsort im Auslande liegt?

I. Zivilsenat. Urt. v. 28. Oktober 1922.

I. Landgericht Altona. — II. Oberlandesgericht Kiel.

Die Klägerin hat den Beklagten wegen Verlustes einer in Romanshorn (Schweiz) der Eisenbahn am 25. August 1919 übergebenen Wollstoffsendung auf Zahlung von 19 132,40 Schweizer Franken in Anspruch genommen. Beide Vorinstanzen haben zugunsten der Klägerin erkannt. Der Beklagte erachtet sich insoweit als beschwert, als er zur Zahlung von mehr als dem dem Frankenbetrag entsprechenden Markbetrage zum Kurse vom 25. August 1919 verurteilt worden ist. Seine Revision ist zurückgewiesen worden.

Gründe:

Es handelt sich um den Ersatz einer auf Grund internationalen Frachtbriefs vom 25. August 1919 in Romanshorn in der Schweiz der Eisenbahn übergebenen Wollstoffsendung, die an die Klägerin in Hamburg adressiert war und auf dem Eisenbahntransport zum Teil verloren gegangen ist. Der gemeine Handelswert der verlorenen Stücke betrug am Versandort zu der Zeit, zu welcher das Gut zur Beförderung angenommen wurde, unstreitig 19 132,40 Schweizer Franken. Die Ansicht der Revision, daß der Beklagte diese Schuld in deutschem Gelde unter Umrechnung nach dem Kurse der Mark am Versendungstage (25. August 1919) leisten könne, ist unrichtig. Der Art. 34 des Internationalen Frachtübereinkommens bestimmt dasselbe wie der § 457 HGB. Diese Bestimmungen sind getroffen, um die Unveränderlichkeit des Ersatzes festzulegen. Der Umfang der Ersatzpflicht ist nach oben und unten festgelegt. Es ist nicht, wie im § 249 BGB., zu untersuchen, ob etwa nach den besonderen Verhältnissen des Falles das Interesse des Ersatzberechtigten ein geringeres oder höheres ist. Es handelt sich um die Schuld eines Wertes nach rein objektivem Maßstabe, also eines Wertes, den die Ware für jeden am Ort und in der Zeit der Übergabe zur Beförderung hatte, nicht darum, welchen Wert die Ware gerade für die Klägerin hatte. Daraus folgt unmittelbar, daß dieser Wert, da die Ware in der Schweiz abgesandt ist, nur in der Schweizer Währung als ausgedrückt gelten kann und in Schweizer Franken geschuldet wurde. Wenn der Beklagte in deutscher Reichswährung zahlen will, so kann er das gemäß § 244 BGB. nur nach dem Umrechnungsfuße zur Zeit der Zahlung.

RGZ. 105, 343.

Wie weit hat die während des Krieges eingeführte Erleichterung der Beförderung von Torfstreu — Verladung ohne Bedeckung — auf die Bestimmungen des § 62 Abs. 1 bis 4 der Eisenbahnverkehrsordnung eingewirkt?

I. Zivilsenat. Urt. v. 8. November 1922.

I. Landgericht I Berlin. — II. Kammergericht daselbst.

Die Beklagte sandte durch die V.schen Torfstreufabriken zu L. laut Frachtbrief vom 31. Mai 1918 einen Wagen Torfstreu unbedeckt von L. an den Kreisausschuß in B. Der Frachtbrief trägt in der Spalte „Zulässige oder vorgeschriebene Erklärungen" den Vermerk: „Ohne Decken zu befördern. Übernehmen Haftpflicht." Unterwegs geriet der Wagen mit Torfstreu in Brand, obwohl zwischen ihm und der Lokomotive fünf andere Wagen eingestellt waren. Hierbei wurden außer der Torfstreu zehn Wagen des Klägers durch Brand beschädigt. Der Kläger verlangt Schadensersatz in Höhe von 4692,60 M. Beide Vorinstanzen erkannten zu seinen Gunsten. Die Revision der Beklagten wurde zurückgewiesen.

Gründe:

1. Durch § 62 Abs. 6 EVO. ist den Eisenbahnen die Ermächtigung erteilt, für Güter, die nicht zu den im § 54 Abs. 2 A aufgeführten gehören, die aber wegen ihrer Eigenschaften Unzuträglichkeiten bei der Beförderung herbeiführen können, mit Genehmigung der Landesaufsichtsbehörden nach Zustimmung des Reichseisenbahnamts durch den Tarif einheitliche Vorschriften über die Verpackung und Verladung zu treffen. Von dieser Ermächtigung ist in den allgemeinen Ausführungsbestimmungen Gebrauch gemacht worden. In Nr. III zu § 62 wird dieserhalb auf die Anlagen II, III, IV verwiesen. Die Anlage II S. 86 des deutschen Eisenbahn-Gütertarifs vom 1. Januar 1912 und S. 100 des

Tarifs vom 1. Mai 1917, Teil I Abt. A, enthält unter Nr. 9 und 10 die Bestimmung: „Gegenstände, die durch Funken der Lokomotive leicht entzündet werden können, z. B. . . . Torf (ausgenommen sogen. Maschinen- oder Preßtorf) . . . werden nur vollständig bedeckt zur Beförderung angenommen". In der von den „Vorschriften für die Beladung der Güterwagen" handelnden Anlage III heißt es auf S. 104 flg. unter § 4: „Ladungen, die aus leicht feuerfangenden Gegenständen bestehen, müssen mit einer sicheren Bedeckung versehen sein"; im Abschnitt F daselbst, der Bestimmungen über die Verladung von losem Heu, Stroh, Tabak, Baumrinde und dergleichen trifft, heißt es in § 26 auf S. 119: „Gegen Feuersgefahr muß jede Ladung durch eine gute Decke geschützt werden."

Wegen des im Kriege hervorgetretenen großen Deckenmangels sind diese Bestimmungen außer Kraft gesetzt worden. Bereits am 31. März 1917 wies die Eisenbahndirektion in Münster die ihr unterstellten Dienststellen an, bis zu voraussichtlich allgemein anzuordnenden Erleichterungen Torfstreu . . . bei Anfeuchtung der oberen Lagen unbedeckt zu befördern; doch machte sie es gleichzeitig den Dienststellen zur Pflicht, darauf zu halten, daß die Absender bis auf weiteres durch eine Erklärung im Frachtbrief die Haftung für den aus dieser Beförderungsart für sie entstehenden Schaden zu übernehmen haben. Nach ihrer Auskunft vom 26. Februar 1919 ist die Eisenbahndirektion bei Erlaß ihrer Anweisung davon ausgegangen, daß es in Anbetracht der für die Eisenbahn erzielten Vorteile (schnelle Abbeförderung, Beschleunigung des Warenumlaufs) unbillig sei, dem Versender auch denjenigen Schaden aufzuerlegen, der für die Eisenbahn aus der fehlenden oder mangelhaften Bedeckung der Güter entstehen könne. Dieser Auffassung der Eisenbahndirektion kann jedoch für den vorliegenden Fall keine Bedeutung beigemessen werden, da ihre Anordnung zur Zeit der Annahme und Beförderung des hier fraglichen Wagens (31. Mai 1918) nicht mehr in Geltung, sondern durch den Nachtrag I zum Eisenbahn-Gütertarif mit Gültigkeit vom 15. Mai 1917 in Anl. II S. 100 bei Ziffer 10 und in Anl. III S. 105 zu § 4 und S. 119 zu § 26 ersetzt worden war, wo es heißt: „Bis auf Widerruf, längstens für die Dauer des Krieges gilt folgendes: a) . . . Torfstreu, Torfmull werden auch unbedeckt befördert. Die obere Lage ist anzufeuchten". Der Nachtrag IV vom 20. August 1918 hat dann diese Bestimmung wiederholt und auf eine größere Anzahl hier nicht in Betracht kommender leicht feuerfangender Gegenstände ausgedehnt.

In dem von der Eisenbahndirektion Berlin herausgegebenen gemeinsamen Tarif- und Verkehrsanzeiger Nr. 59 vom 26. April 1917 wird die Zulässigkeit der Beförderung von unbedecktem Torfmull mitgeteilt, und zugleich von einer Verfügung der Direktion Berlin vom 20. April 1917 Kenntnis gegeben, in der es heißt: „Eine Änderung der frachtrechtlichen Haftung tritt infolge dieser Erleichterungen, die eine Einschränkung des Deckenbedarfs bezwecken, nicht ein; jedoch ist es künftig unbedingt erforderlich, daß der Absender bei derartigen Sendungen das Fehlen der Verpackung ... im Frachtbrief anerkennt". Bei der Bekanntgabe des Nachtrags IV im Tarif- und Verkehrsanzeiger vom 25. April 1918 lautet der Eingang der Verfügung der Direktion Berlin: „Eine Änderung der frachtrechtlichen Haftung der Eisenbahn tritt ..."

2. Es fragt sich nun, ob und wie diese durch den Nachtrag I und IV vorübergehend bis auf Widerruf eingeführte (übrigens nach dem deutschen Eisenbahn-Gütertarif Teil I Abt. A vom 1. Februar 1922 S. 107 Nr. 10 Anm. noch jetzt geltende) Erleichterung der Beförderung von Torfstreu auf die Bestimmungen des § 62 Abs. 1 bis 4 EVO. eingewirkt hat.

Die Entstehungsgeschichte der Erleichterung läßt erkennen, daß die Eisenbahnverwaltungen an sich davon ausgegangen sind, daß Torfstreu, wenn sie nicht durch eine gute Decke geschützt ist, durch Funken der Lokomotive leicht entzündet werden kann. Es droht nicht nur der unbedeckt beförderten Torfstreu selbst die Gefahr, beschädigt zu werden, sondern es besteht zugleich die Gefahr, daß die durch Funkenflug in Brand gesetzte Torfstreu sowohl den Eisenbahnwagen, wie auch den sonstigen, von der Eisenbahn beförderten Gütern Schaden zufügen kann. Diese Gefahr besteht nach wie vor, mag auch die durch die Nachträge zum Tarif eingeführte Erleichterung der Beförderung der Torfstreu wegen des Mangels an Decken, der während des Krieges hervortrat, aber auch nachher noch bestand, einem dringenden Bedürfnisse entsprochen haben.

Der § 62 EVO. bestimmt im Abs. 1, daß das Gut, soweit seine Natur dies erfordert, gegen Verlust, Minderung oder Beschädigung geschützt sein muß; bei Torfstreu erfordert also an sich nach der Auffassung der Eisenbahn die Natur dieses Gutes eine Verpackung unter einer Decke. Während im allgemeinen nach Abs. 2 die Eisenbahn mangelhaft verpacktes Gut nicht anzunehmen braucht, hat sie sich dieses Rechtes durch Zulassung der Beförderung von unbedeckter Torfstreu begeben; aber sie kann verlangen, daß der Absender im Frachtbrief das Fehlen anerkennt, was dann nach Abs. 3 zur Folge hat, daß sich die Haftung der Eisenbahn bei Verlust, Minderung oder Beschädigung des mangelhaft verpackten oder unverpackt gebliebenen Gutes nach §§ 86 und 34 EVO. bestimmt.

Im Gegensatz zu den Schäden, die das Gut infolge mangelhafter Verpackung selbst erleidet, stehen die Schäden, die ein mangelhaft verpacktes Gut verursachen, d. h. bei mitverfrachtetem Gut oder an den Eisenbahnwagen hervorrufen kann. Von solchen Schäden handelt der Abs. 4 des § 62 EVO., und nur diese Schäden kommen im vorliegenden Falle in Frage.

Wie bereits oben hervorgehoben, bedarf Torfstreu, damit sie nicht, durch Funkenflug in Brand gesetzt, Schaden verursachen kann, der Verpackung durch eine Decke. Da die Eisenbahn jedoch die Beförderung ohne Decken zugelassen hat, darf sie zwar die Annahme unbedeckt zu befördernder Torfstreu nicht ablehnen, allein sie ist befugt, ein dem Anerkenntnis des Abs. 2 ähnliches Anerkenntnis im Frachtbrief zu verlangen. Beide Anerkenntnisse haben den gleichen Inhalt; sie enthalten die Erklärung, daß die Verpackung mangelhaft ist und worin die Mängel zu erblicken sind. Nur die Wirkungen des Anerkenntnisses sind im Abs. 4 andere als im Abs. 3, indem nach Abs. 4 nicht etwa eine Beschränkung der Haftung der Eisenbahn (Abs. 3) eintritt, sondern der Absender für den Schaden zu haften hat, der aus so bescheinigten Mängeln der Verpackung an andern Gütern oder an dem Eisenbahnmaterial hervorgerufen wird. Von dieser Befugnis hat im vorliegenden Falle die Eisenbahn Gebrauch gemacht, indem sie von den V.schen Torfstreufabriken, die als Lieferwerk der Beklagten und als deren Bevollmächtigte handelten, in den Frachtbrief den Vermerk aufnehmen ließ: „Ohne Decken zu befördern. Übernehmen Haftpflicht.“ Bereits in den Worten „Ohne Decken zu befördern“ ist mit dem Berufungsrichter ein Anerkenntnis des Absenders sowohl im Sinne des Abs. 2 wie des Abs. 4 zu erblicken, und hierbei kommt es nicht darauf an, was der Absender sich bei Wahl dieses Ausdruckes gedacht hat, sondern entscheidend ist vielmehr, wie der Kläger mit Rücksicht auf die Verkehrssitte nach Treu und Glauben diese Worte verstehen mußte. Daß zugleich eine Anerkenntnis im Sinne des Abs. 4 abgegeben worden ist, kann nicht zweifelhaft sein, da die Worte „Übernehmen Haftpflicht“, keine andere Deutung zulassen, als die, für den Schaden haften zu wollen, den ohne solche Übernahme ein anderer zu tragen hat (nämlich die Eisenbahn aus der Beschädigung ihrer Betriebsmittel oder der Güter anderer Absender). Aus dieser Auslegung kann auch der Umstand nichts ändern, daß die Eisenbahndirektion Münster, zu deren Bezirk der Absendeort L. gehört, früher einmal auf einem anderen Standpunkt gestanden hat. Denn zur Zeit der hier fraglichen Sendung war die Verfügung dieser Eisenbahndirektion infolge der Tarifnachträge außer Kraft getreten, und der Umstand, daß nach der Behauptung der Beklagten der Wortlaut des Anerkenntnisses von der Eisenbahnabfertigungsstelle in L. vorgeschrieben war, läßt erkennen, daß bewußtermaßen von der früheren Auffassung der Eisenbahndirektion in Münster abgewichen werden sollte.

Auch aus der oben erwähnten Veröffentlichung der Verfügung der Eisenbahndirektion Berlin im Tarif- und Verkehrsanzeiger vom 25. April 1918, wonach eine Änderung der frachtrechtlichen Haftung der Eisenbahn infolge dieser Erleichterung nicht eintreten sollte, kann die Beklagte keine Stütze dafür herleiten, daß ihre Haftung aus Abs. 4 des § 2 EVO. nicht in Frage komme; denn Anordnungen der Eisenbahndirektion Berlin waren für den Direktionsbezirk Münster ohne Bedeutung.

Schließlich folgt auch aus der Zweckmäßigkeit der Erleichterung und aus dem Interesse der an der Versorgung mit Torfstreu beteiligten Allgemeinheit nicht, daß die Eisenbahn mit den Gefahren, die aus der Zulassung der immerhin außerordentlich gefährlich bleibenden Beförderungsweise entstehen, und mit der Haftung für solchen Schaden belastet werden müßte; die Eisenbahn hat sich vielmehr im Rahmen der ihr nach Abs. 4 des § 2 gegebenen Befugnis gehalten, als sie sich im Frachtbrief das die Beklagte zur Schadenstragung verpflichtende Anerkenntnis abgeben ließ.

RGZ. 105, 347.

Findet § 469 HGB. auf den Übergangsverkehr zwischen Groß- und Kleinbahnen Anwendung?

I. Zivilsenat. Urt. v. 11. November 1922.

I. Landgericht I Berlin. — II. Kammergericht daselbst.

Die Zuckerverteilungsstelle des Kommunalverbandes N. sandte mit Frachtbrief vom 16. Juli 1919 100 Sack Zucker zu je 100 kg von Berlin-Tegel an die Klägerin nach Niederschöneweide-Johannisthal, und zwar bis Pankow mit der Industriebahn Tegel—Friedrichsfelde, einer Kleinbahn, von Pankow ab mit der Staatsbahn. Bei Ankunft auf der Bestimmungsstation waren angeblich nur noch 48 Säcke Zucker vorhanden. Die Klägerin verlangt Schadensersatz in Höhe von 5024,15 M.

Der Beklagte vertritt die Ansicht, daß seine Haftung erst mit der Übergabe in Pankow beginne, und daß er für einen auf der Kleinbahn eingetretenen Verlust nicht hafte. Das Landgericht gab der Klage teilweise statt. Die Berufung des Beklagten wurde zurückgewiesen. Auch seine Revision hatte keinen Erfolg.

Aus den Gründen:

Das Kammergericht sieht als erwiesen an, daß der Kleinbahn in Tegel 100 Sack Zucker zu je 100 kg zur Beförderung übergeben und davon auf der Bestimmungsstation nur 48 Säcke angekommen, 52 also unterwegs verloren gegangen seien. Es führt aus, daß der Beklagte das Gut auf durchgehenden Frachtbrief übernommen habe und daher gemäß §§ 469, 432 Abs. 2 HGB. für den Verlust hafte, gleichviel ob er auf seiner eigenen Bahn oder auf der Kleinbahn eingetreten sei. Gegen die Höhe des Anspruchs lägen Bedenken nicht vor.

Zu Unrecht rügt die Revision, daß § 432 HGB. auf Eisenbahnen keine Anwendung finde. Diese Vorschrift regelt die Haftung des Hauptfrachtführers und der Unterfrachtführer bei Abschluß eines Gesamtfrachtvertrags und gilt auch für Eisenbahnen, soweit nicht § 469 HGB. eine Einschränkung enthält. Auch diese letztere Vorschrift ist nicht verletzt. Es kann der Revision nicht zugegeben werden, daß Kleinbahnen nicht darunter fallen. Das Gegenteil erhelle aus § 473 HGB., im Zusammenhalt mit den übrigen Bestimmungen des siebenten Abschnitts des 3. Buchs des HGB. Denn wenn dort bestimmt wird, daß bei einer Kleinbahn insoweit, als in den §§ 453, 459, 460, 462 bis 466 auf die Vorschriften der EVO. verwiesen ist, an deren Stelle die Beförderungsbedingungen der Bahnunternehmung maßgebend sind, und daß eine Kleinbahn den Vorschriften in § 453 nur mit einer gewissen Maßgabe unterliegt, so kann das nur den Sinn haben, daß alle übrigen Bestimmungen des siebenten Abschnitts auch für Kleinbahnen gelten sollen. Damit in Einklang steht die Denkschrift S. 274 flg. zu § 465 des Entwurfs einer HGB. von 1897. Das alte Handelsgesetzbuch enthielt eine solche Regelung nicht. Danach waren für Kleinbahnen vielmehr nur die Bestimmungen des Abschnitts über das Frachtgeschäft der Eisenbahnen maßgebend. Das alte Handelsgesetzbuch enthielt aber auch nicht die Verweisungen auf die EVO., wie sie das neue aufgenommen hat. Diese Änderung machte die Vorschrift in § 473 Abs. 1 notwendig, da die EVO. auf Kleinbahnen keine Anwendung findet. Auch im Schrifttum wird es nicht als zweifelhaft angesehen, daß § 469 HGB. auch für Kleinbahnen gilt (vgl. insbesondere die Erl. zu § 473 bei

Staub-Könige, Düringer-Hachenburg und Brand, ferner Senckpiehl in Egers Entsch. Bd. 37 S. 299 flg.). Auch Rundnagel, Beförderungsgeschäfte, in Ehrenbergs Handbuch Bd. 5 Abt. 2 S. 261 sagt, daß das Güterbeförderungsgeschäft der Kleinbahnen den Vorschriften des siebenten Abschnitts des HGB. unterliege, und Abweichendes wollen wohl auch die Ausführungen desselben Schriftstellers in seinem Werk „Die Haftung der Eisenbahn" 2. Aufl. § 8 S. 36 nicht besagen; sie haben den vom Berufungsgericht als vorliegend angenommenen Fall eines Gesamtfrachtvertrags nicht im Auge. Verfehlt ist der Hinweis der Revision auf Littauer-Mosse HGB. § 473 A. 3. Wenn dort bemerkt wird, daß für Kleinbahnen keine Verpflichtung zur Transportgemeinschaft im Sinne des § 432 HGB. bestehe, so ergibt sich das ohne weiteres aus § 473 HGB. daselbst, wonach eine Kleinbahn zur Übernahme einer Güterbeförderung auf einer anderen als ihrer eigenen Bahnstrecke nicht verpflichtet ist; das hat aber mit der hier vorliegenden Frage nichts zu tun. Insoweit ist auch den Ausführungen Sperbers in dem von der Revision angezogenen Aufsatz (Verkehrsrechtl. Rundschau 1922 Nr. 15 und 16) zuzustimmen. Wenn darin aber weiter die Meinung vertreten wird, daß der siebente Abschnitt des 3. Buchs des BHG. für den Übergangsverkehr zwischen Groß- und Kleinbahnen überhaupt nicht gelte, so ist das unzutreffend. Für diese Annahme bieten weder die Bestimungen des HGB. noch die der EVO. einen Anhalt. Aus der Tatsache, daß die EVO. für Kleinbahnen nicht gilt, ist das nicht zu folgern. Die Beförderungsbedingungen brauchen nicht auf der ganzen Beförderungsstrecke völlig übereinzustimmen. Daß ein Gesamtfrachtvertragsverhältnis zwischen Groß- und Kleinbahnen nicht ausgeschlossen ist, gibt auch Sperber zu. Liegt es vor, so kommt nach der zwingenden Vorschrift in § 471 HGB. der § 469 daselbst zur Anwendung. Daß es hier vorliegt, hat das Kammergericht ohne Rechtsirrtum angenommen. Auf dem Frachtbrief findet sich an der für den Stempel der Versandstation vorgesehenen Stelle der Stempel der Kleinbahn Tegel—Friedrichsfelde. Der Stempel der Station Pankow ist an der Stelle aufgedrückt, der für die Stempel der Umlade- und Umbehandlungsstationen bestimmt ist. Ein Annahmestempel einer Großbahnstation befindet sich darauf nicht. Daraus konnte entnommen werden, daß die Kleinbahn die Ausführung der Beförderung auf der ganzen Strecke bis zur Bestimmungsstation übernommen hat, und daß der Beklagte in diesen Frachtvertrag eingetreten ist. Da er das Gut zuletzt mit dem Frachtbrief übernommen hat, so kann ihn die Klägerin gemäß § 469 HGB. auf Schadensersatz in

Anspruch nehmen, auch wenn sich der Verlust auf der Betriebsstrecke der Kleinbahn ereignet hat.

RGZ. 106, 101.

Ist § 90 der Eisenbahnverkehrsordnung dadurch gegenstandslos geworden, daß die Bekanntmachung des Reichseisenbahnamts vom 10. August 1914 (RGBl. S. 368) die Lieferfristen des § 75 außer Kraft gesetzt hat? Wird die Eisenbahn von der Entschädigungspflicht dadurch frei, daß sie das als verloren geltende Gut vor der Zahlung der Entschädigung wiederauffindet und dem Empfangsberechtigten anbietet?

I. Zivilsenat. Urt. v. 20. Dezember 1922.

I. Landgericht I Berlin. — II. Kammergericht daselbst.

Am 31. Januar 1920 übergab die Firma F. S. & Co. in Sp. der Eisenbahn einen Wagen Eisenschrott zur Beförderung an die Klägerin nach deren Anschlußgleis in V. Bis zum 18. März 1920 konnte das Gut der Klägerin nicht abgeliefert werden. An diesem Tage teilt die Klägerin der Eisenbahndirektion in Berlin mit, daß sie gemäß § 90 EVO. den Wagen als verloren betrachte. Darauf erhielt sie am 23. April 1920 von der Bahn die Mitteilung, daß der Wagen eingegangen sei. Sie verweigerte nunmehr die Annahme der Sendung. Der Beklagte ließ am 8. Juni das Gut öffentlich versteigern, erzielte aber nur einen Erlös, durch den nicht einmal die Fracht und das Standgeld gedeckt wurden. Die Klägerin erhob darauf Klage auf Ersatz des Werts des Guts mit 37 700 M nebst Zinsen.

Der Anspruch wurde vom Landgericht dem Grunde nach für berechtigt erklärt, die Berufung des Beklagten vom Kammergericht zurückgewiesen. Auch die Revision hatte keinen Erfolg.

Gründe:

Vom Kammergericht waren zwei in einem Eventualverhältnisse zueinander stehender Fragen zu entscheiden: Ist § 90 EVO. dadurch gegenstandslos geworden, daß die Bekanntmachung des Reichseisenbahnamts vom 10. August 1914 die Lieferfristen des § 75 EVO. außer Kraft gesetzt hat? Im Falle der Verneinung dieser Frage: Wird die Reichsbahn nachträglich dadurch von der Entschädigungspflicht frei, daß sie das Gut vor Zahlung der Entschädigung wieder aufgefunden und der Klägerin angeboten hat? Das Kammergericht hat beide Fragen verneint.

Die Revision rügt zu Unrecht Verletzung der §§ 90 und 91 EVO.

Wie das angefochtene Urteil zutreffend annimmt, ist der § 90 nicht deshalb gegenstandslos geworden, weil durch die Bekanntmachung des Reichseisenbahnamts vom 10. August 1914 die Lieferfristen des § 75 außer Kraft gesetzt worden sind. Der erkennende Senat hat bereits früher (RGZ. Bd. 99 S. 19) ausgesprochen, daß es bestimmte Lieferfristen nicht mehr gibt. Damit wurde anerkannt, daß durch jene Bekanntmachung lediglich die starren Lieferfristen der Eisenbahnverkehrsordnung vorläufig beseitigt worden, an ihre Stelle aber gemäß §§ 454, 428 Abs. 1 HGB. angemessene Lieferfristen getreten sind, die gegebenenfalls der Richter festzusetzen hat. Denn diese „angemessenen Lieferfristen" konnten nach §§ 471 Abs. 1 und 466 Abs. 1 HGB. durch jene Bekanntmachung überhaupt nicht beseitigt werden. Die Pflicht der Bahn, binnen angemessener Frist zu liefern, entspricht dem rechtlichen Interesse aller am Frachtgeschäft Beteiligten; ohne sie kann der öffentliche Güterverkehr nicht bestehen. Das gleiche gilt aber auch von der Befugnis des zum Empfange Berechtigten, auf die Annahme des Gutes zu verzichten und statt dessen Ersatz zu verlangen, wenn nach Ablauf der Lieferfrist die Bahn längere Zeit das Gut nicht zur Stelle zu bringen vermag. In solchen Fällen muß der Empfangsberechtigte endlich klare Verhältnisse schaffen können. Dieses Bedürfnis besteht nach Abschaffung der starren Lieferfristen fort. Daraus folgt, daß die Frist des § 90 sich nunmehr an die angemessene Lieferfrist anschließt. Die Entscheidung des erkennenden Senats vom 19. Juni 1922 (RGZ. Bd. 104, S. 415), nach welcher die wesentlichste Voraussetzung des § 94 Abs. 2 EVO. mit der Außerkraftsetzung der Lieferfristen des § 75 weggefallen ist, steht der fortdauernden Geltung des § 90 nicht entgegen. Denn für die im § 94 Abs. 2 genau nach der Zahl der Tage der Verzögerung festgesetzten Entschädigungssätze bildeten Lieferfristen von festumgrenzter Dauer ein notwendiges Erfordernis, für den allgemeinen Entschädigungsanspruch aus § 90 aber ist eine nach der Zahl der Tage ein für allemal genau festgestellte Lieferfrist nicht wesentlich. War also im vorliegenden Falle in den ersten Februartagen des Jahres 1920 die angemessene Lieferfrist abgelaufen, so wurde damals die 30tägige Frist des § 90 in Lauf gesetzt. Als die empfangsberechtigte Klägerin dem Beklagten erklärte, daß sie den Wagen als verloren betrachte, nämlich am 18. März 1920, war demnach auch die Frist des § 90 abgelaufen und die Erklärung rechtswirksam.

Nun wendet die Revision ein, die Bahn sei nachträglich von der Entschädigungspflicht dadurch frei geworden, daß sie das Gut vor der Zahlung der Entschädigung wieder aufgefunden und der Klägerin angeboten habe. Dieser Einwand ist unbegründet, weil die Erklärung gemäß § 90 nach dem Wortlaute und Zwecke dieser Vorschrift die

Rechtsverhältnisse aus dem Frachtvertrag endgültig regelt. Während es nämlich im § 64 Abs. 4 des ehemaligen Betriebsreglements für die Eisenbahnen Deutschlands vom 11. Mai 1874 heißt: „Als in Verlust geraten ist das Gut erst 4 Wochen nach Ablauf der Lieferfrist zu betrachten", sagt § 90 EVO.: „Der zum Empfang Berechtigte kann das Gut ohne weiteren Nachweis als verloren betrachten, wenn es nicht spätestens am 30. Tage nach Ablauf der Lieferfrist abgeliefert werden kann." Diese Bestimmung gibt nicht der Bahn, sondern nur dem Empfangsberechtigten eine Befugnis; sie räumt ihm die Rechtsstellung dessen, dem ein Gut in Verlust geraten ist, dadurch ein, daß er gemäß §§ 84 und 88 statt des Gutes Ersatz von der Eisenbahn verlangen kann. Dem § 90 liegt die wirtschaftliche Erwägung zugrunde, daß der Empfänger nach Ablauf einer gewissen Frist in der Lage sein muß, sich zu entscheiden, ob er sich zum Ersatze des bisher nicht gelieferten Frachtguts anderweit eindecken soll oder nicht. Dieser Zweck der Vorschrift würde verfehlt, wenn es nach der Entscheidung des Empfangsberechtigten der Bahn noch frei stünde, die später aufgefundene Ware statt der Ersatzleistung anzubieten.

Wenn die Revision aus § 91 den Schluß ziehen will, daß ungeachtet der Erklärung des Empfangsberechtigten die Pflicht der Bahn an sich auf Zahlung der Entschädigung oder auf Auslieferung des Guts gerichtet sei, so daß sie die Auslieferung, wenn das Gut nach Erklärung, aber vor der Zahlung aufgefunden werde, immer noch anbieten könne, so vermag der Senat dem nicht beizutreten. Allerdings werden im Sinne des § 262 BGB. zwei Leistungen, die Entschädigung oder das Gut, in der Weise geschuldet, daß nur die eine oder die andere zu bewirken ist, aber das Wahlrecht steht nach dem klaren Wortlaut und dem Zwecke des § 90 nicht dem Schuldner zu, sondern dem Gläubiger. Das Gesetz geht von dem Gedanken aus, daß eine zu weitgehende Verspätung in der Auslieferung das Gut manchmal vollkommen entwertet, wie gerade der vorliegende Fall deutlich beweist. In solchen Fällen soll der Empfangsberechtigte in der Lage sein, das Gut als verloren zu betrachten und deshalb aus §§ 84 und 88 einen Ersatzanspruch geltend zu machen, gegen welchen die Eisenbahn nicht einwenden kann, das Gut sei noch vorhanden und nicht verloren. Die §§ 90 und 91 EVO. stehen in keinem Gegensatze zueinander. Auch § 91 gibt nur dem Empfangsberechtigten, nicht der Bahn, das Wahlrecht, indem er sogar nach der Auszahlung der Entschädigung und trotz derselben dem Empfangsberechtigten noch die Erlangung des Guts ermöglicht, falls der Besitz des Guts mehr in seinem Interesse liegt, als das Geld.

RGZ. 106, 194.

Zum Begriffe „Reisegepäck" im Sinne der Eisenbahnverkehrsordnung.

I. Zivilsenat. Urt. v. 13. Januar 1923.

I. Landgericht Magdeburg. — II. Oberlandesgericht Namburg a. S.

Der Kläger verzog Anfang Oktober 1919 von C. nach H. Vor Antritt der Umzugsreise, die er auf der Eisenbahn zurücklegte, gab er 4 *Gepäckstücke als Reisegepäck auf. Eins der Gepäckstücke ging auf* der Reise verloren. Es enthielt in einem Reisekorbe eine Anzahl Fenstervorhänge, sowie Kinderwäsche, eine Kleiderschürze, eine gestickte Decke und 4½ m Kleiderstoff. Auf Ersatz des Werts mit 4765 M nebst Zinsen nahm der Kläger den Beklagten in Anspruch. Der Beklagte wandte ein, daß der größte Teil des Korbinhalts nicht zulässiges Reisegepäck im Sinne des § 30 EVO. gewesen sei.

Das Landgericht wies die Klage ab. Das Oberlandesgericht erklärte den Klaganspruch dem Grunde nach für gerechtfertigt. Die Revision des Beklagten blieb erfolglos.

Gründe:

Nach § 30 Abs. 1 EVO. kann der Reisende Gegenstände, deren er zur Reise bedarf, zur Beförderung als Reisegepäck aufgeben. Ob und unter welchen Bedingungen Gegenstände, die nicht zum Reisebedarfe zu rechnen sind, als Reisegepäck angenommen werden, hat nach Abs. 3 der Tarif einheitlich zu bestimmen. Nach Abs. 4 dürfen als Reisegepäck nicht aufgegeben werden die von der Beförderung als Frachtgut ausgeschlossenen und die im § 29 aufgeführten gefährlichen oder explosionsgefährlichen Gegenstände, wie geladene Schußwaffen, leicht entzündliche, ätzende und übelriechende Sachen. Den durch diese Vorschriften umgrenzten Begriff des Reisegepäcks glaubt das Berufungsgericht nicht besonders eng auslegen, sondern den Zweck der Reise entsprechend den Anforderungen des neuzeitlichen Reiseverkehrs nach Möglichkeit berücksichtigen zu sollen, und zwar ohne Unterschied, ob der Reisende, wie bei Geschäfts- und Erholungsreisen, regelmäßig wieder an den Ausgangsort zurückkehrt, oder ob er, wie beim Wohnungswechsel, ohne Rückkehrabsicht lediglich die Erreichung des Reiseziels bezweckt. Deshalb vertritt der Vorderrichter die Ansicht, daß die Verwendung des Gepäcks nicht in engem zeitlichen Zusammenhange mit der Reise zu stehen oder nur den persönlichen Bedürfnissen des Reisenden zu dienen brauche, sondern daß zum Reisegepäck auch Gegenstände zu rechnen seien, deren Verwendung mit dem Zweck der

Reise insofern in Zusammenhang stehe, als der Reisende ihrer aus persönlichen oder wirtschaftlichen Gründen in nicht allzu ferner Zeit am Reiseziel bedürfe. Zwar fielen Handelswaren, Kaufmannsgut und „Hamstergut" nach ständiger Rechtsprechung nicht hierunter; im übrigen bleibe aber die Entscheidung darüber, was gemäß § 30 Abs. 1 als Reisegepäck anzusehen sei, Frage des Einzelfalls. Im vorliegenden Falle habe der Kläger gelegentlich seiner Umzugsreise als Reisegepäck Gegenstände aufgegeben, deren er bald nach seiner Ankunft zur Einrichtung der Wohnung bedurft habe. Berücksichtigte man, daß bei Umzugsreisen regelmäßig einzelne Stücke, die alsbald zur Einrichtung der neuen Wohnung benötigt würden, von den Wohnungsinhabern persönlich mitgenommen werden müßten, so könnten solche Gegenstände, den Anforderungen des Verkehrs entsprechend, billigerweise zum Reisegepäck gerechnet werden.

Die Revision bekämpft diese Ausführungen und weist darauf hin, daß die Reise des Klägers auch ohne die Mitnahme der Gardinen nicht zwecklos gewesen wäre, der Kläger also der Gardinen für die Reise nicht bedurft habe. Ein durchschlagender Grund, sie als Reisegepäck zu befördern, habe nicht bestanden; sie hätten, wenn sie sofort in Gebrauch genommen werden sollten, als Expreßgut befördert werden können.

Der Angriff der Revision kann nicht für begründet erachtet werden. Der Begriff „Reisegepäck" ist im Handelsgesetzbuch nicht näher umschrieben. Das Allg. Deutsche Handelsgesetzbuch (Art. 425) und das neue Handelsgesetzbuch (§§ 465, 466) wenden ihn für das Eisenbahnfrachtrecht ohne besondere Erläuterung an und unterscheiden nur zwischen Reisegepäck, das zur Beförderung aufgegeben ist, und solchem, das nicht aufgegeben ist. Hätte die Eisenbahnverkehrsordnung nicht den Begriff eingeschränkt und die Aufgabe von Sachen als Reisegepäck nur für einen engeren Kreis von Gegenständen zugelassen, so würden, wie es auch das Reichsgericht für den Fall des § 243 Nr. 4 StGB. angenommen hat (RGSt. Bd. 43 S. 317), darunter alle Sachen zu verstehen sein, die ein auf einer Reise befindlicher Mensch mit sich führt, ohne Rücksicht darauf, ob sie ihm selbst oder einem anderen gehören, ob sie während der Reise oder erst am Bestimmungsorte gebraucht werden sollen und ob sie seinem persönlichen Bedürfnisse dienen oder nicht. Für den Eisenbahnfrachtverkehr findet sich aber eine Einschränkung bereits im Betriebsreglement für die Eisenbahnen Deutschlands vom 1. Juli 1874 (RGBl. S. 179), in dessen § 24 der Begriff des Reisegepäcks dahin bestimmt wird:

Als Reisegepäck wird in der Regel nur, was der Reisende zu seinem und seiner Angehörigen Reisebedürfnisse mit sich führt, namentlich Koffer, Mantel- und Reisesäcke, Hutschachteln, kleine Kisten und dergleichen befördert; größere kaufmännisch verpackte Kisten, Tonnen sowie andere nicht zu den Reisebedürfnissen zu rechnende Gegenstände können ausnahmsweise zugelassen werden. Gegenstände, welche von der Beförderung als Frachtgut sowie nach § 22 Abs. 3 von der Mitnahme in die Personenwagen ausgeschlossen sind, dürfen auch als Reisegepäck nicht aufgegeben werden.

Diese Begriffsbestimmung ist im wesentlichen in die Verkehrsordnung für die Eisenbahnen Deutschlands vom 15. November 1892 (RGBl. S. 923) und in die Eisenbahnverkehrsordnung vom 26. Oktober 1899 (RGBl. S. 557) übernommen worden. In beiden Verkehrsordnungen lautet der § 30 Abs. 1 und 2:

Als Reisegepäck kann in der Regel nur das, was der Reisende zu seiner Reise bedarf, namentlich Koffer, Mantel- und Reisesäcke, Hutschachteln, kleine Kisten und dergleichen aufgegeben werden.

Doch können auch größere kaufmännisch verpackte Kisten, Tonnen sowie Fahrzeuge und andere nicht zum Reisebedarf zu rechnende Gegenstände, sofern sie zur Beförderung mit Personenzügen geeignet sind, ausnahmsweise als Reisegepäck zugelassen werden. . . .

Der Unterschied gegenüber dem Betriebsreglement besteht danach hauptsächlich darin, daß auf die Reisebedürfnisse der Angehörigen des Reisenden nicht mehr ausdrücklich Rücksicht genommen und bei den ausnahmsweise zugelassenen Gegenständen auf ihre Geeignetheit zur Beförderung in Personenwagen hingewiesen wird. Besonders auffallend aber ist in allen drei Ordnungen, daß sie, wenn sie auch zunächst durch die Worte „was der Reisende zu seinem und seiner Angehörigen Bedürfnisse mit sich führt" und „was der Reisende zu seiner Reise bedarf" eine Umschreibung des Begriffs „Reisegepäck" nach der Beschaffenheit der mitgeführten Gegenstände geben, später doch nur Beispiele anführen, in denen die äußere Verpackung, nicht der Inhalt der Behältnisse, als ausschlaggebend hingestellt wird. Das spricht dafür, daß man eine enge Auslegung dessen, was zum „Reisebedürfnisse" oder „Reisebedarf" gehört, nicht beabsichtigt und gerade der äußeren Verpackungsart, in der das Gepäck der Eisenbahn vorgelegt wird, besondere Bedeutung beigemessen hat. Demgemäß hat man unter der Herrschaft jener älteren Ordnungen sowohl im Schrifttum wie auch in der Rechtsprechung und in der praktischen Handhabung den Begriff „Reisegepäck" ziemlich weitherzig aufgefaßt. Im Archiv für Eisenbahnwesen

Jahrg. 1888 S. 488 führt de Jonge aus, daß darunter die Sachgesamtheit zu verstehen sei, die sich äußerlich als eine verbundene Einheit darstelle (Koffer, Bündel, Korb) und durch ihre Bestimmung, den Reisezwecken des Reisenden zu dienen, im Einzelfalle gekennzeichnet werde. Er rechnet daher zum Reisegepäck ebensowohl Gebrauchsgegenstände, die der Vergnügungsreisende mit sich führt, wie Warenproben, die der Geschäftsreisende mitnimmt. In einem Urteil vom 13. Februar 1902 (Goltdammers Archiv Bd. 49 S. 322) hat ein Strafsenat des Reichsgerichts als Reisegepäck Pappschachteln mit Kleidungsstücken angesehen, die der Reisende zur Beförderung aufgegeben hatte, um die Kleider am Bestimmungsorte an Kunden seines Geschäfts abzuliefern oder zur Anprobe vorzulegen. In JW. 1920 S. 404 bezeugt v. der Leyen unter Hinweis auf Entscheidungen von Strafsenaten des Reichsgerichts vom 1. Mai 1902 und 2. Juni 1905 (Archiv f. Eisenbahnwesen 1902 S. 1135, 1907 S. 552), daß Zeitungspakete, die durch expresse Boten aufgegeben worden seien, von der Bahn regelmäßig als Reisegepäck befördert worden seien, wie denn auch für die Dienststellen der Bahn die Anweisung bestanden habe, bei der Beurteilung der Frage, ob es sich beim aufgegebenen Gepäck um Reisebedürfnisse handle, den Reisenden möglichst entgegenzukommen. Alles dies spricht für eine ausdehnende Auslegung des Begriffs „Reisegepäck".

Nun ist nicht zu verkennen, daß die jetzt geltende Eisenbahnverkehrsordnung den Begriff fester bestimmt, als es ihre Vorläuferinnen taten, indem sie vorschreibt (§ 30):

> Der Reisende kann Gegenstände, deren er zur Reise bedarf, zur Beförderung als Reisegepäck aufgeben.
>
> Das Reisegepäck muß durch seine Verpackung — in Koffer, Reisekörbe, Reisetaschen, Hutschachteln, handliche Kisten oder dergleichen — als solches kenntlich sein.
>
> Ob und unter welchen Bedingungen Gegenstände, die nicht zum Reisebedarf zu rechnen sind, sowie Tiere in genügend sicheren Behältern und Fahrzeuge als Reisegepäck angenommen werden, muß der Tarif einheitlich bestimmen.

Demgemäß sind durch Ausführungsbestimmungen des Personen- und Gepäcktarifs, Teil I, Fahrräder und einzelne andere Fahrzeuge, Ausrüstungsgegenstände von Sanitätskolonnen, Musikinstrumente, Gerätschaften von Schaustellern und Markthändlern, Meßwerkzeuge und Handwerkszeug, Warenproben der Geschäftsreisenden, Markt- und Hausiererwaren sowie kleine Tiere und Jagdhunde in Käfigen und dergl. als Reisegepäck zugelassen worden. In diesem Verzeichnis findet sich keine Art von Gegenständen, zu der die in Rede stehenden Fenstervorhänge gerechnet werden könnten, und es kommt daher allein darauf an, ob sie unter den besonderen Umständen des Falls als Gegenstände betrachtet werden können, deren der Kläger zu seiner Reise bedurfte. Das hat das Berufungsgericht mit Recht angenommen. Aus dem oben mitgeteilten Entwicklungsgang ergibt sich, daß der Begriff Reisegepäck von jeher nicht ängstlich auf die persönlichen Reisebedürfnisse des Reisenden beschränkt worden ist, sondern eine Auslegung in ausdehnendem Sinne erfahren hat. Es spricht auch nichts dafür, daß die jetzige Eisenbahnverkehrsordnung trotz ihrer von den Vorgängerinnen etwas abweichenden Fassung eine wesentliche sachliche Änderung beabsichtigt hat. Es erscheint daher nicht rechtsirrtümlich, wenn das Berufungsgericht als Reisegepäck diejenigen Gegenstände zulassen will, deren Verwendung in einem näheren Zusammenhange mit dem Zweck der Reise steht, so daß der Reisende ihrer aus persönlichen oder wirtschaftlichen Gründen in nicht allzu ferner Zeit am Ziel seiner Reise bedarf. Da ferner der Vorderrichter in tatsächlicher Hinsicht festgestellt hat, daß der Kläger die Fenstervorhänge auf seine Umzugsreise mitgenommen hat, um sie alsbald nach seinem Eintreffen am neuen Wohnort zur Einrichtung seiner neuen Wohnung zu verwenden, so kann bei dieser besonderen Sachlage die Annahme, daß die Vorhänge als Reisegepäck aufgegeben werden durften, rechtlich nicht beanstandet werden. . . .

Hinsichtlich derjenigen Gegenstände, die sich außer den Vorhängen noch in dem Reisekorb befanden — Kleiderschürze, 4½ m Kleiderstoff, Kinderwäsche und Decke —, besteht gleichfalls kein Bedenken, sie im Hinblick auf den Zweck der Umzugsreise als Reisegepäck anzusehen.

RGZ. 106, 369.

1. Unter welchen Voraussetzungen haftet die Eisenbahn für das vom Reisenden einem Gepäckträger übergebene Handgepäck?

2. Zur Haftung der Eisenbahn für Kostbarkeiten beim Handgepäck.

I. Zivilsenat. Urt. v. 14. März 1923.

I. Landgericht I Berlin. — II. Kammergericht daselbst.

Am 23. April 1920 übergab der Kläger, nachdem er mit einem Kraftwagen am Lehrter Bahnhof in Berlin angekommen war, einem dort tätigen Gepäckträger eine Reisetasche mit Inhalt und beauftragte ihn, das Gepäckstück in den D-Zug nach Hamburg zu bringen und für ihn in einem Abteil zweiter Klasse einen Platz zu belegen. Der Kläger selbst bezahlte den Führer des Kraftwagens und begab sich sodann an den Zug. Der Gepäckträger war vorausgegangen und hatte mit der Reisetasche einen Platz in einem Abteil zweiter Klasse des Zuges belegt. Sofort nach Niederlegung der Reisetasche verließ er den Zug und ging auf dem Bahnsteig nach der Sperre zu. Auf diesem Wege traf er den Kläger etwa 1½ Wagenlänge von dem Abteil entfernt, in dem er die Reisetasche niedergelegt hatte. Er führte nunmehr den Kläger zu dem ausgewählten Abteil. Aus diesem war aber inzwischen die Reisetasche verschwunden. Sofortige Nachforschungen blieben ohne Erfolg. Eine in der Reisetasche befindlich gewesene Krawattennadel mit Brillanten wurde später in einem Juweliergeschäft vorgefunden, beschlagnahmt und dem Kläger ausgehändigt.

Dieser macht den beklagten Reichseisenbahnfiskus für den Verlust der Reisetasche nebst Inhalt, abgesehen von der Krawattennadel, verantwortlich und hat auf Schadensersatz geklagt.

Das Landgericht gab der Klage teilweise statt. Das Oberlandesgericht wies sie ab. Die Revision des Klägers hatte Erfolg.

Gründe:

1. Nach § 38 der Eisenbahn-Verkehrsordnung vom 23. Dezember 1908 haftet die Eisenbahn für Handgepäck insoweit, als es einem von ihr bestellten Gepäckträger übergeben ist, um es innerhalb des Bahnhofsbereichs nach einer von dem Reisenden bezeichneten Stelle zu bringen. Es beschränkt sich also die Tätigkeit des Gepäckträgers, für welche die Eisenbahn einzustehen hat, grundsätzlich auf die Beförderung des Gepäcks innerhalb des Bahnhofsbereichs nach Anweisung des Reisenden. Diese Beförderung des Gepäcks erschöpft sich aber nicht, wie das Berufungsgericht meint, in dem bloßen körperlichen Verbringen des Gepäcks von einem Ort zum anderen. Das Berufungsgericht weist selbst darauf hin, daß die von der Haftung der Eisenbahn gedeckte Beförderung des Gepäcks durch den Gepäckträger nicht immer in Begleitung des Reisenden erfolgen kann. Vielmehr entspricht es den Erfordernissen des täglichen Lebens und der allgemeinen Verkehrssitte, daß der Reisende dem Gepäckträger das Handgepäck am Bahnhof übergibt mit dem Auftrag, es an oder in einen bestimmten Zug zu bringen, während der Reisende erst seine Fahrt zum Bahnhof mit Wagen oder Kraftwagen bezahlt oder eine Eisenbahnfahrkarte löst usw., bevor er sich auf den Bahnsteig und in den Zug begibt. Bei einer solchen Gepäck-

beförderung gehört es zu den damit notwendig verbundenen und vom Gepäckträger im Rahmen des Beförderungsauftrags nach den Grundsätzen von Treu und Glauben gemäß § 242 BGB. zu leistenden Verrichtungen, daß der Gepäckträger das ihm anvertraute Gepäck solange in seine Obhut nimmt, als der Reisende selbst in verkehrsüblicher und dem jeweiligen Beförderungsvertrag entsprechender Weise an der Ausübung dieser Obhut verhindert ist. So wird denn auch der zwischen dem Reisenden und dem Gepäckträger in Gemäßheit von § 38 Abs. 4 EVO. abgeschlossene Beförderungsvertrag in Schrifttum und Rechtsprechung durchweg als Frachtvertrag bezeichnet. Dem Wesen eines Frachtvertrags entspricht es aber, daß der Frachtführer das ihm übergebene Gut auch ordnungsmäßig an den Empfänger wieder abliefert (§ 429 HGB., §§ 38, 35, 76 EVO.). Diese Ablieferungspflicht schließt grundsätzlich eine gewisse, für die ordnungsmäßige Erfüllung erforderliche Obhutspflicht in sich. Die Haftung der Eisenbahn erstreckt sich daher auf alles, was in dem oben dargelegten Sinne zur Beförderung des dem Gepäckträger gemäß § 38 EVO. übergebenen Gepäcks gehört. Hieran wird auch nichts geändert, wenn der Reisende den Gepäckträger beauftragt hat, mit dem Gepäckstück einen Platz in einem bestimmten Zuge zu belegen. Dieser Auftrag überschreitet allerdings den Rahmen des von der Eisenbahn gedeckten Beförderungsvertrags. Demgemäß hat die Eisenbahn für alles, was mit der Ausführung der Platzbelegung als solcher zusammenhängt, nicht einzustehen. Dagegen bleibt ihre Haftung für die zum Beförderungsvertrag gehörende Obhutspflicht des Gepäckträgers unberührt. Denn auf diese Obhutspflicht wird nicht etwa seitens des Reisenden durch den bloßen Auftrag zur Platzbelegung in dem Sinne verzichtet, daß die Ausführung dieser Belegung die Ablieferung des Gepäcks seitens des Gepäckträgers an den Reisenden schlechthin ersetzt. Dies ergibt sich schon daraus, daß ein beliebiges Entfernen des Gepäckträgers nach der Platzbelegung den Reisenden zum mühsamen Aufsuchen des mit dem Gepäck belegten Abteils ohne Hilfe des Gepäckträgers zwingen würde, was weder verkehrsüblich ist noch der Gepflogenheit entspricht, den Gepäckträger erst bei Nachweisung des mit dem Gepäck belegten Abteils im Zuge zu bezahlen.

Hat daher, wie hier, der Gepäckträger von dem Reisenden den Auftrag erhalten, das ihm übergebene Gepäck nicht nur in einen bestimmten Zug zu bringen, sondern auch dort einen Platz mit diesem Gepäck oder einem Teile desselben zu belegen, und ist dieser Auftrag unter Umständen erteilt, die auf ein alsbaldiges Nachkommen des Reisenden hinweisen, so gehört es grundsätzlich zur Ausführung des eigentlichen Beförderungsvertrags, daß der Gepäckträger das Gepäckstück an dem Orte, wohin es gebracht werden sollte, d h. in dem Zuge — einerlei, ob er einen Platz belegt hat oder nicht — dem Reisenden abliefert und bis zu dieser Ablieferung unter Aufsicht hält. Diese Verpflichtung dauert regelmäßig so lange, bis das Eintreffen des Reisenden im Zuge zu erwarten ist unter Berücksichtigung der Verzögerung, welche durch die verkehrsüblich in Fällen der fraglichen Art von dem Reisenden vorzunehmenden Geschäfte usw., als Bezahlung des Wagenführers, der ihn zum Bahnhof gefahren hat, Lösen einer Fahrkarte oder dergleichen, sowie durch besondere mit dem Bahnhofsverkehr zusammenhängende Umstände einzutreten pflegt. Die Frage, ob nach fruchtlosem Ablauf dieser Frist der Gepäckträger im Rahmen des von der Eisenbahn gedeckten Beförderungsvertrags das Gepäck im Zuge liegen lassen darf oder wieder an sich nehmen muß, kann hier dahingestellt bleiben. Denn nach den Feststellungen des Berufungsgerichts hat der Gepäckträger den Ablauf jener Frist gar nicht abgewartet, vielmehr die ihm nach obigem obliegende Obhut vorzeitig aufgegeben. Das von ihm gewählte Verfahren, daß er nämlich sofort nach der durch Niederlegung des Gepäcks vollzogenen Belegung des Platzes im Zuge den Eisenbahnwagen verlassen und sich nach der Bahnsteigsperre zu begeben hat, war bei der gegebenen Sachlage schon um deswillen unzulässig, weil er so den Reisenden leicht verfehlen konnte, dem er den Niederlegungsort des Gepäcks zeigen mußte. Durch das vertragswidrige Verhalten des Gepäckträgers bei Ausführung der von ihm übernommenen Beförderung des Gepäcks innerhalb des Bahnhofsbereichs ist nach den tatsächlichen Feststellungen des Berufungsgerichts der Verlust des Gepäckstücks eingetreten. Für den dadurch dem Kläger verursachten Schaden haftet die Eisenbahn nach § 38 EVO.

2. Die Frage, ob das abhanden gekommene Gepäckstück eine Kostbarkeit im frachtrechtlichen Sinne ist, und ob und in welchem Umfange die Haftpflicht der Eisenbahn dadurch berührt wird, hat das Berufungsgericht nicht geprüft. Nun schreibt § 38 Abs. 4 EVO. vor, daß für das den Gepäckträgern nach Abs. 1 ebenda übergebene Gepäck die Eisenbahn wie für das ihr zur Beförderung übergebene Gepäck haftet. Die für die letzterwähnte Beförderung geltenden Vorschriften enthalten hinsichtlich der Beförderung von Kostbarkeiten Bestimmungen, die zum Teil bei der Beförderung von Handgepäck durch Gepäckträger innerhalb des Bahnhofsbereichs kaum zu erfüllen und jedenfalls nicht verkehrsüblich sind. Es kann aber keinem Zweifel unterliegen, daß die Anwendbarkeit dieser Vorschriften auf die mehrerwähnte Beförderung von Handgepäck

durch Gepäckträger nur insoweit vorgeschrieben ist, als dies mit dem Wesen und Zweck jener besonderen Beförderungsart vereinbar ist. Des weiteren ist zu beachten, daß hier, wo es sich um Handgepäck handelt, die Frage, ob eine Kostbarkeit im frachtrechtlichen Sinne vorliegt, nach anderen Gesichtspunkten zu beurteilen ist, als sie in RGZ. Bd. 100 S. 110 für Frachtgut dargelegt sind. Bei derartigem Handgepäck, wo regelmäßig Gebrauchsgegenstände von ganz verschiedener Art und ganz verschiedenem Wert zusammengepackt sind, oft auch das Beförderungsmittel, die Handtasche, der Koffer usw., für sich allein einen eigenen erheblichen Wert hat und eine Feststellung des Gesamtgewichts des Gepäckstücks beim Abschluß des Beförderungsvertrags nicht stattfindet, ist für den Kostbarkeitsbegriff nicht das ganze Frachtstück als solches, sondern jeder einzelne Gegenstand in Betracht zu ziehen. Soweit danach eine oder mehrere Kostbarkeiten in Frage kommen, ist in entsprechender Anwendung der Vorschriften für das der Eisenbahn zur Beförderung übergebene Gepäck zur Begründung einer Haftbarkeit der Bahn nach § 38 Abs. 1 u. 4 EVO. erforderlich, daß der Reisende den Gepäckträger bei Abschluß des Beförderungsvertrags auf das Vorhandensein von Kostbarkeiten ausdrücklich aufmerksam gemacht hat. . . .

RGZ. 107, 26.

Mit welcher Genauigkeit sind im Eisenbahnfrachtbrief diejenigen Güter zu bezeichnen, deren Abfertigung nach einem Spezialtarif erfolgen soll?

I. Zivilsenat. Urt. v. 7. April 1923.

I. Landgericht Hannover. — II. Oberlandesgericht Celle.

Die Klägerin hat in der Zeit vom 21. Dezember 1920 bis 30. Mai 1922 durch den Beklagten Holzversendungen vorgenommen. Diese bestanden aus Kiefernbrettchen bis zu 1,25 m Länge und 25 mm Stärke, durch Drahtstifte zu Kistenteilen verbunden, nicht gehobelt, nicht bearbeitet und unverpackt. In den Frachtbriefen wurden die Güter bezeichnet als „Kistenteile aus Nadelholz, nicht gehobelt, nicht bearbeitet, bis 1,25 m Länge, 12—25 mm stark".

Der Beklagte hat die Frachten nach der Tarifstelle Holzwaren Klasse C Nr. 13 des vom 1. Dezember 1920 an gültigen Deutschen Eisenbahn-Gütertarifs Teil I Abt. B berechnet, welche folgenden Wortlaut hat:

„Kisten, auch Fächereinsatz, Lattenkisten, Harasse, ferner Kistenteile, letztere auch gehobelt und zusammengefügt, soweit nicht in Ziffer 5 der Stelle Holz der Klasse D genannt."

Die Klägerin dagegen ist der Ansicht, daß die Frachten nach dem ermäßigten Satze der letztgenannten Tarifstelle hätten berechnet werden müssen. Diese Tarifstelle lautet:

„Stäbe und Brettchen bis zu 1,25 m Länge und 25 mm Stärke, auch durch Drahtstifte zu Kistenteilen oder Faßdeckeln verbunden, nicht gehobelt, unverpackt oder nur verschnürt oder in Säcken oder in rohen Kisten von mindestens 12 mm Brettstärke, Zigarrenkistchen und Bleistiftbrettchen, auch gedämpft und gefärbt von folgenden Arten: *Aspe, Birke, Buche (Rotbuche und Weiß- oder Hainbuche)*, Erle, Fichte, Kiefer (Föhre, auch Zirbelkiefer oder Arve), Lärche, Linde, Pappel, Roßkastanie, Tanne, Weide."

Die Klägerin verlangt vom Beklagten Rückzahlung der auf sieben Sendungen zuviel gezahlten Frachten in Höhe von 4674,20 M nebst Zinsen.

Beide Vorinstanzen erkannten zugunsten der Klägerin. Die Revision des Beklagten wurde zurückgewiesen aus folgenden

Gründen:

Nach § 56 Abs. 1 der Eisenbahnverkehrsordnung kann die Eisenbahn bei Wagenladungen die Bezeichnung des Inhalts nach Art und Verpackungsart verlangen, wenn die Beschaffenheit der Ladung dies zuläßt. Wie genau dieser Inhalt zu bezeichnen ist, darüber enthielt die EVO. nur für die hier nicht in Frage kommenden, in der Anlage C aufgeführten Gegenstände (Sprengstoffe) die Bestimmung, daß sie mit der in der Anlage C gebrauchten Bezeichnung zu benennen sind.

Nach Ausführungsbestimmung IV zu § 56 EVO. „ist der Inhalt der Frachtstücke im Frachtbrief genau zu bezeichnen. Für die in den allgemeinen Tarifvorschriften und in der Güterklassifikation (Teil I Abt. B) aufgeführten Güter sind die dort gebrauchten, für alle übrigen die handelsgebräuchlichen Benennungen anzuwenden. Frachtbriefe mit allgemeinen Bezeichnungen, wie ätherische Öle, Chemikalien, Effekten usw. werden zurückgewiesen".

Hierdurch hat der Wortfassung der Tarifvorschriften keine so weitgehende Bedeutung beigemessen werden sollen, daß die Spezialtarife nur dann Anwendung finden, wenn die Erklärung im Frachtbriefe mit der entsprechenden Tarifbestimmung wörtlich übereinstimmt; vielmehr muß sie nur so genau sein, daß sie dem Beamten bei sorgfältiger und pflichtmäßiger Prüfung eine genügende Unterlage für die Anwendung der entsprechenden Tarifstelle bietet und bei vernünftiger Auslegung Zweifel über die anzuwendende Tarifstelle ausschließt. Ob dies der Fall ist, kann auch noch in der Revisionsinstanz nachgeprüft und muß im vorliegenden Falle zugunsten der Klägerin entschieden werden, da alle von ihr im Frachtbrief gemachten Angaben darauf hinweisen, daß die Tarifstelle Klasse D Nr. 5 und nicht Klasse C Nr. 3 oder 13 in Anspruch genommen werden sollte und konnte. Unter Tarifklasse C 13 fallen Kistenteile nur dann, wenn sie gehobelt sind und nicht Klasse D Nr. 5 in Frage kommt. Wären die Brettchen mittels Nut und Feder zu Kistenteilen zusammengesetzt gewesen, so wäre dies eine Bearbeitung im Sinne der Tarifklasse C 3 gewesen; da die Klägerin jedoch ausdrücklich hervorhebt, daß sie nicht bearbeitet seien, konnten die Brettchen, wie das bei diesen Gegenständen auch die Regel bildet, nur mit Drahtstiften zu Kistenteilen verbunden sein. Zudem wiesen der Zusatz „nicht gehobelt" und die von der Klägerin angegebenen Längen- und Stärkenmaße, die genau mit der Klasse D Nr. 5 übereinstimmen, mit Sicherheit auf diese Klasse hin; und hieran ändert auch der Umstand nichts, daß die Klägerin statt der bestimmten dort aufgeführten Holzart sich des allgemeinen Ausdrucks „Nadelholz" bedient hat; denn tatsächlich sind sämtliche zur Fabrikation von ungehobelten, also immerhin minderwertigen Kisten verwendbaren Nadelhölzer im einzelnen in Klasse D Nr. 5 aufgeführt; die Weymouthskiefer gehört ihrer botanischen Bestimmung nach zur Klasse der Kiefern, und amerikanisches Zedernholz kommt für Kisten in den hier fraglichen Größen- und Stärkeverhältnissen überhaupt nicht in Betracht. Unter der Rubrik „Art der Verpackung" enthalten die Frachtbriefe die Bezeichnung „Waggon". Daraus konnte der Beamte entnehmen, daß eine weitere Verpackung nicht vorhanden sei; es war also insoweit der Vorschrift der Klasse D Nr. 5 genügt; trug er jedoch in dieser Beziehung Bedenken, so hätte er sich durch Rückfrage beim Absender oder durch Besichtigung des Frachtguts hierüber Klarheit verschaffen sollen.

Das Verhalten des Beklagten ist um so unverständlicher, als nach der unbestritten gebliebenen Behauptung der Klägerin die von ihr im Frachtbrief gebrauchte Formulierung im Holzhandel der betreffenden Art allgemein üblich ist und seit 15—20 Jahren Tausende und aber Tausende Kistenteile mit derselben Inhaltsangabe nicht nur von der Klägerin, sondern von dem gesamten Holzhandel verfrachtet und niemals von der Eisenbahn beanstandet oder als unrichtig bezeichnet behandelt worden sind.

Sind hiernach die vom Absender in dem Frachtbrief aufgenommenen Angaben und Erklärungen weder unrichtig noch unvollständig gewesen, so findet weder § 57 noch § 60 der EVO. auf den vorliegenden

Fall Anwendung, vielmehr hätte der Beklagte auf Grund der von der Klägerin gegebenen Unterlage die Frachten für die Sendungen nach Tarifstelle Klasse D Nr. 5 berechnen müssen. Nur in dieser Höhe ist ein Frachtanspruch des Beklagten entstanden, und dieser muß nach den Grundsätzen der ungerechtfertigten Bereicherung gemäß § 812 BGB. die zuviel erhobene Fracht der Klägerin erstatten.

RGZ. 107, 272.

Begründet die Abstempelung eines Frachtbriefduplikats durch einen Beamten der Eisenbahnabfertigungsstelle die Haftung des Reichs, wenn das Duplikat in der Spalte „Art der Verpackung" eine unrichtige, von dem Frachtbrief abweichende Angabe enthält und der Empfänger sich durch diese Angabe zur Zahlung des Kaufpreises bestimmen läßt?

III. Zivilsenat. Urt. v. 23. Oktober 1923.

I. Landgericht Elberfeld. — II. Oberlandesgericht Düsseldorf.

Die Klägerin hat im Juli 1920 von K. in E. zwei Waggons Eisenblech gekauft und mit ihm vereinbart, daß der Kaufpreis gegen Frachtbriefduplikat durch eine Bank in E. entrichtet werden solle. Am 20. Juli 1920 wurden der Bank vom Verkäufer zwei von der Güterabfertigungsstelle abgestempelte, je über einen Waggon Eisenblech lautende Frachtbriefduplikate vorgelegt, und die Bank leistete auf Rechnung der Käuferin Zahlung. Bei Ankunft der Sendung am Bestimmungsort stellte die Klägerin fest, daß nicht 2 Waggons, sondern nur 2 Kisten von K. versendet worden waren, und daß diese nicht Eisenblech, sondern Steine und Holzwolle enthielten. Mit der Klage begehrte sie, da sie Ersatz von dem Vertragsgegner nicht erlangen kann, von dem Deutschen Reich Vergütung ihres Schadens. Sie macht geltend, daß die Spalte „Art der Verpackung" in den Duplikaten bei ihrer Vorlegung nicht in Übereinstimmung mit den Frachtbriefen ausgefüllt gewesen sei, daß den beiden Beamten, welche die Duplikate abgestempelt hätten, diese Abweichung infolge ihrer Unachtsamkeit entgangen und daß dadurch das Gelingen des Betrugs des Absenders ermöglicht worden sei. Das Landgericht wies die Klage ab. Das Oberlandesgericht gab ihr statt. Die Revision des Beklagten wurde zurückgewiesen.

Gründe:

Die Rechtsgrundlage für den Schadensersatzanspruch der Klägerin, der aus Pflichtwidrigkeiten von Eisenbahnbeamten in der Zeit nach dem Übergang der Bahnen an das Reich abgeleitet wird, bietet schon der § 1 des Reichshaftungsgesetzes vom 22. Mai 1910 dar, so daß unerörtert bleiben kann, ob auch die dem Vertragsrecht entnommenen Erwägungen des Berufungsgerichts den Anspruch zu rechtfertigen vermögen.

Nach den Feststellungen des Vorderrichters war in den beiden Frachtbriefen, welche der Absender K. der Absendestation bei der Auflieferung der zwei Kisten übergab, die den Vordruck „Art der Verpackung" tragende Spalte entsprechend dem tatsächlichen Sachverhalt mit dem Wort „Kiste" ausgefüllt. Dagegen enthielt die gleiche Spalte in den der Abfertigungsstelle mitvorgelegten beiden Duplikaten einen Vermerk überhaupt nicht, und es wurde vom Absender erst nach dem Rückempfang der beiden Urkunden das Wort „Waggon" dort hineingeschrieben, oder es war dieses Wort von ihm schon bei der Herstellung der Urkunden in der bezeichneten Spalte eingetragen worden. Die Duplikate wichen sonach schon zur Zeit der Vorlegung in einem für die Kennzeichnung des Frachtguts wesentlichen Punkte von den Frachtbriefen ab. Die beiden Eisenbahnbediensteten, deren einer die zuerst und deren zweiter die zuletzt aufgegebene Kiste annahm und denen die Beamteneigenschaft im Sinne des Reichshaftungsgesetzes unbedenklich beizulegen ist (RGZ. Bd. 104 S. 261), stellten daher durch die Abstempelung der Duplikate inhaltlich falsche Urkunden her. Wenn es auch nicht unzweifelhaft sein mag, ob der Stempelaufdruck der Abfertigungsstelle unter dem Duplikat allein und ohne eine hinzutretende ausdrückliche Bestätigung die von der Eisenbahn nach § 455 Abs. 1 HGB., § 1 Abs. 5 Eisenbahnverkehrs-O. auszustellende Bescheinigung über den Empfang des Frachtguts darstellt (vgl. RGSt. Bd. 46 S. 296/297), so wohnt ihm doch jedenfalls die Bedeutung inne, daß damit die Übereinstimmung des Duplikats mit dem Frachtbrief bezeugt wird. Dieser Sinn muß mit dem Stempelzeichen sowohl im Hinblick auf das Wesen des Duplikats wie mit Rücksicht auf die Rechtswirkungen verknüpft werden, welche eine solche zweite Ausfertigung des Frachtbriefs nach sich zieht. Sie werden in § 455 Abs. 2 HGB. dahin geregelt, daß der Absender das Recht der Verfügung aus § 433 nur unter Vorlegung des Duplikats geltend machen und daß der Empfänger, dem der Absender die Urkunde übergeben hat, im Falle der Nichtbeachtung dieser Beschränkung von der Eisenbahn Ersatz des ihm hieraus entstehenden Schadens fordern kann. Sowohl die Ausübung jener Verfügungsbefugnis wie die Verfolgung dieses Ersatzanspruchs sind gefährdet, wenn das Duplikat sich in erheblichen Punkten mit dem Frachtbrief nicht deckt, insbesondere das Frachtgut in beiden Urkunden in wesentlich verschiedener Art gekennzeichnet ist. Die Beamten durften deshalb die Duplikate nicht abstempeln, ohne sich erst von deren Übereinstimmung mit dem Frachtbriefe gewissenhaft zu überzeugen, und sie verletzten fahrlässig ihre Amtspflicht, indem sie die ihnen durch die Natur der Sache und die Vorschriften in § 12 Nr. 5, 6 der allgemeinen Abfertigungsvorschriften nahegelegte Obliegenheit unbeachtet ließen. Die Pflicht bestand Dritten gegenüber: Die Klägerin gehörte zu dem Kreise der Personen, deren Interessen durch das pflichtwidrige Verhalten der Beamten berührt wurden und die deshalb ein Recht auf Erfüllung der Pflicht hatten (RGZ. Bd. 78 S. 241, Bd. 86 S. 105). Sie hatte Zahlung gegen Duplikatfrachtbrief mit K. vereinbart und mußte deshalb darauf bedacht sein, sich gegen die Nachteile zu sichern, die ihr im Falle der vertragsmäßigen Zahlung nach dem oben Dargelegten drohten, falls die Duplikate sich in ihrem Inhalt von den Frachtbriefen wesentlich unterschieden.

Die Abstempelung, welche die beiden Beamten unstreitig innerhalb des ihnen zugewiesenen Kreises von Geschäften bewirkten, ist ferner in Ausübung der ihnen anvertrauten öffentlichen Gewalt erfolgt. Es handelt sich dabei um eine öffentliche Beurkundung, und einer solchen unterzieht sich der dazu befugte Beamte als Träger öffentlicher Machtbefugnisse. Sie gehört mit Rücksicht auf ihren Zweck, ein mit erhöhter Beweiskraft ausgestattetes Beweismittel zu schaffen, dem Gebiet der öffentlichen Fürsorge an, in der sich die Ausübung staatlicher Hoheitsrechte ebenso äußern kann, wie in der Anwendung von Gewalt (vgl. das Urteil des erk. Senats vom 30. Mai 1922 III 513/21). Daß aber die Handlungen der Beamten in den staatlichen Anstaltsbetrieben, insbesondere im Post- und Eisenbahnbetrieb, nicht nur auf den privatrechtlichen Rechtsverkehr Bezug haben, sondern auch Betätigungen obrigkeitlicher Gewalt sein können, ist anerkannt (RGZ. Bd. 96 S. 275, Bd. 104, S. 143).

RGZ. 108, 50*.

1. . . .

2. Zu den Begriffen „Abnahme“ und „Ablieferung“ im Sinne der §§ 97 Abs. 1 und 76 Abs. 1 der Eisenbahnverkehrsordnung.

3. Rechtliche Bedeutung und Entkräftung einer in Erwartung der Leistung ausgestellten Quittung.

4. Wie haftet die Eisenbahn, wenn der Empfänger die Annahme des Frachtguts verzögert?

I. Zivilsenat. Urt. v. 16. April 1924.

I. Landgericht Köln. — II. Oberlandesgericht daselbst.

Am 29. Mai 1919 sandte die Klägerin durch die Eisenbahn einen Waggon Gewebe von Saargemünd nach Köln. Empfänger des Guts war R. in Köln. Am 3. Juni traf der Waggon auf dem Güterbahnhof in Köln ein. R. beauftragte mit dem Abrollen des Guts die Nebenintervenientin, deren Angestellter J. am 14. Juni den Frachtbrief einlöste und über den Empfang des Guts auf einer Verrechnungskarte Quittung leistete. Die Entladung des Waggons erfolgte am gleichen Tage. Die Klägerin behauptet nun, daß die Entladung durch eine unbefugte Person erfolgt und an der Verschiebung des Guts Bahnangestellte als Mittäter beteiligt gewesen seien. Sie verlangt deshalb vom Beklagten Ersatz des vollen ihr durch den Verlust des Guts entstandenen Schadens.

Das Langericht hat den Klaganspruch teilweise dem Grunde nach für gerechtfertigt erklärt. Das Oberlandesgericht hat die Klage abgewiesen. Hiergegen hat die Klägerin Revision eingelegt und unter Hinweis auf Art. 304b Abs. 2 des Versailler Vertrags in erster Reihe beantragt, die Klage wegen sachlicher Unzuständigkeit des Gerichts abzuweisen. Hilfsweise hat sie den Klagantrag aufrechterhalten. Das Reichsgericht hat die Zuständigkeit der deutschen Gerichte bejaht und in der Sache selbst den Rechtsstreit in die Vorinstanz zurückverwiesen.

Gründe:

I. ...

II. In der Sache selbst erweist sich das Berufungsurteil als nicht frei von Rechtsirrtum.

Die Abweisung der Klage stützt das Berufungsgericht auf § 97 Abs. 1 EVO., wonach alle Ansprüche gegen die Eisenbahn aus dem Frachtvertrage erloschen sind, wenn die Fracht nebst den sonst auf dem Gut haftenden Forderungen bezahlt und das Gut abgenommen ist. Die Fracht sieht es durch die Aufnahme des Betrags in das Verrechnungsverfahren als bezahlt an. Die Abnahme des Guts erblickt es darin, daß der Angestellte der Nebenintervenientin J. in der Verrechnungskarte über den Empfang des Guts Quittung geleistet hat. Ausstellung und Annahme der Quittung seien — so führt der Vorderrichter aus — als Ausdruck der Einigung darüber aufzufassen, daß das Frachtverhältnis beendigt sei. Bleibe das Gut nach der Quittungsleistung noch im Gewahrsam der Eisenbahn, so bestehe das an das Frachtverhältnis sich anschließende Verwahrungsverhältnis nicht für den Absender, sondern nur für den Empfänger. Hier könne nur der Empfänger R., nicht die Klägerin, Ansprüche aus dem Verwahrungsvertrage herleiten. Dabei sei es gegenüber der Eisenbahn ohne Bedeutung, ob R., wie es in der Klageschrift heiße, ihr Angestellter gewesen sei oder sonst Vertretungsbefugnis für sie gehabt habe.

Gegenüber diesen Ausführungen rügt die Revision mit Recht, daß das Berufungsgericht den Begriff der Abnahme des Guts im Sinne des § 97 Abs. 1 EVO. und die rechtliche Bedeutung der Quittungsleistung verkannt habe. Im § 84 EVO. ist — in Übereinstimmung mit § 456 HGB. — die Haftpflicht der Eisenbahn für Verlust oder Beschädigung des Guts dahin geregelt, daß die Eisenbahn grundsätzlich für den Schaden haftet, der in der Zeit von der Annahme des Guts zur Beförderung bis zur Ablieferung entsteht. Die allgemeine Haftpflicht ist von einem Verschulden der Bahn nicht abhängig; sie endigt mit dem Zeitpunkt der Ablieferung des Guts. Über den Begriff der Ablieferung verhält sich der § 76 Abs. 1 EVO., wonach die Eisenbahn verpflichtet ist, am Orte der Ablieferung dem Empfänger den Frachtbrief und das Gut gegen Zahlung der durch den Frachtvertrag begründeten Forderungen und gegen Empfangsbescheinigung zu übergeben. Unter Ablieferung hat man demnach, wie im Schrifttum und in der Rechtsprechung feststeht, denjenigen Vorgang zu verstehen, durch den die Bahn den Gewahrsam an dem beförderten Gut im Einverständnis mit dem Empfangsberechtigten wieder aufgibt und diesen in den Stand setzt, über das Gut zu verfügen (Rundnagel, Haftung der Eisenbahn für Verlust usw. §§ 2 und 5, 3/4. Aufl. S. 8 und 21, Eger, Eisenbahnverkehrsordnung § 84 Anm. 446, 3. Aufl. S. 462). Der Ablieferung, die begrifflich eine Tätigkeit der Eisenbahnbediensteten voraussetzt, steht auf seiten des Empfängers die Annahme (§ 438 HGB.) oder, wie die EVO. sich in § 97 Abs. 1 ausdrückt, die Abnahme des Guts gegenüber. Als abgenommen hat ein Gut zu gelten, wenn der Empfänger es in seine Verfügungsgewalt übernommen hat (Rundnagel § 32 S. 161, Eger § 97 Anm. 505 S. 539). Hierzu ist nicht unbedingt erforderlich, daß der Empfänger den Besitz des Guts körperlich ergriffen hat. Es genügt vielmehr, daß er ein Verhältnis hergestellt hat, das ihm rechtlich die beliebige Einwirkung auf das Gut gestattet. Das ist beispielsweise auch dann der Fall, wenn er das Gut, nachdem zwischen ihm und der Bahn Einverständnis über die Beendigung des Frachtgeschäfts erzielt worden ist, weiter im Gewahrsam der Bahn beläßt, mit ihr also einen Verwahrungsvertrag abschließt. An die Abnahme des Guts und die ihr gewöhnlich vorausgehende Bezahlung der Fracht und der sonstigen auf dem Gut haftenden Forderungen knüpft der § 97 Abs. 1 EVO. die Rechtsfolge, daß alle Ansprüche aus dem Frachtvertrage gegenüber der Eisenbahn erloschen sind.

Den Eintritt dieser Rechtsfolge nimmt der Vorderrichter im vorliegenden Falle schon deshalb an, weil zu der unstreitig erfolgten Entrichtung der Fracht noch die Ausstellung und Aushändigung einer Quittung über den Empfang des Guts hinzugekommen ist. Diese Quittungsleistung erachtet er für gleichbedeutend mit der Abnahme des Guts. Darin liegt eine Verkennung der rechtlichen Bedeutung einer Quittung. Diese stellt sich nur als das einseitige Bekenntnis des Empfangsberechtigten dar, daß er die Leistung empfangen habe (§ 368 BGB.). Sie ist also nur ein Beweismittel für den Empfang; dagegen vermag sie nicht eine Rechtshandlung zu ersetzen. Deshalb kann auch im vorliegenden Falle eine Abnahme des Guts nicht schon darin gefunden werden, daß J. als Angestellter der vom Empfänger bevollmächtigten Nebenintervenientin über den Empfang des Guts auf der Verrechnungskarte Quittung geleistet hat. Hierdurch hat er, sofern nicht andere Tatsachen einen weitergehenden Schluß gestatten, lediglich dem Verlangen nach Quittungsleistung entsprochen, das die Bahn gemäß § 76 Abs. 1 EVO. an jeden Empfänger stellt, bevor sie zur eigentlichen Ablieferung durch Übergabe des Guts oder sonstige Übertragung der Verfügungsgewalt an den Empfänger schreitet. Tatsachen, die den Willen des J., das Frachtverhältnis als beendigt anzusehen, erkennen ließen, hat der Vorderrichter nicht festgestellt. Die Quittung kann daher als bloßes Beweismittel durch Gegenbeweis entkräftet werden (Warn. 1911 Nr. 13). Diese Auffassung steht zwar scheinbar im Widerspruch mit der vom Berufungsgericht angezogenen Entscheidung des erkennenden Senats vom 28. Mai 1921 I 411/20 (RGZ. Bd. 102 S. 206), in welcher der Auffassung des damaligen Berufungsgerichts, daß in der Bezahlung der Fracht und der Quittierung über den Empfang des Guts rechtlich eine Ablieferung und Abnahme des Guts erblickt werden könne, mangels eines besonderen Revisionsangriffs nicht entgegen getreten worden ist. Dort ist aber die jetzt zur Entscheidung stehende Frage nur gestreift worden. Sofern der Senat damals tatsächlich die Bezahlung der Fracht und die Quittungsleistung als rechtswirksamen Ersatz für die Abnahme des Guts grundsätzlich hat anerkennen wollen, kann an seiner Auffassung auf Grund der erneuten Prüfung der Rechtsfrage nicht festgehalten werden.

Hilfsweise würdigt das Berufungsgericht den Streitfall auch von dem an sich richtigen Standpunkte aus, daß der Quittung nur die Bedeutung eines Beweismittels für die wirkliche Ablieferung des Guts zukomme und ein Gegenbeweis an sich möglich sei. Hier bürdet es aber der Klägerin die Beweislast dafür auf, daß der Empfänger R. und die von ihm mit der Abfuhr beauftragte Nebenintervenientin auch hinterher das Gut nicht bekommen haben. Das erscheint rechtsirrig. Der Gläubiger, der eine Quittung in Erwartung der Leistung ausstellt, braucht, um der Quittung die Beweiskraft zu entziehen, nur zu beweisen, daß die Quittung im voraus ohne wirklichen Empfang der Leistung ausgestellt ist. Gelingt ihm dieser Beweis, so ist die Unrichtigkeit des Inhalts der Quittung festgestellt und ihr damit die Bedeutung eines Empfangsbekenntnisses für die Leistung entzogen. Der Gläubiger braucht dann nicht, wie das Berufungsgericht es verlangt, den Nachweis zu führen, daß seine Forderung tatsächlich noch fortbesteht (RGRäte BGB. Anm. zu § 368, Leipz. Zeitsch. 09 Sp. 311 Nr. 16). Allerdings kann in besonders gearteten Fällen die Tatsache, daß der Gläubiger die in Erwartung der Leistung ausgestellte Quittung längere Zeit hindurch unbeanstandet in den Händen des Schuldners belassen hat, als ein Beweisumstand für die später tatsächlich erfolgte Ausführung der Leistung dienen. Ob eine solche Würdigung Platz zu greifen hat, bleibt aber Sache des tatsächlichen Ermessens im Einzelfalle. Es kommt hiernach wesentlich auf die Feststellung an, ob J. die Quittung in Erwartung der späteren Ablieferung des Guts ausgestellt hat. Gelingt der Klägerin dieser Beweis, so wird es Sache des Beklagten sein, die Umstände darzulegen, aus welchen trotzdem eine Ablieferung des Guts im Sinne des § 76 Abs. 1 EVO. oder eine Abnahme im Sinne des § 97 Abs. 1 EVO. gefolgert werden könnte.

Zu beanstanden ist endlich auch die Ansicht des Berufungsgerichts, daß äußerstenfalls nur eine Haftung der Eisenbahn für Vorsatz oder grobe Fahrlässigkeit in Betracht komme, da der Empfänger R., der durch Postkarte vom 7. Juni vom Eintreffen des Guts benachrichtigt und zu dessen Abholung aufgefordert worden sei, erst am 14. Juni die zur Abnahme des Guts erforderlichen Maßnahmen getroffen habe, also in Annahmeverzug geraten sei (§§ 295, 300 BGB.). Diese Umstände reichen jedoch angesichts der besonderen Regelung, welche die Haftung der Eisenbahn in der Eisenbahnverkehrsordnung gefunden hat, zur Annahme einer herabgeminderten Haftung nicht aus. Nach § 76 Abs. 1 tritt die Rechtsfolge der Ablieferung auch ein, wenn die Hinterlegung des Guts bei einem Spediteur oder in einem öffentlichen Lagerhaus erfolgt. Im § 81 Abs. 1, 3 ist der Eisenbahn bei Ablieferungshindernissen, wozu auch Annahmeverweigerung oder verzögerte Einlösung des Frachtbriefs seitens des Empfängers gehört, zur Pflicht gemacht, unverzüglich den Absender zu benachrichtigen und seine Anweisung einzuholen. Ist die Benachrichtigung des Absenders untunlich oder ist der Absender mit der Erteilung der Anweisung säumig oder ist die Anweisung nicht ausführbar, so hat die Eisenbahn das Gut auf Gefahr und Kosten des Absenders auf Lager zu nehmen, wobei sie für die Sorgfalt eines ordentlichen Kaufmanns einzustehen hat. Sie hat aber auch das Recht, unanbringliche Güter unter Nachnahme der darauf lastenden Kosten und Ausgaben bei einem Spediteur oder in einem öffentlichen Lagerhause für Rechnung und Gefahr des Verfügungsberechtigten zu hinterlegen. Durch diese Vorschriften ist die Haftung der Bahn für den Fall eines Ablieferungshindernisses ohne Rücksicht auf die Frage des etwaigen Annahmeverzugs des Empfängers abschließend geregelt. Die grundsätzliche Haftung der Bahn bis zur Ablieferung bleibt trotz des Annahmeverzugs des Empfängers bestehen. Die Bahn kann aber einen der Ablieferung gleichen Rechtszustand dadurch herbeiführen, daß sie unter den oben angegebenen Voraussetzungen das Gut entweder selbst auf Lager nimmt oder es bei einem Spediteur oder in einem öffentlichen Lagerhaus hinterlegt. Bis dies geschehen ist, dauert die Haftung der Bahn ungemindert fort, so daß ein etwaiger Annahmeverzug des Empfängers auf sie einen Einfluß nicht zu üben vermag (Rundnagel § 9 S. 30 flg., derselbe in Ehrenbergs Handbuch des gesamten Handelsrechts Bd. 5 Abt. 2 S. 422). Erst wenn die Ablieferung erfolgt oder ein ihr gleichstehender Rechtszustand herbeigeführt ist und damit die allgemeine Haftungspflicht der Bahn ihr Ende erreicht hat, greifen die Vorschriften des BGB. über die verminderte Haftpflicht des Schuldners bei Annahmeverzug des Gläubigers Platz (Rundnagel § 2 Anm. 13 S. 10).

RGZ. 108, 276.

1. Zur Frage des Beförderungszwangs der Eisenbahn.

2. Nach welchen Grundsätzen haftet die Eisenbahn, wenn Güter versandt werden, um sie der Gefährdung durch einen im Gebiete ihres Lagerortes ausgebrochenen Aufruhr zu entziehen?

I. Zivilsenat. Urt. v. 28. Mai 1924.

I. Landgericht Duisburg. — II. Oberlandesgericht Düsseldorf.

Die Klägerin übergab am 29. März 1920 in Duisburg 2233 Stück Baumwollwaren der Reichsbahn zur Eilgutbeförderung nach Krefeld. Die damals in Deutschland ausgebrochenen Unruhen hatten sich auf die Gegend von Duisburg erstreckt; die Klägerin beabsichtigte daher, ihre Waren vor den Aufständischen in Sicherheit zu bringen. Das Frachtgut wurde in einen Eisenbahnwagen verladen. Ehe dieser abrollte, wurde er von den Aufständischen angehalten, erbrochen und seines Inhalts beraubt. Die Klägerin fordert Ersatz der verloren gegangenen Ware. Sie findet ein grobes Verschulden der Angestellten der Beklagten darin, daß der Wagen entgegen einer ausdrücklich gegebenen Zusage nicht noch in der Nacht vom 29. zum 30. März abgerollt oder ihr nicht wenigstens Mitteilung gemacht worden ist, wenn die Beförderung unmöglich wurde. Die Beklagte beantragte Klagabweisung und berief sich auf höhere Gewalt.

Das Landgericht Duisburg erklärte den Klaganspruch zur Hälfte dem Grunde nach für berechtigt. Beide Parteien legten Berufung ein. Die Klägerin erweiterte ihren Anspruch auf Ersatz des Geldentwertungsschadens. Das Oberlandesgericht erklärte den erweiterten Klaganspruch zur vollen Höhe dem Grunde nach für berechtigt. Die Revision der Beklagten hatte Erfolg.

Gründe:

Das Berufungsgericht hat ausgeführt: Die Eisenbahn hafte für den Verlust des Frachtguts nur dann nicht, wenn er auf höherer Gewalt beruht habe. Das sei nicht der Fall gewesen. Die Plünderung der Baumwollwaren durch die rote Armee sei zwar ein von außen kommendes, in die Beförderung des Guts eingreifendes Ereignis gewesen, aber man habe es voraussehen und deshalb vermeiden können. Duisburg und dessen Bahnhof seien schon vor dem 30. März 1920 von den Rotgardisten besetzt worden, die anderweit schon zahlreiche Beschlagnahmen von Waren vorgenommen hätten. Die Beförderung sei deshalb gefährdet gewesen. Die Bahn habe sie aus diesem Grunde ablehnen müssen. Eine allgemeine Gütersperre sei dann nicht nötig gewesen, und deshalb komme auch nicht in Betracht, daß das Gericht die Anordnung oder Unterlassung einer hoheitsrechtlichen Verwaltungsmaßregel, als welche sich die allgemeine Gütersperre darstelle, nicht auf ihre Zweckmäßigkeit nachzuprüfen habe; die Verweigerung der Annahme zur Beförderung wäre vielmehr nur die Ausführung einer dem Frachtführer obliegenden Vertragspflicht gewesen. Ein Verschulden der Klägerin liege nicht vor; es könne nicht darin erblickt werden, daß sie die Ware zur Beförderung aufgegeben habe.

Diese Ausführungen sind nicht frei von Rechtsirrtum. Die Auffassung des Berufungsgerichts, daß die Eisenbahn die Annahme der

Güter zur Beförderung habe ablehnen dürfen und müssen, erscheint nicht zutreffend. Für die Bahn besteht ein Beförderungszwang. Sie muß also grundsätzlich die ihr angebotenen Güter zur Beförderung annehmen. Von dieser Verpflichtung sind fünf genau umschriebene Ausnahmen im § 453 HGB. aufgestellt, die sich in inhaltlich gleicher Weise in § 3 Abs. 1 und 2 EVO. wiederfinden. Keiner dieser Ausnahmefälle lag bei der Aufgabe der beraubten Güter vor. In Frage kommen kann nur, ob die Beförderung „durch Umstände, die als höhere Gewalt zu betrachten sind, verhindert" wurde. Das kann nicht angenommen werden, da der Bahnbetrieb trotz des Aufruhrs bisher auf der in Frage stehenden Strecke aufrecht erhalten war und auch noch nach Aufgabe der Güter ein Zug von Duisburg nach Krefeld abgegangen ist. Die Duisburger Beamten hatten also kein Recht, der Klägerin entgegenzutreten, wenn diese versuchen wollte, ihre Waren von Duisburg nach Krefeld in Sicherheit zu bringen. Ebensowenig vermag die Klägerin Rechte daraus herzuleiten, daß die zuständige Eisenbahndirektion nicht den Verkehr auf der Strecke Duisburg—Krefeld gesperrt hatte. Dabei hätte es sich um eine reine Verwaltungsmaßregel gehandelt. Ob die Sperre angezeigt war oder nicht, hing von der Beurteilung der verschiedenartigsten Umstände, keineswegs allein von der Rücksicht auf die Sicherheit der Güter in einem Einzelfalle ab. Die Entscheidung war Sache des pflichtmäßigen Ermessens der Eisenbahnverwaltungsbehörden und kann von den Gerichten nicht hinsichtlich ihrer sachlichen Berechtigung nachgeprüft werden. Schon in diesem Zusammenhange ist darauf hinzuweisen, daß die Klägerin ja keineswegs ohne ihr Wissen durch die Bahn in eine ihr unbekannte Gefahr gestürzt worden ist. Sie konnte ihre Waren in Duisburg belassen; sie konnte sie ins besetzte Gebiet nach Krefeld verbringen. Beides war, wie die Klägerin wußte, mit Gefahren verknüpft. Sie hat offenbar die Gefahr der Beförderung für geringer angesehen. Darin hat sie sich getäuscht; sie hat aber genau gewußt, was sie tat.

Es kann also nichts zuungunsten der Bahn daraus hergeleitet werden, daß sie die Güter zur Beförderung angenommen hat. Von diesem Gesichtspunkte aus wird nun neu zu erörtern sein, ob die Bahn sich mit Recht auf höhere Gewalt beruft.

Sollte das zu verneinen sein, so würde die Bahn nach § 456 HGB. haften, wenn sie nicht nachweist, daß der Schaden auf einem Verschulden oder einer Anweisung der Klägerin beruht. In letzterer Hinsicht ist folgendes zu beachten. R u n d n a g e l, Haftung der Eisenbahn, hatte in der zweiten Auflage angenommen, schon das Frachtvertragsangebot selbst könne als eine „Anweisung" des Absenders im Sinne des § 456 angesehen werden. Diese Auffassung in ihrer Allgemeinheit hat bisher keine Billigung gefunden; immerhin liegt ihr in der gebotenen Beschränkung ein richtiger Gedanke zugrunde. Der Sinn des § 456 geht ersichtlich dahin, daß es bei dem der Eisenbahn obliegenden Beförderungszwang einerseits und der Schärfe ihrer Haftung anderseits aller Billigkeit widersprechen würde, wenn sie auch für solche Schäden einzustehen hätte, die durch das Verhalten des Absenders verursacht oder mitverursacht sind. Von diesem Gedanken ausgehend hat das Reichsgericht bereits anerkannt, daß dem Verfügungsberechtigten der Bahn gegenüber eine Sorgfaltspflicht obliegt (RGZ. Bd. 102 S. 95 unten). Diesem Gedanken entspricht es ebenso, für den vorliegenden Fall zu berücksichtigen, daß die Klägerin ihre Ware durch den Versuch der Beförderung bewußt einer Gefährdung ausgesetzt hat. Ob dies genügt, den Tatbestand des § 456 (Verschulden oder Anweisung auf seiten des Verfügungsberechtigten) voll zu erfüllen, läßt sich erst entscheiden, wenn im einzelnen klargestellt ist, wie sich die Gefahr der Sachlage der Klägerin dargestellt hat. Aber jedenfalls wird dieser Umstand nach § 254 BGB. in Betracht kommen, wenn der Bahn ein Verschulden (Wahl eines unsicheren Wegs, Unterlassung der Beförderung mit dem nächsten Zuge oder dergl.) nachgewiesen werden sollte.

RGZ. 108, 341.

In welcher Weise hat die Ablieferung von Eisenbahnfrachtgut auf einer nicht mit Bahnangestellten besetzten Haltestelle zu geschehen?

I. Zivilsenat. Urt. v. 5. Juli 1924.

I. Landgericht Prenzlau. — II. Kammergericht Berlin.

Laut Frachtbrief vom 30. März 1920 sandte der Landwirtschaftliche Ein- und Verkaufsverein in Pr. mit der vom Beklagten betriebenen Kreisbahn eine Anzahl elektrischer Motoren von Pr. nach L. an den Kläger. In L. ist eine nicht mit Beamten besetzte Haltestelle der Kreisbahn. Dort befindet sich ein verschließbarer Bahnschuppen. Der Wagen, in welchem die für den Kläger bestimmten Maschinen waren, traf am 1. April 1920 (Gründonnerstag) um 11 Uhr vormittags ein. Er wurde hier abgehängt und blieb plombiert auf dem Gleise stehen, während der Zug weiterfuhr. Aus dem Wagen ist in der Zeit bis zum 3. April (Ostersonnabend), ein Teil der Maschinen entwendet worden; die übrigen Maschinen sind am 6. April 1920 vom Kläger abgeholt worden.

Der Kläger fordert vom Beklagten als dem Eigentümer der Kreisbahn Ersatz des Werts der in Verlust geratenen Maschinen.

Das Landgericht gab der Klage zum Teil statt. Das Oberlandesgericht wies sie ganz ab. Die Revision des Klägers hatte Erfolg.

Gründe:

Nach den Feststellungen des Berufungsgerichts ist die Entwendung des Frachtguts in der Zeit von seiner Annahme seitens der Eisenbahn bis zur Ablieferung erfolgt. Die Ausführungen des Berufungsgerichts zeigen ferner, daß seiner Ansicht nach die Güter vollzählig am 1. April 1920 auf der Station L. angekommen und erst dort teilweise entwendet worden sind. Für die danach maßgebliche Frage, ob der Verlust des Guts durch ein Verschulden des Verfügungsberechtigten im Sinne von § 456 HGB., § 84 EVO., aus welcher unbestritten der Kläger gemäß §§ 435, 434 HGB. zu gelten hat, verursacht worden ist, kommt in Betracht, in welcher Weise seitens der dem Beklagten gehörigen Kreisbahn in Fällen der fraglichen Art grundsätzlich eine gehörige Ablieferung derartiger Frachtgüter zu erfolgen hatte. An sich ist die dem Frachtführer obliegende Ablieferung des Frachtguts ein zweiseitiger Akt, der ein Zusammenwirken des Abliefernden und des Empfängers voraussetzt, so daß weder die bloße Aufgabe des Gewahrsams seitens des Frachtführers noch die Benachrichtigung des Empfängers von der Ankunft des Guts am Bestimmungsort und die Aufforderung zur Abholung des Guts oder dergleichen genügt. Daran ändert im vorliegenden Falle nichts der Umstand, daß die Empfangsstation L. eine nicht mit Beamten der Kreisbahn besetzte Haltestelle war. Es kann dahingestellt bleiben, wie sich die von der Revision in bezug genommene Vorschrift im Deutschen Eisenbahngütertarif Teil I Abteilung B § 41 (2):

„Für das Auf- und Abladen von Gegenständen, die einzeln mehr als 500 kg wiegen, werden die im Nebengebührentarif festgesetzten Gebühren erhoben. Die Eisenbahn kann verlangen, daß solche Gegenstände . . . von dem Empfänger abgeladen werden", zu der vom Berufungsgericht angewendeten Vorschrift des für die Kreisbahn aufgestellten Tarifs vom 1. Juli 1910 verhält:

„Auf den nicht mit Beamten oder Agenten besetzten Stationen beschränkt sich die Annahme und Auslieferung von Stückgütern auf solche Gegenstände, deren Ver- und Entladung am Zuge ohne besondere Vorrichtungen erfolgen kann. Andere Stückgüter werden nach und von solchen Stationen nur auf Grund besonderer Vereinbarungen übernommen."

Selbst wenn auf Grund dieser Vorschriften eine Entladung der fraglichen Güter — von denen ein Motor angeblich ein Gewicht von 115 kg hatte, während das Gewicht der nicht abhanden gekommenen Gegenstände nicht festgestellt ist — auf der Station L. seitens der Kreisbahn nicht zu den Obliegenheiten derselben gehört haben sollte, wie dies das Berufungsgericht annimmt, würde dadurch die von der Bahn zu vollziehende Ablieferung des Frachtguts in ihrem Charakter als ein das Zusammenwirken der Bahn und des Empfängers erfordernder zweiseitiger Akt nicht berührt sein. Denn auch wenn die Entladung der Güter von dem Empfänger allein zu vollziehen war, blieb die aus dem Frachtvertrag folgende grundsätzliche Verpflichtung der Bahn, die ihr zur Beförderung anvertrauten Güter am Bestimmungsort an den Empfänger abzuliefern, bestehen derart, daß an sich bis zu dieser Ablieferung die Obhuts- und Haftpflicht der Bahn andauerte. Nur für die Form der Ablieferung bestand solchenfalls die Besonderheit, daß die Bahn das Frachtgut dem zur Abholung bereiten Empfänger in dem Bahnwagen anwies und zur Entladung übergab. Dagegen konnte die Ablieferung nicht ohne weiteres dadurch ersetzt werden, daß die Bahn den das Frachtgut enthaltenden Eisenbahnwagen auf der Station L. entladungsbereit stellte, ohne daß der Kläger oder seine Leute anwesend und zur sofortigen Übernahme des Guts bereit und imstande waren.

Hinsichtlich dieser Sach- und Rechtslage tritt eine gewisse Verschiebung ein, wenn zwischen der Bahn und der Gutsverwaltung des Klägers für diesen rechtsverbindlich vereinbart sein sollte, daß der Kläger für die rechtzeitige Empfangnahme und Abrollung des streitigen Frachtguts auf der Station L. Sorge zu tragen habe. Allerdings ist es auch hier unerheblich, ob es sich um eine Vereinbarung im Sinne des obenerwähnten Kreisbahntarifs vom 1. Juli 1910 handelt, betreffend Stückgüter, deren Entladung am Zuge nicht ohne „besondere Vorichtungen" erfolgen konnte, oder ob solches nicht anzunehmen ist. Denn in beiden Fällen berechtigt die Nichterfüllung der klägerischerseits übernommenen Verpflichtung zur rechtzeitigen Empfangnahme des Guts auf der Station L. die Bahn nicht, den ihr anvertrauten Gewahrsam an den Sachen einseitig aufzuheben. Vielmehr mußte die Bahn alsdann auf Grund von § 242 BGB. für die einstweilige Aufbewahrung des Frachtguts in gehöriger und zweckentsprechender Weise Sorge tragen. Diese Aufbewahrung ging jedoch im Hinblick auf die vom Kläger übernommene, aber nicht erfüllte Verpflichtung einer rechtzeitigen Empfangnahme der Güter bei ihrer Ankunft auf der Station L. insofern für Rechnung und Gefahr des Klägers, als die Bahn trotz der noch nicht vollzogenen Ablieferung des Frachtguts nunmehr nur noch für sorgfältige und verkehrsübliche Aufbewahrung einzustehen hatte und die dadurch etwa erwachsenden besonderen Kosten dem Kläger zur Last fielen. Es kann dahingestellt bleiben, ob für eine solche ordnungsmäßige Aufbewahrung das Belassen der Güter in einem auf der Station L. verbleibenden, gehörig verschlossenen Eisenbahnwagen genügte, oder ob dazu die Verbringung der Sachen in den auf der genannten Station befindlichen, verschließbaren Schuppen oder gar nach einer mit Eisenbahnpersonal versehenen Nachbarstation erforderlich war. Denn die Annahme des Berufungsgerichts, daß der am 1. April 1920 mit den Sachen auf der Station L. zurückgelassene Eisenbahnwagen verschlossen gewesen sei, findet — wenn darunter ein wirklicher Verschluß und nicht bloß ein Zuschieben und Plombieren der Wagentüren zu verstehen ist — in dem maßgeblichen Aktenmaterial, wie die Revision zutreffend anführt, keine Stütze und ist mit den Grundsätzen von § 286 ZPO. nicht zu vereinbaren. (Wird näher ausgeführt.)

Ist aber der Wagen mit den Gütern am 1. April 1920 nur plombiert, im übrigen aber unverschlossen und ohne jede Aufsicht in L. zurückgelassen worden, so ist hierin grundsätzlich ein grobes Verschulden der betreffenden Bahnangestellten zu erblicken, für welches — soweit es für den Schaden ursächlich war, — der Beklagte gemäß § 457 Abs. 3 HGB. dem Kläger aufzukommen hat. Und zwar ist dies auch dann der Fall, wenn die betreffenden Eisenbahnangestellten damit rechnen durften, daß die Leute des Klägers alsbald zur Abholung der Güter auf der Haltestelle L. erscheinen würden, da irgendein sicherer Anhaltspunkt hierfür nach den Feststellungen des Berufungsgerichts nicht gegeben war und gerade damals — Anfang April 1920 — besonders unruhige und unsichere Zeiten waren, welche die Bahn zu erhöhter Vorsicht hinsichtlich der ihrer Obhut anvertrauten Güter verpflichteten. Anderseits ist die Feststellung des Berufungsgerichts, daß ein für den Verlust der Güter ursächliches Verschulden auf klägerischer Seite vorliege, insofern rechtlich nicht zu beanstanden, als es sich um die Nichterfüllung der Vereinbarung betreffend die rechtzeitige Empfangnahme des Frachtguts auf der Haltestelle L. handelt. Denn nach den Feststellungen des Berufungsgerichts würde bei einer sofortigen Empfangnahme der Güter durch den Kläger gleich bei Eintreffen des Zuges auf der Station L. der Schade nicht eingetreten sein und bedeutet das Unterlassen dieser sofortigen Empfangnahme eine vom Kläger zu vertretende, bei gehöriger Sorgfalt vermeidbare Vertragsverletzung dem Beklagten gegenüber (Abnahmeverzug). Dagegen kann die darüber hinausgehende Verzögerung der Abholung der Güter von der genannten Station seitens der Leute des Klägers als ein diesem zur Last fallendes, für den Schaden ursächliches Verschulden nicht erachtet werden. Denn grundsätzlich durften der Kläger und seine Leute davon ausgehen, daß die Bahn die Güter mangels einer sofortigen Abholung bei Eintreffen des Zuges auf der Station L. nicht etwa in einem unverschlossenen und nur plombierten Wagen aufsichtslos zurücklassen, sondern gehörig unter Verschluß und in Verwahrung nehmen würde. Bei einer solchen gehörigen Verwahrung war aber auf klägerischer Seite für eine besondere Beschleunigung der Abholung der Güter wegen Verlustgefahr kein Anlaß, zumal die Abholenden an die so verwahrten Güter nicht beliebig, sondern nur unter Mitwirkung der Bahn hätten gelangen können. Danach stand an sich dem groben Verschulden der Bahn ein einfaches Verschulden auf klägerischer Seite gegenüber. Eine Abwägung des beiderseitigen ursächlichen Verschuldens wird gegebenenfalls Sache des Tatrichters sein.

RGZ. 108, 408.

1. Über die Voraussetzungen, unter denen Frachtzuschläge nach § 60 Abs. 1 EVO. erhoben werden können.

2. Zur Haftung des Absenders für Verschulden bei Abschluß des Frachtvertrags.

I. Zivilsenat. Urt. v. 27. September 1924.

I. Landgericht Hannover. — II. Oberlandesgericht Celle.

Am 12. Mai 1921 versandte die Streitgehilfin im Auftrage der Beklagten, ihrer Käuferin, eine Wagenladung unter der Bezeichnung „Altpappe" von Schwarmstedt nach Lübben und gab im Frachtbrief die Beklagte als Versenderin an. Unterwegs auf dem Bahnhof Braunschweig-Ost geriet der Wagen in Brand. Die Ladung wurde zum Teil vernichtet und mußte umgeladen werden, der Eisenbahnwagen wurde beschädigt. Die Klägerin führt den Brand darauf zurück, daß sich unter der Pappe mit chemischen Stoffen getränkte Papphülsen für Munition, Leuchtpatronen und nicht abgeschossene Gewehrpatronen befunden hätten, und verlangt deshalb von der Beklagten Zahlung der in § 60 EVO. Abs. 1 a und b vorgesehenen Frachtzuschläge, des Frachtunterschiedes und Ersatz ihres Schadens in bezifferten Beträgen. Das Landgericht wies die Klage ab. Das Oberlandesgericht verurteilte die Beklagte, der Klägerin die Summe zu zahlen, die sich ergibt, wenn man die Zahl 7800 mit der Meßzahl der allgemeinen Lebenshaltung am

Tage der Zahlung vervielfältigt. Die Revision der Beklagten hatte zum Teil Erfolg.

Aus den Gründen:

1. Das Oberlandesgericht sieht als erwiesen an, daß die Beschaffenheit der Ladung den Brand verursacht habe, weil in der Pappe explosionsgefährliche Gegenstände zurückgeblieben seien, wie der Umstand zeige, daß man darin drei Messingpatronenhülsen gefunden habe, sei es von Feuerwaffen oder von Signalmunition. Darüber, wie die Explosion zustande gekommen sein soll, ob durch Stoß, Reibung, Erwärmung, chemische Zersetzung oder wie sonst, läßt es sich nicht aus. Das war aber auch nicht erforderlich. Es ist unmöglich, die wahre Ursache aufzuklären, und es muß genügen, daß solche Möglichkeiten bestehen, auch bei mit Pulver gefüllten Patronen für Waffen oder zum Zeichengeben, auch wenn das Pulver entfernt und nur noch die Zündmasse vorhanden ist. Der Angriff, den die Revision in dieser Beziehung erhebt, erscheint nicht begründet. Auch der Vorwurf einer unzureichenden Würdigung des Beweisergebnisses trifft das Oberlandesgericht nicht. Aus dem von einigen Zeugen gehörten Zischen läßt sich nicht darauf schließen, daß der Herd des Brandes sich außerhalb der Patronen befunden und später erst diese ergriffen hat.

2. Das Oberlandesgericht nimmt ferner an, daß der Inhalt der Sendung unrichtig angegeben sei und daß außerdem die Sicherheitsvorschriften in Anlage C außer acht gelassen worden seien. Deshalb billigt es der Klägerin entsprechend der von ihr aufgestellten Berechnung neben den Kosten der Wiederherstellung des Wagens und den Portoauslagen den Frachtunterschied (§ 60 EVO. Abs. 2), einen Frachtzuschlag nach § 60 EVO. Abs. 1 a und einen ferneren Frachtzuschlag nach § 60 EVO. Abs. 1 b zu. Dagegen wendet sich die Revision mit Recht. Wenn auch in § 60 EVO. Verschulden nicht vorausgesetzt wird, so reichen die getroffenen Feststellungen doch nicht aus, um die Anwendung dieser Vorschrift zu rechtfertigen. Die dort vorgesehenen Frachtzuschläge haben die Natur von Vertragsstrafen (RGZ. Bd. 96 S. 281); von einer Vertragsverletzung durch unrichtige Angabe des Inhalts der Sendung kann aber nicht gesprochen werden, wenn trotz der geübten strengen Aufsicht einer Wagenladung Pappe drei Patronenhülsen versehentlich beigemengt worden sind. Mehr hat das Oberlandesgericht nicht festgestellt, wenn schon es an einer Stelle der Urteilsgründe davon spricht, daß die Pappe durch Verunreinigung mit Munitionsresten explosionsgefährlich gewesen sei. Auch von einer Außerachtlassung der Sicherheitsvorschriften in Anlage C kann dann

nicht die Rede sein. Danach erweist sich der Anspruch auf Zahlung der Frachtzuschläge und des Frachtunterschiedes als unbegründet.

3. Anders ist die Rechtslage bei dem erhobenen Schadensersatzanspruch. Ob er, wie das Oberlandesgericht annimmt, seine Rechtfertigung durch § 57 EVO. findet, weil die Angaben des Frachtbriefs im Sinne dieser Bestimmung ungenau oder ungenügend waren, kann dahinstehen. Wenn man das aber auch nicht annimmt, so folgt die Schadensersatzpflicht der Beklagten doch aus allgemeinen Rechtsgrundsätzen. Es bestand bei der Pappe, die Munitionszwecken gedient hatte, die Gefahr, daß trotz sorgfältiger Überwachung Munitionsreste darin zurückgeblieben waren, die zur Entzündung führen konnten. Dieser Umstand, der die Richtigkeit der Angaben über den Inhalt der Sendung nicht beeinträchtigte und in Anlage C nicht vorgesehen ist, war für die Übernahme der Beförderung und die Art ihrer Ausführung von wesentlicher Bedeutung und durfte von der Beklagten bei Übergabe des Gutes zur Beförderung nicht verschwiegen werden. Darin, daß sie es unterlassen hat, die Klägerin auf die Herkunft der Pappe aufmerksam zu machen, ist ohne Rechtsirrtum ein zum Schadensersatz verpflichtendes Verschulden der Streitgehilfin bei Abschluß des Frachtvertrags gefunden worden, für das die Beklagte nach § 278 BGB. einzustehen hat (RGZ. Bd. 95 S. 58, Bd. 97 S. 327, Bd. 103 S. 50). Die Beklagte ist danach zur Erstattung der Wiederherstellungskosten und der Portoauslagen verpflichtet.

RGZ. 109, 16.

1. Wie ist der gemeine Handelswert des Guts im Sinne des Art. 34 des Internationalen Übereinkommens über den Eisenbahnfrachtverkehr (IÜ.) zu bestimmen, insbesondere bei Berücksichtigung der Entwertung des deutschen Geldes? In welcher Währung sind Frachtauslagen zu erstatten (Art. 34 Satz 2 IÜ.)?

2. Zur Verpflichtung der Eisenbahn, bei grober Fahrlässigkeit den vollen Schaden zu vergüten (Art. 41, 42 IÜ.).

3. Zahlungsverzug der Bahn infolge verzögerter Behandlung des Erstattungsgesuchs. Schadensersatzpflicht der Bahn als Folge des Zahlungsverzugs im internationalen Frachtverkehr.

I. Zivilsenat. Urt. v. 24. September 1924.

I. Landgericht München I. — II. Oberlandesgericht daselbst.

Mit internationalem Frachtbrief übergab am 18. Februar 1921 die Klägerin der Eisenbahngüterabfertigung zu Furth in Bayern eine Ladung

Hohlglas zur Beförderung nach Triest. Die Beförderung geschah in demselben offenen Eisenbahnwagen, in welchem die Ware von der Glasfabrik in Teplitz an die Klägerin nach Furth gesandt war. Das Gut ist am Bestimmungsort nicht angelangt. Mit Schreiben vom 26. November 1921 teilte die Klägerin dem Tarifamt der bayerischen Staatsbahn in München den Sachverhalt mit und bat, da das Frachtgut als verloren zu betrachten sei, um Erstattung des Fakturenbetrags nebst Frachtkosten und Spesen im Gesamtbetrage von 1695,50 M und 70 325,40 tschechoslowakischen Kronen. Nach längerem Schriftwechsel übersandte das Tarifamt der Klägerin 30 888,80 M. Dabei legte es der Berechnung zwar die von der Klägerin in Ansatz gebrachten Beträge zugrunde, rechnete aber die tschechoslowakischen Kronen nach dem Kurse desjenigen Tages, an dem laut Frachtbriefstempel das Gut in Furth zur Beförderung angenommen war, in Mark um. Hiermit gab die Klägerin sich nicht zufrieden. Mit der Behauptung, daß der gezahlte Betrag am Zahlungstage nur den Wert von 188,77 Kronen gehabt habe, erhob sie Klage auf Zahlung von 38 421,80 Kronen oder des am Zahltungstage dieser Summe entsprechenden Betrags in Reichsmark nebst 6 % Zinsen seit dem 26. November 1921 gegen Rückvergütung von 30 851,50 M. Die Beklagte bat um Abweisung der Klage. Das Landgericht gab der Klage statt. Die Beklagte legte Berufung ein und behauptete unter Vorlegung der Abschrift eines Schreibens des Vorstandes der Delegation in Trient vom Mai 1923, das Frachtgut sei am 1. März 1921 auf der Fahrt zwischen Salurn und San Michele verbrannt. Deshalb stellte sie nunmehr jede Haftung der Bahn für den Schaden in Abrede. Die Klägerin bestritt den Brand. Das Oberlandesgericht wies die Klage ab. Die Revision der Klägerin hatte Erfolg.

Gründe:

... Es kann nicht anerkannt werden, daß Art. 34 IÜ. verletzt ist, wenn man davon ausgeht, daß das Frachtgut am Ort und zur Zeit der Absendung einen in deutscher Währung ausgedrückten Wert gehabt hat. Denn alsdann stellt diesen Wert derjenige Betrag in Mark dar, den das Gut zu jener Zeit, nicht zur Zeit der Zahlung hatte. Aus der Verpflichtung zum Ersatz des Wertes folgt nicht, daß der Wert nach dem Währungsstande der Zahlung zu erstatten ist. Denn die Mark hatte jedenfalls zur Zeit der Versendung Anfang 1921 ihre Eigenschaft als Wertmesser in Deutschland noch nicht verloren. Derjenige Markbetrag, der den Wert zur Zeit der Versendung darstellte, blieb auch weiterhin der gemeine Wert im Sinne des Art. 34 IÜ. Durch die spätere Geldentwertung allein, ohne den Hinzutritt besonderer

Umstände, konnte daran im vorliegenden Falle nichts geändert werden, da der Geldwert zwischen der Auflieferung des Gutes und dem Zeitpunkt der Fälligkeit des Ersatzanspruchs nicht in einem eine Aufwertung rechtfertigenden Maße gesunken ist. Anders würde die Sache allerdings liegen, wenn das in Frage kommende böhmische Hohlglas in jener Zeit durchweg auch in Deutschland im Zwischenhandel nur in tschechoslowakischen Kronen gehandelt worden wäre. Denn alsdann würde der gemeine Handelswert auch nur in solchen Kronen bestehen. *Gerade diese — allerdings wenig wahrscheinliche —* Behauptung hat die Klägerin aber in der Klage ausdrücklich aufgestellt, nachdem sie auch bereits in ihrem Schreiben vom 26. November 1921 dies behauptet hatte. Das Berufungsgericht hat diese Behauptung völlig übergangen. Es wird also deren Nachprüfung geboten sein. Ebenso ist nicht aufgeklärt, für welche Beförderungsstrecken die unstreitigen Frachten und Speditionsunkosten von 2916,80 Kronen entstanden sind. Das ist aber von Bedeutung für die Frage, ob die Klägerin diesen Betrag in Kronen beanspruchen kann. Nach Art. 34 Satz 2 IÜ. hat die Bahn neben dem Wert das zu erstatten, was „an Zöllen und sonstigen Kosten, sowie an Fracht etwa bereits bezahlt worden ist". Da der gemeine Wert am Ort und zur Zeit der Aufgabe zu erstatten ist, in dem die etwa für die Beförderung bis zum Aufgabeort entstandenen Fracht- usw. -Ausgaben ja bereits enthalten sind, so folgt daraus, daß das Übereinkommen bei der Bestimmung des Satzes 2 nur diejenigen Ausgaben im Auge gehabt hat, die durch die Aufgabe am Versendungsort oder nachher entstanden sind. Soweit daher die 2916,80 Kronen nur für die Beförderung bis Furth verausgabt sind, würden sie nur als werterhöhend zu dem in Teplitz berechneten Fakturenwert hinzutreten und daher — abgesehen von dem behaupteten und noch nicht festgestellten Ausnahmefalle — nur als Wert in Reichsmark nach der Währung des Aufgabetags in Betracht kommen. Sind sie aber, wenigstens zum Teil, für die Aufgabe in Furth und die Weiterbeförderung entstanden, so sind sie auch in Kronen oder deren Wert zu erstatten. Denn die Erstattung besteht begrifflich in der Verschaffung dessen, was der Ersatzberechtigte hingegeben hat.

Mit Unrecht rügt die Revision ferner eine Verletzung des Art. 33 IÜ. Nach dieser Bestimmung kann der zur Klage Berechtigte das Frachtgut ohne weiteren Nachweis als in Verlust geraten betrachten, wenn sich dessen Ablieferung um mehr als 30 Tage nach Ablauf der Lieferfrist verzögert. Daß diese Voraussetzung hier gegeben ist, hat das Berufungsgericht nicht verkannt. Es geht davon aus, daß das Gut verloren ist, und vermißt nur auf Grund der Darlegungen der Beklagten im zweiten Rechtszuge den Nachweis, daß das Gut unaufgeklärt völlig verschwunden sei. Deshalb kommt es zu dem Schluß, der vom Landgericht angenommene Sachverhalt, aus dem dieses das grobe Verschulden des Beklagten folgerte, sei nicht erwiesen und mit den Anführungen der Klägerin nicht nachzuweisen. Das widerspricht nicht dem Art. 33. Er besagt nur, daß das Gut unter den angegebenen Voraussetzungen als verloren gilt. Aber daraus allein folgt noch keineswegs ohne weiteres, daß der Verlust nur auf Arglist oder grobe Fahrlässigkeit der Beklagten zurückzuführen ist, was nach Art. 41 die Voraussetzung für die Verpflichtung der Beklagten zum vollen Schadensersatz ist. Ob diese Voraussetzung hier vorliegt, ist von entscheidender Bedeutung. Denn wenn die Beklagte den vollen Schaden ersetzen muß, so hat die Klägerin Anspruch auf den eingeklagten Kronenbetrag oder dessen vollen Wert zur Zeit der Zahlung. Dazu aber muß die Klägerin im einzelnen die Tatsachen darlegen, aus denen ein solches Verschulden der Beklagten sich ergibt. Dieser Pflicht kann sie wohl, falls nicht andere Tatsachen hervortreten, durch die Darlegung genügen, daß der ganze Waggon oder die ganze Ladung spurlos verschwunden sei, da dieses Verschwinden zum mindesten nicht ohne grobe Vernachlässigung der der Beklagten und ihren Beamten obliegenden Aufsichts- und Prüfungspflichten erfolgen konnte. Sie kann sich aber nicht dafür einfach auf die Annahme des Art. 33 stützen und darauf berufen, daß der Beklagten unter keinen Umständen gestattet sei, auch noch nach einem erheblichen Zeitraum die Aufklärung für das Verschwinden zu geben. In dieser Beziehung ergibt sich aus Art. 33 nichts.

Wohl aber hat das Berufungsgericht bei seiner Ausführung, daß die Klägerin den Tatbestand des Art. 41 nicht dargelegt habe, an diese Darlegungen nach Lage der Umstände zu strenge Anforderungen gestellt und damit diese Bestimmungen verletzt. Seine Ausführungen gehen dahin: Durch die Darlegung der Art und Weise des Verlustes und die Beibringung der Abschrift eines dies bestätigenden Schreibens der Delegation in Trient habe die Beklagte ihrer Aufklärungspflicht genügt. Die Art des Verlustes lasse nicht ohne weiteres auf ein grobes Verschulden der Beklagten schließen. Die Klägerin müsse daher im einzelnen das grobe Verschulden der Beklagten darlegen und beweisen. Lediglich durch den Nachweis, der Eisenbahnwagen habe bei der Rückkunft nach Teplitz keine Brandschäden aufgewiesen, sei dieser Beweis nicht zu erbringen.

Damit wird das Berufungsgericht der besonderen Lage des Falles nicht gerecht. 2½ Jahre hindurch hatte die Beklagte gar nichts für die Aufklärung des Verschwindens des Gutes beibringen können. Es lag danach, wie bereits dargelegt, ein Sachverhalt vor, aus dem sich ohne weiteres eine grobe Fahrlässigkeit der Beklagten ergab. Nach so langer Zeit kann die ganz allgemeine Angabe, das Gut sei verbrannt, ohne nähere Darlegung der Umstände nicht genügen, um die Klägerin zu nötigen, daß sie nunmehr die Umstände des Abhandenkommens darlege, aus denen sich die grobe Fahrlässigkeit der Beklagten ergibt. Um so weniger ist es der Fall, als die italienische Bahn nach Art. 25 IÜ. verpflichtet war, sofort nach dem angeblichen Brand eine eingehende Untersuchung vorzunehmen, das Ergebnis schriftlich festzustellen und es der Versandstation mitzuteilen. Eine solche Feststellung hat die Beklagte nicht behauptet, geschweige denn vorgelegt. Sie hat sich vielmehr damit begnügt, eine Abschrift eines Schreibens der italienischen Bahn, die ganz allgemein das Verbrennen des Gutes auf einer bestimmten Strecke meldet, vorzulegen. Ein solcher Brand schließt keineswegs aus, daß er und damit die Vernichtung des Gutes auf eine grobe Fahrlässigkeit der Bahn zurückzuführen ist. Es wäre daher Aufgabe des Berufungsgerichts gewesen, den Fall näher aufzuklären, um so mehr als die Klägerin unter Beweis gestellt hat, daß der Waggon ohne jede Brandbeschädigung nach Teplitz zurückgekommen ist.

Zu Bedenken geben weiterhin die Ausführungen des Berufungsgerichts über den Verzug der Beklagten Anlaß. Allerdings würde aus dem Verzug der Beklagten nicht folgen, daß die Klägerin ohne weiteres den vollen geforderten Kronenbetrag oder einen entsprechenden Markbetrag beanspruchen kann. Aber immerhin würde sie der Verzug gemäß § 288 BGB. verpflichten, den dadurch der Klägerin auch über den Zinsanspruch hinaus entstandenen Schaden zu ersetzen. Die Folgen eines Zahlungsverzugs sind in dem Internationalen Übereinkommen nicht geregelt. Art. 42 bestimmt nur, daß von der Entschädigungsforderung seit dem Tage der Anmeldung des Schadens 6 % Zinsen zu entrichten sind. Es sollte damit nur, wie die Verhandlungen zu diesem Artikel ergeben, die Höhe des Zinsfußes einheitlich geregelt werden, nicht aber bezweckt die Bestimmung etwa eine Festsetzung der Folgen des Verzugs. Die Zinsen sind ja auch dann zu entrichten, wenn Verzug gar nicht vorliegt. Es greifen hier also ergänzend die Bestimmungen der einzelnen an dem Übereinkommen beteiligten Länder ein, vorliegend die des Bürgerlichen Gesetzbuchs. Zu dem Schaden, welcher der Klägerin durch einen Verzug der Beklagten entstanden ist, würde aber auch die während der Zeit des Verzugs eingetretene Entwertung der deutschen Währung insoweit gehören, als die Klägerin bei rechtzeitiger Zahlung den Markbetrag wertbeständig, sei es in ausländischer Währung, sei es in ihrem Geschäft, angelegt hätte, und es würde auch, falls die Klägerin den Betrag alsbald an ihre Auftraggeberin gezahlt hätte, in Betracht zu ziehen sein, wie letztere den Betrag angelegt hätte. Denn bei der Eigenart des Speditions- und Frachtvertrags würde Klägerin auch zur Geltendmachung des dieser eigentlichen Interessentin entstandenen Schadens befugt sein. An der außerordentlich starken Verzögerung der Auszahlung des Schadensbetrags trifft die Beklagte aber auch in mehrfacher Beziehung ein Verschulden. Die dies verneinenden Ausführungen des Berufungsrichters beruhen auf einer Verkennung der Pflichten der Beklagten und der Aufklärungspflicht der Klägerin. Einmal kann als Zeitpunkt des Erstattungsantrags nicht erst der 24. März 1922 in Frage kommen. Allerdings wurde damals erst der Antrag an das für die Bearbeitung zuständige Reklamationsamt von dem Tarifamt abgegeben. Aber es wäre Pflicht des Tarifamts gewesen, diese Abgabe alsbald oder wenigstens in angemessener Frist vorzunehmen, nicht erst nach 4 Monaten. Damit konnte die Klägerin rechnen, besonders da sie um schleunige Erledigung gebeten hatte und die deutsche Währung vom Februar ab stark fiel. Weiter wäre es aber auch aus denselben Gründen Sache des Reklamationsamts gewesen, die Sache schleuniger zu erledigen. Es hat dazu 6½ Monate gebraucht. Hätte die italienische Bahnverwaltung ihre bereits oben erörterte Pflicht aus Art. 25 erfüllt und alsbald die Feststellung über die Vernichtung des Gutes getroffen, sie auch der Abgangsstation mitgeteilt, dann wäre das ganze Entschädigungsverfahren weit früher in Gang gekommen, und es hätte auch die Klägerin nicht solange auf Nachricht über den Verbleib des Gutes gewartet, sondern ihren Entschädigungsanspruch früher gestellt. Zum mindesten hätten die späteren Ermittlungen der Beklagten nach dem Verbleib des Gutes sich erübrigt. Allerdings trifft auch die Klägerin ein Mitverschulden, da sie die Einreichung der zutreffenden Faktura der Fabrik, aus der das Glas stammte, verzögerte und zunächst eine viel zu hohe Forderung stellte. Aber nachdem sie die Fabrikfaktura eingereicht hatte, mußte sich die Beklagte mit diesem Nachweis begnügen, da es sich dabei um den Verkaufpreis des Erzeugers handelte und ohne weiteres anzunehmen war, daß der Preis dieser Ware in Furth kein niedrigerer war als derjenige der Fabrik zuzüglich der Frachtkosten bis Furth. Der Verzug der Beklagten entfällt auch dann nicht, wenn der Anspruch der Klägerin auf

Erstattung des berechneten Kronenbetrags nicht gerechtfertigt war, vielmehr nur in Höhe des gezahlten Markbetrags bestand. Denn auch wenn die Klägerin nur diesen Betrag verlangt hätte, hätte nach Lage der Sache die Beklagte nicht früher gezahlt, und anderseits hätte die Klägerin, wie ihr Verhalten zeigt, auch diesen Betrag nicht als Teilzahlung abgelehnt, sondern angenommen. Unter solchen Umständen aber verhindert eine Zuvielforderung nicht die Wirksamkeit der in dem Erstattungsantrag und dem späteren Schreiben liegenden Mahnung. Sache des Berufungsgerichts wird es sein, unter Berücksichtigung aller Umstände festzustellen, inwieweit die Verzögerung auf das Verschulden der Beklagten und inwieweit sie auf das Verhalten der Klägerin zurückzuführen ist, und in welchem Umfange die Beklagte daher zum Ersatz von Verzugsschaden verpflichtet ist. Dabei wird auch zu berücksichtigen sein, daß gerade in den Monaten Juli bis Oktober 1922 die deutsche Währung stark gefallen ist.

RGZ. 109, 150.

1. Welches Rechtsverhältnis wird durch die Bereitstellung von Eisenbahnwagen zwischen dem Wagenbesteller und der Eisenbahn begründet?

2. Ist die Urteilsformel genügend bestimmt, wenn sie lediglich die Verurteilung zur Beseitigung von Beschädigungen ausspricht?

§ 249 BGB. §§ 61, 63 der Eisenbahnverkehrsordnung.

I. Zivilsenat. Urt. v. 10. November 1924.

I. Landgericht Dresden. — II. Oberlandesgericht daselbst.

Am 31. März 1921 verlud der Kläger auf Bahnhof N. aus seinem Möbelwagen die Möbel des Lehrers B. in einen für ihn bereitgestellten, mit Dach und Seitenwänden versehenen Eisenbahnwagen, in dem die Möbel mit der Bahn weiterbefördert werden sollten. Der Eisenbahnwagen stand auf dem Ladegleis, während der Möbelwagen, dessen Türen geöffnet wurden, seitlich so nahe an ihn herangefahren war, daß er mit seinem äußersten Ende in den Eisenbahnwagen hineinragte und ein unmittelbares Hinübersetzen der Möbel aus dem Möbel- in den Eisenbahnwagen stattfinden konnte. Während man hiermit beschäftigt war, fuhren zwei andere Eisenbahnwagen, die beim Rangieren auf das Ladegleis geschoben wurden, auf den dem Kläger zur Verfügung gestellten Eisenbahnwagen auf. Dieser wurde in Bewegung gesetzt und riß den Möbelwagen zur Seite, der infolge des Anpralls Beschädigungen erlitt. Hierfür hat der Kläger mit der Klage von der Beklagten Entschädigung verlangt und beantragt, die Beklagte zur Wiederherstellung des Möbelwagens und Beseitigung der Beschädigungen zu verurteilen.

Das Landgericht wies die Klage ab. Das Oberlandesgericht verurteilte die Beklagte, am Möbelwagen des Klägers die Beschädigungen zu beseitigen. Die Revision der Beklagten hatte keinen Erfolg.

Gründe:

Das Berufungsgericht nimmt an, daß die Beschädigung des Möbelwagens durch fahrlässiges Handeln der Eisenbahnangestellten F. und D. verursacht worden sei. Deren Verschulden findet es darin, daß sie die beiden rangierten Eisenbahnwagen an den mit Menschen besetzten und mit dem Möbelwagen in enge räumliche Verbindung gebrachten Eisenbahnwagen heranrollen ließen, ohne rechtzeitig vorher den Kläger und seine Leute auf den drohenden Zusammenprall hinzuweisen. Für das Verschulden der Bahnangestellten erachtet der Vorderrichter die Beklagte auf Grund Vertrags als haftbar. Er verkennt nicht, daß der Frachtvertrag nach § 61 EVO. erst dann, wenn die Abfertigungsstelle das Gut mit dem Frachtbrief zur Beförderung angenommen hat, als abgeschlossen gilt und diese Voraussetzung zu der Zeit, als die Beschädigung des Möbelwagens erfolgte, noch nicht erfüllt war. Er meint aber, daß das Einladen der Möbel in den Eisenbahnwagen sich als eine den Vertragsschluß vorbereitende Handlung darstelle, der gegenüber die Beklagte nach Treu und Glauben und den Anforderungen des Verkehrs vertragsmäßig die gleiche Sorgfalt habe beobachten müssen, wie bei der Erfüllung des Frachtvertrags selbst. Dabei läßt er unentschieden, ob nicht die Stellung eines Eisenbahnwagens zur Beladung einen besonderen Vorvertrag zwischen der Eisenbahn und dem Absender des Guts begründe.

Zu Unrecht wird die Annahme einer vertragsmäßigen Haftung der Beklagten von der Revision bekämpft. Wie bereits der VI. Zivilsenat im Urteil RGZ. Bd. 66 S. 405 ausgeführt hat, wird dadurch, daß der Ablader bei der Eisenbahnverwaltung gemäß § 63 Abs. 5 EVO. die Bereitstellung der Wagen für die zu versendenden Güter nachsucht und die Bahnverwaltung seinem Verlangen entspricht, zwischen ihm und der Bahn ein Vertragsverhältnis begründet. Dieses äußert seine Wirkung zunächst darin, daß die Bahn einen für die Beförderung der Güter tauglichen Wagen auf ein geeignetes Ladegleis zu schaffen und der Ablader bei der Hineinschaffung der Güter die verkehrsübliche Sorgfalt zu beobachten, insbesondere den Wagen pfleglich zu behandeln hat. Auch sonstige vermögensrechtliche Folgen werden im § 63 Abs. 5, 6 an das Abkommen des Wagenbestellers mit der Bahn geknüpft. Werden schriftlich zugesagte Wagen nicht rechtzeitig gestellt, so hat die Bahn die Kosten der vergeblich versuchten Auflieferung, mindestens aber das Wagenstandgeld für einen Tag, zu erstatten. Anderseits hat der Besteller, wenn er den Wagen vor der Bereitstellung wieder abbestellt, eine tarifmäßige Gebühr zu entrichten, während er, wenn er den Wagen nach der Bereitstellung unbeladen zurückgibt oder es wegen nicht rechtzeitiger Beladung zur Entziehung des Wagens kommen läßt, von der Bereitstellung an das tarifmäßige Wagenstandgeld zu zahlen hat. Diese Bestimmungen sprechen dafür, daß es auch dem Sinne der Eisenbahnverkehrsordnung entspricht, wenn man in den Rechtsbeziehungen, die durch die Bestellung und die darauf erfolgende Bereitstellung eines Wagens zwischen dem Besteller und der Eisenbahn hergestellt werden, ein Vertragsverhältnis erblickt. Demgemäß stellt sich im vorliegenden Falle die Störung, die der Kläger bei der Beladung des ihm bahnseitig gestelltens Wagens durch das Anprallen zweier anderen Wagen erlitten hat, als eine Verletzung seines vertragsmäßigen Rechts dar. Es kann auch nach den Feststellungen des Berufungsurteils keinem Zweifel unterliegen, daß der Kläger in Beziehung auf die Stellung des Wagens Vertragsgegner der Bahn geworden ist. Denn schon in der Klageschrift ist behauptet worden, daß der Wagen dem Kläger von der Bahnverwaltung gestellt war und diese Behauptung ist von der Beklagten ausweislich der Klagebeantwortung nicht bestritten worden. Demgegenüber ist es unerheblich, daß die verladenen Möbel nicht dem Kläger, sondern dem Zeugen B. gehörten. . . .

Endlich rügt die Revision, daß der Zustand, in dem der Möbelwagen sich vor der Beschädigung befunden hat, nicht festgestellt worden und aus der Urteilsformel der Umfang der der Beklagten auferlegten Wiederherstellungsarbeiten nicht ersichtlich sei. Auch diese Rüge greift nicht durch. Die Entscheidung des Berufungsgerichts ist genügend bestimmt. Sie ist gemäß § 249 BGB. auf Herstellung des früheren Zustandes gerichtet. Wie der frühere Zustand gewesen ist, brauchte im einzelnen nicht festgestellt zu werden. Es genügt, daß die durch den Unfall hervorgerufenen Mängel beseitigt werden sollen. Soweit über den Umfang der hierfür notwendigen Arbeiten in der Zwangsvollstreckung zwischen den Parteien Meinungsverschiedenheiten entstehen sollten, hat darüber gemäß § 766 ZPO. das Vollstreckungsgericht zu entscheiden.

RGZ. 109, 164.

Zum Begriff des Anerkenntnisses mangelhafter Verpackung im Sinne des § 86 Abs. 2 EVO.

I. Zivilsenat. Urt. v. 12. November 1924.

I. Landgericht Köln. — II. Oberlandesgericht daselbst.

Die Firma M. M. & M. in M.-Gl. sandte einen Ballen mit Tuchen als Expreßgut an die Firma C. & S. in B. Die Ware ging unterwegs verloren. Der Ersatzanspruch ist der Klägerin abgetreten worden. Sie verlangt von der Beklagten Schadensersatz. Die Beklagte hat den Anspruch bestritten und insbesondere eingewendet, daß die Ware nach ausdrücklicher Erklärung des Absenders auf der Paketkarte „in Jute verpackt", d. h. mangelhaft verpackt gewesen sei. Das Landgericht wies die Klage ab. Das Oberlandesgericht erklärte den Klaganspruch dem Grunde nach für gerechtfertigt. Die Revision der Beklagten blieb ohne Erfolg.

Aus den Gründen:

Die Annahme des Oberlandesgerichts, daß der Vermerk auf der Eisenbahnpaketkarte „in Jute verpackt" nicht als ein Anerkenntnis mangelhafter Verpackung im Sinne des § 86 Abs. 1 Nr. 2 EVO. anzusehen sei, ist im wesentlichen tatsächlicher Art und nicht als rechtsirrtümlich zu bezeichnen. Die Revision rügt als übersehen, daß bei ordnungsmäßiger Verpackung ein solcher Vermerk überhaupt nicht auf die Paketkarte gesetzt werde und daß, wenn er darauf stehe, dies nur als Anerkenntnis mangelhafter Verpackung angesehen werden könne. Dabei wird indessen die Einrichtung der hier benutzten Paketkarte nicht ausreichend berücksichtigt. Denn benutzt worden ist eine dreiteilige Karte, die im Gegensatz zu dem älteren Muster außer der eigentlichen Karte und einem Abschnitt für den Empfänger noch einen dritten Abschnitt, den Stamm zur Eisenbahnpaketkarte, enthält, der unter anderem den Vordruck „Art der Verpackung" trägt und im vorliegenden Falle durch die Worte: „in Jute verpackt" ausgefüllt worden ist, entsprechend § 32 im Nachtrag 8 zu den Allgem. Abfertigungsvorschriften Teil I für die Beförderung von Personen usw. Die dreiteilige Paketkarte enthält wie das früher übliche Muster auf der eigentlichen Karte für Erklärungen, auch für solche über mangelhafte Verpackung, noch einen besonderen Raum, worauf in § 31 Nr. 7 Abs. 2 der Abfertigungsvorschriften besonders hingewiesen wird. Daß der Vermerk „in Jute verpackt" auch hier gestanden habe, ist in den beiden ersten Rechtszügen nicht behauptet worden.

RGZ. 109, 306.

Zur Hemmung der Verjährung bei Ansprüchen gegen die Eisenbahn wegen Verlustes des Gutes und über die Berechtigung der Gegeneinrede der Arglist im Verjährungsfalle.

§ 98 der Eisenbahnverkehrsordnung.

I. Zivilsenat. Urt. v. 13. Dezember 1924.

I. Landgericht Köln. — II. Oberlandesgericht daselbst.

Mit Frachtbrief vom 4. April 1920 sandte die Firma B. in B. an die Klägerin drei Kisten Lederwaren. Ausgeliefert wurde der Klägerin am 19. April 1920 nur eine der drei Kisten; die beiden anderen sind in Verlust geraten. Am 17. September 1920 meldete die Klägerin bei der Eilgutabfertigung in Köln-Gereon Schadensersatzansprüche in Höhe von 117 110,20 M an. Es fanden Ermittlungen statt, die damit endeten, daß die Eisenbahn mit schriftlichem Bescheid vom 16. Januar 1921 den Schadensersatzanspruch ablehnte, weil es sich um Kostbarkeiten gehandelt habe und die für deren Beförderung geltenden Bestimmungen nicht innegehalten worden seien.

Auch die Firma B. hatte sich wegen des Verlustes der beiden Kisten mit der Eisenbahn in Verbindung gesetzt, und zwar hatte sie nach Behauptung der Klägerin bereits im April oder Mai 1920 eine Schadensanmeldung eingereicht. Von dem Vorgehen der Firma B. hatte die Eisenbahn der Klägerin mit Schreiben vom 24. November 1920 Kenntnis gegeben. Hierauf erwiderte die Klägerin mit Schreiben vom 4. Januar 1921, der Firma B. stehe kein Recht zur Schadensanmeldung zu und es werde jeder Auszahlung an diese Firma widersprochen.

Unter dem 22. März 1921 richteten die Anwälte der Klägerin ein Schreiben an die Eisenbahn, in dem gesagt wird, sie seien mit der Erhebung der Klage gegen die Eisenbahn wegen des Verlustes der Sendung im Fakturenwert von 116 803,20 M beauftragt, wollten aber der Kostenersparnis halber nur einen Teilbetrag von 10 000 M einklagen, wenn die Eisenbahn auf den Einwand der Verjährung wegen des Restes verzichten würde. Die Eisenbahn trat darauf in eine nochmalige Prüfung der Angelegenheit ein. Unter Hinweis auf das Schreiben der Klägerin vom 4. Januar 1921 und mit dem Bemerken, daß ihre Untersuchungsverhandlungen in Verlust geraten seien, ersuchte sie die Klägerin durch Schreiben vom 19. April um Übersendung des Frachtbriefs und des früheren Schriftwechsels. Diesem Ersuchen kam die Klägerin nach. Sodann erhielt sie am 24. Mai 1921 „zum Schreiben vom 22. März 1921" den neuen Bescheid, daß die Ersatzansprüche abgelehnt werden müßten.

In der ersten Hälfte des Oktober 1921 erhob die Klägerin die gegenwärtige Klage auf Ersatz des ihr entstandenen Schadens. Die Beklagte wandte Verjährung ein.

Das Landgericht wies die Klage ab. Das Oberlandesgericht wies die Berufung der Klägerin zurück. Auch die Revision der Klägerin hatte keinen Erfolg.

Gründe:

Aus drei Gründen glaubt die Klägerin, daß der Verjährungseinwand nicht berechtigt sei. Einmal deshalb, weil objektiv durch das Schreiben der Eisenbahn vom 19. April 1921 die Beendigung der Verjährungshemmung bis zum 24. Mai 1921 hinausgeschoben worden sei. In zweiter Reihe um deswillen, weil sie wenigstens ihrerseits das Verhalten der Beklagten in diesem Sinne habe auffassen müssen und die Beklagte arglistig handle, wenn sie sich demgegenüber auf Verjährung berufe. Endlich aus dem Grunde, weil für den Beginn der Verjährungshemmung die bereits im April oder Mai 1920 erfolgte Schadensanmeldung der Firma B. ihr gutzurechnen sei.

In allen drei Beziehungen hat der Vorderrichter mit Recht das Vorbringen der Klägerin nicht für begründet erachtet.

1. Nach § 98 Abs. 3 Satz 1 EVO. wird durch die schriftliche Anmeldung des Anspruchs bei der Eisenbahn die Verjährung gehemmt. Spätere Gesuche haben nach Abs. 3 Satz 3 diese Wirkung nicht. Damit ist ausgedrückt: Nur einmal kann die Verjährung nach der Sondervorschrift gehemmt werden. Das, was die hemmende Wirkung auslöst, ist die erste Schadensanmeldung. Nach § 98 Abs. 3 Satz 2 EVO. endet die Hemmung, wenn die Eisenbahn den Anmelder abschlägig beschieden hat. Als genauen Zeitpunkt, von wo ab die Verjährung weiterläuft, bestimmt die Eisenbahnverkehrsordnung den Tag, an dem der Anmelder den schriftlichen Bescheid der Ablehnung und die der Anmeldung etwa beigefügten Beweisstücke ausgehändigt erhält. Ist einmal die Anmeldung in dieser Weise endgültig abgelehnt worden, so kann, von den allgemeinen Vorschriften des bürgerlichen Rechts abgesehen, für denselben Schadensersatzanspruch eine Hemmung niemals wieder vorkommen. Für weitere Gesuche des Anmelders wird das ausdrücklich im § 98 Abs. 3 Satz 3 hervorgehoben. Nicht minder gilt es für den Fall, daß die Eisenbahn sich ohne weiteres Gesuch von Amts wegen veranlaßt sehen sollte, den Schadensfall nochmals erneut nachzuprüfen. Denn die Schadensanmeldung hat die Hemmung zur

Folge, nicht die bahnamtliche Behandlung der Anmeldung. Die bahnamtliche Behandlung dagegen ist für die Beendigung des Hemmungszustandes insofern von Bedeutung, als nach endgültiger Ablehnung, die sich als solche auch in der Rücksendung der eingereichten Beweisstücke ausprägt, die Verjährung ihren Lauf fortsetzt.

Von diesen Gesichtspunkten aus ergibt sich eine einfache und zweifelsfreie Beantwortung der ersten Frage. Eine einzige Hemmung ist möglich, und diese hat ihr Ende erreicht durch den Bescheid der Eisenbahn vom 16. Januar 1921. Daß dieser Bescheid endgültig sein sollte, ergibt sein Inhalt, auch war ihm der als Beweisstück von der Klägerin übersandte Frachtbrief wieder beigefügt. Der spätere Bescheid vom 24. Mai 1921 konnte, ganz gleichviel, wodurch er veranlaßt worden war, hieran nichts mehr ändern; er konnte weder die Hemmung verlängern, noch eine neue Hemmung herbeiführen. Der zweite Bescheid spricht mit keinem Wort aus, daß der erste nicht endgültig hätte sein sollen. Selbst wenn sich aber die Eisenbahn nachträglich auf den Standpunkt gestellt hätte, ihr Bescheid vom 16. Januar 1921 solle nicht mehr als der endgültige angesehen werden, so wäre auch das bedeutungslos, weil hierdurch die Tatsache der einmal erfolgten endgültigen Ablehnung nicht aus der Welt geschafft werden konnte.

2. Auf alles, was sich nach der Ablehnung vom 16. Januar 1921 ereignete, kann es dagegen für die zweite Frage ankommen. Es steht in der reichtgerichtlichen Rechtsprechung fest, daß der Schuldner sich dann nicht auf Verjährung berufen darf, wenn er durch Erheben des Verjährungseinwandes ein Verhalten beweist, das mit seiner vor dem Rechtsstreit betätigten Stellungnahme nach den Grundsätzen von Treu und Glauben unvereinbar ist (RGZ. Bd. 87 S. 281; Warn. 1919 Nr. 2 S. 5). Dieser Grundsatz, auf das Vorbringen der Revision angewendet, bedeutet: Die Eisenbahn müßte der Klägerin irgendwie zum Ausdruck gebracht haben, sie sehe ihren Bescheid vom 16. Januar 1921 nicht als endgültig an, und dies müßte der Grund für die Versäumung der Frist zur Klagerhebung gewesen sein. An beiden Voraussetzungen gebricht es hier. Das Schreiben der Eisenbahn vom 19. April 1921, mit dem sie erneut die Einsendung des Frachtbriefs erbat, steht nicht im engen zeitlichen Zusammenhang mit dem ersten Ablehnungsbescheid. Mehr als ein Vierteljahr liegt dazwischen. Die Annahme, eine längst abgeschlossene Erledigung solle als nicht geschehen betrachtet werden, lag somit von vornherein weit ab. Dazu kommt: Der Inhalt des Schreibens vom 19. April 1921 zeigt mit aller nur denkbaren Deutlichkeit, daß ihm jede Beziehung zu der früheren Ablehnung durchaus fern lag.

Jeder Leser des Schriftstücks konnte daraus nur entnehmen, daß der Bahnbehörde bei Abfassung des Schreibens völlig entgangen war, daß für sie die Angelegenheit durch den Bescheid vom 16. Januar 1921 bis zur Klagerhebung bereits erledigt war. Ebenso ging daraus für jedermann auch der Grund hervor. Die Eisenbahn war nicht mehr im Besitz ihrer Akten, es lag ihr bloß das Schreiben der Klägerin vom 4. Januar 1921 vor, und sie hielt dieses für unerledigt. Nun kommt allerdings noch ein neuer, von der Revision nicht herangezogener Gesichtspunkt hinzu. Nachdem nämlich der Eisenbahn nochmals alle Belege zugegangen waren und sie daraus ersah, daß sie die Angelegenheit bereits geprüft und die Anmeldung beschieden hatte, hielt sie es dennoch für ihre Pflicht, in eine erneute Nachprüfung einzutreten. Das hatte zur Folge, daß ein weiterer Teil der Frist zur Erhebung der Klage verfloß. Allein dadurch wurde die Eisenbahn in keiner Weise gehindert, später die Einrede der Verjährung zu erheben. Denn während der neuen Untersuchung ist die Verjährungsfrist nicht abgelaufen. Es war vielmehr — und das gilt überhaupt für die hier geltend gemachte Replik der Arglist — nach dem Bescheid vom 24. Mai 1921 noch reichlich Zeit vorhanden, die Klage zu erheben (RG. Urt. v. 19. Februar 1920 VI 163/19 in Seuff. Arch. Bd. 75 Nr. 122).

3. Mit Recht hat endlich der Vorderrichter angenommen, daß sich die Klägerin nicht auf die früher erfolgte Schadensanmeldung der Firma B. berufen kann. Denn wie das Berufungsgericht im einzelnen näher dargetan hat, machte die Firma B. nur für sich selbst Rechte geltend, deren Schlüssigkeit hier nicht zur Entscheidung steht (Staub-Könige, Anm. 1 zu § 435 HGB.), während die Klägerin ausschließlich Ansprüche aus eigenem Recht (§ 435 HGB., § 99 Abs. 1 EVO.) verfolgt.

RGZ. 110, 43.

1. Verhältnis von Art. 30 Abs. 1 zu Art. 31 Abs. 1 Nr. 4 des Internationalen Übereinkommens über den Eisenbahnfrachtverkehr (IÜ.).

2. Unter welchen Voraussetzungen greift die Beweisvermutung des Art. 31 Abs. 2 IÜ. Platz?

I. Zivilsenat. Urt. v. 10. Januar 1925.

I Landgericht Hamburg, Kammer für Handelssachen. — II. Oberlandesgericht daselbst.

Mit internationalem Frachtbrief vom 25. April 1920 lieferte die Speditionsfirma C. & A. für die Klägerin 39 Ballen Baumwollabfälle bei der Reichsbahn in H. zur Versendung an S. in N. (Tschechoslowakei) auf. Die Ladung traf am Bestimmungsort in brennendem Zustand ein. Mit der Behauptung, daß durch den Brand ein Schaden in Höhe von 153 045 tschechischen Kronen entstanden sei, erhob die Klägerin als Rechtsnachfolgerin der Absenderin gegen die Eisenbahn Klage auf Zahlung dieses Betrags. Die Bahn bestritt ihre Ersatzpflicht, weil das Gut infolge seiner natürlichen Beschaffenheit, nämlich durch Selbstentzündung, in Brand geraten sei und so den Schaden erlitten habe.

Das Landgericht erklärte den Klaganspruch dem Grunde nach für berechtigt. Berufung und Revision der Bahn hatten keinen Erfolg.

Aus den Gründen:

Die Revision bittet um Nachprüfung, ob nicht die Klägerin die Beweislast dafür hatte, daß die Gefahr der Selbstentzündung bei diesen Abfällen die Ursache des Brandes nicht gewesen sei. Ein Rechtsirrtum des Vorderrichters ist jedoch hier nicht erkennbar. Der gesetzgeberische Gedanke, der dem Verhältnis von Art. 30 zu Art. 31 IÜ. zugrunde liegt, ergibt sich, soweit der Fall des Art. 31 Abs. 1 Nr. 4 in Frage kommt, aus folgendem. Schon nach Art. 30 haftet die Bahn nicht für Schäden, die durch die natürliche Beschaffenheit des Gutes selbst herbeigeführt worden sind, und schon in Art. 30 wird auf die in den folgenden Artikeln enthaltenden Maßgaben hingewiesen. So wiederholt denn auch Art. 31 Abs. 1 Nr. 4 den Haftungsausschluß der Bahn für die durch die natürliche Beschaffenheit des Gutes entstandenen Schäden. Nur zieht das Gesetz hier einen engeren Kreis. Es faßt hier lediglich diejenigen Güter zusammen, die besonders leicht verletzlich sind, nennt auch z. B. nur außergewöhnliche Leckage gegenüber der gewöhnlichen Leckage in Art. 30. Für die besonderen, erhöhten oder außergewöhnlichen Gefahren, mit denen die Beförderung solcher Güter verbunden ist, gewährt nun das Gesetz — und hierin liegt die praktische Bedeutung des engeren Kreises — zugunsten der Bahn eine Beweiserleichterung durch die Vermutung des Absatzes 2. Diese Beweisvermutung soll dann Platz greifen, wenn „nach den Umständen des Falles" die Möglichkeit besteht, daß der eingetretene Schaden auf die besondere Gefahr zurückzuführen ist. Damit soll gesagt sein, daß keine theoretischen Erwägungen entscheiden sollen, sondern die gegenständliche (konkrete) Möglichkeit des einzelnen Falles (RGZ. Bd. 105 S. 283; Urt. v. 2. Mai 1917 I 30/17 bei Eger, Eisenbahnr. Entsch. Bd. 35 S. 164; Düringer-Hachenburg S. 943 flg. Anm. 16 zu § 459 HGB.).

Von diesem Standpunkt geht aber auch der Vorderrichter aus. Denn er stellt die „bloße Möglichkeit" der Selbstentzündung der leichten Verletzbarkeit gegenüber, womit offenbar gemeint ist, daß eine Selbstentzündung von Baumwollabfällen zwar im Bereich der Möglichkeit liege, daß aber keine besondere naheliegende Gefahr nach den Sachverständigengutachten gegeben sei. Eine besondere außergewöhnliche Gefahr der Selbstentzündung vermag er also nicht anzunehmen, und deshalb konnte die nur für Fälle erhöhter Gefahr geltende Beweisvermutung des Art. 31 Abs. 2 IÜ. der Beklagten nicht zustatten kommen.

RGZ. 110, 199.

1. Genügt es für den Fall, daß die Eisenbahn trotz Erteilung eines Frachtbriefduplikats eine nachträgliche Verfügung des Absenders ohne Vorlegung des Duplikats befolgt hat, zur Sachberechtigung des auf Schadensersatz klagenden Empfängers, wenn er das Frachtbriefduplikat zwar nicht selbst vom Absender übergeben erhalten hatte, aber ein anderer, dem der Absender das Duplikat zugesandt hatte, dieses für den Empfänger besitzt?

2. Wann ist im letzteren Falle mittelbarer Besitz des Empfängers am Frachtbriefduplikat anzunehmen?

HGB. § 455 Abs. 2 Satz 2. EisenbahnverkehrsO. § 73 Abs. 5 Satz 2.

I. Zivilsenat. Urt. v. 14. Februar 1925.

I. Landgericht Mainz. Kammer für Handelssachen. — II. Oberlandesgericht Darmstadt.

Anfangs September 1918 hatte der Kläger durch seinen Aufkäufer, den Kaufmann Hugo Ger., von dem damaligen Sergeanten Ko. in Mainz 17 Mille Zigarren zum Preise von 13 900 M gekauft, der sie seinerseits von F. in H. gekauft hatte. Vereinbarungsgemäß sollten die Zigarren nach Posen, dem damaligen Wohnort des Klägers, gesandt und die 13 900 M gegen Aushändigung des Duplikatfrachtbriefs gezahlt werden. Zu diesem Zweck hatte die Deutsche Bank im Auftrag des Klägers bei der Bankfirma Kr. & Co. in Mainz ein Akkreditiv gestellt. Am 12. September 1918 lieferte F. für Ko. die Zigarren bei der Güterabfertigung der Station Heppenheim als Eilgut auf, wobei dem Absender ein Duplikatfrachtbrief erteilt wurde. Eine entsprechende Eintragung über Erteilung des Duplikats in Spalte 3 des Versandbuchs über den Güterverkehr, das die Eilgut- und Güterabfertigung der Station Heppenheim zu führen hatte, unterblieb jedoch. Als Empfänger war im Frachtbrief bezeichnet der „Spediteur N. zur Verfügung Hugo Ger. in Posen". Die Firma Kr. & Co. beanstandete diese Anschrift, als Ko. bei ihr das Geld erheben wollte, zahlte aber schließlich am 18. September 1918, nachdem in der Anschrift des Duplikatfrachtbriefs der Name des Spediteurs N. durchstrichen und statt dessen der Name des Klägers Go. hineingeschrieben worden war und auch die Deutsche Bank eine zustimmende Erklärung abgegeben hatte, die 13 900 M an Ko. aus.

Ehe es jedoch soweit gekommen war, hatte sich folgendes ereignet: Die anfängliche Beanstandung der Anschrift des Duplikatfrachtbriefs durch die Bank in Mainz hatte zur Folge gehabt, daß der Absender F. auf Veranlassung von Ko. durch eine nachträgliche Verfügung vom *12. September 1918* und dann durch ein unmittelbar an die Eilgüterabfertigung in Posen gerichtetes Telegramm vom 16. September 1918 die Bahn anwies, die Zigarren nicht an N. auszuhändigen, sondern ihm zurückzusenden. Eine zweite nachträgliche Verfügung vom 16. September 1918, offenbar nach Behebung der Beanstandung von Kr. & Co., wonach die Ware „an Spediteur Go. in Posen" auszuliefern sei, kam zu spät. Denn die Eisenbahn hatte die Zigarren an F. zurückgehen lassen. Die nachträglichen Verfügungen sind von der Güterabfertigung in Heppenheim angenommen und weiterbefördert worden, ohne daß dabei der Duplikatfrachtbrief vorgelegt wurde. Ebensowenig hat der Duplikatfrachtbrief vorgelegen, als die Zigarren in Posen zurückgesandt wurden. F. hat die bei ihm wieder eingetroffenen Zigarren an seinen Käufer Ko. weitergesandt, der jedoch eine abermalige Übersendung nach Posen an den Kläger nicht veranlaßte.

Der Kläger fordert, gestützt auf eine Abtretungserklärung des N., von der Eisenbahn Ersatz des ihm durch ihr Verschulden entstandenen Schadens.

Die beklagte Eisenbahn bestritt unter anderem die Sachberechtigung des Klägers und wies darauf hin, daß der Rechtsvorgänger des Klägers, N., den Duplikatfrachtbrief vom Absender nicht übergeben erhalten habe und der Kläger selber in keinerlei vertraglichen Beziehungen zu ihr stehe.

Das Landgericht hat die Eisenbahn klagegemäß verurteilt.

Das Berufungsgericht wies die Klage ab. Die Revision des Klägers führte zur Aufhebung und Zurückverweisung.

Gründe:

Es unterliegt nach den Feststellungen der Vorinstanzen keinem Zweifel, daß die Eisenbahn ein doppeltes Versehen begangen hat. Einmal versäumte es der Bahnbeamte in Heppenheim, die Spalte 3 des Versandbuchs auszufüllen. Das hatte zur Folge, daß bei der nachträglichen Verfügung des Absenders F. von der Erteilung des Frachtbriefduplikats nichts bekannt war und die nachträgliche Verfügung befolgt wurde, ohne daß die Bahn Vorlegung des Duplikats verlangte. Zum andern war es auch von der Güterabfertigung in Posen schuldhaft gehandelt, der nachträglichen Verfügung zu entsprechen. Denn aus dem mit Duplikatstempel versehenen Frachtbrief ergab sich, daß ein Duplikat erteilt worden war.

Trotzdem kommt das Berufungsgericht zur Klagabweisung, weil der Empfänger, Spediteur N., den Duplikatfrachtbrief nicht erhalten habe. Dieser Grund erscheint jedoch nicht als zutreffend.

Allerdings bestimmen § 455 Abs. 2 Satz 2 HGB. und § 73 Abs. 5 Satz 2 EVO., daß bei Befolgung einer nachträglichen Verfügung, die ohne Vorlegung des Frachtbriefduplikats vorgenommen wird, die Eisenbahn dem Empfänger, „dem der Absender die Urkunde übergeben hat", für den daraus entstehenden Schaden haftet. Auch ist es richtig, daß als Empfänger nach dem Frachtbrief nur der Spediteur N. in Betracht kommt, da die nachträgliche einseitige Änderung auf dem Duplikatfrachtbrief die Eisenbahn nicht berührt.

Aber auch mittelbarer Besitz des Duplikatfrachtbriefs kann für den Schadensersatzanspruch des Empfängers nach § 455 Abs. 2 Satz 2 HGB., § 73 Abs. 5 Satz 2 EVO. genügen. In Betracht kommt, wie erwähnt, allein die Urschrift des Frachtbriefs mit der Anschrift: „An den Spediteur N. zur Verfügung Hugo Ger.". Hiernach war die Ware für Ger. bestimmt. Ger. hat auch den Duplikatfrachtbrief von der Bankfirma Kr. & Co. erhalten, die ihn vom Absender einlöste. Ger. war deshalb in der Lage, seinen Besitz am Duplikat vom Absender herzuleiten. Er erscheint somit als derjenige, „dem der Absender die Urkunde übergeben hat". Sofern nun der auf dem Frachtbrief als Empfänger bezeichnete Spediteur N. damit einverstanden war, daß Ger. für ihn das Duplikat übergeben erhalten sollte, könnte sich N. und damit auch der Kläger als dessen Rechtsnachfolger darauf berufen. Auch Düringer-Hachenburg sehen es in Anm. 7 zu § 455 HGB. für genügend zur Herstellung der Klageberechtigung des Empfängers an, wenn er den Duplikatfrachtbrief nur mittelbar besitzt. In dieser Beziehung sind jedoch die Verhältnisse noch nicht genügend aufgeklärt und bestimmte Feststellungen bisher nicht getroffen worden. Es läßt sich aber sehr wohl denken, daß die Aushändigung des Frachtbriefs an Ger. mit ausdrücklicher oder zu unterstellender stillschweigender Zustimmung des N. geschah. Denn der Duplikatfrachtbrief hat nicht die Bedeutung eines sogenannten Traditionspapiers (§ 61 Abs. 6 EVO.). Seine Bestimmung erschöpft sich wesentlich darin, daß er den Käufer, der nur gegen Duplikatfrachtbrief zahlen will, davor sichert, daß der

Verkäufer nicht nach Empfang des Kaufpreises anderweit über die Ware verfügt. Dagegen schafft der Besitz des Duplikats kein Frachtvertragsverhältnis, bewirkt nicht den Eintritt des Empfängers in den Frachtvertrag. Für den Empfang der Eilgutsendung konnte somit dem Spediteur N. am Besitz des Duplikats nichts gelegen sein, und es wäre eine leere Form, wenn derjenige, für den die Ware bestimmt war, für den also der Spediteur als frachtvertragsmäßiger Empfänger den Schadensersatzanspruch nach § 455 Abs. 2 Satz 2, § 73 Abs. 5 Satz 2 EVO. geltend zu machen hätte, dem Spediteur erst noch das Frachtbriefduplikat, das er mit dessen Zustimmung vom Absender übergeben erhielt, aushändigen müßte, um so die Sachberechtigung des Spediteurs herzustellen.

Nach den Akten scheint übrigens der Fall so zu liegen, daß — trotz des Zusatzes „zur Verfügung Hugo Ger." — der, für den die Ware bestimmt war, gar nicht Ger., sondern der Kläger selbst gewesen ist. Denn Ger. war nach dem Tatbestand des zweiten Urteils nur der Einkäufer des Klägers. Er kaufte die Ware für den Kläger auf, vermittelte dann, wie er bezeugt hat, später auch deren Verkauf an die Firma P. & Co. in A. Und nach dem Tatbestand des ersten Urteils hat der Kläger den Duplikatfrachtbrief zu den Akten überreicht; er wird ihn also anscheinend von Ger. ausgehändigt erhalten haben. Das Berufungsgericht spricht sich hierüber nicht näher aus. Ist aber die Sachlage so, dann erhellt nach dem Gesagten erst recht, daß die Sachberechtigung des N. gegeben war. Frachtrechtlicher Empfänger war N., und sogenannter Destinatär war dann der Kläger, der zugleich die Forderung, die ja im unterstellten Fall, wenngleich nicht formell, so doch sachlich nur in seiner Person begründet sein konnte, von N. abgetreten erhielt. Dessen Zustimmung, daß der Kläger das Duplikat für ihn erhalte, wird dann mangels entgegenstehender Umstände im Zweifel zu unterstellen sein. Der vorher betonte Formalismus würde in diesem Fall um so krasser hervortreten. . . .

RGZ. 110, 209.

1. Ist ein Streik, der sich auf die Angestellten der Eisenbahn beschränkt, als höhere Gewalt im Sinne des § 456 HGB. und des § 84 der Eisenbahnverkehrsordnung anzusehen?

2. Kann ein solcher Streik im Einzelfalle als grobes Verschulden der Leute der Eisenbahn angesehen werden, für das diese aufzukommen hat?

EVO. § 5.

I. Zivilsenat. Urt. v. 16. Februar 1925.

I. Landgericht I Berlin. — II. Kammergericht daselbst.

Die Klägerin lieferte Ende Januar 1922 in Mülheim an der Ruhr bei der Eisenbahn eine Wagenladung mit Kakao und Schokoladewaren zur Beförderung nach Berlin an ihre dortige Zweigniederlassung auf. Kurz darauf brach der Eisenbahnerstreik aus. Der Bahnwagen, der zu einem damals in Wustermark liegenden Güterzug gehörte, wurde durch Aushilfspersonal von dort nach Berlin gefahren. Hier ereignete sich auf dem Bahnhof Beusselstraße ein Zusammenstoß, durch den der Bahnwagen mit den Waren der Klägerin zertrümmert wurde. Die Klägerin fordert Ersatz für die hierbei beschädigten und vernichteten Waren und entgangenen Gewinn. Sie bezifferte diesen Anspruch zunächst nach dem damaligen Stande der Papiermark und erhob im weiteren Verlauf eine zweite Klage, mit der sie den Geldentwertungsschaden erstattet verlangte.

Beide Klagen wurden vom Landgericht, das höhere Gewalt für vorliegend erachtete, abgewiesen. Die Klägerin legte Berufung ein, die sie damit begründete, daß der Schaden nicht durch höhere Gewalt verursacht worden sei, sondern durch grobes Verschulden der Bahn. Letzteres insofern, als die Bahn den Güterzug in Wustermark hätte belassen können, keinesfalls aber ihn durch ungeschultes und streckenunkundiges Personal habe fahren lassen dürfen, ferner auch deshalb, weil den Lokomotivführer ein grobes Verschulden treffe und endlich, weil die Bahn ihrem Personal rechtzeitig höhere Besoldung hätte bewilligen sollen.

Beide Prozesse sind zur gemeinschaftlichen Verhandlung und Entscheidung miteinander verbunden worden. Das Kammergericht erklärte den Klaganspruch dem Grunde nach für gerechtfertigt.

Die Revision der Beklagten hatte keinen Erfolg.

Gründe:

Das Berufungsgericht nimmt im Anschluß an das Urteil des Senats vom 4. März 1922 (RGZ. Bd. 104 S. 150) an, daß der Eisenbahnerstreik nicht als höhere Gewalt anzusehen sei, und kommt zur Feststellung des Klaganspruchs dem Grunde nach in der Erwägung, daß die Arbeitsniederlegung ein grobes Verschulden der Bahnangestellten sei, für das die Bahn nach § 5 EVO. aufzukommen habe.

Die Revision greift das Vorderurteil in beiden Punkten an, allein zu Unrecht. Soweit unter Bezugnahme auf das jene Entscheidung des Senats betreffende Schrifttum Verletzung des Begriffs der höheren

Gewalt gerügt wird, besteht keine Veranlassung, den darin eingenommenen, übrigens bereits in dem Urteil vom 31. Januar 1923 I 168/22 wiederholten Standpunkt zu verlassen. Im Urteil vom 4. März 1922 hatte der Senat gesagt, es erscheine geboten, das Verhalten der gesamten Arbeiterschaft in bezug auf die Wahrnehmung des Dienstes als inneren Betriebsvorgang aufzufassen. Dieser Umstand ist deshalb von entscheidender Bedeutung, weil es dann bei Arbeitsniederlegung an dem Begriffsmerkmal fehlt, daß das Ereignis außerhalb des Betriebs stehen und in diesem Sinn von außen auf ihn einwirken muß. Hiergegen wird im Schrifttum hauptsächlich eingewendet, daß beim Streik der Bedienstete die Arbeit völlig niederlege, also den Willen habe und betätige, nicht weiter als „Werkzeug des Unternehmers" zu handeln (Rundnagel, Haftung der Eisenbahn usw., 3./4. Aufl. S. 78, auch S. 20 Anm. 9 und Aufsatz des jetzigen Mitherausgebers Sperber in der Verkehrsrechtlichen Rundschau 1922 Heft 24). Dabei wird aber übersehen, daß es gar nicht in der Absicht der Streikenden liegt, aus ihrem Dienstverhältnis zur Bahn auszuscheiden, sondern gerade im Gegenteil für das fortzusetzende Dienstverhältnis höhere Gehalts- und Lohnforderungen durchzusetzen. Ihre Arbeitsniederlegung ist nur als einstweilige und vorübergehende gedacht und gewollt. Sie bleiben von ihrem Standpunkt aus Betriebskräfte der Eisenbahn und werden auch von letzterer so angesehen (Düringer-Hachenburg HGB. § 458 Anm. 9 a. E., Ritter HGB. § 432 Anm. 4). Das Versagen dieser lebenden Betriebskräfte ist mithin ein Ereignis, das sich im Betriebskreis der Eisenbahn abspielt, keineswegs aber von außen auf sie einwirkt.

Man hat ferner geglaubt, hier einen Unterschied machen zu sollen zwischen dem Streik der Eisenbahnarbeiter und Eisenbahnbeamten (v. d. Leyen in Anm. zu JW. 1922 S. 1320[6]). Im vorliegenden Fall waren es bekanntlich vornehmlich die Lokomotivführer, also Beamte, die sich an dem Ausstand beteiligt haben. Es wird gesagt, da der Streik den Beamten verboten gewesen sei, also eine unerlaubte Handlung darstelle, so liege insoweit höhere Gewalt vor. Allerdings war den Beamten der damaligen Reichsbahn durch die VO. des Reichspräsidenten vom 1. Februar 1922 (RGBl. S. 187) die Einstellung oder Verweigerung der Arbeit verboten worden (RGSt. Bd. 56 S. 412 flg., 419 flg.). Inwiefern aber deshalb die hier zu entscheidende Frage anders zu beurteilen sein soll, ist nicht einzusehen. Die Tätigkeit der Eisenbahnbeamten gehört wie die der Eisenbahnarbeiter zum Eisenbahnbetrieb. Das Versagen dieser Tätigkeit bleibt also immer ein inneres

Betriebsereignis, mag die Arbeitseinstellung verboten sein oder nicht. Das ist auch für andere Fälle niemals bezweifelt worden (zu vgl. für Diebstahl am Frachtgut durch Leute der Bahn Blume-Weirauch, Eisenbahnverkehrsordnung Anm. 2 zu § 95).

Ebensowenig vermag der Umstand, daß die Eisenbahner sich in Organisationen zusammengeschlossen haben, an der Beurteilung etwas zu ändern. Dazu hat die Nebenintervenientin ausgeführt, daß die Beamten in den Streik nicht in ihrer Eigenschaft als Dienstausübende eingetreten seien, sondern „als Objekte von Gedanken politischer Machtausübung". Was damit gemeint sein soll, ist nicht ganz klar. Denn ohne Beziehung zum Beamtenverhältnis wäre die ganze Bewegung sinnlos, und wenn die Beamten sich Führer wählten, deren Weisungen sie nachkamen, so wurden sie damit keineswegs zu „Objekten". Die ganze Erwägung ist aber nicht nur unklar, sondern überhaupt abwegig, weil die Arbeitnehmer dadurch, daß sie eine Organisation bildeten, nicht aufhörten, Betriebskräfte der Bahn zu sein. Daß aber der Streik den Eisenbahnern nicht durch betriebsfremde Gewalt aufgezwungen wurde, ist vom Vorderrichter ohne erkennbaren Rechtsirrtum festgestellt worden.

Endlich ist die erwähnte Entscheidung des Senats dahin gedeutet worden, daß ihre Grundsätze nur für örtliche Teilstreiks der Eisenbahner Geltung hätten, nicht aber auch für einen allgemeinen Eisenbahnerstreik wie den vom Februar 1922 (Oertmann in der Verkehrsrechtlichen Rundschau 1922 Sp. 392). Auch dies trifft nicht zu. Allerdings handelte es sich damals nur um einen Teilstreik von Eisenbahnarbeitern in Brockau. Aber der Senat hat in jenem Urteil nur ausgesprochen, daß die Sache anders beurteilt werden könne, „wenn die Eisenbahner durch außerhalb des Eisenbahnbetriebs stehende Personen oder besondere Ereignisse, wie etwa Generalstreik, gezwungen worden seien, in den Ausstand zu treten". So aber lag hier der Fall nicht. Der Streik blieb auf die Eisenbahn beschränkt. Solange aber der Streik nur auf Entschließungen der Eisenbahner allein beruht, bleibt er eine innere Betriebsangelegenheit, mag er auch das gesamte Personal der Eisenbahn umfassen. Wenn daher in dem Urteil eine Ausnahme für den Fall zugelassen wird, daß ein Ereignis außerhalb des Betriebskreises die Arbeitseinstellung nach sich gezogen hat, so könnte hierunter etwa ein Generalstreik im eigentlichen Sinne fallen, d. h. eine Arbeitsniederlegung sämtlicher werktätigen Angestelltenkreise, oder Einwirkungen feindlicher Besatzungsmächte und ähnliches (im Ergebnis ebenso: Senckpiehl, die Haftung von Eisenbahn, Post, Spediteuren

S. 49). Mit Recht hat hiernach das Berufungsgericht den Einwand der höheren Gewalt verworfen.

Das grobe Verschulden der Eisenbahner, für das der Vorderrichter die Beklagte nach § 5 EVO. verantwortlich macht, ist darin gefunden worden, daß — zumal bei der Plötzlichkeit, mit der die Arbeit niedergelegt wurde — die zur Beförderung aufgelieferten Güter liegenblieben, wo sie gerade waren, und dort jeder Obhut entbehrten, daß sie dadurch „ganz ersichtlich" zahlreichen schweren Betriebsgefahren, z. B. durch Zusammenstoß von Zügen, Inbrandgeraten infolge von Funkenflug und dergleichen, wie auch betriebsfremden Schädigungen, namentlich Diebstahl, ausgesetzt waren. Der Senat sieht keinen Anlaß, dieser schlüssig begründeten Annahme grob fahrlässigen Verhaltens der Eisenbahner entgegenzutreten. In rechtlicher Beziehung könnte sich das Bedenken ergeben, daß die Bahn im vorliegenden Fall gar nicht in die Lage gekommen sei, sich dieser streikenden Eisenbahner zur Ausführung der Beförderung zu bedienen und daß das Verschulden der Streikenden gerade darin bestanden habe, daß die Bahn sich ihrer nicht bedienen konnte. Dem stünde jedoch schon der Umstand entgegen, daß die Bahn nach § 5 EVO. unzweifelhaft auch für Säumigkeit eines nicht streikenden Eisenbahners bei Ausführung einer Güterbeförderung, also für schuldhaftes Unterlassen haftet. Ist aber das der Fall, so ist nicht einzusehen, wie es einen rechtlichen Unterschied begründen könnte, ob ein einzelner oder einzelne Leute der Bahn sich einer Unterlassung schuldig machen oder ob die Eisenbahner in ihrer Gesamtheit auf gemeinsame Verabredung hin diese Unterlassung begehen. Der Sinn des § 5 EVO. ist denn auch offensichtlich ein anderer. Nicht darauf kommt es an, ob die Leute der Bahn, die im gegebenen Fall mit der Ausführung der Beförderung betraut waren, schuldhaft handelten, sondern ob ein eingetretener Schaden in ursächlichem Zusammenhang steht mit einem schuldhaften Verhalten der Leute der Bahn oder anderer Personen, die allgemein mit der Ausführung von Güterbeförderungen von ihr befaßt waren. Übrigens gehört schon rein sprachlich der Beziehungssatz „deren sie sich bei Ausführung der Beförderung bedient" nur zu den unmittelbar vorangehenden Worten „für andere Personen" und dient lediglich zur näheren Bezeichnung dieser Personen als Hilfspersonal. Ursächlicher Zusammenhang aber zwischen dem Eintritt des Schadens und dem Streik ist vom Berufungsgericht ohne Rechtsirrtum festgestellt worden. Es ist selbstverständlich, daß ohne den Streik die Bahn keinen Anlaß gehabt hätte, zur Aufrechterhaltung ihres Betriebs Aushilfspersonal einzustellen, und die hierdurch hervorgerufene Gefahr von Zusammenstößen war nach Annahme des Vorderrichters „ganz ersichtlich". Voraussehbarkeit eines solchen Schadens wäre aber für die Annahme adäquater Verursachung nicht einmal erforderlich. Die Ursächlichkeit des Streiks für den Eintritt des Schadens wird endlich auch nicht dadurch beseitigt, daß die Bahn Aushilfspersonal einstellte und dieses sich im vorliegenden Fall den Anforderungen des Betriebs nicht gewachsen zeigte. Denn die Bahnverwaltung und das Aushilfspersonal taten ihr Bestes, um den arg gefährdeten Betrieb nicht zum völligen Erliegen kommen zu lassen. Es waren, wie das Kammergericht mit Recht sagt, nur Gegenmaßnahmen gegen die Wirkungen des Streiks, er allein war die eigentliche Schadensursache.

RGZ. 110, 324.

Verstößt die Ausführungsbestimmung I Abs. 2 Satz 2 zu § 76 der Eisenbahnverkehrsordnung, wonach die vom Empfänger beantragte unmittelbare Weitersendung des Frachtguts von der Eisenbahn abgelehnt werden kann, gegen den sogenannten Beförderungszwang der Eisenbahn?

HGB. § 453. Eisenbahnverkehrsordnung §§ 3, 76.

I. Zivilsenat. Urt. v. 21. März 1925.

I. Landgericht Beuthen O./S. — II. Oberlandesgericht Breslau.

Die Klägerin bezog im Mai und Juni 1920 von den Berg- und Hüttenwerken C. und L. Zinkerze, die sie an das L.-Werk in Sch. bei Beuthen O.-Schl. weiter verkaufte. Um ihrer Abnehmerin die Bezugsquelle nicht preiszugeben, sandte sie die Zinkerze zunächst mit der Eisenbahn an die Anschrift eines Spediteurs in Kattowitz, der dann seinerseits die Wagen ohne Umladung mit neuem Frachtbrief an das L.-Werk aufgeben sollte. Ein Teil der Zinkerzladungen ist in dieser Weise befördert worden. Dagegen hat die Eisenbahn eine derartige Weitersendung von 13 in der Zeit vom 23. bis 29. Juni und von 7 am 1. und 2. Juli 1920 in Kattowitz eingetroffenen Bahnwagen zunächst verweigert und erst am 5. und 6. Juli 1920 zugelassen. Durch das Stehenbleiben der beladenen Wagen in Kattowitz erwuchsen Wagenstandgelder, die die Bahn von dem Kattowitzer Spediteur als Empfänger erhob. Die Klägerin verlangte als dessen Rechtsnachfolgerin die Erstattung dieser Wagenstandgelder, weil sie die Weigerung der Bahn für unberechtigt hielt. Ferner forderte sie aus dem gleichen Grunde und, weil die Weigerung nur aus Schikane geschehen sei, von der Eisenbahn den ihr durch das verspätete Eintreffen in Sch. entstandenen

Schaden, da im Juli die Verbandspreise herabgesetzt worden seien. Das Landgericht verurteilte die Eisenbahn zur Erstattung der Wagenstandgelder und stellte den Schadensersatzanspruch dem Grunde nach fest.

Die Berufung der Eisenbahn führte zur Klagabweisung. Die Revision der Klägerin blieb erfolglos.

Gründe:

Die Entscheidung der Rechtsfrage hängt wesentlich von der Gültigkeit der Ausführungsbestimmung I Abs. 2 Satz 2 zu § 76 EVO. ab. Zu der letztgenannten Bestimmung, die von der Ablieferung handelt, fügt die Ausführungsbestimmung I Abs. 1 Nr. 4 hinzu, daß der im Frachtbrief bezeichnete Empfänger, statt das Gut abzunehmen, auch die Anweisung erteilen kann, es solle dieses mit neuem Frachtbrief von der Bestimmungsstation nach einer anderen Station gesandt werden. In Satz 2 des Absatzes 2 dieser Ausführungsbestimmung ist dann gesagt: „Die Ausführung der Anweisung kann abgelehnt werden."

Nach § 453 HGB. darf die Eisenbahn, von hier nicht in Frage kommenden Ausnahmen abgesehen, die Übernahme von Gütern zur Beförderung nicht abelehnen. Die Klägerin hält die wiedergegebene Ausführungsbestimmung mit dem in § 453 HGB. angeordneten sogenannten Beförderungszwang der Eisenbahn nicht für vereinbar und die Revision macht dies erneut unter Hinweis auf § 3 EVO. geltend.

Dieses Vorbringen ist zwar nach § 471 HGB. an sich beachtlich, aber nicht begründet, und es muß im Ergebnis dem Vorderrichter beigetreten werden, die die Ausführungsbestimmung über das Ablehnungsrecht für gültig hält. In § 453 HGB. ist von „Übernahme von Gütern zur Beförderung", die nicht verweigert werden könne, die Rede, in § 3 EVO. allgemein von der „Beförderung". Darauf legt die Revision Wert, augenscheinlich deshalb, weil sie meint, daß damit auch die Fortsetzung der Beförderung des Frachtguts im Sinne der Umbehandlung getroffen werde. Allein die Verschiedenheit der Wortfassung bedeutet keinen sachlichen Unterschied. Auch bei der Umbehandlung wird ein neuer Frachtvertrag abgeschlossen, das Gut somit aufs neue übernommen (zu vgl. Rundnagel, 3.—4. Aufl. S. 22), nur daß hier eine Entladung und eine Neubeladung erspart werden. Mit dieser Unterscheidung wird also nichts gewonnen. Vielmehr läßt sich die Frage nur beantworten, wenn man prüft, ob durch Ablehnung der Umbehandlung tatsächlich der Empfänger in die Unmöglichkeit versetzt wird, das Gut weiter befördern zu lassen. Davon kann jedoch keine Rede sein. Ohne die Anweisung des Empfängers würde zunächst der Frachtvertrag in der üblichen Weise abzuwickeln gewesen sein. Der Empfänger hätte also gemäß § 80 EVO. das Frachtgut abzunehmen und den Bahnwagen zu entladen gehabt und er wäre dann in keiner Weise gehindert gewesen, das Gut alsbald aufs neue bei der Bahn zur Beförderung nach einem anderen Ort aufzuliefern. Hier greifen nun die Ausführungsbestimmungen ein, die im Gegensatz zu den Bestimmungen des Handelsgesetzbuchs und der Eisenbahnverkehrsordnung reines Vertragsrecht darstellen (§ 2 EVO.). Diese Ausführungsbestimmungen geben dem Empfänger, der das Frachtgut gleich weiterversandt haben will, die Möglichkeit, seinen Zweck unter Ersparung der Ausladung und Neubeladung in der Weise zu erreichen, daß er bloß einen neuen Frachtvertrag mit der Eisenbahn abschließt. Darin liegt selbstverständlich eine erhebliche Vereinfachung des Geschäftsgangs für den Empfänger. Nur einen Anspruch auf Gewährung dieser Erleichterung soll der Empfänger nicht haben, was durchaus verständlich ist. Denn an sich hat er kein Recht, den Bahnwagen, auf dem das Frachtgut befördert worden ist, länger zu behalten, als zur Entladung erforderlich ist. Auf der Empfangsstation werden meist neue Beförderungsaufträge zur Erledigung vorliegen und die Zahl der verfügbaren Wagen wird regelmäßig nur begrenzt sein. Eine Anweisung des Empfängers im Sinne der Ausführungsbestimmung I Abs. 1 Nr. 4 zu § 76 EVO. könnte also, wenn ihr unbedingt zu entsprechen wäre, unter Umständen für die Abwicklung des Güterverkehrs zu Schwierigkeiten führen, weshalb die Bahn hier — im Gegensatz zur nachträglichen Verfügung des Absenders nach § 73 EVO. — freie Hand behalten soll und Entladung verlangen kann. Die Umbehandlung des Frachtguts nach I Abs. 1 Nr. 4 der Ausführungsbestimmungen zu § 76 EVO. ist somit ihrem Wesen nach nur eine besondere Art der Abwicklung des Frachtvertrags (zu vgl. auch RGZ. Bd. 102 S. 94). Lehnt daher die Eisenbahn die Ausführung der Anweisung des Empfängers ab, so verbleibt es bei der regelmäßigen Abwicklung des Frachtvertrags, ohne daß jedoch durch die Ablehnung dem Empfänger irgendwie verwehrt würde, sogleich im Anschluß daran einen neuen Frachtvertrag mit der Bahn abzuschließen.

Die Gültigkeit der streitigen Ausführungsbestimmung steht hiernach außer jedem Zweifel. Daß sich aber die Eisenbahn nicht aus § 826 BGB. haftbar gemacht hat, ist vom Vorderrichter mit rechtlich einwandfreier und im übrigen auf Tatsachenwürdigung gestützter Begründung dargelegt worden.

RGZ. 111, 72.

1. Zum Begriff „Reisegepäck" im Sinne der Eisenbahnverkehrsordnung.

2. Wie haftet die Eisenbahn für den Verlust des Guts, wenn zur Beförderung als Reisegepäck Gegenstände aufgegeben werden, die im gesetzlichen Sinne nicht zum Reisegepäck gehören?

HGB. §§ 465, 467. Eisenbahnverkehrsordnung §§ 30, 57, 96.

I. Zivilsenat. Urt. v. 23. Mai 1925.

I. Landgericht Köln. — II. Oberlandesgericht daselbst.

Der Kläger gab, als er am 16. März 1922 mit der Eisenbahn von Berlin nach seinem Wohnort Köln zurückfuhr, als Reisegepäck einen Schrankkoffer auf, der mehrere Anzüge, eine Anzahl anderer Bekleidungsstücke, 11 m Seide, einige Bücher und verschiedenes Notgeld enthielt. Die Anzüge und sonstigen Bekleidungsstücke hatte der Kläger zum erheblichen Teil in Berlin für sich neu angeschafft. Die Seide war zum Geschenk für seine Frau bestimmt. Der Koffer konnte dem Kläger in Köln nicht ausgehändigt werden, da er einem Unbefugten auf einen gefälschten Gepäckschein übergeben worden war. Der Kläger verlangt von der Eisenbahn die Erstattung des Wertes von Koffer und Inhalt. Die Beklagte beantragt Abweisung der Klage und macht geltend, daß die Gegenstände nicht Reisegepäck im Sinne der Eisenbahnverkehrsordnung und überdies zu einem erheblichen Teil Kostbarkeiten gewesen seien. Das Landgericht wies die Klage ab. Die Berufung des Klägers wurde vom Oberlandesgericht zurückgewiesen. Seine Revision hatte Erfolg.

Gründe:

Das Berufungsgericht führt aus: Zum Begriff „Reisegepäck" gehöre es, daß die als solches aufgegebenen Gegenstände zur Hauptsache dem persönlichen Gebrauch des Reisenden auf der Reise dienen sollten. Das sei hier nicht der Fall. Denn der an Zahl und Wert größte Teil der Gegenstände sei zur Verwendung durch den Kläger und seine Frau nach der Rückkehr in seinen Wohnort Köln bestimmt gewesen. Der Kläger habe durch die Aufgabe der Sendung als Reisegepäck der Sendung eine Bezeichnung gegeben, die den Tatsachen nicht entspreche. Es entfalle daher die Haftung der Beklagten auf Grund des § 96 EVO.

Die Revision rügt: Der Begriff des Reisegepäcks sei verkannt; die Beklagte werde auch nicht dadurch von ihrer Haftung befreit, daß der Inhalt der Sendung nicht Reisegepäck im Sinne der Eisenbahnverkehrsordnung gewesen sei. Die letztere Rüge ist in der allgemeinen Fassung nicht begründet. Der Senat hat sich mit der Frage, welche Folgen es habe, wenn als Reisegepäck Gegenstände aufgegeben werden, welche nicht dazu gehören, ob insbesondere dann die Haftung der Bahn für Verlust usw. entfalle, bereits in dem in RGZ. Bd. 97 S. 109 veröffentlichten Urteil vom 5. November 1919 befaßt und die Haftung in eingehenden Ausführungen verneint. Er hat das einmal aus dem Wortlaut des § 35 EVO. gefolgert, und ferner aus der Bestimmung des § 96 daselbst. Ob die erstere Begründung aufrechtzuerhalten ist, kann dahingestellt bleiben. Der zweite Grund erscheint aber auch nach erneuter Prüfung zutreffend. Die Angriffe, die von v. d. Leyen und Senckpiehl in JW. 1920 S. 780 und 428 dagegen erhoben worden sind, greifen nicht durch. Daß die Bestimmung des § 96 EVO. überhaupt auch auf Reisegepäck Anwendung findet, ergibt sich aus § 35 Abs. 1 daselbst. Zweifelhaft kann sein — und in dieser Richtung bewegen sich auch die gegen das Urteil erhobenen Angriffe —, ob § 96 EVO. nicht nur die im § 54 EVO. bezeichneten, von der Beförderung ausgeschlossenen oder zu ihr nur bedingungsweise zugelassenen Gegenstände im Auge hat, ob Gegenstände, die nicht als Reisegepäck aufzufassen sind, von der Beförderung als solches ausgeschlossen sind, und ob eine unrichtige Bezeichnung darin liegt, daß diese Gegenstände als Reisegepäck aufgegeben werden.

In Anbetracht der allgemeinen Fassung und des Zwecks der Bestimmung muß angenommen werden, daß sie sich nicht nur auf die gänzlich von der Beförderung ausgeschlossenen Gegenstände bezieht, sondern auch auf solche, die von gewissen Arten der Beförderung ausgeschlossen sind. Der gesetzgeberische Zweck, der zu der Bestimmung geführt hat, ist in beiden Fällen der gleiche. Die Bestimmung will verhüten, daß solche Gegenstände der Anordnung zuwider zur Beförderung aufgegeben werden, und daß die Beförderung durch eine sachlich unrichtige Bezeichnung erreicht wird, weil die Bahn praktisch zu einer Nachprüfung nicht in der Lage ist. Sie sucht den Zweck dadurch zu erreichen, daß sie, gewissermaßen als Abschreckungsmittel und Strafe, ihre Haftung für diese Sachen ausschließt. Rundnagel, Haftung der Eisenbahn, 3./4. Aufl. S. 54, kommt zu demselben Endergebnis. Die von ihm vertretene Ansicht, es solle das sich aus einer bestimmungswidrigen Auflieferung für die Bahn ergebende Risiko verhütet werden, erscheint aber nicht zutreffend. Denn mit der Beförderung der im § 54 EVO. an erster Stelle aufgeführten, dem Postzwang unterliegenden Gegenstände ist irgendein höheres Risiko nicht verbunden, und ebensowenig vielfach mit denjenigen, deren Beförderung nach gesetzlicher Vorschrift oder aus Gründen der öffentlichen Ordnung verboten ist. Auch die weiteren in der früheren Entscheidung des Senats angestellten Erwägungen sprechen für die weitere Auslegung. Die Entstehungsgeschichte des § 96 EVO. läßt irgendeinen sicheren Rückschluß auf seine Auslegung nicht zu.

Ausgeschlossen von der Beförderung als Reisegepäck sind aber die Gegenstände, die den Anforderungen des § 30 EVO. nicht entsprechen. Es ist das zwar nicht ausdrücklich im Gesetz gesagt, folgt aber aus der Bestimmung, daß eben nur Gegenstände gewisser Art als Reisegepäck aufgegeben werden dürfen. In dieser Aufgabe liegt aber auch die Angabe, daß das Aufgegebene Reisegepäck sei, und damit eine unrichtige Bezeichnung. Wenn das Gesetz sagt, daß der Reisende gewisse Gegenstände „als Reisegepäck" aufgeben kann und daß das Reisegepäck durch seine Verpackung als solches kenntlich sein muß, so gibt der Reisende, wenn er Gegenstände so verpackt und sie als Reisegepäck aufgibt, der Bahn kund, daß die Verpackung solche Gegenstände enthalte.

Werden mit anderen, zur Beförderung zugelassenen Gegenständen in einheitlicher Verpackung zugleich solche verwendet, die nicht so versendet werden dürfen, so entfällt die Haftung doch nur für die letzteren, nicht auch zugleich für die ersteren. So auch E g e r, EVO. § 96 Anm. 504; S t a u b, HGB. § 467 Anm. 5 und R u n d n a g e l, a. a. O. S. 50. Denn die außerordentliche Bestimmung des § 96 EVO. will eben nur die Gegenstände treffen, die zu Unrecht zur Beförderung gebracht sind. Es würde deshalb vorliegend die Haftung der Beklagten unter keinen Umständen für diejenigen Sachen ausgeschlossen sein, die wirklich zum Reisegepäck im Sinne des § 30 EVO. gehören. Und daß solche Sachen sich in dem Koffer befunden haben, nimmt ja auch das Berufungsgericht an.

Es kann ihm aber auch aus Rechtsgründen darin nicht beigetreten werden, daß der erheblichste Teil der Sachen nicht zum „Reisegepäck" gehörte. In seinem in RGZ. Bd. 106 S. 194 veröffentlichten Urteil vom 13. Januar 1923 hat der Senat aus der Entstehungsgeschichte des § 30 EVO. gefolgert, daß der Begriff „Reisegepäck" nicht ängstlich, dem Wortlaute nach, sondern ausdehnend auszulegen ist, und es für nicht rechtsirrtümlich bezeichnet, daß das Berufungsgericht diejenigen Gegenstände als Reisegepäck zugelassen hat, deren Verwendung in einem näheren Zusammenhange mit dem Zweck der Reise steht, so daß der Reisende ihrer aus persönlichen oder wirtschaftlichen Gründen in nicht allzu ferner Zeit am Ziele der Reise bedarf. Daran ist festzuhalten.

Je nach den persönlichen Verhältnissen und den Zwecken der Reise wird der Umfang der als „Reisegepäck" anzusehenden Gegenstände ein verschiedener sein. Das, was nach den besonderen Verhältnissen der Reisende als Gepäck mit sich zu führen pflegt und was er in nicht zu ferner Zeit für die Bedürfnisse seiner Person, seiner etwa mitreisenden Angehörigen und seines Haushalts zu benutzen beabsichtigt oder als übliche Geschenke mitbringt, wird man als Reisegepäck ansehen können. Jede mißbräuchliche Benutzung ist aber auszuschließen. Was danach Reisegepäck ist und was mißbräuchlich als solches mitgeführt wird, muß nach diesen Gesichtspunkten im Einzelfalle beurteilt werden. Ob die Gegenstände überwiegen, die auf der Reise selbst gebraucht werden, kann nicht mehr als ausschlaggebend erachtet werden. Nach diesen Gesichtspunkten wird daher vom Tatrichter erneut zu prüfen sein, inwieweit die verlorengegangenen Gegenstände zum Reisegepäck gehören. Das bisher Vorgebrachte allein erscheint kaum geeignet, den im Koffer mitgeführten Sachen die Eigenschaft als Reisegepäck zu nehmen. Auch wenn danach für einen Teil die Haftung der Beklagten ausscheidet, ist diese im übrigen, wie oben ausgeführt, gegeben. Es wird hinsichtlich der an sich als Reisegepäck zu erachtenden Gegenstände ferner der Einwand zu prüfen sein, ob sie Kostbarkeiten sind. Dafür sind nicht die Verhältnisse des einzelnen Gegenstandes, sondern Umfang, Gewicht und Wert des gesamten Versandstücks in Betracht zu ziehen (vgl. RGUrt. v. 4. Oktober 1924 I 25/24).

RGZ. 111, 335.

Welche Pflichten hat die Bahn bei der Gestellung von Eisenbahnwagen für die Verladung von Möbelwagen? Welche Pflichten hat der Versender bei einer solchen Verladung?

Eisenbahnverkehrsordnung § 86 Abs. 1 Nr. 1 u. 3, Abs. 3.

I. Zivilsenat. Urt. v. 26. September 1925.

I. Landgericht I Berlin. — II. Kammergericht daselbst.

Laut Frachtbrief vom 20. Oktober 1923 verlud der Kläger in G. auf einem offenen Eisenbahnwagen einen ihm gehörigen Möbelwagen, in dem sich Umzugsgut befand, und übergab ihn der Bahn zur Beförderung nach Gr. L. Als der Wagen in dem elektrisch betriebenen Zuge auf der Strecke Halle—Bitterfeld befördert wurde und sich nicht weit vor der letztgenannten Station befand, geriet er in Brand. Nach Eintreffen auf der Station wurde der Brand gelöscht. Der Möbelwagen war jedoch durch den Brand schon erheblich beschädigt und auch das Umzugsgut hatte durch das Feuer gelitten.

Mit Eingabe vom 5. November 1923 verlangte der Kläger von der Bahn Ersatz des ihm durch den Brand des Möbelwagens entstandenen Schadens, wurde aber abschlägig beschieden. Darauf klagte er auf Zahlung eines Schadensersatzbetrags. Das Landgericht wies die Klage ab.

Die Berufung des Klägers wurde zurückgewiesen. Seine Revision führte zur Aufhebung und Zurückverweisung.

Gründe:

Das Berufungsgericht führt aus: Der Klaganspruch entfalle auf Grund des § 86 Nr. 1 und 3 EVO. Denn die Brandgefahr sei mit der Beförderung auf einem offenen Wagen verbunden und ebenso mit der vom Kläger vorgenommenen, die Profilhöhe überschreitenden Verladung; der Schaden habe den Umständen nach aus diesen Gefahren entstehen können. Ein Verschulden der Beklagten liege nicht vor. Bestimmte Feststellungen über die Entstehung des Brandes hat das Berufungsgericht nicht getroffen; es läßt dahingestellt, ob Überspringen eines elektrischen Funkens, Funkenflug oder eine sonstige Ursache den Brand veranlaßt hat. Wenn auch dem Berufungsgericht darin nicht entgegenzutreten ist, daß mit der Beförderung im offenen Wagen in jedem Fall insoweit eine größere Gefahr des durch Einwirkung von außen, auch durch Überspringen eines elektrischen Funkens, entstehenden Brandes verbunden ist, als das schützende Dach des geschlossenen Eisenbahnwagens fehlt (vgl. auch RGZ. Bd. 34 S. 42), so genügen die bisherigen Feststellungen doch nicht zur Beurteilung der Frage, ob für die Entstehung des Brandes ein Verschulden der Beklagten ursächlich gewesen ist. Die Beklagte ist im Rechtsstreit — und zwar im wesentlichen in Übereinstimmung mit den Ergebnissen der Tatbestandsaufnahme — davon ausgegangen, daß der Brand durch Überspringen eines elektrischen Funkens entstanden und daß dies nur durch Hinausragen der Oberkante des Möbelwagens über die Profilhöhe herbeigeführt worden ist, und das Berufungsgericht hat das bei seinen Ausführungen über die Anwendbarkeit des § 86 Nr. 3 EVO. unterstellt. Liegt die Sache so und treffen die weiteren Behauptungen des Klägers über Art und Höhe des Möbelwagens und des Eisenbahnwagens sowie über die jahrelange, gefahrlose Beförderung des Möbelwagens auf der Eisenbahn zu, so irrt das Berufungsgericht in der Annahme, daß die Beklagte kein Verschulden in der Stellung des Eisenbahnwagens treffe. Aus dem Frachtvertrag ergibt sich für die Eisenbahn die Pflicht, einen für die

Beförderung des Gutes, hier des Möbelwagens, geeigneten Eisenbahnwagen zu stellen. Das Verladen lag dann dem Kläger ob, da es sich um Wagenladungsgut handelte (Deutscher Eisenbahn-Gütertarif Teil I Abt. B § 42). Zu stellen war, wie sich aus III § 44 das. ergibt, ein offener Wagen. Auf Grund der gemäß § 63 EVO. vom Kläger gemachten Mitteilung war der Beklagten bekannt, daß ein Möbelwagen verladen werden sollte. Trifft es zu, daß Möbelwagen regelmäßig eine bestimmte Höhe oder bestimmte größte Höhe haben und daß deshalb nur bei Verwendung offener Eisenbahnwagen der niedrigeren Art die Profilhöhe nicht überschritten wird, so lag der Beklagten die Verpflichtung ob, einen solchen Wagen zu stellen, und sie verletzte durch Stellung eines höheren Wagens die ihr obliegende Sorgfaltspflicht. Dieses Verschulden war aber auch, falls die Überschreitung der Profilhöhe wirklich das Überspringen des Funkens bedingt hat, allein oder doch mit ursächlich für die Entstehung des Brandes. Und auch das letztere genügt zur Anwendung des § 86 Abs. 3 EVO. In Betracht zu ziehen ist aber, ob den Kläger etwa ein mitwirkendes Verschulden trifft, sowie nötigenfalls, in welchem Verhältnis zueinander das beiderseitige Verschulden steht, insbesondere ob eines bei weitem überragt, da dann § 254 BGB. anzuwenden ist. Auch dafür sind weitere tatsächliche Erörterungen notwendig. Es wird dabei zu erörtern sein, ob nach Lage der Umstände den Kläger die Verpflichtung traf, die Höhe des Eisenbahnwagens nachzuprüfen, oder ob er sich in Betracht der früheren jahrelangen, ungestörten Beförderung darauf verlassen konnte, daß ihm ein der Höhe des Möbelwagens entsprechender Eisenbahnwagen gestellt sei, sowie ob die Leute des Klägers ohne weitere Prüfung erkennen konnten, daß der Eisenbahnwagen an sich zu hoch war und daß die Gesamtladung die Profilhöhe überschritt. Schließlich wird auch zu prüfen sein, ob bei ordnungsmäßiger Anlegung der Oberleitung auch im Fall etwa vorliegender Profilüberschreitung der Funken übergesprungen wäre, was der Kläger bestreitet. Daß die Beklagte die Verpflichtung traf, den Kläger auf den elektrischen Betrieb der Strecke Halle—Bitterfeld hinzuweisen, kann dagegen nicht anerkannt werden, da dem Kläger als Spediteur das bekannt sein mußte. Nur wenn die Ursache des Brandes festgestellt ist, wird sich beurteilen lassen, ob überhaupt der Brandschaden aus der mit der mangelhaften Verladung verbundenen Gefahr entstanden ist und ob den Umständen nach dieser Schaden daraus entstehen konnte.

RGZ. 112, 88.

1. Erfordert die Ausführungsbestimmung 2 zu § 30 der Eisenbahnverkehrsordnung, wonach statt der Wertangabe die Erklärung genügt, daß die Gepäckstücke Kostbarkeiten enthalten, für diesen Fall unter allen Umständen den Gebrauch des Ausdrucks „Kostbarkeiten“ oder reicht es aus, wenn dem Bahnbeamten aus den Erklärungen des Reisenden klar erkennbar wird, daß Kostbarkeiten im bahntechnischen Sinne gemeint sind?

2. Sind die durch Tarife für die Haftung der Eisenbahn bei Verlust von Kostbarkeiten in Papiermark festgesetzten Höchstbeträge der Aufwertung nach allgemeinen Grundsätzen zugänglich?

3. Was ist für den Begriff der Kostbarkeit im Reisegepäck Vergleichsgegenstand: anderes Reisegepäck oder allgemein anderes Frachtgut?

HGB. § 465 Abs. 2. BGB. § 242. Eisenbahnverkehrsordnung §§ 30 Abs. 5, 35 Abs. 2.

I. Zivilsenat. Urt. v. 11. November 1925.

I. Landgericht München I. — II. Oberlandesgericht daselbst.

Der Klägerin ist in der Nacht vom 26. zum 27. März 1923 auf der Strecke Berlin—Wien vor Passau ein als Reisegepäck aufgegebener Koffer abhanden gekommen. Sie benutzte mit ihrem Ehemann den Schlafwagen und führte mehrere Koffer als Handgepäck mit sich. Die Zugbeamten beanstandeten das Handgepäck als übermäßig und verlangten, daß einer der beiden größeren Koffer als Reisegepäck aufgegeben werde. Der Ehemann der Klägerin, der für diese die Verhandlung führte, fügte sich schließlich dem Verlangen der Bahn und gab während der Fahrt den später abhanden gekommenen Koffer als Reisegepäck auf. Als der Zug in Passau eintraf, fehlte der Koffer. In ihm befanden sich nach Angabe der Klägerin eine Chinchillapelerine und ein Blaufuchskragen, ferner Damenkleidung und Damenwäsche sowie kleinere Bedarfsgegenstände. Der Wert der Sachen am 26. März 1923 wird von der Klägerin auf $216^3/_4$ Millionen österreichischer Kronen beziffert und Erstattung dieses Betrages nebst Zinsen begehrt.

Die Beklagte hält sich hierzu nicht für verpflichtet, weil es sich danach um Kostbarkeiten gehandelt haben würde, die nicht ordnungsmäßig deklariert worden seien.

Während das Landgericht diesen Einwand für durchgreifend erachtete und die Klage abwies, erkannte das Oberlandesgericht den Anspruch dem Grunde nach für gerechtfertigt an. Die Revision führte zur Aufhebung des Berufungsurteils und Zurückverweisung der Sache in die Vorinstanz.

Gründe:

Das Berufungsgericht läßt dahingestellt, ob der abhanden gekommene Koffer als Kostbarkeit zu gelten hat, weil nach seiner Ansicht auf alle Fälle die Deklarierung als solche ordnungsmäßig war. Auch die weitere Frage, die nach dem Vorbringen der Klägerin in Betracht kam, ob es nämlich der Eisenbahn wegen eigenen Verschuldens (Vorsatz oder grober Fahrlässigkeit) nach § 35 Abs. 2 Schlußsatz EVO. verwehrt ist, sich auf die Beschränkung ihrer Haftung nach der Ausführungsbestimmung zu § 35 EVO. zu berufen, entscheidet der Vorderrichter nicht. Hierzu hatte die Klägerin behauptet, daß der Koffer unter Mitwirkung von Bahnangestellten gestohlen worden sei, und ferner, daß mindestens die Bahn durch Unterlassung der nötigen Aufsicht ein grobes Verschulden treffe. Das Berufungsgericht geht hierauf nicht ein, weil es annimmt, daß bei der ungeheuren Entwertung der Papiermark ein Festhalten an den Haftungsgrenzen von 150 M für das Kilo und von 2000 M für die ganze Sendung gegen Treu und Glauben verstoßen würde und daher die vertragsrechtliche Beschränkung der Ausführungsbestimmungen „als stillschweigend aufgehoben" zu erachten sei.

Gegen beide Annahmen des Vorderrichters, ordnungsmäßige Deklarierung und stillschweigende Aufhebung der Haftungsbeschränkungen, wendet sich die Revision.

1. Nach der Beweisannahme des zweiten Richters haben sich die Vorgänge bei Aufgabe des Koffers als Reisegepäck folgendermaßen abgespielt: Der Zugrevisor S. und der Schaffner P. forderten die Klägerin auf, den Koffer als Reisegepäck aufzugeben. Der Ehemann H. lehnte dies zunächst mit der Begründung ab, der Koffer enthalte „wertvolle Gegenstände". Man verlangte dann von ihm, daß er andernfalls eine Fahrkarte II. Klasse nachlöse. Daraufhin erklärte sich H. bereit, den Koffer aufzugeben. Während der Fahrt holte der Wagenaufseher G. den Koffer aus dem Abteil und übergab ihn in Gegenwart des von S. über die Sachlage unterrichteten Zugführers G. dem Packmeister zur Nachbehandlung als Reisegepäck. Später händigte G. dem Ehemann der Klägerin den Gepäckschein aus. Darin fehlte die Angabe, daß der Koffer Kostbarkeiten enthalte.

Das Berufungsgericht ist der Ansicht, daß die Angaben des Ehemanns der Klägerin als genügende Deklaration anzusehen seien. Wenn S. es unterlassen habe, den Packmeister auf den wertvollen Inhalt des

Koffers hinzuweisen, so müsse die Bahn dafür einstehen. Den Beamten P. und S. sei nach der Sachlage klar gewesen, daß H. nur wegen des kostbaren Kofferinhalts den Koffer nicht als Reisegepäck habe aufgeben wollen und nicht etwa aus dem Grunde, um sich die Frachtkosten zu ersparen. Belanglos sei es, daß er nur von „wertvollen Gegenständen" gesprochen und den Fachausdruck „Kostbarkeiten" nicht gebraucht habe. Ebensowenig könne es der Klägerin zum Nachteil gereichen, daß der Kostbarkeitsvermerk auf dem Gepäckschein gefehlt habe, weil die Klägerin und ihr Ehemann im fahrenden Zug bei der Übergabe des Gepäckstücks nicht hätten zugegen sein können, zumal da die Vorschrift der Ausführungsbestimmung Nr. 2 Schlußabsatz zu § 30 EVO. über das Vermerken des Kostbarkeitsinhalts im Gepäckschein nur eine Anweisung für die Bahnangestellten sei. Hilfsweise erwägt das Berufungsgericht, daß, falls der Koffer nicht der Weisung des Reisenden gemäß abgefertigt worden sei, ein Verschulden der Bahnangestellten bei Eingehung des Frachtvertrags vorliegen würde, für das die Bahn einzustehen habe.

Hiergegen lassen sich durchgreifende Bedenken nicht erheben. Insbesondere genügt nach der Ausführungsbestimmung 2c zu § 30 EVO. an Stelle der Wertangabe auch die Erklärung, daß die Gepäckstücke Kostbarkeiten enthalten. Damit ist aber nicht gesagt, daß der Ausdruck „Kostbarkeiten" unbedingt und unter allen Umständen angewendet werden müsse. Zwar wird es im allgemeinen nicht ausreichen, wenn der Reisende bei Aufgabe des Gepäckstücks lediglich bemerkt, der Koffer habe einen wertvollen Inhalt. Dazu wäre der Ausdruck viel zu unbestimmt und jede Grenzziehung unmöglich gemacht. Aber die Sachlage kann doch so sein, daß dem Bahnbeamten aus den Erklärungen des Reisenden klar erkennbar wird, daß Kostbarkeiten im bahntechnischen Sinne gemeint sind. So liegt nach der Annahme des Berufungsgerichts der Fall hier. Nach diesen Feststellungen des Tatrichters, gegen den die Revision vergeblich anzukämpfen sucht, waren die beiden Bahnbeamten S. und P. „ausdrücklich über das Vorhandensein wertvoller Gegenstände aufgeklärt" worden und sie wußten, daß die Eheleute H. „nicht etwa aus Sparsamkeit, sondern nur des wertvollen Inhalts wegen" den Koffer nicht aus der Hand geben wollten. Allerdings hat der das Gepäckstück abfertigende Beamte, der Packmeister, hiervon nichts gewußt. Allein es handelte sich um eine Gepäckaufgabe im fahrenden Zuge. Zu dem Packwagen hatte H. keinen Zutritt. Unter diesen Umständen muß aber die Erklärung gegenüber den beiden Beamten S. und P. genügen. Der Kostbarkeitsvermerk im Gepäckschein hat nur Beweiswert. Vorliegend ist der Beweis ordnungsmäßiger Deklarierung nach Annahme des Tatrichters in anderer Weise geführt worden.

2. Als begründet erweist sich dagegen der zweite Revisionsangriff. Für die Annahme einer stillschweigenden Aufhebung der Haftungsbeschränkung bei Kostbarkeiten vermag das Oberlandesgericht nur anzuführen, daß andernfalls die Bahn gegen Treu und Glauben handeln würde. Diese Begründung ist nicht überzeugend. Der Eisenbahnfrachtvertrag wird abgeschlossen auf Grund gehörig veröffentlichter Tarife (RGZ. Bd. 99 S. 250). Änderungen werden in gleicher Weise bekannt gemacht. Dazu gehören auch die Ausführungsbestimmungen. Die Annahme stillschweigender Änderungen ist mit dem Wesen des Eisenbahnverkehrsrechts schlechthin unverträglich. Der Massenverkehr der Eisenbahn erfordert einen typischen Inhalt der Verträge. Dieser muß in seinen Grundzügen im voraus und allgemein erkennbar feststehen und das läßt sich nur durch die Veröffentlichung der Tarife und Beförderungsbedingungen erreichen. Für die Annahme stillschweigender Änderungen ist dann kein Raum. Um so weniger läßt sich hier eine solche Annahme halten, als auch die Eisenbahn ihrerseits damals in ihren Tarifen noch an den Papiermarksätzen festgehalten hat und erst im Herbst 1923 zu Meßzahlen und zu Goldmarksätzen übergegangen ist (zu vgl. insbesondere Dtsch. Eisenbahn-Personen- und Gepäcktarif Teil I vom 1. Oktober 1922 mit Nachtrag XII vom 1. September 1923 und Nachtrag XIX vom 1. November 1923). Daß die Eisenbahn gerade zu jener Zeit, als sie selber mit Verlust arbeitete und Eisenbahndiebstähle an der Tagesordnung waren, auf die Haftungsbeschränkungen bei Kostbarkeiten „stillschweigend" verzichtet haben sollte, ist also auch deshalb eine Unterstellung, für die es an jeglichem Grunde fehlt. . . .

3. Die Klägerin hat versucht, in den nach der reichsgerichtlichen Rechtsprechung feststehenden Kostbarkeitsbegriff noch für Reisegepäck weitere Unterscheidungen hineinzubringen, und zwar will sie als Vergleichsgegenstände nicht nur ausschließlich Reisegepäck, im Gegensatz zu anderen Frachtsendungen, gelten lassen, sondern bei dem Reisegepäck wieder unterscheiden, welche Wagenklasse der Reisende, der das Gepäck aufgab, benutzte.

Hieran ist nur richtig, daß der Tarif die Haftungsbeschränkung für Kostbarkeiten im Reisegepäck und in gewöhnlichem Frachtgut zeitlich und inhaltlich verschieden geregelt hat. Während der Gütertarif für gewöhnliche Kostbarkeiten eine Höchstsumme für alle in einer

Sendung enthaltenen Kostbarkeiten niemals festgesetzt hat, sondern immer nur für den Kilowert, und diese Höchstsumme beträgt:

seit dem 10. August 1919 150 Papiermark (Nachtrag V zum Gütertarif vom 1. Mai 1917),

seit dem 1. September 1923 50 000 Papiermark (Nachtrag VIII zum Gütertarif vom 1. Februar 1922),

seit dem 1. November 1923 150 Goldmark (Nachtrag IX dazu),

seit dem 20. April 1925 150 Reichsmark (Nachtrag III zum Gütertarif vom 15. April 1924),

führte der Nachtrag II vom 1. März 1920 zum Personen- und Gepäcktarif vom 15. Juli 1919 die Grenzen von 150 Papiermark für das Kilo und von 2000 Papiermark für alle in der Sendung enthaltenen Kostbarkeiten ein. Hierbei blieb es bis zur Einführung von Grundbeträgen und Schlüsselzahlen durch Nachtrag XII vom 1. September 1923 zum Personen- und Gepäcktarif vom 1. Oktober 1922. Diese Grundbeträge wurden damals auf 30 M für das Kilo und auf 300 M für alle in der Sendung enthaltenen Kostbarkeiten festgesetzt. Am 1. November 1923 traten an die Stelle dieser Grundbeträge gleichhohe Goldmarkbeträge (Nachtrag XIX zum Personen- und Gepäcktarif vom 1. Oktober 1922) und seit dem 6. April 1925 (Nachtrag IV zum Personen- und Gepäcktarif vom 15. April 1924) ebensolche Reichsmarkbeträge.

Daraus folgt, daß für den Kostbarkeitsbegriff bei Reisegepäck als Vergleichsgegenstand nur anderes Reisegepäck, nicht gewöhnliches Frachtgut, in Frage kommen kann. Dagegen fehlt es an jedem sachlichen Grunde, noch die weiter von der Klägerin gewünschte Unterscheidung nach der von den Auflieferern benutzten Wagenklasse zu machen.

4. Sollte sich ergeben, daß es sich um Kostbarkeiten handelt und ein Wegfall der Haftungsbeschränkung nach § 35 Abs. 2 Schlußsatz EVO. nicht in Betracht kommt, so würde damit noch keineswegs gesagt sei, daß es bei dem damals geltenden Höchstbetrag von 2000 Papiermark sein Bewenden behalten müßte. Die Beklagte weist selbst in der Revisionsbegründung darauf hin, daß eine Aufwertung dieser — heute überhaupt nicht mehr darstellbaren — Summe zu erwägen sei, falls sie geschuldet werde. Hierher gehört auch, daß die Bahn vergleichsweise der Klägerin am 2. Mai 1923 5 Millionen, am 23. Juni 1923 10 Millionen Mark angeboten hat. Bereits in dem Urteil vom 10. Dezember 1924 I 583/23 (in dem hier einschlagenden Teil in RGZ. Bd. 109 S. 299 nicht mit abgedruckt) hat der Senat für einen

ähnlich liegenden Fall sich für die Zulässigkeit der Aufwertung ausgesprochen. Nach den dort in Frage kommenden allgemeinen Speditionsbedingungen war die Haftpflicht auf den Höchstbetrag von 1 M für das Kilo Rohgewicht beschränkt. Nachdem zunächst dargelegt worden war, daß diese Bestimmung an sich keinen Verstoß gegen die guten Sitten enthalte, fährt das Urteil fort: „Wohl aber würde sich der Kläger mit Recht darüber beschweren, daß die Aufwertung unterblieben sei. Die zuerkannten 1900 Papiermark bedeuteten zur Zeit der letzten mündlichen Verhandlung und des Urteils im zweiten Rechtszuge (23./30. Oktober 1923) keinen wirtschaftlich zu beachtenden Wert mehr. Ein solcher Schadensersatz würde mit den Anforderungen von Treu und Glauben nicht im Einklang stehen. Er müßte unter billiger Berücksichtigung der Belange beider Teile aufgewertet werden." Die gleichen Erwägungen sind gegebenenfalls auf den vorliegenden Fall anzuwenden. Das Flüssigwerden des allgemeinen Wertmessers mußte ein Flüssigwerden der in Zahlengrößen eben dieses Wertmessers ausgedrückten Haftungsgrenzen zur Folge haben. Allerdings darf nicht außer acht gelassen werden, daß — bei Anwendbarkeit der Haftungsbeschränkungen — die Geldentwertung billigerweise (§ 242 BGB.) nicht dazu führen kann, der Klägerin eine günstigere Stellung einzuräumen, als sie bei einer Geltung wertbeständiger Haftungsgrenzen bestenfalls eingenommen haben würde. Ohne weiteres erhellt hiernach, daß — bei Anwendbarkeit der Haftungsbeschränkungen — die Haftsumme 2000 Reichsmark keinesfalls überschreiten könnte. Aber auch dieser Betrag würde nicht unerheblich zu hoch sein. Die Haftungshöchstsumme muß vielmehr, entsprechend dem Billigungsgrundsatz des § 242 BGB. in einem gewissen Verhältnis bleiben zu dem Betrage, der sich ergibt, wenn man die seit März 1920 gültige Haftungshöchstsumme für Reisegepäck nach allgemeinen Grundsätzen aufwertet, und zu der heute geltenden Haftungshöchstsumme für Kostbarkeiten im Reisegepäck. Letztere beträgt, wie erwähnt, seit dem 1. November 1923 30 Goldmark für das Kilo und 300 Goldmark für die ganze Sendung und seit dem 6. April 1925 ebensoviel Reichsmark. Die 2000-Papiermark-Grenze ferner führt nach dem Stande der Goldmark zur Zeit ihrer Festsetzung, dem 1. März 1920, zu einem Betrag von rund 85 Goldmark und nach Zeiler („Vergleichungstabellen") zu einer Summe von 264 Goldmark. Dabei darf indessen nicht außer acht gelassen werden, daß der Verkehr zu Anfang des Jahres 1920 noch weit davon entfernt war, mit Goldmark zu rechnen, daß außerdem die Bewertung der Mark nach Goldmark zu jener Zeit verschiedentlich eine weitgehende Besserung aufwies (günstigster Stand vom 25. Mai 1920 — 8,27), und vor allem, daß überhaupt der Inlandswert der Mark gerade im Jahre 1920 noch ganz erheblich höher war, als es nach dem Dollarstand erschien. Somit wird — gegebenenfalls — unter Berücksichtigung aller dieser Umstände bei Vornahme der Aufwertung ein billiger Ausgleich der beiderseitigen Belange zu suchen und für den Fall der Anwendbarkeit der Haftungsbeschränkungen eine wesentlich niedrigere Aufwertung zuzubilligen sein, als sie das Berufungsgericht der Klägerin zuerkannt hat.

RGZ. 112, 229.

1. Muß im Falle des § 86 Abs. 1 Nr. 3 der Eisenbahnverkehrsordnung die Eisenbahn die Mangelhaftigkeit der Selbstverladung oder der Absender deren Ordnungsmäßigkeit beweisen?

2. Kommt im Falle des § 86 Abs. 1 Nr. 4 der Eisenbahnverkehrsordnung die auf der natürlichen Beschaffenheit des Frachtgutes beruhende besondere Gefahr der Vernichtung, Minderung oder Beschädigung auch dann noch in Betracht, wenn der Schaden durch einen Vorgang ausgelöst wurde, der auch auf widerstandsfähigere Güter die gleiche schädliche Wirkung geäußert hätte?

HGB. § 459 Abs. 1 Nr. 3 und 4.
Eisenbahnverkehrsordnung § 86 Abs. 1 Nr. 3 und 4.

I. Zivilsenat. Urt. v. 12. Dezember 1925.

I. Landgericht Kiel. — II. Oberlandesgericht daselbst.

Mit Frachtbrief vom 31. Oktober 1923 lieferte der Kläger auf Station L. eine Sendung Eier und Butter, deren Verladung in den Bahnwagen er selbst besorgt hatte, bei der Eisenbahn zur Beförderung an seine Firma in K. auf. Unterwegs sind 265 Pfund Butter und 10 279 Stück Eier abhanden gekommen, ferner waren zerbrochen 2735 und geknickt 658 Stück Eier. Für den ihm entstandenen Schaden macht der Kläger die Eisenbahn verantwortlich. Die Beklagte bestritt ihre Haftung. Sie wandte ein, das Gut sei mangelhaft verladen worden, weil der Kläger eine Luftklappe des Bahnwagens nicht geschlossen habe, durch die der Dieb vermutlich zu den Waren gelangt sei. Somit habe Diebstahlsgefahr bestanden, und kraft gesetzlicher Vermutung sei anzunehmen, daß hierdurch der Schaden entstanden sei. Wegen der beschädigten Eier berief sie sich ferner auf deren besondere Bruchgefahr. Der Kläger stellte in Abrede, die Luftklappe offengelassen zu haben und behauptete, daß die Eier dadurch zerbrochen seien, daß der

Bahnwagen Verschiebestöße von ungewöhnlicher Gewalt erlitten habe, die ihn erheblich beschädigt hätten.

In letzterer Beziehung ist tatsächlich festgestellt worden: An dem Bahnwagen ist durch einen Verschiebestoß ein Puffer gebrochen, ferner sind ein anderer Puffer, ein Pufferkreuz und eine Achsgabel verbogen worden, während an dem aufprallenden Güterwagen eine Stirnwand eingedrückt wurde.

Das Landgericht wies den Kläger ab, das Oberlandesgericht kam zur Verurteilung. Es vermißt den Nachweis, daß die Leute des Klägers die Luke unverriegelt gelassen hätten, und ist der Meinung, daß die Beweislast hierfür der Beklagten obliege, die vom Gericht deshalb für beweisfällig angesehen wird. Soweit die besondere Bruchgefahr in Frage kommt, läßt der Vorderrichter dahingestellt, ob die Bahn bei der Verschiebung des Güterwagens ein Verschulden trifft. Er erachtet aber den Gegenbeweis für geführt gegen die Vermutung, daß die besondere Bruchgefahr der Eier die Schadensursache gewesen sei. Die Revision der Beklagten führte zur Aufhebung und Zurückverweisung.

Aus den Gründen:

1. Soweit das Abhandenkommen von Teilen der Bahnsendung während der Beförderung in Frage steht, streiten die Parteien darüber, wer für die Mangelhaftigkeit oder Mangelfreiheit der Verladung beweispflichtig ist. Die Beklagte meint, den Kläger treffe die Beweislast für sachgemäße Verladung. Dem kann indessen nicht beigestimmt werden. Die Frage ist bisher vom Reichsgericht nicht ausdrücklich entschieden worden. Blume-Weirauch halten den Kläger für beweispflichtig, ohne dies näher zu begründen (Anm. 14 zu § 86 EVO. a. E.). Entgegengesetzter Ansicht ist Rundnagel (Die Haftung der Eisenbahn, 3./4. Aufl. S. 100 in Anm. 2 zu § 20), gleichfalls ohne weitere Darlegung der Gründe. Der letzteren Auffassung ist der Vorzug zu geben. Das System der Haftung der Eisenbahn spricht zwingend dafür.

Regel ist nach § 84 EVO. die Haftung der Bahn für den Schaden, den das Gut in der Zeit von der Annahme zur Beförderung bis zur Ablieferung erleidet. Eine Ausnahme davon stellt die Haftung bei besonderen Gefahren nach § 86 EVO. dar. Das Vorliegen der Ausnahme müßte daher an sich die Bahn beweisen. Nur steht ihr die Beweisvermutung des § 86 Abs. 2 EVO. zur Seite. Danach wird, wenn ein Schaden den Umständen nach aus einer der in Abs. 1 bezeichneten Gefahren entstehen konnte, vermutet, daß er aus dieser Gefahr entstanden ist (vgl. RGZ. Bd. 110 S. 43). Diese Vermutung darf aber nicht über ihre Grenzen hinaus ausgedehnt werden. Sie setzt voraus, daß die angegebenen Gefahrenquellen bestanden, im gegebenen Falle also die Mangelhaftigkeit der Verladung. Nirgends ist ausgesprochen und es wäre auch nach den Lebensverhältnissen nicht zu rechtfertigen, daß zu vermuten sei, jede vom Absender oder Empfänger besorgte Verladung sei mangelhaft. Die Mangelhaftigkeit der Selbstverladung muß somit von der Eisenbahn im Bestreitungsfalle bewiesen werden; ebenso, wie die Bahn für die Mangelhaftigkeit der Verpackung beweispflichtig ist, nur daß das Gesetz hier die Erklärung im Frachtbrief über das Fehlen oder die Mangelhaftigkeit der Verpackung vorschreibt (§ 62 Abs. 2 EVO.).

Allerdings kann bei dieser Verteilung der Beweislast die Eisenbahn unter Umständen in eine schwierige Lage geraten, wenn zwar manche Anhaltspunkte dafür bestehen, daß bei der Verladung nicht sachgemäß verfahren ist, der volle Beweis dafür sich aber nicht erbringen läßt, weil bei dem Massenbetrieb des Eisenbahnfrachtverkehrs die Bahn die Ordnungsmäßigkeit der Selbstverladung bei Abnahme einer Wagensendung nur im großen und ganzen zu prüfen in der Lage ist. Dieser Gesichtspunkt kann im Einzelfall Beachtung verdienen bei den Anforderungen, die an den von der Bahn zu erbringenden Nachweis der Mangelhaftigkeit der Selbstverladung zu stellen sind. Damit ist schon auf den Wahrscheinlichkeitsbeweis (Beweis des ersten Eindrucks, Beweis auf ersten Besicht, sogenannter Prima-facie-Beweis) hingedeutet. Steht ein gewisser Tatbestand fest, der bei regelmäßigem Ablauf der Dinge nach der Erfahrung des Lebens auf eine bestimmte schadenstiftende Ursache zurückzuführen ist, so wird im allgemeinen derjenige, der einen vom gewöhnlichen Verlauf abweichenden Gang des Geschehens behauptet, dies zu beweisen haben. Dieser dem materiellen Beweisrecht zugehörige Grundsatz ist vom Vorderrichter nicht beachtet worden, obwohl die Sachlage Anlaß geboten hätte, darauf einzugehen. Das Oberlandesgericht prüft lediglich die einzelnen Umstände, die für und gegen die ordnungsmäßige Befestigung der Luke beim Beladen des Wagens sprechen, und kommt zu dem Ergebnis, daß sie sich die Waage hielten. Nun scheint aber nach der Auffassung des Berufungsgerichts auf jeden Fall festzustehen, daß die Luftklappe des Bahnwagens bei dessen Eintreffen am Bestimmungsort geöffnet war und daß eine solche Luftklappe, wenn sie ordnungsmäßig durch Vorschieben des im Wageninnern befindlichen Riegels verschlossen ist, ohne Beschädigung des Wagens von außen nicht geöffnet werden kann. Ebenso scheint nach Annahme des Vorderrichters einwandfrei erwiesen zu sein, daß Spuren, die auf ein gewaltsames Öffnen der Luke von außen hätten schließen lassen können, sich nicht vorgefunden haben. Auch sieht anscheinend das Oberlandesgericht als feststehend an, daß die Beraubung der Wagenladung vornehmlich in der Nähe der geöffneten Luke stattgefunden hat. Ist dem aber so, dann wird sich fragen, ob nicht unter diesen Umständen nach dem gewöhnlichen Lauf der Dinge angenommen werden muß, daß die Luke bereits bei der Beladung des Wagens nicht ordnungsmäßig verschlossen worden war.

Das Oberlandesgericht wird sich daher bei der erneuten Verhandlung darüber schlüssig zu machen haben, ob die vorher genannten oder noch weitere in seinem Urteil berührte Umstände bedenkenfrei feststehen und ob, wenn und soweit dies der Fall, damit etwa jener Wahrscheinlichkeitsbeweis erbracht ist, oder anders ausgedrückt eine tatsächliche Vermutung für die Mangelhaftigkeit der Verladung geschaffen wird. Bejahendenfalls wird dann weiter zu untersuchen sein, ob der vom Kläger bisher erbrachte Beweis oder der Hinzutritt der von ihm noch ferner angebotenen Beweise die im vorliegenden Falle etwa geschaffene tatsächliche Vermutung, also jene für die Mangelhaftigkeit der Verladung etwa sprechende Erfahrungstatsache, zu entkräften imstande ist.

2. Der Entscheidungsgrund des Vorderrichters zur Haftung der Bahn für die zerbrochenen und geknickten Eier wird von der Revision anscheinend mißverstanden. Sie stellt zur Nachprüfung, ob der Beklagten nicht die Vermutung des § 86 Abs. 2 EVO. zur Seite stehe, wenn ein Verschulden der Bahn bei einem Verschiebestoß nicht festzustellen sei, weil die leichte Zerbrechlichkeit der Eier den Schaden verursacht haben könne. Die Ausführungen des Vorderrichters aber laufen darauf hinaus, daß vorliegend die Vermutung des Absatzes 2 widerlegt sei. In dieser Beziehung sagt das Urteil: Die Ladung sei durch den Verschiebestoß stark verschoben, von einem Kopfende des Wagens abgerückt und am anderen Kopfende zusammengepreßt worden, so daß die Butterkisten zum Teil in verschiedene Eierkisten hineingeschoben worden seien. Die Beschädigung der Eier erkläre sich also nicht aus der Gefahr ihrer natürlichen Zerbrechlichkeit, sondern als Folge des starken Verschiebestoßes, der zu einer Beschädigung des Wagens selbst geführt habe. Diese Begründung ist rechtlich schlüssig. Das Oberlandesgericht hält für erwiesen, daß die Gewalt des Verschiebestoßes auch anderen als leicht zerbrechlichen Gütern in erheblichem Maße gefahrbringend gewesen wäre, und stützt sich dabei auf das Ineinanderschieben der Kisten und die starken Beschädigungen der Wagen selbst.

Dies ist der springende Punkt. Hätte der Stoß auch andere Güter beschädigen können, so wurde eine stärkere Macht wirksam, die ein Hervortreten der besonderen Gefahr leichter Zerbrechlichkeit verhinderte (RGZ. Bd. 64 S. 172, 173). Man mag dies als eine Widerlegung der Vermutung des § 86 Abs. 2 EVO. betrachten. Richtiger wird man aber sagen müssen, daß es dann an der Voraussetzung der gesetzlichen Vermutung überhaupt gebricht, weil für ihre Anwendbarkeit die gegenständlichen Umstände maßgebend sind (RGZ. Bd. 110 S. 43) und diese dagegen sprechen. . . . (Die Aufhebung des Urteils auch zu diesem Punkte beruhte auf einem anderen Grunde.)

RGZ. 112, 284.

1. Kann im Eisenbahnfrachtrecht eine Teilung des Schadens nach § 254 BGB. auch dann stattfinden, wenn nach Lage des Falles die Bahn ohne Verschulden für Verlust oder Beschädigung des Frachtgutes haftet und daneben ein Verschulden des Absenders gegeben ist?

2. Kann ein Verschulden des Absenders darin gefunden werden, daß er seine Ware, um sie der Gefährdung durch Aufruhr zu entziehen, der Bahn zur Beförderung in sichere Gebietsteile aufgibt, obgleich er sich sagen muß, daß auch die Beförderung eine Gefährdung mit sich bringt?

I. Zivilsenat. Urt. v. 6. Januar 1926.

I. Landgericht Duisburg. — II. Oberlandesgericht Düsseldorf.

Wegen des Sachverhalts wird auf das Urteil des Reichsgerichts RGZ. Bd. 108 S. 276 verwiesen, durch welches die Sache an das Oberlandesgericht zurückverwiesen wurde. Nach erneuter Verhandlung hat das Oberlandesgericht die Berufung der Beklagten zurückgewiesen und auf die Anschlußberufung der Klägerin den Klaganspruch dem Grunde nach für gerechtfertigt erklärt.

Die Revision der Beklagten hatte teilweise Erfolg.

Gründe:

Das Berufungsgericht hatte in seinem ersten Urteil ausgeführt: die Beklagte hafte für den Raub der der Klägerin gehörigen Waren nur dann nicht, wenn sie nachweise, daß der Verlust der Waren auf höhere Gewalt oder auf ein Verschulden der Klägerin zurückzuführen sei. Dieser Nachweis wurde als nicht geführt angesehen. Einerseits habe die Bahn mit einer Beschlagnahme der Güter durch die Aufständischen rechnen und deshalb die Annahme zur Beförderung ablehnen müssen, wozu sie berechtigt gewesen sei; danach liege höhere Gewalt nicht vor.

Anderseits liege ein Verschulden der Klägerin nicht darin, daß sie trotz der Unruhen die Waren zur Beförderung aufgegeben habe.

In dem jetzt mit der Revision angegriffenen Urteil hat das Berufungsgericht zunächst wiederum das Vorliegen höherer Gewalt verneint, und zwar jetzt um deswillen, weil die Beklagte die Beraubung hätte vermeiden können, wenn sie den Wagen in der Nacht vom 29. zum 30. März 1920 um 4 Uhr 56 Min. mit dem dann abfahrenden Eilgüterzuge hätte abrollen lassen; das sei ihr nach den Umständen des Falles zuzumuten gewesen, wenngleich dieser Zug im Fahrplan als Milchzug für leere Milchkannen bezeichnet sei. Die Beraubung sei erst am 3. April erfolgt.

Hiergegen wendet die Revision ein: Die Plünderung sei ein unvermeidliches Ereignis gewesen. Der Eisenbahn habe nicht eine über die übernommenen Verpflichtungen hinausgehende Tätigkeit zugemutet werden können. Festgestellt sei, daß eine Verpflichtung zur Beförderung mit dem Milchzuge nicht bestanden habe. Es sei nicht zu verlangen gewesen, daß die als (einfaches) Eilgut aufgegebene Ware als „beschleunigtes" Eilgut behandelt werde. Dann hätte jeder andere Aufgeber von Eilgut dasselbe verlangen können.

Diesen Ausführungen der Revision ist gegenüber den tatsächlichen Feststellungen des Berufungsurteils nicht zuzustimmen. Das Berufungsgericht ist davon ausgegangen, daß höhere Gewalt ein von außen kommendes Ereignis ist, dessen Eintritt nicht vorauszusehen war, und dessen Folgen durch wirtschaftlich zumutbare Vorkehrungen nicht abzuwenden sind. Weiter wird dann ausgeführt, daß die Plünderung der Waren der Klägerin durch zwei Maßregeln hätte verhindert werden können. Einmal hätte man den Wagen, dessen Beladung am Nachmittag des 29. März beendet gewesen sei, mit dem um 4 Uhr 56 Min. nachts abfahrenden Zuge fortschaffen können. Diese Ausführungen sind bedenkenfrei. Daß die Möglichkeit zum Abtransport vorlag, läßt sich nicht bestreiten. Die Revision meint aber, die Bahn sei nach den erlassenen Vorschriften dazu nicht verpflichtet gewesen, weil die Ware nur als einfaches Eilgut aufgegeben worden sei. Das trifft jedoch nicht den entscheidenden Punkt. Denn höhere Gewalt, welche die Haftung der Bahn beseitigt, ist nicht schon dann gegeben, wenn sie durch solche Vorkehrungen, zu deren Ergreifen in gewöhnlichen Zeiten der Vertrag verpflichtete, nicht abgewendet werden konnte, sie ist vielmehr erst dann gegeben, wenn auch außergewöhnliche Maßregeln, sofern diese nur noch zumutbar waren, nichts genützt hätte. Da nun, wie bereits erwähnt und vom Berufungsgericht festgestellt, die Abrollung während der Nacht möglich war und die Ware der wenige Tage später erfolgenden Plünderung entzogen hätte, auch von fehlender Zumutbarkeit keine Rede sein kann, so versagt die Einrede der höheren Gewalt. Auch das weitere Bedenken der Revision, daß dann alle übrigen Auflieferer von Eilgut dasselbe hätten verlangen können, ist zurückzuweisen, denn es ist weder behauptet, noch nachgewiesen, daß weiteres Eilgut der Beförderung in der Richtung des nachts gegen 5 Uhr abgehenden Zuges harrte. Das Berufungsgericht stützt sich zweitens noch auf einen weiteren Umstand, der gegen die Annahme höherer Gewalt spricht. Es hat festgestellt, daß die Klägerin, wenn sie wenigstens am Morgen des 30. März benachrichtigt worden wäre, daß die Ware nicht abgerollt sei und wegen des jetzt eingetretenen Eisenbahnerstreiks auch nicht mehr abrollen könne, den Wagen wieder ausgeladen und das Gut in ihre Fabrik zurückgebracht hätte. Hiergegen hat sich die Revision nicht gewandt. Es ist auch nicht ersichtlich, daß den Ausführungen des Berufungsgerichts zu diesem Punkt ein Rechtsirrtum zugrunde liegt.

Anders verhält es sich dagegen mit der Beurteilung des Sachverhalts nach § 254 BGB. § 254 bestimmt: „Hat bei der Entstehung des Schadens ein Verschulden des Beschädigten mitgewirkt, so hängt die Verpflichtung zum Ersatze . . . von den Umständen . . . ab." Der Sinn dieser Bestimmung ist in der Rechtsprechung und im Schrifttum wie folgt entwickelt. Allgemeines Einverständnis herrscht zunächst darüber, daß die Ersatzpflicht des in Anspruch Genommenen der Regel nach nicht auf Verschulden zu beruhen braucht, daß vielmehr die Vorschrift auch dann Anwendung findet, wenn eine Ersatzpflicht vom Gesetz ohne Rücksicht auf Verschulden angeordnet ist (RGZ. Bd. 67 S. 120; Weyl, Verschuldensbegriffe S. 299 flg., S. 601 flg. 3 b). Schwieriger ist die Entscheidung, was unter mitwirkendem Verschulden auf seiten des Beschädigten zu verstehen ist. In älteren Urteilen des Reichsgerichts hat mehrfach die Meinung Ausdruck gefunden, daß nur an ein wirkliches Verschulden im Sinne des § 276 BGB., Vorsatz und Fahrlässigkeit, zu denken sei (RGZ. Bd. 59 S. 222). Dem trat jedoch bald die Erwägung entgegen, daß in vielen unter den § 254 fallenden Fällen von einem Verschulden des Beschädigten im strengen Sinne nicht gesprochen werden könne, und zwar besonders dann nicht, wenn es sich um die Besorgung seiner eigenen Angelegenheiten handle. Man suchte deshalb den wahren Sinn des § 254 in anderer Weise zu erfassen. Schon das Urteil RGZ. Bd. 54 S. 13 legte den Nachdruck nicht auf ein Mitverschulden, sondern auf ein Mitverursachen des Schadens. Das Urteil des Reichsgerichts JW. 1914 S. 827 Nr. 2 legte dar, das Mitverschulden stelle sich im Grunde als ein Verschulden in eigener Angelegenheit dar, das in der Außerachtsetzung der gehörigen Sorgfalt des Beschädigten für sich und das Seinige bestehe. Im Schrifttum wurde gleichfalls angenommen, es sei nicht ein Verschulden im eigentlichen Sinne gemeint, sondern lediglich ein Verhalten des Beschädigten, daß auf seinen eigenen Ersatzanspruch schmälernd einwirke, oder es müsse ein der Mißbilligung unterworfenes Verhalten vorliegen (Weyl a. a. O. S. 299), oder endlich, es komme nur darauf an, ob der Beschädigte die schädliche Mitwirkung seines eigenen Verhaltens voraussehen könne (Crome, System Bd. 1 S. 496). Schließlich hat das Reichsgericht in Warn. 1916 Nr. 133 Mitverschulden schon dann als möglicherweise vorliegend angesehen, wenn ein Mieter die Mietwohnung weiter benutzt, trotzdem er ihren gefährdenden Zustand kennt und deshalb mit dem Eintritt eines Schadens rechnen muß. Aus dieser fortschreitenden Entwicklung ist festzuhalten, daß jedenfalls ein eigentliches Verschulden auf seiten des Beschädigten vom Gesetz nicht erfordert wird.

Zu erörtern ist weiter, in welcher Weise der § 254 im Eisenbahnfrachtrecht auf die Haftung der Bahn für Verlust oder Beschädigung des Gutes anzuwenden ist. Dabei ergibt sich eine grundlegende Abweichung von den vorstehend entwickelten Regeln. Es genügt nicht, daß die Bahn nach dem Gesetz ohne Rücksicht auf ihr Verschulden zu haften hat, vielmehr kann § 254 im Eisenbahnfrachtrecht nur dann in Betracht kommen, wenn der Bahn ein Verschulden zur Last fällt. Diese Folge ergibt sich aus § 456 HGB. Daselbst ist bestimmt, daß die Haftung der Bahn (gänzlich) fortfällt, wenn der Schaden durch ein Verschulden des Verfügungsberechtigten verursacht ist. Von einer Teilung der Schadenshaftung kann also höchstens dann die Rede sein, wenn die Verursachung des Schadens der Bahn zum Verschulden gereicht; so Düringer-Hachenburg, § 456 III 1; Staub, § 456; Eger, EVO. Anm. 448; weitergehend Rundnagel, Haftung 3. Aufl. § 14 I.

Mithin fragt sich zunächst, ob die Tatumstände, die teilweise vorstehend schon im Hinblick auf das behauptete Vorliegen höherer Gewalt gewürdigt sind, ein Verschulden der Bahn erkennen lassen. Dabei ist allerdings zu berücksichtigen, daß in dieser Richtung, anders als bei der Frage der höheren Gewalt, nicht in Frage kommt, was der Bahn höchstenfalls noch wirtschaftlich zumutbar ist, vielmehr nur, wozu sie nach Treu und Glauben auf Grund des Vertrags verpflichtet ist. Aber auch von diesem Standpunkt aus angesehen läßt sich ein Verschulden der Bahn nicht leugnen. Nach § 458 HGB. haftet sie für Verschulden ihrer Leute in gleicher Weise wie für eigenes Verschulden.

Nun war es unter den gegebenen Verhältnissen zu verlangen, daß die Bahn für den möglichst baldigen Abtransport des mit wertvollen Gütern beladenen Waggons Sorge trug. Das war nach der damaligen Lage, wo der Zugriff der Aufständischen sich jeden Augenblick auch auf den Güterbahnhof ausdehnen konnte, von einer so in die Augen springenden Wichtigkeit, daß die Bahn die Anordnung der notwendigen Maßregeln nicht verabsäumen durfte. Nach Treu und Glauben mußte sie auf Grund des Vertrags insoweit auf die zutage liegenden Interessen der Gegenseite Rücksicht nehmen. Konnte die Beförderung mit dem Nachtzuge nur zu höherer Fracht erfolgen, so hätte sie entweder durch Fernsprecher die Klägerin rechtzeitig hierauf aufmerksam machen oder, wenn es hierzu zu spät war, die Fracht nachträglich einziehen müssen. Ein weiteres Verschulden liegt darin, daß die Bahn am Morgen des 30. März, als der Waggon nicht befördert war und die Aussicht auf baldige Beförderung zum mindesten außerordentlich zweifelhaft geworden war, die Klägerin hiervon nicht in Kenntnis gesetzt hat. Das zu tun, war ihre Vertragspflicht, auch wenn man die durch die Aufständischen hervorgerufene Verwirrung in Rücksicht zieht. Daß diese Unterlassung für den Schaden ursächlich gewesen ist, hat das Berufungsgericht in tatsächlicher Erörterung ausdrücklich festgestellt.

Aber auch der Klägerin fällt ein Mitverschulden in dem oben entwickelten Sinne zur Last, und zwar gleichfalls in zwei Richtungen. Das Berufungsurteil hat das verneint; jedoch sind seine Ausführungen hinsichtlich des revisiblen Begriffs des Mitverschuldens nicht frei von Rechtsirrtum. Die Klägerin wollte, wie unstreitig ist, die Ware nach Krefeld ins besetzte Gebiet verbringen, weil sie dort in Sicherheit war, während sie sie in ihrer Fabrik für gefährdet hielt. Sie wußte aber oder hätte sich jedenfalls ohne weiteres sagen müssen, daß auch das Verbringen auf den Güterbahnhof und der Eisenbahntransport keineswegs gefahrlos waren. Zwar war der Güterbahnhof am 29. und 30. März noch nicht besetzt. Aber das konnte sich jeden Augenblick ändern; trat eine Verzögerung im Abtransport ein, so steigerte sich die Gefahr; der Zug konnte angehalten werden. Unbefangene Auffassung führt zwingend zu der Annahme, daß die Klägerin ihr Eigentum zwar der einen Gefahr entziehen wollte, aber sich bewußt war oder sich hätte bewußt sein müssen, daß sie es dadurch einer anderen Gefahr aussetzte. Nicht in Betracht kommt nach der ständigen Rechtsprechung, ob sie gerade denjenigen Gefahrumstand, der sich nachher verwirklicht hat, als besonders bedrohlich voraussehen konnte. Dieser Umstand, daß sie ihr Eigentum einem neuen Gefahrenkreis aussetzte, stellt sich nach den oben gegebenen Darlegungen als ein Mitverschulden im Sinne des Gesetzes dar. Im Rechtsstreit hat sich die Klägerin in tatsächlicher Beziehung vornehmlich darauf berufen, sie habe jede Gefahr für ausgeschlossen gehalten, weil der Wagen nach den Versicherungen der Bahnangestellten mit dem Nachtzuge abrollen werde. Dem ist jedoch nicht zuzustimmen. Die Klägerin will sich am 29. bei dem Lademeister M. erkundigt haben, der ihr zugesagt habe, daß der Wagen mit dem Nachtzuge befördert werde. Gleiches ist dem Direktor der Klägerin R. nach seiner Bekundung am Abend desselben Tages auf seine telephonische Anfrage bestätigt worden. Beides war aber offenbar unzulänglich, denn weder einem Lademeister, noch dem das Telephon bedienenden Beamten stand ein Einfluß auf die Erledigung der Angelegenheit zu. Die Klägerin hätte sich zum mindesten an die maßgebende Stelle wenden müssen. Ein zweites Mitverschulden liegt darin, daß sie die Ware als gewöhnliches Eilgut, nicht als beschleunigtes Eilgut aufgegeben hat. Diese Unterlassung ist ursächlich gewesen, denn bei Aufgabe der Ware als beschleunigtes Eilgut wäre sie ohne weiteres mit dem Nachtzuge befördert worden, wie sich aus der Aussage des Zeugen Sch. mit voller Bestimmtheit ergibt. Die Klägerin beruft sich auch hier darauf, daß ihr zweimal die erwähnte Auskunft gegeben sei. Das vermag sie jedoch auch in diesem Punkte nicht zu entschuldigen. Denn ohne Zweifel haben die Beamten vorausgesetzt, daß die Fracht für die Beförderung mit dem Nachtzuge richtig gezahlt sei oder gezahlt werde. Ein rechtlich erheblicher Grund, weshalb das unterblieben ist, kann aus den Anführungen der Klägerin nicht entnommen werden.

Somit liegt Verschulden sowohl auf seiten der Klägerin, als auf seiten der Beklagten vor. Daraus ergibt sich die Anwendbarkeit des § 254 BGB.

Die Größe des Verschuldens und der Grad der Verursachung ist auf beiden Seiten für gleich zu erachten. Mithin ist die Entscheidung des Landgerichts, das die Klage zur Hälfte dem Grunde nach für berechtigt erklärt hat, zu billigen.

RGZ. 112, 341.

Haftet die Eisenbahn für das beförderte Gut auch nach der Ablieferung noch aus dem Frachtvertrage?

HGB. § 456. Eisenbahnverkehrsordnung § 84.

I. Zivilsenat. Urt. v. 16. Januar 1926.

I. Landgericht Köln. — II. Oberlandesgericht daselbst.

Die Speditionsfirma N. in Bonn sandte mit Frachtbrief vom 26. Juli 1919 von Bonn an den Kläger nach dem Bahnhof Köln-Gereon einen Eisenbahnwagen, der nach Angabe des Klägers 53 Kisten Schokolade und 194 Sack Kaffee enthielt. Nachdem der Wagen am 27. Juli in Köln-Gereon eingetroffen war, lud der Kläger aus ihm, ohne den Frachtbrief eingelöst zu haben, im Einverständnis der Bahn die Schokolade aus und fuhr sie ab. Dann verschloß er den Wagen mit zwei Schlössern und ließ ihn bis zum 13. August auf dem Entladungsgleis stehen. Am 12. August löste er den Frachtbrief ein. Als er dann am 13. August den Kaffee entladen wollte, stellte sich heraus, daß nur 74 Sack Kaffee vorhanden waren. Für den Verlust der fehlenden 120 Sack Kaffee machte der Kläger die Eisenbahn verantwortlich und erhob gegen sie Klage auf Wertersatz.

Beide Untergerichte erklärten den Anspruch dem Grunde nach für gerechtfertigt. Die Revision der Beklagten führte zur Aufhebung und Zurückverweisung.

Gründe:

Das Berufungsgericht hat festgestellt, daß sich in dem Eisenbahnwagen 194 Sack Kaffee befunden haben und daß 120 von ihnen durch mehrfache Diebstähle in der Zeit zwischen der Beendigung der Ausladung der Schokolade am 29. Juli und dem 13. August 1919 entwendet worden sind. Für die Frage der Haftung der Beklagten aus Vertrag ist hiernach von entscheidender Bedeutung, ob zur Zeit des Diebstahls der Wagen bereits an den Kläger abgeliefert war, ob etwa, wenn das bejaht wird, die Beklagte trotzdem noch nach Lage der Umstände aus dem Frachtvertrag haftet, und schließlich ob etwa nach Beendigung des Frachtvertragsverhältnisses ein anderes Vertragsverhältnis unter den Parteien eingetreten ist, aus dem die Beklagte haftet. Beide Vorderrichter sind zu dem Ergebnis gekommen, daß die Ablieferung bereits am 29. Juli erfolgt war. Diese Ausführungen lassen nach Lage der festgestellten Umstände einen Rechtsirrtum nicht erkennen. Ablieferung ist, wie in der Rechtsprechung und im Schrifttum feststeht, derjenige Vorgang, durch den die Bahn den Gewahrsam an dem beförderten Gut im Einverständnis mit dem Empfangsberechtigten wieder aufgibt und diesen in den Stand setzt, die tatsächliche Gewalt über das Gut auszuüben. Beweispflichtig für die Ablieferung ist, wie das Berufungsgericht zutreffend ausführt, die Beklagte. Den Umständen nach hält es den Beweis zunächst für geführt, und es vermißt den dem Kläger dagegen obliegenden Beweis. Auch in diesem Punkt ist dem Berufungsgericht nicht aus Rechtsgründen entgegenzutreten. Denn mit Recht entnimmt es dem Umstande, daß der Kläger den Wagen am 29. Juli zum Teil entladen hat, zunächst den Beweis dafür, daß der Wagen auch endgültig zu seiner Verfügung gestellt war. Allerdings war damals der Frachtbrief noch nicht eingelöst, und es ist auch erst später über den Empfang von dem Kläger quittiert worden. Nach Teil II §§ 39 und 40 der Allgemeinen Abfertigungsvorschriften ist das Gut nun allerdings erst gegen Vorzeigung des eingelösten Frachtbriefs auszuliefern. Aber daraus, daß diese Voraussetzung hier nicht gegeben war, folgt nicht, daß nicht trotzdem die Auslieferung erfolgt sein konnte, indem der Beamte sich eben über jene Vorschrift hinwegsetzte. Gegen das Verbot hätte er übrigens in jedem Falle verstoßen, da er vor Einlösung des Frachtbriefs den Wagen überhaupt nicht öffnen darf. Die im wesentlichen auf tatsächlicher Grundlage beruhende Ausführung des Vorderrichters enthält also auch insoweit keinen Rechtsverstoß. Sie wird dadurch bestärkt, daß auch der Kläger nach seiner Erklärung bei der Tatbestandsaufnahme den Wagen nach der teilweisen Entladung am 29. Juli mit 2 Schlössern verschlossen hat. Daß rechtlich eine Ablieferung auch vor Einlösung des Frachtbriefs und auch, wenn später noch eine Auszählung erfolgt, möglich ist, wird ebenfalls in Schrifttum und Rechtsprechung mit Recht anerkannt. Einen Gegenbeweis hat der Kläger aber, wie das Berufungsgericht hervorhebt, nicht angetreten.

Ist hiernach bei der jetzigen Sachlage die Ausführung des Berufungsgerichts, daß die Ablieferung am 29. Juli erfolgt sei, nicht zu beanstanden, so fragt es sich, ob die Beklagte trotzdem für das Verschwinden des Kaffees aus dem Frachtvertrage haftet oder etwa aus einem anderen Vertrage. Das letztere hatte das Landgericht angenommen, indem es ausführte, es sei nach der Ablieferung durch das Stehenlassen des Wagens auf dem Ladegleis ein Verwahrungsvertrag zwischen den Parteien zustande gekommen. Mit Recht lehnt das Berufungsgericht das ab in Ermanglung jeder Einigung und einer Inverwahrungnahme des Wagens seitens der Beklagten, sowie in Betracht der Macht des Klägers, den Wagen jederzeit ohne Zuziehung von Beamten der Beklagten zu entladen. Es nimmt dagegen an, daß der Beklagten auch weiterhin noch bis zur völligen Entladung des Wagens eine Obhut über die in ihm lagernden Waren, insbesondere eine Bewachungspflicht, obgelegen habe. Worauf sich diese Pflicht gründete, führt das Berufungsgericht nicht ausdrücklich aus; seinen Darlegungen ist aber zu entnehmen, daß es die Pflicht auf den insoweit annehmbar noch weiter fortbestehenden Frachtvertrag gründet. Die Frage, ob die Eisenbahn auch nach der Ablieferung noch Pflichten aus dem Frachtvertrag treffen und ob sie insbesondere für das Gut auch gemäß § 276 BGB. haftet, ist vielfach erörtert. Eger verneint in Anm. 446 zu § 84 EVO. eine solche weitere Haftung. Ebenso verneint Janzer in der Zeitschrift des Vereins Deutscher Eisenbahnverw. Bd. 44 S. 211 flg. eine Verwahrungspflicht der Bahn. Auch das Reichsgericht scheint in Leipz. Zeitschr. 1912 Sp. 763 (765) und im Archiv für Eisenbahnwesen Bd. 36 S. 538 der Annahme einer solchen weiteren Verwahrungspflicht nicht geneigt. In RGZ. Bd. 102 S. 206 hat es zu der Frage keine abschließende Stellung eingenommen. Rundnagel, in „Haftung der Eisenbahn" 3./4. Auflage S. 9 und anderweitig, Ehrenberg, im Handbuch des Handelsrechts Bd. V 2 S. 217 und 416 und Senckpiehl in „Die Haftung von Eisenbahn, Post usw." § 53 S. 93, nehmen dagegen eine Obhutspflicht der Bahn auch nach der Ablieferung an, solange sich das Gut im Wagen auf dem Bahngelände befindet.

Ob eine Pflicht der Bahn hinsichtlich der Ermöglichung der Ausladung und Abfuhr auch nach der Ablieferung noch besteht, braucht hier nicht erörtert zu werden. Jedenfalls aber kann nicht anerkannt werden, daß aus dem Frachtvertrag auch nach der Ablieferung die Pflicht der Bahn besteht, eine Obhut über die noch nicht ausgeladenen Waren auszuüben. Besteht das Wesen der Ablieferung gerade darin, daß das Gut aus dem Gewahrsam der Bahn in die Verfügungsbefugnis des Empfängers übergeht, so kann man nicht allein daraus, daß der Empfänger nun — in der Regel unter Verletzung seiner Pflicht zur alsbaldigen Entladung — das Gut einfach im Wagen beläßt, eine weitere Obhutspflicht der Eisenbahn entnehmen. Will er nicht selbst die Verantwortung für das Gut und seine Bewachung übernehmen, so muß er es eben entladen oder sich mit der Bahn über eine Verwahrung einigen. Es wäre aber unbillig, der Bahn eine Bewachung aufzubürden, obwohl sie gar nicht weiß, ob der Wagen überhaupt noch Güter enthält und obwohl sie ein Entgelt dafür nicht erhebt. Das Wagenstandgeld ist nur ein Ersatz für die der Eisenbahn entzogene Wagenbenutzung. Lediglich daraus, daß der Wagen noch auf einem Bahngleis steht, läßt sich nicht eine Obhutspflicht dem Empfänger gegenüber folgern. Die Bahn läßt das Bahnhofsgelände und insbesondere auch die Entladungsgleise bewachen, weil auf ihnen sich eine große Menge Güter befindet, für die sie noch haftet. Wenn dort auch Güter stehen, die bereits abgeliefert sind, so übernimmt sie damit nicht auch für diese eine Bewachungspflicht. Ebensowenig ist aus § 86 Abs. 1 Nr. 1 EVO. zu entnehmen, daß an sich auch nach der Ablieferung zwecks Abladens eine Haftung der Bahn besteht, wie dies in dem Schiedsspruch des Ausschusses für Angelegenheiten des Güterverkehrs des Vereins Deutscher Eisenbahnverwaltungen vom 27. November 1907 — Zeitschr. für internationale Eisenbahntransporte Bd. 16 S. 137 flg. — ausgeführt ist. Denn es ist sehr wohl denkbar, daß Abladungen durch den Empfänger auch vor der Ablieferung erfolgen. Die genannte Bestimmung hat also auch bei Annahme der hier vertretenen Ansicht ihre Bedeutung. Schließlich spricht auch § 97 Abs. 1 EVO. für die Erledigung des Frachtvertrags mit der Ablieferung. Denn Abnahme bedeutet hier soviel wie Annahme, also wie Ablieferung, und wenn damit und mit der regelmäßig vorangehenden Fracht- usw. -Zahlung alle Ansprüche aus dem Frachtvertrag erlöschen, wird man nur in ganz besonderen Fällen eine weitere Fortwirkung des Frachtvertrags annehmen können, die sich aber jedenfalls nicht auf eine weitere Obhut erstreckt....

Versagt hiernach die Berufung des Klägers auf eine vertragliche Haftung der Beklagten, so hat dieser doch seinen Anspruch auch auf außervertragliche Haftung gestützt. In dieser Beziehung fehlt es bisher an der erforderlichen Feststellung.

RGZ. 113, 250.

1. Gehören feuergefährliche Flüssigkeiten, die in Fässern versandt werden, zu denjenigen Gütern, die vermöge ihrer eigentümlichen natürlichen Beschaffenheit der besonderen Gefahr des Verlustes ausgesetzt sind?

2. Aus wessen Person ist der sog. Verarmungsfaktor zu beurteilen, wenn der Spediteur aus dem Frachtvertrag auf Schadensersatz wegen Verlustes von Frachtgut klagt?

3. Von wann ab gerät die Eisenbahn, von welcher Schadensersatz aus dem Frachtvertrag verlangt wird, in Verzug?

HGB. § 459 Abs. 1 Nr. 4. Eisenbahnverkehrsordnung §§ 86 Abs. 1 Nr. 4, 99 Abs. 4. BGB. §§ 242, 249, 284.

I. Zivilsenat. Urt. v. 17. April 1926.

I. Landgericht Köln, Kammer für Handelssachen. — II. Oberlandesgericht daselbst.

Am 12. September 1922 gab die Klägerin, eine Speditionsfirma, bei der Eisenbahn einen Bahnwagen mit 15 Faß Jamaika-Rum zur Beförderung auf. Als der Wagen am 14. September 1922 auf dem Güterbahnhof in Köln-Nippes eingetroffen war, liefen beim Verschieben zwei andere Güterwagen mit solcher Wucht auf ihn auf, daß ein Faß leck wurde und Rum aus dem Wagen heraussickerte. Der Wagen ist dann verbrannt und die ganze Sendung durch das Feuer vernichtet worden. Wann das Feuer ausgebrochen und wie es entstanden ist, konnte nicht festgestellt werden.

Die Klägerin forderte von der Eisenbahn Schadensersatz. Die Bahn wandte ein, daß die leichte Brennbarkeit des stark alkoholhaltigen Rums (71 bis 72 Volumen-%), also die natürliche Beschaffenheit des Ladeguts, eine besondere Gefahr des Verlustes begründet habe und vermutlich auch vorliegend dadurch wirksam geworden sei, daß Funkenflug oder etwa durch Reibung der Faßreifen entstandene Funken den ausgelaufenen Raum entzündet hätten.

Das Landgericht verurteilte die Bahn zur Zahlung eines Teilbetrags. Dagegen legte die Beklagte Berufung ein, der sich die Klägerin anschloß. Das Oberlandesgericht sprach der Klägerin auf ihre Anschlußberufung 4600 RM nebst 5 % Zinsen seit dem 14. September 1922 zu und wies im übrigen die Anschlußberufung sowie im ganzen Umfang die Berufung der Beklagten zurück.

Die von der Beklagten eingelegte Revision hatte nur in Nebenpunkten Erfolg.

Gründe:

Das Berufungsgericht nimmt zwar an, daß der Rum wegen seines hohen Alkoholgehalts sehr feuergefährlich gewesen, daß aber ein Ausschluß der Haftung der Bahn wegen besonderer, in der natürlichen Beschaffenheit der Ware liegenden Verlustgefahr im Sinne von § 86 Abs. 1 Nr. 4 EVO. nicht begründet sei. Es tritt in dieser Beziehung dem Landgericht bei, auf dessen Urteilsgründe es bezug nimmt. Letzteres hatte ausgeführt: Selbstentzündlichkeit komme nicht in Frage. Nur Selbstentzündlichkeit sei eine der besonderen Gefahren des § 86 Abs. 1 Nr. 4, nicht Feuergefährlichkeit überhaupt. In § 54 EVO. habe die Eisenbahn angegeben, unter welchen Bedingungen sie feuergefährliche Güter annehme; diese Bedingungen seien erfüllt worden.

Hiergegen richtet sich der Hauptangriff der Revision. Es wird von ihr geltend gemacht, daß auch schon die Feuergefährlichkeit des Beförderungsguts unter die besondere Gefahr des § 86 Abs. 1 Nr. 4 EVO. gehöre und es keinen Unterschied ausmachen könne, ob das Gut einzig und allein infolge seiner eigenen Beschaffenheit beschädigt oder vernichtet worden sei oder erst im Zusammenwirken mit den üblichen im Eisenbahnbetrieb liegenden Gefahren (Funkenflug und dgl.).

Letzteres, der Obersatz, trifft zwar an sich zweifellos zu, wie schon der Hinweis des Gesetzes auf die Bruchgefahr deutlich zeigt, eine Gefahr, die regelmäßig nur in Verbindung mit den Erschütterungen des fahrenden Wagens und besonders bei Verschiebestößen Bedeutung bekommt. Aber so liegt der Fall hier nicht. Feuergefährliche Flüssigkeiten, die in ordnungsmäßig verschlossenen und gelagerten Gefäßen von guter Beschaffenheit versandt werden, fallen, soweit die Brennbarkeit dieser Stoffe in Betracht kommt, überhaupt nicht unter die Fälle des § 86 Abs. 1 Nr. 4 EVO. Bei den Gütern im Sinne dieser Vorschrift handelt es sich um solche, die durch ihre Beschaffenheit in besonderem, erhöhtem Maße der Beschädigungs- oder Verlustgefahr ausgesetzt sind. In Betracht kommt also im Gegensatz zu § 84 EVO. nur erhöhte oder außerordentliche Gefahr (RGZ. Bd. 110 S. 43). Bereits in RGZ. Bd. 15 S. 150, 151 hat das Reichsgericht dargelegt, daß feuergefährliche Gegenstände nicht ohne weiteres darunter fallen, soweit nämlich die dem Eisenbahnbetrieb eigentümlichen Entzündungsmöglichkeiten bei Berührung mit Feuer, Funken und dgl. durch geeignete Verpackung ausgeschaltet werden können. Das entspricht auch den Ausführungsbestimmungen zur Eisenbahnverkehrsordnung. Ob freilich überhaupt Rum zu den nach Anlage C zu § 54 EVO. unter III bis VI nur bedingt zur Beförderung zugelassenen „brennbaren Flüssigkeiten" gehört, mag vorliegend dahingestellt bleiben. Unter der hier einschlägigen Gruppe III Nr. 9 werden aufgeführt: „absoluter Alkohol, Weingeist (Spiritus), wie daraus bereitete Flüssigkeiten (Spirituslack, Sikkative, flüssige Seifen und dgl.)". Zugelassen sind die Flüssigkeiten zur Beförderung bei Innehaltung der Verpackungsvorschriften („starke, dichte, sicher verschlossene Gefäße aus Holz [Fässer], Glas, Ton [Steinzeug und dgl.] oder Metall") und bei Verwendung von Gefäßen aus Glas oder Ton werden noch weitere Bestimmungen gegeben. Die bloße Zulassung zum Güterverkehr würde allerdings für die Frage der Anwendbarkeit von § 86 Abs. 1 Nr. 4 EVO. noch nicht unbedingt entscheidend sein. Aber verladen werden dürfen bezeichnenderweise die vorschriftsmäßig verpackten Flüssigkeiten in bedeckten oder offenen Wagen (vgl. für den Eisenbahngütertarif vom 1. Februar 1922 das alphabetische Verzeichnis der in Anlage C zur Eisenbahnverkehrsordnung aufgeführten Gegenstände, S. 94, 95), offenbar aus dem Grunde, weil nach der den Bestimmungen zugrunde liegenden Auffassung schon geeignete Verpackung selber genügenden Schutz gegen die Berührung mit Feuer bietet und eine erhöhte Gefahr der Beschädigung oder Vernichtung durch Feuer dann nicht mehr besteht. Im Streitfall hat denn auch erst die Beschädigung des einen Fasses durch einen besonders heftigen Verschiebestoß die Möglichkeit einer Berührung der Flüssigkeit mit Feuer geschaffen. Daß aber die Fässer im Wagen nicht ordnungsmäßig festgemacht gewesen seien, ist nicht behauptet worden (vgl. Urt. des Senats vom 23. Mai 1925 I 452/24, abgedruckt in Seuff. Arch. Bd. 79 Nr. 190). Die Eisenbahn muß deshalb nach § 84 EVO. für den Schaden aufkommen, und zwar, weil nach Ansicht der Instanzgerichte ein Verschulden von Leuten der Bahn nicht nachweisbar ist, in den Haftungsgrenzen des § 88 EVO. Bei dieser Rechtslage bedarf es keines Eingehens darauf, ob überhaupt nach den besonderen Umständen des Falles (vgl. RGZ. Bd. 110 S. 43) — Entstehen von Funken durch Reibung der Faßreifen im stillstehenden Wagen oder Funkenflug als Ursache des Feuers im bedeckten Wagen — der Bahn die Vermutung des § 86 Abs. 2 EVO. zur Seite stand.

Die Revision bemängelt weiterhin, daß der Berechnung des Schadens der von der Firma J. C. (der Versenderin) in Pfunden gezahlte Preis zugrunde gelegt worden sei, und sie meint, der gemeine Handelswert des Frachtguts könne bei einem deutschen Frachtvertrag nicht auf einer fremden Geldwährung aufgebaut werden. Ferner wendet sich die Revision gegen die vom Berufungsgericht vorgenommene Aufwertung von 80 %, wofür eine nähere, alle Umstände des Falles berücksichtigende Würdigung vermißt wird. Diese Rügen sind jedoch unberechtigt. Denn das Oberlandesgericht ist auf Grund des von ihm erhobenen Beweises zu dem Ergebnis gelangt, daß der von der Firma J. C. für den Rum gezahlte Rechnungsbetrag dem gemeinen Handelswert vom Tage der Annahme des Frachtguts zur Beförderung entsprach. Hiermit gemeint ist der zur Bezahlung der Pfundrechnung damals erforderlich gewesene und deshalb vom Vorderrichter ausgerechnete Papiermarkbetrag (vgl. im übrigen RGZ. Bd. 107 S. 212). Dafür ferner, daß von der sich hiernach ergebenden Papiermarksumme, zuzüglich der von der Klägerin oder ihrer Auftraggeberin verauslagten Kosten (§ 88 Abs. 1 zweiter Halbsatz EVO.), 80 % als Aufwertungsbetrag angesetzt worden sind, gibt das Berufungsgericht eine ausreichende, auf Tatsachenwürdigung beruhende Begründung, welche einen Rechtsirrtum nicht erkennen läßt, und zwar auch insoweit nicht, als dabei nur die wirtschaftlichen Verhältnisse der Firma J. C. berücksichtigt worden sind. Denn der Spediteur ist ohne weiteres befugt, den Schaden seines Auftraggebers geltend zu machen (vgl. RGR.-Kommentar Anm. 3 Abs. 2 zu § 249 BGB.), und nur die Geltendmachung dieses Schadens steht hier in Frage.

Nicht unbedenklich — wenngleich von der Revision nicht besonders gerügt — erscheint dagegen der vom Vorderrichter angenommene Anfangstag der Verzinsung. Am 14. September 1922 war der Schaden erst entstanden, konnte also ein Verzug der Bahn noch nicht eingetreten sein. Nach § 99 Abs. 4 EVO. liegt der Eisenbahn, wenn ihr ein Ersatzanspruch angemeldet wird, die Pflicht ob, den Anspruch mit tunlichster Beschleunigung zu prüfen und den Anmelder schriftlich zu bescheiden. Mit diesem Bescheid oder, wenn er von der Bahn schuldhaft verzögert wird, mit dem Ablauf einer angemessenen Prüfungsfrist tritt die Fälligkeit der Ersatzforderung ein, und erst mit einer nach der Fälligkeit ihr zugegangenen Mahnung gerät die Bahn gemäß § 284 BGB. in Verzug (Urteile des RG. vom 3. März 1924 I 280/23 und vom 15. November 1924 I 549/23). Wie sich aus dem übereinstimmenden Vorbringen der Streitteile ergibt, hat die Beklagte ihren ablehnenden Bescheid am 23. Dezember 1922 erteilt. Dafür, daß diese Erteilung schuldhaft verzögert worden sei, liegt nichts vor. Über eine daraufhin ergangene, vor der Klagezustellung liegende Mahnung ist nichts vorgetragen worden. Die Klagezustellung ist danach die den Verzug begründende Mahnung. Zugestellt worden ist die Klage am 1. Februar 1923. Erst von hier ab können somit die Zinsen verlangt werden. Dies ist die eine Maßgabe, mit der die Revision zurückzuweisen war.

Die andere Maßgabe betrifft den Kostenanspruch. . . . (Es wird ausgeführt, daß § 13 Abs. 2 GKG. nicht beachtet worden ist.)

RGZ. 113, 274.

Inwieweit muß für die Frachtberechnung die Bezeichnung des Gutes im Frachtbrief den Ausdrücken des Gütertarifs entsprechen?

Eisenbahnverkehrsordnung § 56 Abs. 1 zu d.
Ausführungsbestimmung IV dazu.

I. Zivilsenat. Urt. v. 24. April 1926.

I. Landgericht Stuttgart. — II. Oberlandesgericht daselbst.

Am 8. Dezember 1923 gab die Firma H. Sch. & Co. auf der Station B. 7 Kesselwagen Mineralöl zur Beförderung an die Firma R. & P. in St. auf. In den dabei übergebenen Frachtbriefen war als Inhalt mit Druckstempel vermerkt „Mineralöl, schweres, welches bei 20 Grad Celsius ein spez. Gewicht von mehr als 0,835 und bei gleicher Temperatur eine Viskosität von höchstens 2,6 hat" und darunter handschriftlich mit Tinte „nach Spezialtarif E". Die Station B. berechnete die Fracht nach der allgemeinen Wagenklasse Satz A des Tarifs auf 1138 M je Kessel, im ganzen also auf 7966 M. Diesen Betrag hat die Empfängerin auf Anforderung auch bezahlt. Wäre die Fracht nach Klasse E des Tarifs berechnet worden, so hätte sie 388 M je Wagen, im ganzen also 2716 M betragen. Die Klägerin, welcher die Empfängerin den Anspruch auf Rückerstattung zuviel gezahlter Fracht abgetreten hat, behauptet, daß die Fracht nach Tarifklasse E zu berechnen gewesen wäre, und verlangt Erstattung des gezahlten Mehrbetrags. Die Beklagte entgegnet, daß die Fracht entsprechend der Inhaltsangabe richtig nach Klasse A berechnet worden sei. Das Landgericht wies die Klage ab. Das Oberlandesgericht gab ihr statt. Die Revision der Beklagten wurde zurückgewiesen.

Gründe:

Während das Landgericht den Zusatz in der Inhaltsangabe „Nach Spezialtarif E" für unwesentlich und daher die Inhaltsangabe zur Anwendung der Tarifklasse E nicht für geeignet hielt, hat das Berufungsgericht festgestellt, daß das versandte Öl tatsächlich durchweg den Anforderungen der Klasse E, insbesondere auch im Flammpunkt, genügte, und hat demgemäß die Klasse E mit folgender Begründung für anwendbar erachtet: Die Inhaltsangabe in den Frachtbriefen habe allerdings nicht ganz der Vorschrift in Klasse E entsprochen; es sei aber für den berechnenden Beamten aus der Anwendung des alten Stempels erkennbar gewesen, daß die ausdrückliche Angabe des Flammpunkts nicht absichtlich weggelassen worden sei. Der Zusatz „Nach Spezialtarif E" habe nur so aufgefaßt werden können, daß der Absender behaupte, alle Anforderungen jener Tarifstelle seien erfüllt. Wenn der Beamte in dieser Hinsicht Zweifel gehabt habe, so hätte er sich durch Rückfrage Gewißheit verschaffen müssen. Die Revision rügt: Die Erklärung sei unvollständig gewesen. Das Verlangen, die Klasse E anzuwenden, habe den Mangel der diese Anwendung rechtfertigenden tatsächlichen Angaben nicht ersetzen können.

Die Angriffe der Revision sind nicht begründet.

Mit Recht ist das Berufungsgericht ebenso wie das Landgericht davon ausgegangen, daß die Inhaltsangabe im Frachtbrief die Eisenbahn berechtigt, die nach diesen Angaben zutreffende Tarifstelle in Anwendung zu bringen, auch wenn die Angabe den tatsächlichen Verhältnissen nicht entspricht und diese Verhältnisse die Berechnung einer geringeren Fracht rechtfertigen. Das ergibt sich aus § 57 EVO., nach dem der Absender der Eisenbahn für die Richtigkeit und Vollständigkeit der in den Frachtbrief aufgenommenen Angaben haftet und alle Folgen trägt, die aus unrichtigen, ungenauen oder ungenügenden Eintragungen entspringen. Mit Recht haben daher die Vordergerichte das entscheidende Gewicht darauf gelegt, ob die Inhaltsangabe die Anwendung der allgemeinen Wagenklasse A rechtfertigte oder diejenige der Klasse E des Spezialtarifs bedingte. Ist letztere Tarifstelle anzuwenden, so muß die Beklagte nach § 70 EVO. die zuviel gezahlte Fracht zurückzahlen.

Nach EVO. § 56 Abs. 1 zu d hat der Absender in den Frachtbrief die Bezeichnung der Sendung nach ihrem Inhalt einzutragen, und die dazu erlassene Ausführungsbestimmung IV ordnet im besonderen an, daß für die in den allgemeinen Tarifvorschriften und in der Güterklassifikation (Teil I Abteilung B) aufgeführten Güter die dort gebrauchten Benennungen anzuwenden sind. Die letztere Voraussetzung liegt hier vor; denn in Frage kommt die Anwendung der Klasse E der im Spezialtarif für Wagenladegüter aufgeführten Stelle „Öle". An dieser Stelle sind im Spezialtarif aufgeführt: . . . (folgen Einzelangaben aus Klasse C und Klasse E, Nr. 1—3 und 5, sodann Klasse E Nr. 4:) Erdöle, Braunkohlenteeröle, soweit sie nicht unter 5 fallen, Schieferkohlenöle, die bei 20 Grad Celsius ein Eigengewicht von mehr als 0,835, bei gleicher Wärme eine Dickflüssigkeit von höchstens 2,6 und einen Flammpunkt von mehr als 50 Grad Celsius haben.

Diese Bezeichnung zu 4 ist diejenige, die in der Inhaltsangabe der Absenderin nach der Behauptung der Klägerin zum Ausdruck gebracht ist. Sie weicht also insoweit von der Inhaltsangabe ab, als dort das Wort „Mineralöl" an Stelle eines der Worte „Erdöle, Braunkohlenteeröle, Schieferkohlenöle" gebraucht ist, als ferner dort die Worte „und einen Flammpunkt von mehr als 50 Grad Celsius haben" fehlen und dafür der Zusatz „Nach dem Spezialtarif E" gemacht ist. Wie der Senat bereits in der in RGZ. Bd. 107 S. 26 abgedruckten Entscheidung ausgeführt hat, ist der Ausführungsbestimmung IV zu § 65 EVO. nicht etwa die Bedeutung beizumessen, daß die Inhaltsangabe mit der in Anspruch genommenen Tarifstelle wörtlich übereinstimmen muß. Es genügt vielmehr der gleiche Inhalt derart, daß der berechnende Beamte bei sorgfältiger Prüfung eine genügende Grundlage für die Anwendung der Tarifstelle hat und bei vernünftiger Auslegung keine begründeten Zweifel bei ihm vorliegen können. Und es ist weiter zu verlangen, daß, falls die ganze Inhaltsangabe auf eine bestimmte Tarifstelle hinweist, dennoch auftauchende Bedenken durch Rückfrage bei dem Absender zu klären sind (RGZ. Bd. 67 S. 276, 288, 289). An dieser Auffassung ist festzuhalten. Denn wenn es auch natürlich zur Beschleunigung der Abfertigung erwünscht ist, daß möglichst der Wortlaut der Tarifstelle in der Inhaltsangabe angewendet wird, so rechtfertigen Wortlaut und Zweck der Ausführungsbestimmung IV doch keineswegs, daß Abweichungen und Unvollkommenheiten im Ausdruck dem Absender die Begünstigung des billigen Sondertarifs rauben und der Bahn einen Gewinn verschaffen, der ihr nach dem wirklichen Wesen der versendeten Sache nicht zukommt. Es genügt auch den Belangen der Bahn, wenn aus der Inhaltsangabe mit hinreichender Klarheit entnommen werden kann, welche tatsächlichen Angaben der Absender hat machen wollen. Prüft man den vorliegenden Fall von diesen Gesichtspunkten aus, so muß in Übereinstimmung mit dem Vorderrichter die Inhaltsangabe der Frachtbriefe als genügende Grundlage für die Anwendung der Klasse E erachtet werden. Die durch Stempeldruck wiedergegebenen Angaben entsprechen dem Spezialtarif III für Öle in dem vom 1. April 1918 ab gültig gewesenen Gütertarif. Diese Tarifstelle ging, wie ihre Anmerkungen ergeben, davon aus, daß Leucht- und Schmieröle der allgemeinen Wagenklasse zu unterwerfen sind, die anderen minderwertigen Öle aber, die sich von den erstgenannten Ölen teils durch ein höheres Gewicht, teils auch durch eine geringere Dickflüssigkeit (Viskosität) unterscheiden, durch Aufnahme in Spezialtarifstellen zu begünstigen sind. In dem vom 1. Dezember 1920 ab gültigen Tarif und in den späteren Tarifen führte man in den Sondertarifen 5 Klassen — B bis F — ein und nannte an Stelle „Öle" unter B, D und später E verschiedene Öle mit bestimmten Eigenschaften, darunter bei Nr. 2, später 4, die oben bereits angegebenen Öle.

Die Hinzufügung des Flammpunkts zu der im übrigen dem alten Spezialtarif III entsprechenden Bezeichnung verfolgte, wie die Anmerkungen 2 und 20 zu jener Tarifstelle ergeben, den Zweck, rohes Erdöl sowie Mischungen der bezeichneten Öle mit Benzin oder Petroleum, die an sich zwar den Anforderungen an das Eigengewicht und die Dickflüssigkeit entsprachen, aus denen aber später wieder leicht das Benzin und das Petroleum gewonnen werden können, von der Begünstigung des Vorzugstarifs auszuschließen; diese haben stets einen Flammpunkt unter 50 Grad Celsius. Ist hiernach auch die Angabe des Flammpunkts von wesentlicher Bedeutung für die Einreihung des Öls in Klasse E, so ist doch den Ausführungen des Berufungsgerichts zu entnehmen, daß es eine die Angabe ersetzende Erklärung in den Worten „Nach Spezialtarif E" erblickt. Denn nur dahin kann seine Ausführung verstanden werden, der Absender habe damit behaupten wollen, alle Erfordernisse des Spezialtarifs seien erfüllt. Eine solche Auslegung ist auch der Sachlage angemessen. Die gedruckte Inhaltsangabe entsprach, abgesehen von der Bezeichnung „Mineralöl" — was von der Beklagten nicht gerügt und augenscheinlich den Umständen nach als bedeutungslos erachtet worden ist — und abgesehen vom Fehlen der Angabe des Flammpunkts, der Bestimmung der Klasse E Nr. 4. Nur bei ihr werden Angaben dieses Inhalts erfordert, nicht aber an irgendeiner anderen Stelle. Diese Angaben hatten also eine praktische Bedeutung für die besondere Berechnung der Fracht nur dann, wenn die versandte Ware auch in dem nicht mit den Worten der Tarifstelle hervorgehobenen Flammpunkt den Anforderungen dieser Stelle entsprach. Wenn der Absender nun jenen Angaben ausdrücklich die Worte „Nach Spezialtarif E" hinzufügte, so konnten diese nur den Sinn haben, das versandte Öl entspreche auch im Flammpunkt der Klasse E. So mußte auch der berechnende Beamte bei verständiger Überlegung die Angabe auslegen, wenn er auch auf den ersten Blick den Verdacht hegen konnte, das Öl erreiche jenen Flammpunkt nicht. Jedenfalls war die Sachlage so, daß er etwa bestehende Zweifel durch Rückfrage beim Absender beseitigen mußte. § 58 EVO. gibt der Eisenbahn zwar nur das Recht, die Übereinstimmung der Sendung mit den Angaben des Frachtbriefs zu prüfen. Aber auch ohne ausdrückliche Vorschrift ergibt sich aus dem Vertragsverhältnis nach Treu und Glauben für die Bahn die Verpflichtung, bei solcher Sachlage etwa bestehende Zweifel durch eine einfache Rückfrage zu klären, ehe sie durch Anwendung einer sachlich nicht zutreffenden Tarifstelle dem Absender einen sehr erheblichen Nachteil zufügt. Die kurze Verzögerung, die dadurch eintreten kann, ist gegenüber dem großen Nachteil, der im anderen Falle dem Absender entsteht, von geringer Bedeutung. Es wäre also die Fracht nach Klasse E des Sondertarifs zu berechnen gewesen.

RGZ. 114, 308.

1. Greift die einjährige Verjährung des § 414 HGB. auch dann Platz, wenn die Klage gegen den Spediteur nicht auf den Verlust (die Minderung usw.) des Gutes selbst gestützt wird, sondern nur auf die Vereitelung des Ersatzanspruchs gegen den Frachtführer?

2. Ist eine Abnahme des Eisenbahnfrachtgutes immer darin zu erblicken, daß der Empfänger das Gut nach Ankunft auf der Bestimmungsstation auf neuen Frachtbrief weiterversendet?

HGB. §§ 408, 414. Eisenbahnverkehrsordnung § 97.

I. Zivilsenat. Urt. v. 22. September 1926.

I. Landgericht Köln. — II. Oberlandesgericht daselbst.

Mit Frachtbrief vom 18. Juli 1919 gab die Speditionsfirma H. & Co. in Forbach im Auftrag der Firma L. in Paris auf der Station Forbach eine Wagenladung von 53 Ballen Gewebe zur Beförderung nach Köln an die Beklagte auf. Über die Ware sollte nach ihrem Eintreffen in Köln B., ein Angestellter der Firma L., weitere Verfügung treffen. Nach Ankunft des Wagens auf dem Bahnhof Köln-Nippes löste die

Beklagte den Frachtbrief am 2. August 1919 ein. Am 6. August ließ sie den Wagen, ohne ihn jedoch unmittelbar körperlich übernommen zu haben, an ihre Anschrift nach Köln-Hafen weiter befördern. In den neuen Frachtbrief war die Gewichtsangabe aus dem ersten Frachtbrief übernommen. In Köln-Hafen, wo die Beklagte den Wagen am 14. August übernahm, stellte sich, wie auch tatbestandlich festgestellt wurde, heraus, daß er nur noch 37 Ballen enthielt. In einem Schreiben vom 15. August an die Güterabfertigung Köln-Hafen nahm die Beklagte hierauf Bezug und verlangte Abschrift der Tatbestandsaufnahme. Am 25. Mai 1920 forderte sie Zahlung von 56 020,55 französischen Franken als Schadensersatz für die fehlenden 16 Ballen. Nach längerem Schriftwechsel lehnte die Bahn mit Schreiben vom 12. Juli 1921 jeden Schadensersatz unter der Begründung ab: aus dem ersten Frachtvertrage könnten Ansprüche nicht mehr hergeleitet werden, weil der Wagen an die Beklagte in Köln-Nippes abgeliefert worden sei, für den zweiten Vertrag Köln-Nippes bis Köln-Hafen fehle es am Nachweis, daß mehr als 37 Ballen aufgegeben worden wären. Bei ihrem ablehnenden Bescheid verblieb die Bahn auch auf erneute Vorstellungen der Beklagten. Hieran schloß sich der Rechtsstreit der Firma L. gegen die Bahn. Diese Firma, der die Beklagte ihre Ansprüche gegen die Bahn abgetreten hatte, erhob gegen letztere eine am 27. November 1921 zugestellte Klage auf Zahlung von 56 020,55 französischen Franken oder einer entsprechenden Summe in deutscher Währung. Das Landgericht wies die Klage ab, weil der Anspruch verjährt sei. Die Berufung der Firma L. hatte keinen Erfolg. Nunmehr ließ sich diese Firma den Anspruch der Firma H. & Co. an die Bahn abtreten und übertrug selber diesen Anspruch an den Kläger. Dieser erhob im März 1924 die vorliegende Klage auf Zahlung von 56 020,55 französischen Franken, hilfsweise auf Zahlung eines entsprechenden Markbetrags nach dem Kurse des Zahlungstages. Zur Begründung machte er geltend: Die Beklagte habe durch Einlösung des Frachtbriefs und Weitersendung des Wagens die Sendung in Köln-Nippes abgenommen, dabei es aber pflichtwidrig unterlassen, den ordnungsmäßigen Bestand der Ladung festzustellen. Dadurch sei die Inanspruchnahme der Bahn hinfällig geworden. Die Beklagte habe ferner die Verjährung des Anspruchs gegen die Bahn verschuldet. Aus beiden Gründen müsse sie den der Firma L. entstandenen Schaden ersetzen. Die Beklagte wandte ein, der Klaganspruch sei nach § 414 HGB. verjährt.

Das Landgericht wies durch Zwischenurteil den Einwand der Verjährung zurück und erklärte in einem weiteren Urteil den Klaganspruch dem Grunde nach für gerechtfertigt. Die Berufung der Beklagten wurde zurückgewiesen. Ihre Revision führte zur Aufhebung und Zurückverweisung.

Gründe:

1. Die Angriffe der Revision gegen die Ausführungen, mit denen das Berufungsgericht den Einwand der Verjährung zurückgewiesen hat, können nicht durchgreifen. Das angefochtene Urteil sagt: Die Ballen seien während der Beförderung auf der Eisenbahn verlorengegangen. Den Verlust des Gutes selbst habe die Beklagte nicht verschuldet, sie habe vielmehr durch die vorbehaltlose Annahme des Gutes in Köln-Nippes nur den Verlust des Ersatzanspruchs gegen die Bahn verursacht. Auf den deshalb gegen sie erhobenen Anspruch finde § 414 HGB. keine Anwendung.

Mit Recht gehen beide Parteien und die Instanzgerichte davon aus, daß der mit der Beklagten abgeschlossene Vertrag ein Speditionsvertrag ist. Denn die Beklagte sollte das Gut nicht lediglich in Empfang nehmen, sondern auch Sorge tragen für seine weitere Beförderung, sei es nach ihren eigenen Räumen zur einstweiligen Aufbewahrung, sei es nach den von B. zu bezeichnenden Stellen. Es könnte also an sich § 414 HGB. anwendbar sein. Aber die Gründe, aus denen das Berufungsgericht die weiteren Voraussetzungen dieser Bestimmung hier vermißt, treffen zu und stehen in Übereinstimmung mit der vom erkennenden Senat in RGZ. Bd. 109 S. 199 vertretenen Anschauung. Hieran ist festzuhalten. Nach § 414 HGB. verjähren in einem Jahr die Ansprüche gegen den Spediteur wegen Verlustes, Minderung, Beschädigung oder verspäteter Ablieferung des Gutes. Nach Wortlaut und Zusammenhang mit den übrigen Bestimmungen kann dies nur dahin verstanden werden, daß der Verlust (die Minderung usw.) unmittelbar zum Gegenstand der Klage gemacht, der Spediteur für den Verlust usw. unmittelbar zur Verantwortung gezogen wird, mag sich der Kläger auf die ohne weiteres und bis zum Gegenbeweis eintretende Verantwortung des Spediteurs aus §§ 407, 390 HGB. stützen oder ihm ausdrücklich eine Verletzung seiner Vertragspflicht aus § 408 HGB. vorwerfen, die den Verlust (die Minderung usw.) verursacht hat. Letzteres ist also für die Anwendung des § 414 im Falle des § 408 HGB. das Entscheidende. Nur in diesem Sinne ist auch das erwähnte frühere Urteil des Senats zu verstehen. Es sagt ausdrücklich, daß das dem Spediteur zur Last gelegte Verhalten nicht ursächlich für den Verlust des Gutes selbst gewesen und deshalb § 414 nicht anwendbar sei. Die vorangehenden Ausführungen jenes Urteils dienen nur dazu, darzulegen, daß der ursächliche Zusamenhang zwischen Spediteurtätigkeit und Verlust fehle. Die Revision irrt also, wenn sie jenes Urteil dahin auffaßt, daß sich § 414 nur auf den Fall des § 407, nicht auf den der Klage wegen Verletzung des § 408 HGB. beziehe, oder wenn sie ausführt, das Urteil sehe eine Klage wegen positiver Vertragsverletzung nicht als eine solche an, die auf einer Verletzung des § 408 beruhe. Die Revision meint aber auch, § 414 greife stets Platz, wenn die Tatsache des Verlustes einen Teil der Klagbegründung bilde. Darin kann ihr jedoch nicht gefolgt werden. Wenn das Gesetz von einem Anspruch „wegen Verlustes" spricht, so kann das nur dahin verstanden werden, daß der Spediteur für den Verlust selbst verantwortlich gemacht werden und für den Verlust selbst Schadensersatz leisten soll. Die Bestimmung beschränkt ausnahmsweise die Rechte des Versenders und darf daher nicht in einem über Wortlaut und Zusammenhang hinausgehenden, ausdehnenden Sinn ausgelegt werden. Die von der Revision angezogene, ganz nebensächliche Bemerkung des Urteils in RGZ. Bd. 105 S. 304 ergibt keineswegs, daß man dort allgemein hat sagen wollen, die Ansprüche wegen Verletzung von Vertragspflichten verjährten in einem Jahr, auch wenn dadurch nicht der Verlust des Gutes selbst verursacht sei; sie kann jedenfalls gegenüber der ausführlichen späteren Stellungnahme des Senats zur Unterstützung der Ansicht der Revision nicht herangezogen werden. Ebensowenig kann der Revision zugegeben werden, daß die Erläuterungsbücher zum Handelsgesetzbuch von Staub und Düringer-Hachenburg ihre Ansicht unterstützen. Beide stimmen vielmehr mit der Anschauung des Senats überein, wie dies die von der Revision selbst angezogenen Stellen daraus ergeben. Denn sie besagen, daß Schadensersatzansprüche wegen „vertragswidriger" („auftragswidriger") Ausführung der Spedition nicht der kurzen Verjährung unterliegen, „sofern sie nicht den Verlust . . . zur Folge hatte" (der Verlust . . . nicht durch sie „verursacht" wurde). Makower vertritt allerdings anscheinend den weiteren Standpunkt der Revision. Er sagt, den Rechtsgrund des Anspruchs bilde nie der Verlust allein, sondern nur in Verbindung mit einer auf besonderem Grunde beruhenden Verpflichtung des Spediteurs, den auf jene Tatsache sich gründenden Anspruch zu befriedigen. Aber es genügt nicht, daß der Verlust des Gutes (die Minderung usw.) zur Begründung des Anspruchs bloß mit herangezogen wird, er muß vielmehr mit die entscheidende Grundlage des Anspruchs insofern bilden, als für ihn selbst der Spediteur verantwortlich gemacht wird. Daß bei der Auslegung des Senats die Bestimmung des § 414 HGB. fast gar keine praktische Bedeutung hätte, kann der Revision nicht zugegeben werden. Sie stützt sich dabei ebenso wie bei anderen Darlegungen wesentlich auf die irrtümliche Ansicht, der Senat wolle bei einem Anspruch wegen Verletzung des § 408 HGB. die einjährige Verjährung niemals Platz greifen lassen. Von dem hier vertretenen Rechtsstandpunkt aus fällt aber der Klaganspruch nicht unter § 414 HGB. Denn der Kläger macht die Beklagte nicht für den Verlust der Ballen als solchen verantwortlich, führt ihn vielmehr nur als unstreitige Tatsache an, die nach ihrer Darlegung einen Ersatzanspruch gegen die Bahn begründet hätte; die Beklagte macht er aber nur dafür haftbar, daß sie durch ihr Verhalten diesen Ersatzanspruch vernichtet habe. Es ist also keine Rede davon, daß die Beklagte den Verlust des Gutes verursacht habe. Der Anspruch ist denn auch keineswegs auf Ersatz des Schadens gerichtet, den der Versender und sein Auftraggeber durch den Verlust des Gutes als solchen erlitten haben — vor allem also Ersatz des vollen Werts des Gutes und des weiteren etwa sonst durch den Verlust entstandenen Schadens —, sondern nur auf Erstattung dessen, was die Bahn als Ersatz zu leisten gehabt hätte, d. h. des gemeinen Werts des Gutes zur Zeit der Absendung. Greift hiernach die besondere einjährige Verjährung des § 414 HGB. nicht Platz, so unterliegt der Klaganspruch, der sich auf eine positive Verletzung der dem Spediteur in §§ 407 Abs. 2, 388 HGB. ausdrücklich auferlegten Pflicht der Untersuchung bei der Ablieferung stützt, der allgemeinen dreißigjährigen Verjährung (auch nicht etwa der sechsmonatigen des § 638 BGB., wenn man den Speditionsvertrag als Werkvertrag ansieht); vgl. RGZ. Bd. 62 S. 121, Bd. 64 S. 43, Bd. 66 S. 16 und Bd. 109 S. 200.

2. Dagegen muß der Revision im Ergebnis darin beigetreten werden, daß nicht frei von Rechtsirrtum ist die Annahme des Berufungsgerichts, im Abschluß des Frachtvertrags für die Strecke Köln-Nippes bis Köln-Hafen liege die Abnahme des Gutes nach Beendigung des ersten Beförderungsvertrags. Zutreffend haben die Instanzgerichte auf den ersten Vertrag über die Beförderung des Gutes von Forbach nach Köln-Nippes die Bestimmungen der Eisenbahnverkehrsordnung und nicht diejenigen des Internationalen Übereinkommens über den Eisenbahnfrachtverkehr angewendet, da die Beförderung der während des Waffenstillstandes in Elsaß-Lothringen nach einer Station des übrigen Deutschlands aufgegebenen Güter sich nach den damals für Deutschland gültigen Bestimmungen richtete (RGZ. Bd. 107 S. 282). Es ist dem ersten und dem zweiten Richter weiter darin beizutreten, daß die Beklagte in dem Fall ihre Pflicht als Spediteur verletzte und sich schadens-

ersatzpflichtig machte, wenn sie das Gut in Köln-Nippes ohne jede Untersuchung abgenommen haben sollte. Denn sie vereitelte dadurch gemäß § 97 EVerkO. den Anspruch auf Ersatz aus dem ersten Vertrag und nahm ihrem Auftraggeber die Möglichkeit, die Aufgabe von mehr als 37 Ballen in Köln-Nippes nachzuweisen. Ihrem Auftraggeber war sie dann schadensersatzpflichtig, weil der Ersatzanspruch gegen die Bahn zwar der Form nach ihr selbst, dem Wesen nach aber jenem zustand und ihm abzutreten war. Mit Recht ist also das entscheidende Gewicht darauf gelegt worden, ob die Beklagte das Frachtgut in Köln-Nippes abgenommen hat oder nicht. Denn nur mit dieser Abnahme hat das Berufungsgericht das Erlöschen der Ansprüche gegen die Bahn und den Klaganspruch begründet. Da es sich beim Fehlen der Ballen um einen äußerlich erkennbaren Mangel handelte, erloschen gemäß § 97 Abs. 1 EVerkO. alle daraus entspringenden Ansprüche gegen die Bahn mit Bezahlung der Fracht und der sonst auf dem Gute haftenden Forderungen und mit der Abnahme. Die Zahlung ist unstreitig erfolgt. Die Abnahme ist vom Berufungsgericht darin erblickt worden, daß die Beklagte nach Einlösung des Frachtbriefs den Wagen „mit einem neuen Frachtbrief und neu plombiert weiterleitete", ohne eine etwa bestehende Absicht, den Wagen nicht abzunehmen, deutlich erkennbar zu machen. Damit wird das Berufungsgericht der besonderen Lage des Falles und den von der Beklagten dazu aufgestellten Behauptungen nicht gerecht. Nicht beizutreten ist allerdings der Meinung der Revision, die Abnahme im Sinne von § 97 EVerkO. setze stets eine körperliche Inbesitznahme des Frachtgutes voraus und könne niemals durch eine andere Handlung ersetzt werden. Damit setzt sich die Revision in bewußten Gegensatz zu dem vom Reichsgericht und überwiegend auch vom Schrifttum aufgestellten Begriff der Ablieferung. Hiernach ist Ablieferung der Vorgang, durch den die Eisenbahn den zur Beförderung erlangten Gewahrsam des Gutes mit ausdrücklicher oder stillschweigender Einwilligung des Empfängers wieder aufgibt und diesen in den Stand setzt, die tatsächliche Gewalt über das Gut auszuüben. An dieser Auffassung ist auch gegenüber den Ausführungen der Revision festzuhalten. Es kann nicht anerkannt werden, daß Wortlaut und gesetzgeberischer Grund der Bestimmung eine körperliche Inbesitznahme voraussetzten. Der Wortlaut ergibt nichts für eine solche Beschränkung und auch die gesetzgeberische Erwägung, der Empfänger billige durch die Abnahme die Ausführung des Frachtvertrags, kann den Begriff nicht so beschränken. Es genügt vielmehr, daß der Empfänger seinen Billigungswillen irgendwie zu erkennen gibt, wenn auch nicht gerade durch körperliche Inbesitznahme, obwohl er zur Prüfung der ordnungsmäßigen Ausführung des Vertrags in der Lage ist (vgl. dazu insbesondere ROHG. Bd. 14 S. 295, RGZ. Bd. 102 S. 92; Bd. 108 S. 55; Bd. 112 S. 342; Eger, EVerkO. S. 464 Anm. 4 zu § 84; Rundnagel in Ehrenbergs Handbuch Bd. V 2 S. 215; Rundnagel, Haftung der Eisenbahn § 2 S. 8; § 5 S. 21; Staub, HGB. § 429 Anm. 7; Düringer-Hachenburg § 429 Anm. 4). Vorausgesetzt ist allerdings stets ein zweiseitiger Akt. Es genügt also nicht, daß die Bahn das Gut nur dem Empfänger zur Verfügung stellt. *Eine solche stillschweigende* Abnahme des Gutes durch den Empfänger wird in der Regel darin zu finden sein, daß der Empfänger das Gut nach Ankunft auf der Bestimmungsstation mit neuem Frachtbrief zur weiteren Beförderung aufgibt, obwohl er in der Lage ist, es körperlich abzunehmen und zu untersuchen. Das nehmen auch die oben angeführten Entscheidungen und Schriftsteller an. Dem Empfänger macht im allgemeinen die Prüfung des Gutes vor der Weitersendung keine solchen Schwierigkeiten, daß man schon deshalb genötigt wäre, in der Weitersendung keine Abnahme zu erblicken. Die Bestimmungen der Eisenbahnverkehrsordnung und der Abfertigungsvorschriften bieten ihm zu dieser Prüfung genügende Handhaben. Und wenn sie auch zuweilen mit Unbequemlichkeiten verbunden ist, so kann dasselbe doch auch bei der körperlichen Abnahme zutreffen. Jedenfalls müssen dem Empfänger solche Unbequemlichkeiten zugemutet werden, wenn er auf der anderen Seite trotz Endigung der Beförderung auf der Bestimmungsstation den Vorteil hat, das Gut ohne Umladung weiterbefördern zu können. Allerdings ist die Weiterversendung nicht ohne weiteres in allen Fällen als eine solche Billigung der Erfüllung des ersten Frachtvertrags anzusehen. Vielmehr können die Umstände es rechtfertigen, diese Handlung des Empfängers nach Treu und Glauben dahin auszulegen, daß im Abschluß des neuen Frachtvertrags nur eine Fortsetzung des ersten liegt und deshalb die Abnahme bis zum Zeitpunkt der Zurverfügungstellung des Gutes auf der neuen Bestimmungsstelle hinausgeschoben ist. Will die Bahn in einem solchen Falle, obwohl sie das Verhalten des Empfängers nach der Verkehrsauffassung so deuten mußte, auf alsbaldiger Abnahme bestehen, so wird sie den Empfänger dazu auffordern müssen und nötigenfalls von den Mitteln Gebrauch zu machen haben, die ihr die gesetzlichen Bestimmungen bei Verweigerung der Abnahme an die Hand geben. Den ihr obliegenden Beweis der Ablieferung des Gutes wird die Bahn regelmäßig durch den Nachweis führen, daß ein neuer Frachtvertrag nach Zurverfügungstellung des Gutes abgeschlossen worden ist, und es wird dann Sache des Empfängers sein, die besonderen Umstände darzulegen, aus denen sich ergibt, daß trotzdem die Abnahme nicht als erfolgt zu gelten hat. Nur so ist das in RGZ. Bd. 102 S. 92 veröffentlichte Urteil des Senats aufzufassen, worauf auch schon in der Entscheidung des Senats vom 4. November 1925 I 27/25[1]) hingewiesen ist. Solche besonderen Umstände sind aber hier von der Beklagten behauptet worden. Denn sie hat einmal geltend gemacht, der Bahnhof in Köln-Nippes sei damals so verstopft gewesen, daß es nicht möglich gewesen sei, an den die Ballen enthaltenden Wagen heranzukommen, ihn zu prüfen und zu entladen. Träfe das zu, so hätte die Bahn die Beklagte gar nicht in den Stand gesetzt, über das Gut zu verfügen, was zum Begriff der Ablieferung gehört. Weiter kommt in Betracht, daß nach der Behauptung der Beklagten die Sendung laut Frachtbrief überhaupt nicht nach Köln-Nippes, sondern allgemein nach Köln gerichtet war und daß ihr deshalb nach dem Tarif der Wagen in Köln-Gereon zur Verfügung zu stellen gewesen wäre (vgl. dazu die Allgemeinen Abfertigungsvorschriften §§ 1, 23 Nr. 2, 29 Nr. 3). Dies würde, wenn es richtig ist, dafür sprechen, daß die Neuaufgabe nach dem der Beklagten am nächsten gelegenen Bahnhof Köln-Hafen nur erfolgte, um die Beförderung aus dem ersten Frachtvertrag weiter fortzusetzen. In jedem Falle ist in Betracht zu ziehen, daß hier, im Gegensatz zu dem in RGZ. Bd. 102 S. 92 erörterten Falle, die Weitersendung an die Beklagte selbst und nur nach einem anderen Bahnhof des ursprünglichen Bestimmungsortes erfolgte. Wie es zu der neuen Plombierung gekommen ist, insbesondere ob sie mit Wissen der Beklagten erfolgt ist, hat bisher keine Aufklärung gefunden. Übrigens hat nach der Tatbestandsaufnahme nur e i n e Plombe den Stempel „Köln-Nippes" getragen, während die zweite Tür mit einem Blechstreifen „Köln-Hafen" verschlossen war. In ihrem Schriftsatz vom 18. September 1925 hat die Beklagte außerdem behauptet, sie habe den Wagen wegen der Verstopfung in Köln-Nippes nicht abnehmen wollen und nur deshalb sei ihr von dem diensttuenden Beamten anheimgegeben worden, einen neuen Frachtbrief nach Köln-Hafen auszustellen. Das würde für eine Vereinbarung sprechen, die Abnahme hinauszuschieben, und ist bisher nicht gewürdigt worden. Es wird deshalb eine erneute Prüfung der Sache nach diesen Gesichtspunkten geboten sein. Sollte sie ergeben, daß eine Abnahme in Köln-Nippes nicht stattgefunden hat, so wird der zweite Klaggrund, Verschulden an der Verjährung des Anspruchs

[1]) Abgedr. in Seuff. Arch. Bd. 80 Nr. 32.

gegen die Bahn, und nötigenfalls die Frage des Mitverschuldens des Versenders zu prüfen sein.

RGZ. 114, 387.

Wann hat der Eisenbahn-Frachtvertrag als abgeschlossen zu gelten, insbesondere in dem Fall, wenn der Bahnwagen auf einem privaten Anschlußgleis beladen und von dort der Güterabfertigung der Eisenbahn zugeführt wird?

Eisenbahn-Verkehrsordnung § 61.

I. Zivilsenat. Urt. v. 13. Oktober 1926.

I. Landgericht Hamburg. — II. Oberlandesgericht daselbst.

Im Auftrag der Firma B. & Co. in Gr.-Kl. gab die Speditionsfirma F. & Bl. in Hamburg mit Frachtbrief vom 30. September 1924 Zinn, das von Übersee in den Kaianlagen der Hamburg-Amerika-Linie (HAL) angekommen war, zur Beförderung an die Firma Sch. & Co. in M. bei der Güterabfertigung Hamburg-Süd auf. Die HAL ließ das Gut — ursprünglich 44 Block — auf dem von ihr gepachteten Anschlußgleis verladen, den Wagen mit Plomben verschließen und dem Rangiermeister der Beklagten am Nachmittag des 30. September übergeben. Der Wagen wurde dann nach einem im Eigentum des Hamburgischen Staates stehenden Überladegleis des Bahnhofs Hamburg-Süd übergeführt und blieb dort stehen. In der Nacht zum 1. Oktober wurde der Wagen, der noch nicht in den Abgangszug der Beklagten eingestellt war, gewaltsam geöffnet von Unbefugten, die 16 Block Zinn daraus entwendeten. Die Beklagte stellt dies alsbald fest und ermittelte dabei, daß das Gewicht der Ladung, das mit 2050 kg angegeben war, nur 1310 kg betrug. Der Frachtbrief, welcher der HAL eingereicht worden war, ist nach der Verladung am 30. September der Güterabfertigung Hamburg-Süd übersandt worden. Dort wurde zunächst an der Stelle „Stempel der Versandstation" der Annahmestempel vom 30. September 1924 aufgedruckt. Später wurde dieser Stempelaufdruck durchstrichen und darüber ein Annahmestempel vom 1. Oktober aufgedruckt.

Die Klägerin, der die Ansprüche gegen die Beklagte abgetreten worden sind, hat diese für den Verlust haftbar gemacht und Klage auf Ersatz des Wertes der Ladung erhoben.

Das Landgericht gab der Klage statt, das Oberlandesgericht wies sie ab. Die Revision der Klägerin hatte keinen Erfolg.

Gründe:

Das Berufungsgericht hat die Haftung der Beklagten mit folgender Begründung verneint: Die Beraubung sei in der Nacht zum 1. Oktober 1924 erfolgt. Damals habe die Beklagte das Gut noch nicht zur Beförderung im Sinne des § 61 EVerkO. angenommen gehabt. Selbst wenn der später getilgte Annahmestempel vom 30. September auf dem Frachtbrief zu Recht bestände, wäre damit der Beweis für den bereits damals erfolgten Abschluß des Frachtvertrags nicht unwiderleglich erbracht. Es sei vielmehr der Gegenbeweis des späteren Abschlusses gestattet und dieser sei geführt. Denn aus dem Vertrag zwischen der Eienbahndirektion Altona und der HAL ergebe sich, daß die Annahme des Frachtguts durch die Beklagte erst mit der Einstellung des beladenen Wagens in den Abgangszug erfolge. Diesen Vertrag müsse der Absender gegen sich gelten lassen, wie sich auch aus § 20 der besonderen Bestimmungen über den Eisenbahn-Güterverkehr in Altona, Hamburg und Harburg ergebe. Die Gleise, auf denen die Wagen nach dem Bahnhof Hamburg-Süd gebracht würden, gehörten nicht der Beklagten. Sie sei für diese Zuführung nur nach landfrachtlichen Grundsätzen verantwortlich und könne bestimmen, an welchen Stellen der fremden Gleise sie die Güter übernehme und in welcher Weise sie für die vorangehende Beförderung hafte. Die letztere Haftung sei im Vertrag ausgeschlossen, als Zeitpunkt der Übernahme sei die Einstellung in den Abgangszug bestimmt. Eine Haftung der Beklagten nach § 432 HGB. und § 100 EVerkO. komme nicht in Frage, da ein durchgehender Frachtbrief nicht ausgestellt worden sei.

Die Revision macht dagegen geltend: Angenommen habe die Beklagte das Gut bereits bei der Übergabe des Wagens an ihren Rangiermeister, nachdem der Wagen das von der HAL gepachtete Gelände verlassen hätte. Der ganze Betrieb erfolge ja auch mit Lokomotiven und Leuten der Beklagten. Das frühere Zustandekommen des Frachtvertrags gehe ferner hervor aus dem maßgebenden ursprünglichen Annahmestempel und dem am 30. September gestempelten Duplikatfrachtbrief. Der Vertrag zwischen der HAL und der Eisenbahndirektion Altona gehe die Klägerin nichts an. Die Beklagte hafte auch gemäß § 100 EVerkO. Da die HAL gemäß § 15 ihrer Betriebsordnung die Haftung ebenfalls ablehne, würde es sonst an jeder Haftung fehlen.

Diese Rügen können nicht zur Aufhebung des Urteils führen; die Ausführungen des Berufungsgerichts lassen keinen durchgreifenden Rechtsirrtum erkennen. Soweit die eisenbahnfrachtrechtliche Haftung der Beklagten in Frage kommt, ist gemäß § 84 EVerkO. entscheidend, ob das Gut zur Zeit der Beraubung des Wagens von der Beklagten bereits zur Beförderung angenommen war. Die Zweifel, die in dieser Beziehung entstehen können, ergeben sich daraus, daß das Gut auf dem Anschlußgleis der HAL verladen, dann über dieses und das Gleis der Hamburgischen Staatseisenbahn befördert und von dem dort befindlichen Übergabegleis nach den Gleisen der Beklagten geschafft worden ist, und zwar durchweg mit Lokomotiven und Leuten der Beklagten. Die Beraubung geschah, während sich der Wagen noch auf dem Gleis der Hamburgischen Staatsbahn befand und bevor er in den Abgangszug eingestellt wurde. Es ist daher zu prüfen, wie die Stellung der Beklagten in den einzelnen Abschnitten ist. Nach den gesetzlichen Bestimmungen ist die Beklagte verpflichtet, das Gut zur Beförderung anzunehmen, jedoch nur auf ihrem eigenen Bahngelände, soweit nicht bei Anschlüssen an fremde Bahnen oder Gleise etwas anderes vertraglich bestimmt ist. Will die Beklagte das Gut in den letzteren Fällen schon vorher zur Beförderung annehmen, so ist sie in der vertraglichen Bestimmung des Zeitpunktes frei. In § 5 des Vertrags zwischen der Eisenbahndirektion Altona und der HAL ist nun ausdrücklich bestimmt: „Wagenladungen und geschlossene Stückgutladungen werden übergeben und übernommen zugleich mit der Übergabe und Übernahme der Eisenbahnwagen gemäß Ziffer 1. Mit der Übernahme gilt auch die Annahme zur Beförderung im Sinne der EVerkO. als erfolgt." Nach Ziffer 1 erfolgte die Übergabe und Übernahme der Eisenbahnwagen auf den für den öffentlichen Kaiverkehr bestimmten Übergabegleisen (das sind die Ein- und Ausfuhrgleise des Rangierbahnhofs Hamburg-Süd), wobei etwaige Beschädigungen und Mängel gemeinsam festzustellen und schriftlich niederzulegen waren. Die auf die Staatsbahn übergehenden beladenen und leeren Wagen gelten als unbeanstandet von der Eisenbahnverwaltung abgenommen, sobald sie im Abgangszuge stehen. Eine besondere Übernahme auf dem Übergabegleis des Bahnhofs Hamburg-Süd ist hier nicht festgestellt worden. Die Übernahme geschah also erst mit der Einstellung in den Abgangszug, die nach der Beraubung vorgenommen wurde. Daß der Frachtbrief einen — später getilgten — Annahmestempel vom 30. September getragen hat, ist mit Recht vom Berufungsgericht nicht als endgültiger Beweis der früheren Annahme zur Beförderung angesehen worden, auch für den Fall nicht, daß man diesen Stempel, und nicht den späteren, für maßgebend halten will. Denn der dadurch zunächst geführte Beweis kann widerlegt werden — RGU. vom 2. Juni 1926 I 402/25 —, und das ist hier durch den Hinweis auf die Vertragsbestimmung geschehen. Da der Frachtbrief der

Güterabfertigung gesondert zugeht, ist es auch leicht möglich, daß diese ihn schon vorzeitig mit dem Annahmestempel versieht, indem sie irrtümlich von einer schon erfolgten Einstellung in den Abgangszug ausgeht. Die Vertragsbestimmungen sind aber für den Absender maßgebend, wie das Berufungsgericht zutreffend ausführt. Denn die als Teil des Tarifs allgemein verbindlichen besonderen Bestimmungen über den Eisenbahn-Güterverkehr in Altona, Hamburg und Harburg sagen im § 20 ausdrücklich, daß im Verkehr mit der HAL die Überführung von Wagenladungen und geschlossenen Stückgutladungen gemäß vertraglicher Regelung unmittelbar erfolgt. Daß dadurch auch der Zeitpunkt der Annahme — um ihn allein handelt es sich — in besonderer Weise geregelt werden durfte, ergibt sich aus § 2 Abs. 2 EVerkO. Überdies muß sich jeder, der besondere Einrichtungen zur Überführung von Gütern bis zur Eisenbahntarifstation benutzt, den für diese Überführung mit der Eisenbahn vereinbarten Bedingungen fügen. Das Berufungsgericht stellt auch ausdrücklich fest, daß die Versenderin die Bestimmungen des Vertrags gekannt hat. Schließlich ist darauf hinzuweisen, daß die Betriebsordnung der HAL, die wieder die Grundlage der Beziehungen zwischen der HAL und den ihre Einrichtungen Benutzenden ist, im § 15 ausdrücklich sagt, die Bahn erkenne ihre Haftpflicht erst von dem Augenblick der Einstellung des Wagens in den Abgangszug an.

Bis zu diesem Zeitpunkt ist Vertragsgegner des Absenders nicht die Eisenbahn, sondern die HAL. Denn die Beförderung der Wagen von der Beladungsstelle auf den Anlagen der HAL bis zum Überladegleis wird, wie der Betriebsordnung und den Vertragsbestimmungen zu entnehmen ist, dem Absender gegenüber nicht von der Eisenbahn bewirkt, sondern von der HAL. Diese bedient sich dabei der Beklagten nur als ihrer Erfüllungsgehilfin. Nach § 1 des Vertrags übernimmt es die Bahn der HAL gegenüber, die Wagen nach und von den Kaianlagen zu schaffen. Sie erhält dafür eine bestimmte Gebühr von der HAL und diese erhebt ihrerseits wieder eine Gebühr vom Absender. Die Beklagte tritt also bei dieser Überführung der Wagen in keine unmittelbaren Beziehungen zum Absender. Dementsprechend regelt denn auch § 13 des Vertrags die Haftpflicht für die Beschädigung von Gütern ganz klar dahin: die Haftpflicht geht vom Zeitpunkt der Übergabe oder Übernahme an auf den Übernehmenden über; es haftet daher die HAL sowohl auf den von ihr gepachteten Kaianlagen als auch auf den öffentlichen Kai- und Hafenanlagen, soweit diese bei der Zuführung und Abholung mitbenutzt werden. Die „Abholung" der Wagen dauert aber nicht nur bis zur Verbringung der Wagen auf das Überladegleis, sondern bis zur Übernahme durch die Beklagte, also bis zur Einstellung in den Abgangszug. Das hat auch die HAL im § 15 ihrer Betriebsordnung deutlich zum Ausdruck gebracht. Dementsprechend werden die Frachtbriefe der Beklagten zunächst nur zur Vorprüfung eingereicht, damit sich später bei der Übernahme keine Anstände in dieser Beziehung ergeben. Endgültig zum Zwecke des Vertragsschlusses werden sie ihr erst so zugeführt, „daß sie beim Eintreffen der Wagen im Bahnhof zur Hand der Güterabfertigung sind". Für die Zeit bis zur Übernahme durch die Bahn kommt die HAL als Vertragsgegnerin und als die aus dem Vertrag Haftpflichtige in Frage. Welche Rechtsnatur diese Beziehungen haben und ob die HAL ihre Haftung ausschließen kann, wie sie es im § 15 der Betriebsordnung tut, bedarf hier nicht der Erörterung. Jedenfalls kann aus diesem vertraglichen Haftungsausschluß nichts für eine Haftung der Beklagten gefolgert werden.

Auch aus den Bestimmungen der §§ 432, 473 HGB., § 100 EVerkO. läßt sich die Haftung der Beklagten nicht herleiten. Die Voraussetzungen dieser Vorschriften würden nur gegeben sein, wenn die HAL die gesamte Beförderung bis M. übernommen hätte und ein durchlaufender Frachtbrief ausgestellt wäre. Das ist hier nicht der Fall. Die HAL übernahm nur die Verladung und die Beförderung bis zur Übernahme durch die Bahn. Ein Frachtbrief ist dafür überhaupt nicht ausgestellt worden. Der vorhandene Frachtbrief bezieht sich nur auf die Beförderung nach Annahme durch die Beklagte. Dementsprechend hat auch ihre Güterabfertigung, nicht die HAL, den Stempel der Versandstation aufgedrückt. Daß der Frachtbrief von der Absenderin bei der HAL eingereicht wurde, erklärt sich aus der besonderen Art der Verladung auf den Kaianlagen der HAL und aus der Überführung von dort zur Beklagten. Diese Einreichung geschah also bloß aus Zweckmäßigkeitsgründen. Die HAL vermittelte nur die Weitergabe.

RGZ. 115, 192.

1. Liegt ausnahmslos in jeder Weiteraufgabe eines am Bestimmungsort eingetroffenen Frachtguts auf neuen Frachtbrief eine Abnahme im Sinne von § 97 der Eisenbahn-Verkehrsordnung?

2. Zur Frage der Rechtsstellung des Spediteurs, dem die Eisenbahn unanbringliches Bahnfrachtgut gemäß § 81 Abs. 3 EVerkO. zur Einlagerung übergeben hat.

I. Zivilsenat. Urt. v. 3. November 1926.

I. Landgericht Mainz. — II. Oberlandesgericht Darmstadt.

Wegen des Sachverhalts wird auf das in RGZ. Bd. 109 S. 61 abgedruckte Urteil vom 11. Oktober 1924 verwiesen. In dem nicht mit abgedruckten Teil dieser Entscheidung war darauf hingewiesen worden, daß der damals festgestellte Sachverhalt nicht erkennen lasse, wer Empfänger der Wagenladung war, ob die Klägerin selbst oder eine in den Schriftsätzen erwähnte Firma R. Nunmehr ist festgestellt worden, daß zwei Frachtverträge in Frage kommen. Die Klägerin hatte mit Frachtbrief vom 27. Juni 1919 das Frachtgut an ihre eigene Anschrift in Mainz aufgeliefert. Dort kam der Wagen am 6. Juli 1919 an, aber es fand sich niemand ein, der das Gut für die Klägerin abnahm. Deshalb gab die Bahn es an den Spediteur R. gegen Zahlung der Kosten zur Einlagerung heraus. R. hatte seine Lagerräume nicht am Hauptbahnhof in Mainz, sondern in Mainz-Kastel. Daher blieb der Bahnwagen unentladen und wurde auf neuen Frachtbrief R.s vom 21. Juli 1919 nach Mainz-Kastel gesandt. Dort traf er am 23. Juli 1919 ein und am gleichen Tage fand die amtliche Tatbestandsaufnahme statt, die den Verlust von drei Ballen Stoff ergab.

Das Berufungsgericht verurteilte die Beklagte in Höhe eines Teilbetrags und wies die Klägerin mit der Mehrforderung ab. Hiergegen legten beide Streitteile ohne Erfolg Revision ein.

Aus den Gründen:

. . . Die Beklagte beschwert sich darüber, daß ihr Vorbringen gegen den Grund des Anspruches — was an sich zutrifft — vom Vorderrichter nicht gewürdigt worden ist. Die Beklagte hatte eingewandt, sie sei gemäß § 97 Abs. 1 EVerkO. von ihrer Haftung freigeworden, weil sie das Frachtgut nach § 81 Abs. 3 das. an R. zur Einlagerung ausgeliefert habe, was nach § 76 Abs. 1 S. 2 das. der Übergabe des Gutes an den Empfänger gleichstehe. Daß die Auslieferung an R. gegen Bezahlung der Fracht geschah, steht nach dem Tatbestand des angefochtenen Urteils fest. Gleichwohl kann nicht anerkannt werden, daß die Ansprüche gegen die Bahn gemäß § 97 Abs. 1 EVerkO. erloschen sind. Die Ersatzübergabe an einen Spediteur nach § 81 Abs. 3 das. erfordert, daß der Spediteur, der hier als eine Art von Treuhänder für die Ladungsbeteiligten auftritt, in den Stand gesetzt wird, den Zustand des Frachtguts nachzuprüfen. Das liegt in der Natur der Sache. Andernfalls würden auch die Folgen einer Hinterlegung unanbringlicher Güter für die Ladungsbeteiligten von einer Schwere sein, die in keinem Verhältnis stünde zur Veranlassung der Hinterlegung. Die formelle Ausstellung eines neuen Frachtbriefs war nötig, weil sonst der Bahnwagen nicht an den Speicher des Spediteurs herangebracht werden konnte.

Sie diente also nur der Auslieferung des Frachtguts an ihn. Unter diesen Umständen erweckte im vorliegenden Falle die Ausstellung des zweiten Frachtbriefes nur äußerlich den Schein, als sei das Gut bereits dem Spediteur ausgeantwortet worden. In Wahrheit geschah dies erst in Mainz-Kastel. Der Fall liegt ähnlich wie in den Urteilen des Senats vom 4. November 1925 I 27/25 (SeuffArch. Bd. 80 Nr. 32) und vom 22. September 1926 I 430/25 (RGZ. Bd. 114 S. 308), wo gleichfalls nur formell ein neuer Frachtbrief ausgestellt worden war, eine wirkliche Abnahme des Guts aber trotzdem noch nicht stattgefunden hatte. . . .

RGZ. 116, 113.

Ist für den eisenbahnrechtlichen Kostbarkeitsbegriff auch auf die Anschauung des Handelsverkehrs und auf die allgemeine Lebensanschauung Rücksicht zu nehmen?

HGB. § 462, Eisenbahn-Verkehrsordnung (EVerkO.) § 54.

I. Zivilsenat. Urt. v. 9. Februar 1927.

I. Landgericht Leipzig, Kammer für Handelssachen. — II. Oberlandesgericht Dresden.

Am 12. und 30. Oktober, 17., 20. und 25. November 1924 sind in Leipzig von verschiedenen Absendern 5 Pakete mit Pelzwaren und Fellen als Expreßgut aufgegeben worden. In allen diesen 5 Fällen sind die Pakete nicht an den Bestimmungsorten eingetroffen; ebenso waren die Begleitpapiere verschwunden. Die Bahn lehnte es ab, Schadensersatz zu leisten, weil es sich um Kostbarkeiten gehandelt habe und die Sendungen nicht vorschriftsmäßig aufgeliefert worden seien. Die Pakete hatten einen Kilowert von 168, 104, 122, 154 und 79 Reichsmark. Die Absender haben ihre Ersatzansprüche an die Klägerin abgetreten. Diese verlangt nunmehr Ersatz des Wertes der fünf Sendungen. Sie stützte die Klage auch darauf, daß Bahnbeamte die 5 Pakete gestohlen hätten. Die Beklagte wiederholte ihren früheren Ablehnungsgrund und bestritt die Beteiligung von Bahnangestellten.

Das Landgericht erklärte den Anspruch dem Grunde nach für gerechtfertigt. Das Oberlandesgericht wies die Klage ab. Auf die Revision der Klägerin stellte das Revisionsgericht die landgerichtliche Entscheidung wieder her.

Gründe:

Das Berufungsgericht erachtet den Kostbarkeitseinwand für durchgreifend. Es hat ausgeführt: Der Klägerin könne zwar zugegeben werden, daß im Rauchwarenhandel und im freien Verkehr mit dem

Kostbarkeitsbegriff die Vorstellung gewisser besonders wertvoller Gegenstände verbunden ist und Rauchwaren, wie sie nach ihrer Darstellung in den fünf Frachtstücken enthalten waren, zur maßgebenden Zeit der Versendungen nicht als Kostbarkeiten in diesem Sinne angesehen wurden. Maßgebend sei aber der Kostbarkeitsbegriff des Eisenbahnverkehrsrechts. Eine Kostbarkeit in diesem Sinne sei vorhanden, wenn das Gut nach Gewicht und Umfang im Vergleich zu sonstigen Gütern besonders wertvoll sei. Hiernach müßten alle 5 Pakete als Kostbarkeiten angesehen werden. Denn sie hätten nur mäßigen Umfang gehabt und ihre Kilowerte überstiegen die anderer Güter von ähnlichem Umfang und Gewicht beträchtlich. Allerdings führe die Ausführungsbestimmung IV zu § 56 EVerkO. einige Pelzsorten als hochwertig an und die vorliegend abhanden gekommenen gehörten dazu nicht. Aber daraus folge nach der Rechtsprechung des Reichsgerichts nicht, daß für Felle dem Kostbarkeitsbegriff engere Grenzen gezogen seien. Unstreitig hätten die Auflieferer die Ausführungsbestimmung 4 zu § 40 EVerkO. über Aufgabe von Kostbarkeiten als Expreßgut nicht beachtet. Daher sei ein Anspruch der Klägerin auf Grund der Frachtverträge nach § 96 EVerkO. ausgeschlossen. Das Oberlandesgericht erörtert dann weiter, ob der Klage auf außervertraglicher Grundlage oder aus sonstigen Gründen stattzugeben sei, und verneint auch dies.

Die Revision hebt in erster Linie hervor, daß es sich um minderwertige Felle gehandelt habe, die nach der allgemeinen Auffassung des Verkehrs niemals als Kostbarkeiten behandelt werden könnten. Dieser Gesichtspunkt verdient in der Tat Beachtung. Allerdings muß grundsätzlich daran festgehalten werden, daß der Kostbarkeitsbegriff im Eisenbahnfrachtrecht sich in erster Reihe nach dem bekannten relativen Maßstab bestimmt, dem Verhältnis zum Wert anderer Güter von gleichem Umfang und Gewicht: hatte das Gut hiernach einen verhältnismäßig ungewöhnlich hohen Wert, dann war es eine Kostbarkeit. Allein es geht nicht an, bei der Frage, ob ein ungewöhnlich hoher Wert vorliegt, die Anschauung des Handels und Verkehrs und überhaupt die allgemeine Lebensanschauung gänzlich außer Betracht zu lassen. Es bestünde sonst die Gefahr, daß sich ein eisenbahnrechtlicher Kostbarkeitsbegriff herausbildete, der nicht nur völlig lebensfremd wäre, sondern sich auch nicht mehr mit dem Schutzbedürfnis der Eisenbahn gegen übermäßige Ersatzforderungen rechtfertigen ließe. In den Zeiten der Geldentwertung war es gerechtfertigt, die Kostbarkeitsgrenze weit zu ziehen; damals war es auch kaum möglich, den Güterwert in anderer Weise als nach dem erwähnten Vergleichsmaßstab zu bestimmen. Nach

Festigung der Währung haben sich aber auch die allgemeinen Wertbegriffe wieder einigermaßen gefestigt. Handelt es sich also darum, ob ein Gut nach Umfang und Gewicht im Vergleich zu anderen Gütern besonders wertvoll ist, so wird stets mitzuprüfen sein, ob man das Gut auch nach der allgemeinen Lebensanschauung noch als Kostbarkeit bezeichnen kann. Ist dies nicht der Fall, dann bedarf es besonders sorgfältiger Prüfung, ob das an Hand des ersten Vergleichsmaßstabs gefundene Ergebnis wirklich zutrifft. Denn auch dieser Vergleichsmaßstab selbst beruht ja im Grunde auf einer Schätzung, die sich nicht mit dem Zollstab ausmessen läßt. Bereits in einem früheren Urteil hat der erkennende Senat auf den hier erörterten Gesichtspunkt hingewiesen (Urteil vom 17. April 1926 I 114/25).

Der im vorliegenden Fall vom Tatrichter festgestellte Sachverhalt gibt dem Revisionsgericht die Möglichkeit, in der Sache selbst zu entscheiden. Es ist festgestellt worden, daß es sich um keine hochwertigen Felle handelte. Die Sendungen enthielten der Hauptsache nach zugerichtete Kanin- und Maulwurfsfelle sowie Fohlenfelle. In einer Sendung befanden sich 10 amerikanische Opossumfelle, das Stück zu 4 Dollar, und 20 ebensolche, das Stück zu 1,50 Dollar. Hochwertige Felle waren es keinesfalls. Dann aber kann man auch nicht sagen, daß diese Felle, verglichen mit anderen Gütern von gleichem Umfang und Gewicht, im Verhältnis zur Größe und Schwere der Pakete einen ungewöhnlich hohen Wert gehabt hätten.

Vermag somit der Kostbarkeitseinwand der Beklagten nicht durchzugreifen, so ist schon hiernach die Revision der Klägerin begründet, ohne daß es einer Erörterung der sonstigen Klaggründe bedarf.

RGZ. 116, 289.

Kann die Angabe im Frachtbrief, daß die Sendung „zur Verwendung im eigenen Betriebe" bestimmt sei, auch dann richtig sein, wenn dieser Betrieb nicht ein solcher des Empfängers ist?

Internationales Übereinkommen über den Eisenbahnfrachtverkehr vom 14. Oktober 1890, Art. 7 Abs. 4 und Ausf.-Best. § 3 dazu.

I. Zivilsenat. Urt. v. 16. März 1927.

I. Landgericht München I. — II. Oberlandesgericht daselbst.

Die ehemalige Beklagte, die N. Zellulosewerke A.-G. in K., die während des Rechtsstreits durch Fusion in die jetzige Beklagte, die Zellstoff-Fabrik W. A.-G. in M., aufgegangen ist, empfing in der Zeit vom November 1923 bis März 1924 durch die Klägerin auf Grund internationaler Frachtbriefe aus der Tschechoslowakei eine Reihe von Holzsendungen. Das Holz war in den Frachtbriefen gemäß Nummer 2 der Tarifstelle Holz Klasse E bezeichnet als „Prügel- und Rundholz 2 m lang und 24 cm Durchmesser, am dünnen Ende ohne Rinde gemessen, zur Verwendung im eigenen Betriebe (Fichte und Tanne) zur Herstellung von Holzstoff". Demgemäß war die Fracht auf den Frachtbriefen berechnet; sie wurde in den berechneten Beträgen bezahlt. Das Holz wurde in K. nur geschält und dann zur Weiterverarbeitung an die jetzige Beklagte in M. gesandt. Die Klägerin hat die Frachtberechnung nachträglich als zu niedrig beanstandet, weil die ehemalige Beklagte bei Empfang des Holzes keine Zellstoff-Fabrik oder Holzschleiferei mehr betrieben habe und das Holz in einem anderen Betriebe, nämlich dem der jetzigen Beklagten, verwandt worden sei. Sie hält die Anwendung der Klasse D des Tarifs für geboten und verlangt den Frachtunterschied mit 107 816 RM und Frachtzuschläge wegen unrichtiger Angabe in Höhe von 70 000 RM nebst Zinsen. Die Beklagte hält die ursprüngliche Frachtberechnung für zutreffend, da die K.er A.-G. einen eigenen Betrieb überhaupt nicht mehr gehabt habe, ihr Betrieb vielmehr nur ein unselbständiger Teil des M.er Betriebs gewesen sei. Die Instanzgerichte wiesen die Klage ab; die Revision der Klägerin blieb erfolglos.

Gründe:

Für die Auslegung der Tarifstelle ist ihr wirtschaftlicher Zweck entscheidend. Wie sich schon aus dem Wortlaut, aber auch aus den dem Tarif beigegebenen Erläuterungen sowie aus den Verhandlungen des Unterausschusses der ständigen Tarifkommission vom 16. Oktober 1919, 5. und 6. Juni 1923 und 5. September 1923 ergibt, ging jener Zweck dahin, Papierholz, d. h. Holz, das zur Herstellung von Holzstoff oder von Holz-Zellstoff dient, durch Frachtermäßigung zu verbilligen. Die Vergünstigung sollte aber nur den Holzschleifereien oder Zellstoff-Fabriken selbst, nicht Zwischenhändlern oder Spediteuren zugute kommen. Darauf beruht die Fassung: „Beim Versand an Zellstoff-Fabriken oder Holzschleifereien zur Verwendung im eigenen Betriebe." Die vom Berufungsgericht noch erörterte, verschärfende Fassung, nach welcher die verarbeitende Fabrik im Bereiche der im Frachtbrief angegebenen Endstation liegen muß, kann außer Betracht bleiben, denn sie galt zur Zeit der hier in Rede stehenden Sendungen nicht, ist übrigens in der 132. Vollsitzung der ständigen Tarifkommission infolge

Widerspruchs nicht angenommen worden (vgl. 9. Sitzung des Unterausschusses vom 6. Oktober 1924 S. 5).

Nun haben die Vorinstanzen festgestellt, daß zwischen der K.er A.-G., an welche die Frachtbriefe gerichtet waren, und der M.er A.-G. ein eigenartiges Verhältnis bestand. Nicht nur war die M.er A.-G. Inhaberin sämtlicher Aktien der K.er Gesellschaft, die wiederholt von Brandunglück betroffen gewesen war und sich aus eigener Kraft nicht mehr aufrechtzuerhalten vermochte, sondern die M.er A.-G. unterhielt in M. und in K. einen einheitlichen Fabrikbetrieb dergestalt, daß der Betrieb in K. nur ein unselbständiger Teil der Zellstoff-Fabrik in M. war. Demnach hatte die K.er A.-G. überhaupt keinen eigenen Betrieb mehr; ihre Betriebseinrichtungen wurden von der M.er Gesellschaft benutzt. Im einzelnen ist festgestellt, daß die leitenden Beamten in K. nicht nur von M. aus angestellt und bezahlt wurden, sondern auch ihre Weisungen für die Führung des Betriebs und sämtliche dazu erforderlichen Geldmittel von M. erhielten. Demnach lag weder der Fall vor, daß ein „Konzern" zwischen zwei Unternehmern bestand, noch der Fall einer bloßen Abhängigkeit eines Unternehmens von einem anderen, noch endlich der Fall, daß ein Unternehmer zwei selbständige Betriebe unterhielt; das Berufungsgericht stellt vielmehr fest, daß in M. und in K. nur e i n Betrieb bestand. Das ist eine tatsächliche Feststellung, gegen welche die Revision vergeblich ankämpft. Nur ein Vergreifen im Ausdruck ist es, wenn das Berufungsgericht von dem „Werk K." und von den „mehreren Werken einer Fabrik" spricht. Gemeint ist offenbar, daß K. nur ein unselbständiger Teil des Werkes oder der Fabrik in M. war. Wenn das Berufungsgericht weiter sagt, die Sachlage sei so zu beurteilen, als ob die Zellstoff-Fabrik W ein Werk ohne eigene Rechtspersönlichkeit in K. unterhalten hätte, so ist mit dieser von der Revision beanstandeten Wendung nach allem gemeint, daß der Fortbestand der Rechtspersönlichkeit der K.er A.-G. die Annahme einer Betriebseinheit nicht ausgeschlossen habe. Dem ist zuzustimmen. Die K.er A.-G. konnte sehr wohl als Rechtspersönlichkeit fortbestehen, ohne daß sie einen eigenen Betrieb hatte. Sie schied nach den tatsächlichen Feststellungen der Vorinstanzen auch schon vor der Fusion als selbständige Rechtspersönlichkeit f ü r d e n B e t r i e b vollständig aus. Mit der Feststellung der Betriebseinheit steht die weitere Feststellung im Einklang, daß die Schälarbeit in K. nur ein Teil der im Betrieb der Zellstoff-Fabrik W. vorgenommenen Verarbeitung war. Auch diese Feststellung ist tatsächlicher Art. Die Weiterführung des in K. geschälten Holzes, das schon vor dem Eintreffen daselbst der Zellstoff-Fabrik

W. gehörte, nach M. war danach kein rechtsgeschäftlicher Akt zwischen zwei Unternehmen, sondern ein innerer Vorgang zwischen Teilen derselben Fabrik.

Bei dieser Sachlage haben die Vorinstanzen mit Recht angenommen, daß die Angabe in den Frachtbriefen nichts enthielt, was mit dem aus dem wirtschaftlichen Zwecke zu entnehmenden Sinn der Tarifstelle in Widerspruch gestanden hätte. Die Angabe des Inhalts der Sendungen war richtig. Denn die Sendungen gelangten unmittelbar an eine Zellstoff-Fabrik zur Verwendung in deren eigenem Betriebe, allerdings nicht an eine Zellstoff-Fabrik der in den Frachtbriefen als Empfängerin benannten ehemaligen Beklagten, sondern an die Zellstoff-Fabrik der jetzigen Beklagten, in deren Betrieb aber die ehemalige Beklagte eine Stellung innehatte, kraft deren sie das Holz unmittelbar diesem Betrieb zuführte. Damit war die Anwendung der Tarifstelle gerechtfertigt. Die Benennung der ehemaligen Beklagten als Empfängerin in den Frachtbriefen hätte den Nachteil haben können, daß die Ankunfts-Station die Anwendbarkeit der Tarifstelle nicht sogleich erkannte und zunächst die höhere Fracht berechnete, in welchem Falle sich die Berichtigung nur durch Reklamation hätte erreichen lassen. Da aber der Station K. die Verhältnisse bekannt waren, so ist die Fracht von vornherein richtig berechnet worden.

RGZ. 117, 131.

Wie ist für die Ersatzpflicht der Eisenbahn der gemeine Handelswert von nicht in Verkehr gebrachtem Monopolsprit zu berechnen?

HGB. § 457. EVerkO. § 88.

I. Zivilsenat. Urt. v. 21. Mai 1927.

I. Landgericht Oppeln. — II. Oberlandesgericht Breslau.

Am 17. November 1925 sandte die Klägerin von ihrer Abteilung in Kreuzburg an ihre Abteilung in Kandrzin mit der Eisenbahn in einem Kesselwagen Rohspiritus zu 11699,9 Ltr. Weigeist. Das Frachtgut ist unterwegs verlorengegangen, indem vor seiner Ablieferung an die Empfängerin der Spiritus infolge einer Beschädigung des Kesselwagens auf dem Bahnhof Kandrzin vollständig auslief. Die Klägerin behauptet, der Schaden sei durch grobe Fahrlässigkeit eines Weichenstellers der Beklagten herbeigeführt worden. Sie verlangt deshalb nach § 95 EVerkO., § 457 Abs. 3 HGB. Ersatz ihres vollen Schadens. Sie behauptet, dieser entspreche dem regelmäßigen Verkaufspreis, der nach den Vorschriften des Gesetzes über das Branntweinmonopol vom 8. April 1922 für die hier maßgebliche Zeit auf 4,30 M für das Liter Weingeist festgesetzt gewesen sei. Dieser Preis sei auch als der gemeine Handelswert der Ware im Sinne von § 88 EVerkO., § 457 HGB. anzusehen. Danach habe ihr die Beklagte 50 309,55 DM zu erstatten. Ihre Klage geht auf Zahlung eines Teilbetrags von 5000 RM nebst Zinsen.

Die Beklagte hat der Klägerin 7 136,95 RM gezahlt, dagegen die Mehrforderung abgelehnt, indem sie den Standpunkt vertrat, daß sie nach § 88 EVerkO. nur den Betrag zu erstatten habe, den die Klägerin selbst für den Spiritus gezahlt habe (Selbstkostenpreis); dieser Selbstkostenpreis entspreche dem sogenannten Übernahmepreis nach § 58, §§ 62 flg. BranntwMonGes. und sei mit der gezahlten Summe abgegolten.

Das Landgericht wies die Klage ab, das Oberlandesgericht gab ihr statt. Die Revision der Beklagten hatte keinen Erfolg.

Gründe:

Die Beklagte bestreitet nicht, daß sie grundsätzlich gemäß § 88 EVerkO. und § 457 HGB. verpflichtet ist, der Klägerin den gemeinen Handelswert zu ersetzen, welchen Rohspiritus von der Art und Beschaffenheit des verlorengegangenen am Ort der Absendung im Zeitpunkt der Annahme zur Beförderung hatte. Bei Ermittlung dieses gemeinen Handelswerts ist das Berufungsgericht vom „regelmäßigen Verkaufspreis" für Branntwein ausgegangen, wie er im Branntweinmonopolgesetz (zu vgl. besonders §§ 88, 90, 85, 89) geregelt ist. Das Berufungsgericht stellt fest, daß dieser „regelmäßige Verkaufspreis" zur maßgeblichen Zeit 4,30 M für das Liter Sprit betrug und zieht hiervon die sogenannte Hektolitereinnahme (§ 84 BranntwMonGes.) ab, die damals mit 2,80 M für das Liter Sprit berechnet wurde. Dabei hat das Berufungsgericht erwogen, daß diese Hektolitereinnahme — abgesehen von dem nicht in Betracht kommenden Fall der Verwertung des Branntweins zur Herstellung von Monopolerzeugnissen, §§ 84, 95 flg. — nur dann an die Reichskasse abzuführen gewesen wäre, wenn der Branntwein zu regelmäßigen Verkaufspreisen tatsächlich abgesetzt worden, also nicht verlorengegangen wäre.

Demgegenüber meint die Revision, daß bei Ermittlung des gemeinen Handelswerts im Sinne von § 88 EVerkO. und § 457 HGB. zum Branntwein-Übernahmepreis (§§ 62 flg.) allenfalls die Fracht- und Faßkosten, unter Umständen auch die Vergällungskosten (§ 60) zuzuschlagen seien, niemals aber die Kosten der Besoldung der Reichsmonopol-Beamten (§ 8) sowie die aus den Monopoleinnahmen an das Reich für „Wohlfahrts- und Wirtschaftszwecke“ jährlich abzuführenden Beträge (§ 118).

Damit hat die Revision den von der Beklagten in den Vorinstanzen vertretenen Standpunkt aufgegeben, daß grundsätzlich der Klägerin nur der Branntwein-Übernahmepreis zu erstatten sei. In der Tat ist eine solche Beschränkung des Erstattungsanspruchs der Klägerin nicht gerechtfertigt. Es fragt sich aber, in welchem Maße und von welchen Gesichtspunkten aus über jenen Übernahmepreis hinauszugehen ist. Der in § 88 EVerkO. und § 457 HGB. angeführte Versandwert ist nach einem objektiven Maßstabe zu bemessen. Dieser ergibt sich grundsätzlich aus dem Preise, der für die Ware in regelrechter Güte am Ort und zur Zeit ihrer Auflieferung im Durchschnitt gezahlt wurde; das ist ihr objektiver Verkaufswert, der sogenannte Verkäuflichkeitswert (Rundnagel Haftung der Eisenbahn § 24 S. 123; Düringer-Hachenburg HGB. § 430 Anm. 6, 7, § 457 Anm. 2; Blume-Weirauch, EVerkO. § 88 Anm. 1 flg.; RGZ. Bd. 96 S. 124, Bd. 98 S. 150, Bd. 100 S. 104 u. a.). Hiernach kommt es weder auf den Anschaffungswert der Ware noch auf den Preis an, den der Ersatzberechtigte für die Ware angelegt hat oder zu dem er Ware von derselben Art und Beschaffenheit bekommen kann. Zu Unrecht beruft sich demgegenüber die Revision darauf, daß bei Ersatzforderungen nach § 88 EVerkO., § 457 HGB. der durch die Rechnung des Absenders belegte Wert der Ware am Versandort entscheidende Bedeutung habe und daß nicht daneben die laufenden Geschäftsunkosten (Gehälter, Werbekosten usw.) des Geschädigten anteilig in Rechnung zu stellen seien. Allerdings wird bei Sachbeförderungen, denen ein Veräußerungsgeschäft zugrunde liegt, der in die Rechnung des absendenden Verkäufers eingestellte Warenpreis vielfach ein wesentliches Beweismittel für den Versandwert der Ware sein. Eine entscheidende Bedeutung kann aber diesem Beweismittel schon um deswillen nicht beigelegt werden, weil der Verkaufspreis der Ware nicht mit ihrem nach objektivem Maßstab festzustellenden gemeinen Handelswert oder gemeinen Wert übereinzustimmen braucht. Abgesehen hiervon sind jedoch bei einem regelrechten Veräußerungsgeschäft im Verkaufspreis der Ware die laufenden Geschäftsunkosten des Verkäufers anteilmäßig auf Grund der üblichen und sachgemäßen Preisberechnung enthalten. Im vorliegenden Fall handelt es sich um Ware, die einem Monopol unterliegt. Sie mußte vom Erzeuger an die Monopolverwaltung abgeliefert und konnte nur auf diesem Wege gesetzmäßig verwertet werden. Aber auch die Verwertung anderer Ware von derselben Art und Beschaffenheit außerhalb des Monopolbetriebs brachte grundsätzlich die Aufwendung eines Preises mit sich, der dem im Monopolgesetz vorgesehenen „regelmäßigen Verkaufspreise" im wesentlichen entsprach (§§ 100, 99, 84, 88, 90 BranntwMonG.). Ferner handelt es sich hier um eine Güterbeförderung innerhalb des Betriebes der Klägerin von einer ihrer Abteilungen an eine andere, ohne daß zwischen diesen Abteilungen ein Veräußerungsgeschäft und ein zu dessen Abwicklung vorgenommener Warenumsatz in Frage kam. In einem solchen Falle ist der objektive Verkaufs- oder Versandwert im Sinne von § 88 EVerkO., § 457 HGB. aus der Gesamtheit der einschlägigen Verhältnisse zu entnehmen. Dabei kann der Betrag, den die absendende Abteilung der Klägerin für die Ware zur Zeit der Ablieferung aufgewendet hatte oder schuldig geworden war, für sich allein nicht maßgebend sein. Denn dieser Betrag bildete nur einen Teil der Aufwendungen, welche die Klägerin machen mußte, um die Ware in Verkehr zu bringen und umzusetzen. Der gemeine Wert einer Ware, d. h. der Wert, den sie objektiv für jedermann hat, oder der gemeine Handelswert einer Ware, d. h. der Wert, den sie objektiv im Handelsverkehr hat, regelt sich, wie erwähnt, nach dem Durchschnittspreis, der für Ware dieser Art und Beschaffenheit in dem Falle zu erzielen ist, daß sie in den Verkehr gebracht wird und im Rahmen dieses Verkehrs verkäuflich ist (Verkäuflichkeitswert). Ein solcher Verkaufswert erschöpft sich im vorliegenden Falle nicht in den Aufwendungen, welche die Klägerin kraft ihrer Monopolstellung außerhalb des gewöhnlichen Verkehrslebens zur Beschaffung der Ware gemacht hat (Übernahmepreis, Fracht- und Faßkosten, Vergällungskosten usw.). Vielmehr kommt es für diesen Verkehrswert auf einen durchschnittlichen Handelspreis an, wie er bei regelmäßigen und gewöhnlichen Geschäftsvorgängen zu erzielen ist. Das ist hier der Preis, für den Ware derselben Art und Beschaffenheit entweder beim Absatz durch die Monopolverwaltung zum regelmäßigen Verkaufspreis (§§ 88, 90 BranntwMonG.) oder bei entsprechendem Absatz außerhalb des Monopolbetriebs gemäß §§ 99 flg. a. a. O. im Handelsverkehr am Ort der Absendung und im Zeitpunkt der Annahme des Gutes zur Beförderung zu haben war. Und zwar gilt dies auch dann, wenn wie hier die Verlustreise eine Beförderung der Ware im inneren Betriebe der Reichsmonopolverwaltung betrifft. Denn bei der Aufgabe der Ware zu dieser Beförderung war bereits die Möglichkeit der Verwertung dieser Ware sowie von Ware derselben Art und Beschaffenheit in der angegebenen Weise, und zwar zu demselben Preise am Orte der Absendung und der Bestimmung, vorhanden und damals entsprach eine solche Verwertung dem gewöhnlichen Verlauf der Dinge. Der danach grundsätzlich heranzuziehende regelmäßige Verkaufspreis nach §§ 88, 90 BranntwMonG. wird von dem in entsprechender Weise außerhalb des Monopolbetriebs nach §§ 99 flg. daselbst erzielbaren Durchschnittspreis bei der nahen und gesetzlich geregelten Beziehung beider Preise zueinander nicht wesentlich verschieden sein. Er umfaßt neben den in §§ 60, 62 flg. das. aufgeführten Beträgen unter anderem den Besoldungsaufwand (§ 8), die Aufwendungen für Wohlfahrts- und Wirtschaftszwecke (§ 118) und grundsätzlich auch die Hektolitereinnahme (§§ 84, 85). Mit Recht hat aber im vorliegenden Falle das Berufungsgericht die Hektolitereinnahme abgezogen. Denn diese ist im Falle des Branntweinverkaufs zu regelmäßigen Verkaufspreisen nur aus dem Preise der von der Reichsmonopolverwaltung wirklich abgesetzten Ware, also dem wirklich vereinnahmten Kaufpreis, an das Reich abzuführen (§ 84). Somit hat derselbe Umstand — der Verlust der Ware auf dem Eisenbahntransport —, welcher der Klägerin den Ersatzanspruch nach § 88 EVerkO., § 457 HGB. gegeben hat, ihr auch die Befreiung von der Verpflichtung zur Zahlung der Hektolitereinnahme für diese Ware gebracht. Dies ist aber bei Bemessung des Ersatzanspruchs, der den Rechtscharakter eines Schadensersatzanspruchs hat, im Wege der Vorteilsausgleichung zu berücksichtigen (Rundnagel a. a. O. § 24 S. 123). Dementsprechend erfordert dieser Ersatzanspruch trotz seiner grundsätzlich objektiven Natur, daß der Klägerin durch den Verlust des Gutes mindestens irgendein Vermögensschaden entstanden ist. Letzteres ist aber von der Revision nicht bestritten und wird durch die von der Klägerin gemachten und von der Beklagten nicht bemängelten Ausführungen über die tatsächlichen und rechtlichen Verhältnisse des Branntwein-Monopol-Betriebes bestätigt. Nach alledem ist die Annahme des Berufungsgerichts rechtlich nicht zu beanstanden, daß der Klaganspruch nach § 88 EVerkO., § 457 HGB. begründet ist.

RGZ. 119, 146.

1. Zum Begriff der unrichtigen Inhaltsangabe nach Art. 7 Abs. 4 des Internationalen Übereinkommens über den Eisenbahn-Frachtverkehr vom 14. Oktober 1890 (IÜ.).

2. Ist die unrichtige Angabe des Inhalts einer Sendung im Frachtbrief zur Herbeiführung einer Frachtverkürzung im Sinne des § 3 Abs. 2 der Ausführungsbestimmungen zu Art. 7 IÜ. geeignet, wenn die Eisenbahnbeamten bei pflichtmäßiger Prüfung die Unrichtigkeit erkennen können?

3. Erlischt der Anspruch der Eisenbahn auf Zahlung eines Frachtzuschlags; wenn ihre Beamten es unterlassen, den Empfänger vor der An-

nahme der Sendung darauf hinzuweisen, daß deren Inhalt im Frachtbrief unrichtig angegeben ist?

4. Rechtliche Natur der Frachtzuschläge nach Art. 7 Abs. 4 IÜ. Wann haftet der Empfänger dafür?

I. Zivilsenat. Urt. v. 26. November 1927.

I. Landgericht Gotha — II. Oberlandesgericht Jena.

Im April und Mai 1924 bezog die Beklagte, die in G. in Thüringen ein Holzsägewerk betreibt, von der Mittelböhmischen Holzindustrie GmbH. in D. in der Tschechoslowakei durch die Bahn eine große Anzahl Wagenladungen von Holz. Die Bezeichnung der Ware in den durchgehenden Frachtbriefen lautet: „Rundhölzer zu Grubenzwecken bestimmt bis 24 cm (teilweise „über 24 cm" oder „über 20 cm") Zopfstärke am dünnen Ende ohne Rinde gemessen, bis 7 m Länge"; als Empfängerin war die „Th. H. & S. Aktiengesellschaft, Dampfsägewerke" angegeben. An der Grenze wurde die Fracht für die deutsche Beförderungsstrecke von der Klägerin zutreffend nach Tarifklasse D des vom 15. April 1924 ab gültigen deutschen Eisenbahn-Gütertarifs berechnet, nicht nach Klasse E, wo S. 95 unter Nr. 7 aufgeführt sind: „Folgende zu Grubenzwecken des Bergbaues bestimmte Hölzer: Rundhölzer bis zu 20 cm Durchmesser, am dünnen Ende ohne Rinde gemessen, und bis zu 7 m Länge, Schwellen, Schwartenbretter und Schwartenpfähle, sämtlich bis zu 6 m Länge, und dünne Brettchen bis zu 1,50 m Länge, sämtlich auch getränkt." In Ilmenau übergab die Klägerin die Sendungen der Süddeutschen Eisenbahngesellschaft in Darmstadt, der die Bahn Ilmenau-Großbreitenbach gehört. Die Süddeutsche Eisenbahngesellschaft beförderte sie auf dieser Strecke bis G. und händigte sie dort der Beklagten gegen Zahlung der berechneten Fracht aus. Die Deutsche Reichsbahn-Gesellschaft fordert von der Beklagten, welche die Hölzer nicht zu Grubenzwecken verwendet, sondern zersägt hat, mit der vorliegenden Klage auf Grund des Internationalen Übereinkommens über den Eisenbahn-Frachtverkehr vom 14. Oktober 1890 wegen unrichtiger Inhaltsangabe die Zahlung von Frachtzuschlägen in Höhe des doppelten Frachtunterschieds der Tarifklassen D und E im Gesamtbetrag von 21 391,60 RM nebst Zinsen. Das Landgericht hat den Klaganspruch, von einer Wagenladung abgesehen, dem Grunde nach für gerechtfertigt erklärt. Die Berufung der Beklagten ist zurückgewiesen worden. Ihre Revision hatte Erfolg.

Gründe:

Nach Art. 7 Abs. 4 IÜ. ist bei unrichtiger Angabe des Inhalts einer Sendung ein Frachtzuschlag an die bei der Beförderung beteiligten Eisenbahnen nach Maßgabe der Ausführungsbestimmungen zu zahlen. Nach § 3 Abs. 2 der Ausführungsbestimmungen hierzu beträgt dieser Frachtzuschlag, sofern die unrichtige Inhaltsangabe eine Frachtverkürzung herbeizuführen nicht geeignet ist, einen Franken für den Frachtbrief, sonst das Doppelte des Unterschieds der Fracht von der Aufgabe- bis zur Bestimmungsstation für den angegebenen und der für den ermittelten Inhalt, mindestens aber einen Franken. Das Berufungsgericht nimmt an, daß der Inhalt der Sendungen in den Frachtbriefen unrichtig im Sinne dieser Bestimmungen angegeben gewesen sei, weil es sich nicht um Gruben-, sondern um Schnittholz gehandelt habe, und zwar gleichviel, ob die Frage nach dem deutschen oder nach dem tschechoslowakischen Gütertarif beurteilt werde, weil in beiden die Frachtvergünstigungen für Grubenhölzer vorgesehen seien. Diese Annahme ist zutreffend. Es ist nicht zweifelhaft, daß für die Anwendung des vom 15. April 1924 an gültigen Deutschen Eisenbahn-Gütertarifs Teil I Abteilung B die künftige Verwendung des versandten Holzes von Bedeutung ist. Das ergibt sich schon aus dem Wortlaut der Tarifstelle „Holz" Klasse E Nr. 7 S. 95 „Folgende zu Grubenzwecken des Bergbaues bestimmte Hölzer" und wird durch die Erläuterungen dazu (S. 97) bestätigt; denn danach beruht die Frachtvergünstigung für Grubenhölzer auf der hervorragenden wirtschaftlichen Bedeutung des Bergbaues. Für den tschechoslowakischen Tarif, gültig vom 1. März 1924, gilt das gleiche (S. 72 Nr. 32). Daß in Fällen, in denen die künftige Verwendung einer Sendung für den Tarif von Bedeutung ist, die Angabe der Verwendung zur Angabe des Inhalts der Sendung gehört, ist für die deutsche Eisenbahn-Verkehrsordnung in RGZ. Bd. 84 S. 238 vom II. Zivilsenat des Reichsgerichts mit Recht anerkannt und vom erkennenden I. Zivilsenat in RGZ. Bd. 116 S. 289 auch schon für das Berner Frachtübereinkommen angenommen worden. Auch nach allgemeiner Verkehrsauffassung, die für die Frage der unrichtigen Inhaltsangabe von Frachtsendungen ganz besonders zu berücksichtigen ist (vgl. RGZ. Bd. 67 S. 289), muß die Angabe in den Frachtbriefen „Rundhölzer zu Grubenzwecken bestimmt" für Holz, das in einem Sägewerk zerschnitten werden soll, als falsch bezeichnet werden. Das scheint auch die Revision nicht zu bezweifeln. Sie sucht aber darzulegen, daß die unrichtige Angabe des Inhalts der Sendungen nicht zur Herbeiführung einer Frachtverkürzung geeignet gewesen sei, weder nach dem tschechoslowakischen noch nach dem deutschen

Gütertarif, und insoweit ist ihr auch beizupflichten. Das Berufungsgericht begründet seine gegenteilige Meinung damit, daß in beiden Tarifen die Frachtvergünstigungen für Grubenhölzer vorgesehen seien und daß hinter diesem Kennwort die näheren Angaben (im tschechoslowakischen Tarif: Adressierung an ein Bergwerk, im deutschen Tarif: Zopfstärke bis 20 cm) sehr zurückträten. Dem ist eine gewisse Berechtigung nicht abzusprechen. Wenn aber die Eisenbahnbeamten mit der erforderlichen Sorgfalt verfahren und die Inhaltsangabe in den Frachtbriefen mit den Bestimmungen des Gütertarifs genauer vergleichen, müssen sie in solchen Fällen erkennen, daß eine Frachtvergünstigung nicht Platz zu greifen hat, wie sie das ja tatsächlich auch erkannt und die Fracht auf der Grenzstation richtig berechnet haben. Trotz des Massenverkehrs, mit dem bei der Eisenbahn zu rechnen ist, bedeutet das keine Überspannung der Sorgfaltspflicht. Dies gilt für den deutschen Eisenbahngütertarif und erst recht für den tschechoslowakischen, nach dem die ermäßigte Fracht nur für Hölzer zu berechnen ist, die an ein Bergwerk adressiert sind, während die Empfängerin hier in den Frachtbriefen als Dampfsägewerk bezeichnet worden ist. Die Angabe des Inhalts einer Sendung aber im Frachtbrief, deren Unrichtigkeit die Eisenbahnbeamten bei pflichtmäßiger Prüfung erkennen können, ist im Sinne von § 3 Abs. 2 der Ausführungsbestimmungen zu Art. 7 IÜ. eine Frachtverkürzung herbeizuführen nicht geeignet. Das Verlangen der Klägerin nach Zahlung des doppelten Frachtunterschieds ist deshalb nicht gerechtfertigt.

Die Revision meint ferner, der Anspruch auf Zahlung der Frachtzuschläge ist infolge unrichtigen Verhaltens der Eisenbahnbeamten erloschen. Denn die Unrichtigkeit der Bezeichnung als Grubenholz sei schon in Eger bei der Umbehandlung erkannt und deshalb die Fracht nach der Tarifklasse D berechnet worden. Trotzdem habe man es unterlassen, die Beklagte auf die Unrichtigkeit der Bezeichnung hinzuweisen, und dadurch verschuldet, daß sie die Sendungen angenommen habe. Dazu komme, daß man auch auf der Empfangsstation G. die Unrichtigkeit der Inhaltsangabe gekannt habe. Die Beklagte habe deswegen mit dem Assistenten Sch. verhandelt und von ihm die Auskunft erhalten, daß sie sich darum nicht zu sorgen brauche, da sie ja die Fracht bezahlt habe und damit auf jeden Fall gedeckt sei. Indessen hat das Berufungsgericht diese Behauptungen mit Recht für unerheblich erachtet. Allerdings haftet nach Art. 29 IÜ. die Eisenbahn für ihre Leute und für andere Personen, deren sie sich bei der Beförderung bedient. Aber es handelt sich hierbei ebenso wie in § 5 EVerkO. und in § 458 HGB. nur um die

Haftung aus dem Frachtvertrag, und aus ihm läßt sich keine Verpflichtung der Bahn herleiten, die Beklagte als Empfängerin der Frachtsendungen von den unrichtigen Inhaltsangaben in den Frachtbriefen alsbald in Kenntnis zu setzen. Wenn die Eisenbahnbeamten bei der Umbehandlung auf der Grenzstation es unterlassen haben, die Frachtzuschläge in die Frachtbriefe einzutragen, so mag darin eine Pflichtwidrigkeit liegen, die sie der Eisenbahnverwaltung gegenüber verantwortlich macht; gegen die Pflichten aus dem Frachtvertrag ist dadurch aber nicht verstoßen worden. *Mangels einer Mitteilungspflicht kann auch von einer Haftung* der Klägerin aus §§ 31, 89 BGB. oder aus § 831 BGB. nicht die Rede sein, wobei dahingestellt bleiben mag, ob und inwieweit die sonstigen Voraussetzungen dieser Gesetzesstellen gegeben sind. Dafür, daß die Leute der Klägerin, insbesondere ihre verfassungsmäßig berufenen Vertreter, der Beklagten vorsätzlich Schaden zugefügt haben, indem sie die Beklagte zur Annahme der Sendungen veranlaßten (§ 826 BGB.), fehlt es an jedem Anhalt. Auf die ihr angeblich von einem Eisenbahnbeamten in G. erteilte Auskunft kann sich die Beklagte schon deshalb nicht berufen, weil ihr die Unrichtigkeit der Inhaltsangabe in den Frachtbriefen bekannt war.

Die Revision vertritt endlich die Ansicht, daß der Anspruch der Klägerin auf Zahlung der Frachtzuschläge gemäß § 341 Abs. 3 BGB. durch vorbehaltlose Annahme der Frachten erloschen sei. Sie wendet sich dabei besonders gegen die Bemerkung des Berufungsgerichts, daß den maßgeblichen Stellen der Klägerin zur Zeit der Ablieferung der Sendungen ihr Recht auf die Frachtzuschläge noch gar nicht bekannt gewesen sei, weshalb die Klägerin keinen Vorbehalt hätte machen können. In der Tat gibt dieser Satz der Urteilsgründe zu Bedenken Anlaß, weil nach der im Schrifttum vertretenen zutreffenden Ansicht den Gläubiger auch ein Unterlassen des Vorbehalts aus Unkenntnis seines Rechts nicht vor dem Verlust zu schützen vermag. Jedoch kommt es hierauf nicht an; denn das Berufungsgericht hält nach seinen weiteren Ausführungen die angezogene Vorschrift überhaupt nicht für anwendbar, indem es annimmt, daß die nachträgliche Geltendmachung der Ansprüche aus dem Frachtvertrag, auch der auf Zahlung von Frachtzuschlägen, keiner anderen Beschränkung unterliege als der in Art. 7 IÜ. geregelten Verjährung. Dem ist im Ergebnis beizutreten.

Die rechtliche Natur des Frachtzuschlags nach dem Berner Frachtübereinkommen und der deutschen Eisenbahn-Verkehrsordnung ist bestritten. Die einen erblicken darin eine Vertragsstrafe, und auf dieser Auffassung beruht die Annahme der Anwendbarkeit des § 341 Abs. 3

BGB., die anderen eine unmittelbar auf dem Gesetz beruhende Verpflichtung. Der Senat hat bisher stets und bis in die neueste Zeit die erstere Ansicht vertreten (RGZ. Bd. 20 S. 33, Bd. 47 S. 37, Bd. 64 S. 286, Bd. 96 S. 281, Bd. 108 S. 408 für die deutschen Eisenbahn-Verkehrsordnungen). Der II. Zivilsenat hat in RGZ. Bd. 84 S. 239 Zweifel daran geäußert, ob sie noch zutreffe, seitdem die Eisenbahn-Verkehrsordnung bestimme, daß ein Verschulden des Absenders nicht vorzuliegen brauche; er hat die Frage aber nicht entschieden.

Auch im vorliegenden Fall ist es nicht erforderlich, die rechtliche Natur des Frachtzuschlags näher zu untersuchen. Denn auch wenn man ihn als Vertragsstrafe betrachtet, können doch jedenfalls nicht alle Vorschriften des Bürgerlichen Gesetzbuchs über Vertragsstrafen darauf angewendet werden. Das gilt z. B. von dem richterlichen Ermäßigungsrecht nach § 343 BGB. und muß auch für § 341 Abs. 3 das. angenommen werden. Zutreffend weist Rundnagel (Beförderungsgeschäfte S. 361) darauf hin, daß die gegenteilige Annahme nicht vereinbar wäre mit § 60 Abs. 4 Satz 2 und 3 EVerkO. („Zur Zahlung des Zuschlags ist der Absender verpflichtet. Hat der Empfänger den Frachtbrief und das Gut angenommen, so haftet er gemäß § 76 Abs. 4 neben dem Absender als Gesamtschuldner für den Zuschlag"). Dementsprechende Bestimmungen fehlen nun zwar im Berner Frachtübereinkommen, sie gelten aber nach der herrschenden Ansicht trotzdem auch hier, wobei nicht erforderlich ist, daß der Frachtzuschlag zahlenmäßig aus dem Frachtbrief hervorgeht, wenn er sich nur aus den darin in bezug genommenen Vorschriften ergibt. Der Bestimmung in Art. 7 Abs. 6 IÜ. über die Verjährung des Anspruchs auf Zahlung von Frachtzuschlägen würde praktisch eine sehr geringe Bedeutung zukommen, wenn man § 341 BGB. anwenden wollte. Letztere Vorschrift paßt nicht für den Eisenbahnfrachtverkehr, in dem die berufenen Vertreter der Eisenbahn von ihrer Berechtigung zur Erhebung von Frachtzuschlägen vielfach erst nach Aushändigung des Frachtguts an den Empfänger Kenntnis erhalten. Sie ist deshalb hier nicht anwendbar, ohne daß geprüft zu werden braucht, ob sie mit der zwischenstaatlichen Geltung des Berner Frachtübereinkommens vereinbar wäre (vgl. RGZ. Bd. 95 S. 36).

Die sämtlichen Angriffe der Revision mit Ausnahme des zuerst erörterten sind hiernach unbegründet. Auch sonst liegt kein Rechtsirrtum vor. Die Beklagte ist daher allerdings zur Zahlung von Frachtzuschlägen an die Klägerin verpflichtet, aber nicht, wie das Berufungsgericht irrtümlich angenommen hat, in Höhe des doppelten Frachtunterschieds.

RGZ. 120, 101.

Zur Tarifberechnung bei Chemikalien, wenn zwar der versandte Stoff eine andere chemische Verbindung ist als der im Tarif genannte, wenn aber beide aus dem nämlichen Abfallerzeugnis hergestellt und in gleicher Weise wirtschaftlich verwertet werden.

Eisenbahn-Verkehrsordnung §§ 6, 56, 60. Eisenbahn-Gütertarif Teil I Abteilung B.

I. Zivilsenat. Urt. v. 1. Februar 1928.

I. Landgericht Magdeburg, Kammer für Handelssachen. — II. Oberlandesgericht Naumburg a. S.

Die Klägerin hat von einem Farbwerk mehrfach Eisenbahn-Wagenladungen eines zinkhaltigen Abfallerzeugnisses aus der Alizarin- und Anilinherstellung zur Verarbeitung auf Anstrichfarbe bezogen. Das Erzeugnis wurde ursprünglich mit Natronlauge gefällt und ergab dann Zinkoxydhydrat. Später verwendete die Herstellerin an Stelle der Natronlauge Natronkarbonat (Soda). Nunmehr war das Erzeugnis Zinkkarbonat. Das Farbwerk bezeichnete es jedoch in den Frachtbriefen nach wie vor als „Zinkoxydhydrat aus der Alizarin- und Anilinherstellung, auch getrocknet, nicht geglüht", und die Beklagte berechnete infolgedessen die Fracht nach den für derartiges Zinkoxydhydrat geltenden ermäßigten Sätzen der Tarifklasse E (Ziffer 5). Nachträglich nahm sie eine chemische Analyse vor und stellte dabei fest, daß es sich nicht um Zinkoxydhydrat, sondern um Zinkkarbonat handelte. Sie verlangte daraufhin von der Klägerin Nachzahlung des Frachtunterschiedes zwischen den Sätzen der Tarifklassen A und E, und die Klägerin zahlte diese Beträge mit zusammen 31 423,50 RM. Mit der Klage fordert die Klägerin Zurückzahlung dieser Summe, weil sie zu Unrecht erhoben worden sei, nebst Zinsen seit den Zahlungstagen. Das Landgericht hat demgemäß erkannt. Das Oberlandesgericht hat die Klage abgewiesen. Die Revision hatte keinen Erfolg.

Gründe:

Das Oberlandesgericht geht zutreffend davon aus, daß nach § 5 des vom 15. April 1924 ab gültigen Deutschen Eisenbahn-Gütertarifs Teil I Abtl. B für die nicht in der Gütereinteilung genannten Güter die Fracht nach der Tarifklasse A zu berechnen sei. Es stellt als unstreitig fest, daß Zinkkarbonat in der Gütereinteilung nicht genannt ist, während auf Seite 119 in Tarifklasse E „Zinkoxydhydrat aus der Alizarin- und Anilinherstellung, auch getrocknet, nicht geglüht" aufgeführt wird.

Der Vorderrichter stellt ferner fest, daß Zinkkarbonat ebenfalls bei der Alizarin- und Anilinherstellung als Abfallerzeugnis anfällt und nach dem Gutachten des Sachverständigen, rein wirtschaftlich betrachtet, dem Zinkoxydhydrat im wesentlichen gleichzustellen ist. Er erklärt jedoch letzteres für unerheblich, weil Zinkkarbonat eine andere chemische Verbindung als Zinkoxydhydrat und damit ein seiner Wesenheit nach anderer Stoff, die Aufzählung aber im Tarif S. 119 Klasse E unter „Metall in chemischen Verbindungen enthaltende Abfälle und Zwischenerzeugnisse, folgende . . . " gemäß den Allgemeinen Bemerkungen auf S. 5 erschöpfend sei. Daher könne Zinkkarbonat nicht der Klasse E eingeordnet werden. Die Klägerin könne sich für ihre gegenteilige Ansicht auch nicht auf die Erläuterungen auf S. 120 des Tarifs unter a 1 und 2 berufen; denn dort werde nur eine Begründung dafür gegeben, weshalb die namentlich aufgeführten Abfälle und Zwischenerzeugnisse in die Tarifklasse E aufgenommen worden seien. Die Klägerin habe nur das Recht, die Aufnahme des Zinkkarbonats in die Klasse E im Wege der Fortbildung des Tarifs anzuregen. Solange dies nicht geschehen sei, müsse die Beklagte die Fracht dafür nach Tarifklasse A berechnen. Die Eisenbahn habe daher die Nachzahlung des Frachtunterschiedes von der Klägerin mit Recht gefordert; ein Anspruch auf Rückzahlung stehe dieser deshalb nicht zu.

Diese Ausführungen enthalten keinen Rechtsirrtum, sind vielmehr durchaus zutreffend, und die Angriffe der Revision erweisen sich als unbegründet. Die Klägerin hatte beantragt, nötigenfalls den Sachverständigen nochmals darüber zu hören, daß das Produkt der Klägerin sehr wohl auch als Zinkoxydhydrat angesehen werden könne, je nachdem man auf diese oder jene Eigenschaften den größeren Wert lege. Die Revision meint, daß diese Behauptung in der Revisionsinstanz als richtig zu unterstellen sei. Das ist aber nicht zutreffend, weil das Berufungsgericht die entgegengesetzte Feststellung getroffen hat in Übereinstimmung mit dem Gutachten des Sachverständigen, dem es gefolgt ist. Danach kann man aus Zinksalzlösungen das Zink sowohl mit Lauge als auch mit Soda niederschlagen. Im ersteren Fall entfällt es als Zinkoxydhydrat, im letzteren als Zinkkarbonat. Beide Erzeugnisse sind chemisch verschieden zusammengesetzt, wenn sie auch beide Zink enthalten, und zwar theoretisch in verschiedener Menge. Infolgedessen verhalten sie sich auch bei der Weiterverarbeitung verschieden. Es handelt sich also um Stoffe verschiedener Art. Daß sie im Verkehr üblicherweise beide als Zinkoxydhydrat bezeichnet werden, ist nicht behauptet worden. Zu einer nochmaligen Vernehmung des Sachverständigen war das Berufungsgericht nicht verpflichtet. Eine Rüge aus § 286 ZPO. soll offenbar nicht erhoben werden und wäre auch zur Zeit nicht zulässig.

Hiernach fragt es sich allein, ob die weitere Rüge der Revision durchgreift, daß es für die Anwendung des Eisenbahn-Gütertarifs nicht auf die chemische Zusammensetzung, sondern auf die Verwertbarkeit ankomme, und daß in dieser Beziehung das Zinkkarbonat dem Zinkoxydhydrat gleichgestellt werden müsse. Letzteres entspricht der Auffassung des Sachverständigen; aber es ist, wie das Berufungsgericht mit Recht angenommen hat, nicht entscheidend. Die Erläuterungen zum Tarif, worauf die Klägerin ihre gegenteilige Meinung stützt, haben nach den Allgemeinen Bemerkungen auf S. 5 keine rechtsverbindliche Kraft. Sie sollen den Inhalt des Tarifs näher erklären, das Verständnis für den Tarif, seine Entstehung und Absicht fördern, seine richtige Anwendung erleichtern und damit Frachterstattungs-Anträgen und Nacherhebungen zum Vorteil der Eisenbahn und der Verkehrtreibenden nach Möglichkeit vorbeugen. Sie können aber nicht dazu führen, daß Frachterleichterungen, die nach dem Inhalt des Tarifs ausdrücklich nur für bestimmte Güter vorgesehen sind (vgl. § 6 EVerkO.), auch anderen Gütern gewährt werden, bei denen sich nach den Gesichtspunkten, die bei Erlaß des Tarifs maßgebend gewesen sind, die gleiche Frachtermäßigung wirtschaftlich rechtfertigen ließe. Dieses Ziel kann nur durch eine Tarifänderung erreicht werden. Es mag sein, daß hierdurch im Einzelfalle Härten entstehen können, sie lassen sich aber nicht vermeiden. Andernfalls würden der ständig zunehmende Verkehr und die Fortschritte der Technik, die immer neue Güter schafft, eine unerträgliche Rechtsunsicherheit hervorrufen, die gerade auf dem Gebiet des Eisenbahn-Frachtrechts schwerwiegende Nachteile haben müßte.

RGZ. 120, 268.

1. Unklarheiten in den Bestimmungen der Beförderungstarife.

2. Fallen Ansprüche auf Erstattung von zuviel erhobener Fracht unter Art. 27 Abs. 3 des Internationalen Übereinkommens über den Eisenbahn-Frachtverkehr vom 14. Oktober 1890?

3. Zum Begriff der Umstationierung von Privatwagen.

4. Von wann ab tritt das Internationale Übereinkommen über den Eisenbahnfrachtverkehr vom 23. Oktober 1924 in Kraft?

Internationales Übereinkommen über den Eisenbahn-Frachtverkehr vom 14. Oktober 1890 (IÜ.) Art. 11, Art. 12 Abs. 4, Art. 27 Abs. 3. Eisenbahn-Verkehrsordnung § 6. Internationales Übereinkommen über den Eisenbahnfrachtverkehr vom 23. Oktober 1924 (RGBl. 1925 II S. 183), Schlußprotokoll zu I (RGBl. 1925 II S. 285).

I. Zivilsenat. Urt. v. 3. März 1928.

I. Landgericht Oppeln. — II. Oberlandesgericht Breslau.

Im Februar und März 1926 sandte die Speditionsfirma W. in Beuthen O./S. von dort 85 leere Privatwagen (Kesselwagen) an die Speditionsfirma Sch. in Sniatyn-Zalucze (Polen). Diese Privatwagen waren in den Wagenpark der Deutschen Reichsbahn-Gesellschaft eingestellt und die Bahn hatte dem Einsteller, dessen Namen in den Instanzurteilen nicht angegeben wird (vermutlich die jetzige Klägerin), die Kündigung des Einstellungsvertrags angedroht, wenn nicht innerhalb gewisser Frist die Bremsen geändert würden. Daraufhin sollten die Wagen nach der Absicht des Einstellers in den Park der rumänischen Staatsbahn eingestellt werden. Ihrer Beförderung dorthin diente ihre Versendung von Beuthen nach Sniatyn-Zalucze. Aufgegeben zur Beförderung waren die Wagen mittels internationaler Frachtbriefe. Als Zweck des Leerlaufs war in den Frachtbriefen angegeben „zur Umstationierung"; darunter war vermerkt „zu befördern gegen ermäßigte Fracht". Die übrigen tarifmäßigen Angaben (Heimstation. Zeichen P usw.) waren ebenfalls in den Frachtbriefen gemacht.

Nach dem „Eisenbahn-Güter- und Tiertarif für den Verkehr zwischen den Stationen der deutschen Eisenbahnen einerseits und den Stationen der in Polen . . . verwalteten Eisenbahnen andererseits", gültig vom 15. Juni 1925 an (Nr. 183 des deutschen Tarifverzeichnisses), werden leere Privatgüterwagen als Frachtgut gegen eine ermäßigte Fracht, und zwar in Deutschland von 5 RM für den Wagen, in Polen von 3 Groschen für den Wagen und das Tarifkilometer befördert, sofern die im Tarif angegebenen Bedingungen (Abteilung B, Abschnitt V Nr. 12 S. 18) erfüllt sind.

Die polnische Staatsbahnverwaltung hat vom Empfänger die vollen Frachtsätze mit 16 447,95 Zloty erhoben. Die Klägerin, sich stützend auf Abtretung der Ansprüche des Absenders und des Empfängers, behauptet, daß 14 764,95 Zloty Fracht zuviel erhoben worden seien. Der Empfänger hat diesen Betrag von der polnischen Staatsbahn zurückverlangt, auch im Oktober 1926 1670,50 Zloty zurückerhalten, mußte das Geld jedoch auf Erfordern der polnischen Staatsbahn wieder zurückgeben. Die Klägerin verlangt mit der Klage von der Deutschen Reichsbahn-Gesellschaft Zahlung von 8120,72 RM nebst Zinsen, indem sie ihrer Berechnung den Zloty-Kurs vom Tage der Frachtbezahlung zugrundelegt.

Die Beklagte hat bestritten, daß die polnische Bahn die Fracht unrichtig berechnet habe. Sie hat ferner die Sachberechtigung der Klägerin bestritten, weil nach dem deutsch-polnischen Tarif Abtretungen nur zwischen Empfänger und Absender zugelassen seien. Bestritten hat sie endlich auch, die richtige Beklagte zu sein, weil derartige Ansprüche nur gegen diejenige Eisenbahn gerichtet werden könnten, welche die Fracht erhoben habe.

Das Landgericht wies die Klage ab. Das Oberlandesgericht erklärte den Klaganspruch dem Grunde nach für gerechtfertigt. Auf die Revision der Beklagten wurde das erste Urteil wiederhergestellt.

Gründe:

1. Die Sachberechtigung der Klägerin ist gegeben. Die Beklagte hält der Klägerin den deutsch-polnischen Gütertarif entgegen. Dort heißt es in Abteilung A Abschnitt II § 7 Nr. 8 (S. 8): „In Polen sind Zessionen nur zwischen Absender und Empfänger zugelassen. Anderen Personen kann dieses Recht nicht abgetreten werden."

Das Berufungsgericht hat diesen Einwand unter Bezugnahme auf seine in einer gleichartigen Sache ergangene Entscheidung als unbegründet bezeichnet. Im letzteren Urteil wurden dafür zwei Gründe angegeben. Einmal soll die Abtretungsbeschränkung gemäß Art. 4 IÜ. nichtig sein. Außerdem aber lasse sich aus der Bestimmung nicht entnehmen, daß eine gleichwohl vorgenommene Abtretung gegenüber der deutschen Eisenbahn unwirksam sein solle. Der letztere Grund schlägt durch. Der Wortlaut der Bestimmung ist ungewöhnlich und gibt zu Zweifeln Anlaß. Wenn gesagt wird, „in Polen" seien Abtretungen nur zwischen Absender und Empfänger „zugelassen", so bleibt denkbarerweise zweifelhaft, ob sich diese Beschränkung allein auf polnische Gläubiger oder auf alle in Polen vorgenommenen Abtretungen beziehen soll. Es bleibt ferner fraglich, ob mit dem Vermerk nur auf ein allein für die polnischen Gerichte beachtliches Recht aufmerksam gemacht werden soll, oder ob der Sinn der sein soll, daß auch der deutsche Richter, je nachdem er deutsches oder polnisches Recht anzuwenden habe, die Abtretung zwischen anderen Personen als wirksam oder unwirksam zu behandeln hat. Der deutsch-polnische Eisenbahn-Gütertarif sollte aber gerade eine gemeinsame Rechtsgrundlage schaffen und die äußerst zweifelhaften Fragen des zwischenstaatlichen Rechts beseitigen. Es bleiben hiernach erhebliche Zweifel über die Tragweite der Tarifbestimmung bestehen und diese Zweifel müssen, wie im Urteil des erkennenden Senats vom 17. Mai 1924 I 451/23 (abgedruckt in Egers eisenbahnrechtl. Entsch. Bd. 41 S. 155) ausgeführt ist, zur Auslegung gegen die Bahn führen. Dort wird gesagt: „Die Eisenbahn, welche gegenüber dem verkehrsbedürftigen Publikum eine unangreifbare Monopolstellung einnimmt, muß jede unklare und unvollständige Fassung der von ihr selbst bewirkten, oft in kurzen Zwischenräumen umredigierten, vielfach zerstreuten und sich gegenseitig teils ergänzenden, teils einschränkenden Tarifvorschriften gegen sich gelten lassen." Die Abtretungserklärung des Empfängers schafft somit der Klägerin ein wirksames Klagerecht.

2. Zutreffend hat auch das Oberlandesgericht die Sachverpflichtung der Beklagten bejaht. Die abweichende Regelung im internationalen Übereinkommen vom 23. Oktober 1924 (Art. 42 § 1) kommt nicht in Betracht. Im Schrifttum wird zwar von verschiedenen Seiten angenommen, das neue internationale Übereinkommen sei durch die Veröffentlichung des Textes im Reichsgesetzblatt 1925 (Teil II S. 183) schon jetzt in Kraft getreten (v. Gierke Handelsrecht und Schiffahrtsrecht im Grundriß 2. Aufl. S. 536; Goltermann in Egers eisenbahnrechtl. Entsch. und Abhdlg. Bd. 42 S. 244, Bd. 43 S. 118; Senckpiehl in Gesetzgebung und Rechtspraxis des Auslands Bd. 1 S. 114). Demgegenüber hat jedoch Loening (Komm. z. IÜ. vom 23. Oktober 1924 S. 991 Anm. 1 und Nachtrag dazu S. 997) mit Recht darauf hingewiesen, daß nach dem Berner Schlußprotokoll das Übereinkommen erst noch zu ratifizieren war und daß es zwischen den Staaten, die es ratifiziert haben, erst in Kraft tritt, sobald eine Vereinbarung hierüber zwischen den Regierungen dieser Staaten zustange gekommen sein wird. Eine solche Vereinbarung hat im Jahre 1926 noch nicht stattgefunden. Nach den letzten veröffentlichten Mitteilungen des Zentralamts (Ztschr. für den internationalen Eisenbahntransport Jahrgang 1927 S. 334) ist das Inkrafttreten des neuen Übereinkommens zwischen den Staaten, die es ratifiziert haben, auf den 1. Oktober 1928 festgesetzt worden[1]). Maßgebend für den Streitfall ist also das alte Übereinkommen.

Die Klägerin beruft sich für die Inanspruchnahme der Deutschen Reichsbahn-Gesellschaft auf Art. 27 Abs. 3 IÜ. Danach können Ansprüche aus dem internationalen Frachtvertrag im Wege der Klage nur erhoben werden gegen die erste Bahn oder gegen die Bahn, die das Gut zuletzt mit dem Frachtbrief übernommen hat, oder gegen diejenige

---

[1]) Vgl. jetzt RGBl. 1928 II S. 162.

Bahn, auf deren Betriebsstrecke sich der Schaden ereignet hat. Es mag sein, daß hierbei in erster Linie an Ersatzansprüche für Schäden gedacht ist, die das Frachtgut erlitten hat. Daraus läßt sich aber nicht zwingend herleiten, daß andere Ansprüche aus dem Frachtvertrag, insbesondere Frachterstattungsansprüche, nicht auch darunter fallen sollten. Wollte man überhaupt eine Gesamthaftung der an einer Beförderung beteiligten Bahnen festsetzen, so würde es an einem gerechtfertigten Anlaß dafür fehlen, diesen Grundsatz für die Frachterstattungs-Ansprüche wieder zu durchbrechen. Das Oberlandesgericht hat in jenem früheren Urteil, auf das es auch hier Bezug nimmt, u. a. ausgeführt, durch Art. 12 IÜ. werde dem Empfänger, der zuviel Fracht gezahlt habe, das Recht eingeräumt, das zuviel Erhobene erstattet zu verlangen, und damit werde dieser Erstattungsanspruch zu einem Anspruch aus dem Frachtvertrag gemacht. Dem ist beizustimmen (vgl. Rundnagel Beförderungsgeschäfte, in Ehrenbergs Handbuch Bd. V 2 S. 364; Blume-Weirauch Anm. 1 zu § 70 EVerkO.). Allgemein steht das Schrifttum auf dem gleichen Standpunkt (vgl. außer den vorigen Angaben noch Blume IÜ. S. 89, Anm. II 2b zu Art. 12; Eger IÜ. 3. Aufl. S. 151, Anm. 84 zu Art. 12; ferner Loening IÜ. (1924) S. 833, wo ebenfalls die Frachterstattungs-Ansprüche zu den Ansprüchen aus dem Frachtvertrag gerechnet werden; auch Österr. Oberster GH. vom 18. April 1904 in Egers eisenbahnrechtl. Entsch. Bd. 21 S. 67). Dem steht die Zusatzbestimmung 3 zu Art. 12 IÜ. nicht entgegen. Sie besagt nur, daß die Frachterstattungs-Ansprüche bei derjenigen Eisenbahn „einzubringen", d. h. anzumelden sind, an welche die Zahlung geleistet wurde. Die Sachverpflichtung im Rechtsstreit wird dadurch nicht berührt.

3. Gleichwohl konnte der Klage nicht stattgegeben und mußte das erste Urteil wiederhergestellt werden. Zwar ist es richtig, daß die ermäßigte Fracht nach dem mehrfach erwähnten deutsch-polnischen Eisenbahn-Gütertarif (Abteilung B Abschnitt V) auch für die Umstationierung von Privatgüterwagen gilt. Denn die unter Nr. 12 zu b angegebenen Fälle werden ausdrücklich nur als Beispiele aufgeführt. Ferner heißt es in dem vom 1. August 1925 ab geltenden deutschen Eisenbahn-Gütertarif (Teil I Abt. B), der nach Art. 11 IÜ ergänzend heranzuziehen ist und inhaltlich der besonderen Tarifvereinbarung für den deutsch-polnischen Güterverkehr insoweit entspricht, in der Anmerkung zu § 53 Abs. 9 (S. 29):

Bei Leerläufen eingestellter Privatwagen wird bei Aufgabe als Frachtgut für jeden Lauf (z. B. zur Beladung, zum Zwecke der Umstationierung oder zur Wiederherstellung in Werkstätten) eine ermäßigte Fracht für den Wagen . . . erhoben.

Die Tarifermäßigung kann aber hier aus anderen Gründen nicht Platz greifen. Die Klägerin oder derjenige, der die Speditionsfirma W. beauftragte, wollte die Wagen aus dem Bereich des mit der Reichsbahn abgeschlossenen Einstellungsvertrags herausziehen, um sie in den Park der rumänischen Eisenbahnverwaltung einzustellen. Wenn man zunächst unterstellt, daß auch dieser Fall eine Umstationierung im Sinne des Tarifs wäre, so hätte der Einsteller die Herausziehung aus dem Verbandsbereich doch ordnungsmäßig nur nach dreimonatiger Kündigung bewirken können (Bedingungen für die Einstellung von Privatwagen § 16). Solange das nicht geschah und die Frist noch nicht abgelaufen war, durfte also der Einsteller die Wagen überhaupt nicht herausziehen. Ein einseitiges, unbefugtes Vorgehen des Einstellers vermochte ihm keinesfalls die Vorteile des Tarifs zu verschaffen. Aber das Ergebnis wäre auch dann kein anderes, wenn die Bahn zugestimmt hätte, weil es sich in Wirklichkeit hier gar nicht um eine Umstationierung im Sinne des Tarifs handelt. Denn damit sind nur Verlegungen nach Stationen der Verbandsländer gemeint. Nach Abschnitt V Nr. 1 des deutsch-polnischen Tarifs sind Privatgüterwagen die in den Park „einer Eisenbahnverwaltung" eingestellten Wagen. Welche Eisenbahnverwaltungen hierunter zu verstehen sind, geht aus dem hinter dem Vorwort des Tarifs abgedruckten „Verzeichnis der beteiligten Eisenbahnverwaltungen" hervor. Es sind dies nur deutsche und polnische Eisenbahnverwaltungen. Eine Umstationierung im Sinne der Tarifermäßigung kann also nur vorkommen, wenn die neue Heimatstation zu einer dieser Eisenbahnverwaltungen gehört. Andernfalls hören die Wagen auf, als Privatwagen eingestellt zu sein, mag nun diese Beendigung einseitig vom Einsteller herbeigeführt sein oder auf Vereinbarung beruhen. Diese Auslegung entspricht auch allein dem mit der Tarifermäßigung verfolgten wirtschaftlichen Zweck, den Verbandsbahnen durch Frachteinnahmen aus regelmäßig wiederholten Fahrten der immer nach einer Heimatstation im Verbandsbezirk zurückkehrenden Privatwagen einen Ausgleich zu bieten. Es kann deshalb dahingestellt bleiben, ob, wie lediglich von der Beklagten geltend gemacht worden ist, der Einsteller der Privatwagen deren Ausscheiden aus dem Direktionsbezirk beantragt hatte und ob diesem Antrag stattgegeben worden war.

Soweit der erkennende Senat in seinem Urteil vom 17. Mai 1924 einen anderen Standpunkt eingenommen hat, wird dieser nicht mehr aufrechterhalten.

RGZ. 120, 313.

1. Können wertvollere Felle als Kostbarkeiten gelten?

2. Muß die Eisenbahn bei Annahme eines Frachtstücks, als dessen Inhalt „Felle“ angegeben sind, zur Wahrung ihrer Rechte veranlassen, daß der Absender die Art der Felle, ob kostbar oder nicht kostbar, näher angebe?

3. Wann kommt bei Ausschluß der Haftung aus dem Frachtvertrag eine außervertragliche Haftung der Bahn in Betracht?

4. *Ist bei gleichzeitigem Abhandenkommen von Frachtgut* und Frachtbrief bis zur Erbringung des Gegenbeweises anzunehmen, daß Bahnangestellte daran beteiligt sind?

Internationales Übereinkommen über den Eisenbahn-Frachtverkehr (IÜ.) vom 14. Oktober 1890 Art. 3, 29, 43; Ausführungsbestimmungen dazu § 1 Abs. 2 Nr. 2.

I. Zivilsenat. Urt. v. 17. März 1928.

I. Landgericht Oppeln. — II. Oberlandesgericht Breslau.

Mit internationalem Frachtbrief vom 15. März 1924 lieferte die Zweigniederlassung der Berliner Firma Sch & Co. in Beuthen bei der dortigen Güterabfertigung der Reichsbahn eine Kiste zur Beförderung an die Firma Sch. & Co. in Bukarest auf. Als Inhalt waren „Felle“ angegeben. Das Gewicht der Kiste betrug nach dem Frachtbrief 75 kg. Das Frachtgut ist abhandengekommen. Nach der Tatbestandsaufnahme war zwar am Bestimmungsort eine Kiste von ähnlichen Ausmaßen vorhanden, die anfangs für das aufgegebene Frachtgut gehalten wurde, allein später stellte sich heraus, daß diese Kiste nicht die in Beuthen aufgelieferte war. Weil nämlich die Firma, für welche die Sendung bestimmt war, nicht ermittelt werden konnte, sollte die letztere an den Eigentümer, die Leipziger Rauchwarenfirma F., zurückgehen. Nach den rumänischen Zollvorschriften mußte zu diesem Zweck die Kiste geöffnet werden, und es zeigte sich laut Tatbestandsaufnahme, daß sie nur Säcke mit Stroh und Kohlen enthielt. Nun stellte sich auch heraus, daß Maße und Gewicht der Kiste nicht stimmten.

Die Klägerin klagt, gestützt auf eine Abtretung der Bukarester Firma Sch. & Co., auf Ersatz des Wertes der aufgelieferten Felle. Es waren dies nach ihrer Angabe 6 Silberfüchse, 6 Blaufüchse, 20 Slatefüchse, 90 Persianer, 10 Sealbisamstreifen, 8 zugerichtete Weißfüchse und 120 Nutria im Werte von zusammen 5887 $. Die Klägerin leitete ihre Ansprüche sowohl aus dem Frachtvertrag wie aus unerlaubter Handlung her, da die Entwendung und Vertauschung der Kiste nur unter Mitwirkung von Eisenbahnbeamten möglich gewesen sei. Die Beklagte wendet ein, daß es sich um eine Kostbarkeit gehandelt habe, die nach dem deutsch-rumänischen Eisenbahn-Gütertarif nicht zur Beförderung zugelassen sei. Abhandenkommen des Frachtguts durch Diebstahl hat sie bestritten.

Landgericht und Oberlandesgericht haben die Klage abgewiesen. Die Revision war erfolglos.

Gründe:

Unstreitig ist die aufgelieferte Kiste in Verlust geraten. Ob sie überhaupt am Bestimmungsort eingetroffen ist oder schon vorher gestohlen worden war, steht nicht fest. Besteht aber die letztere Möglichkeit, so fehlt es an einer genügenden Grundlage für die Sachberechtigung der Klägerin. Sie leitet ihr Recht von der im Frachtbrief bezeichneten Empfängerin ab. Diese erlangte aber keine Rechte aus dem Frachtvertrag, wenn das Gut den Bestimmungsort überhaupt nicht erreicht hatte (Art. 26 mit Art. 16 Abs. 2 IÜ. 1890; Seuff. Arch. Bd. 80 Nr. 121). Es ist indessen nicht ausgeschlossen, daß die Empfängerfirma mit der gleichnamigen Absenderfirma personengleich ist. Aber auch in diesem Falle kann der Revision nicht stattgegeben werden.

In seinem Urteil RGZ. Bd. 116 S. 113 hat der erkennende Senat ausgesprochen, man müsse für den eisenbahnrechtlichen Kostbarkeitsbegriff zwar an dem bekannten relativen Maßstab (Verhältnis zum Wert anderer Güter von gleichem Umfang und Gewicht) festhalten, dürfe aber dabei die Anschauung von Handel und Verkehr und überhaupt die allgemeine Lebensanschauung nicht völlig außer Betracht lassen. Von diesen Grundsätzen ist das Berufungsgericht ausgegangen. Es stellt fest, die Kiste im Gewicht von 75 kg habe einen Wert von 24 725 RM gehabt, somit einen Kilowert von 330 RM. Die Maße hätten 84 × 61 × 50 (oder 55) cm betragen. Danach müsse man das Frachtgut als kostbar bezeichnen. In der Tat habe es sich auch um Felle im Werte bis zu 600 RM für das Stück gehandelt, die der gewöhnliche Sprachgebrauch kostbar nenne. Diesem Ergebnis läßt sich aus Rechtsgründen nicht entgegentreten. Es widerstreitet auch keineswegs der allgemeinen Lebenserfahrung, die in Frage kommenden Pelzsorten, insbesondere Silber- und Blaufuchs — mindestens in den heutigen Zeiten allgemeiner Verarmung — als kostbar zu bezeichnen. Der Eigentümer oder sein Spediteur hat übrigens offenbar auf dem gleichen Standpunkt gestanden. Denn nach dem unstreitigen Sachverhalt waren die Felle von Leipzig bis Breslau als Kostbarkeiten aufgeliefert worden. Für die weitere Beförderung war dies nicht mehr möglich, weil nach dem Eisenbahn-

Gütertarif für den deutsch-rumänischen Güterverkehr solche Felle als Kostbarkeiten von der Beförderung ausgeschlossen waren. Die Sendung hätte also bei richtiger Angabe ihres Inhalts als Kostbarkeit überhaupt nicht zur Beförderung nach Rumänien aufgeliefert werden dürfen. Wie das Berufungsgericht mit Recht angenommen hat, besteht deshalb nach Art. 43 IÜ. (1890) keine Haftpflicht der Eisenbahn aus dem Frachtvertrag.

Ebensowenig ist der Anspruch aus unerlaubter Handlung begründet. Er würde voraussetzen, daß deutsche Bahnangestellte die Kiste gestohlen oder sich sonstwie an ihrem Beiseiteschaffen beteiligt hätten, daß sie ferner mit der Beförderung der Kiste befaßt waren (Seuff. Arch. Bd. 80 Nr. 174) und daß die Firma Sch. & Co. in Bukarest Eigentümerin der abhandengekommenen Sendung war. An diesen sämtlichen Grundlagen fehlt es dem Anspruch. (Wird dargelegt.) Es kommt somit nicht darauf an, ob zunächst nach Wahrscheinlichkeitsbeweis bis zur Erbringung des Gegenbeweises anzunehmen ist, daß die Beiseiteschaffung der aufgelieferten und die Unterschiebung einer anderen Kiste nur unter Mitwirkung von Eisenbahnern möglich gewesen sei, eine Frage übrigens, die keinen Rechtssatz enthält, sondern im wesentlichen Sache der Beweiswürdigung ist (Seuff. Arch. Bd. 79 Nr. 191, Bd. 80 Nr. 174). Die von der Revision erwähnte „Darlegungspflicht" der Eisenbahn kommt nur dann in Betracht, wenn der Tatrichter nach den Regeln des Wahrscheinlichkeitsbeweises annimmt, daß der Anschein für eine Beteiligung von Leuten der Bahn an der unerlaubten Handlung spreche. (Nach Erörterung eines weiteren rechtlichen Gesichtspunktes fährt das Urteil fort:)

Die Revision hat endlich noch eine Reihe weiterer Angriffe gegen das Berufungsurteil erhoben, die aber durchweg hinfällig sind.

Sie macht geltend, die Bahn habe sich durch Annahme der Kiste in Kenntnis des Inhalts ihrer Rechte begeben. Allein das wäre nur richtig, wenn die Bahn diese Kenntnis gehabt hätte (RGZ. Bd. 97 S. 109 [112]; Rundnagel Die Haftung der Eisenbahn 3./4. Aufl. S. 53). Gerade hieran aber fehlt es. Die Angabe „Felle" ergibt das nicht; es gibt kostbare und nicht kostbare Felle. Nicht beigetreten werden kann Senckpiehl (Verkehrsr. Rundschau 1921 S. 61), wenn er meint, es sei Sache der Bahn, ob sie das richtig bezeichnete Gut zu den Kostbarkeiten rechnen wolle; verlange sie keine weitere Angabe, so gebe sie damit zu erkennen, daß das Gut keine Kostbarkeit sei. Der Massenverkehr der Eisenbahn erfordert vielmehr umgekehrt, daß der Absender kostbare Felle als Kostbarkeiten zu bezeichnen hat.

Inwiefern die Revision die Rechtslage der Klägerin dadurch zu verbessern glaubt, daß sie die Geltung des Internationalen Übereinkommens über den Eisenbahn-Frachtverkehr von 1890 in Frage stellt, ist nicht ersichtlich. Jedenfalls ist ihr Zweifel unbegründet. Sie meint, das alte Übereinkommen sei durch den Krieg hinfällig geworden, das neue aber noch nicht in Kraft getreten. Sie übersieht dabei den Art. 366 des Versailler Vertrags, durch den das Berner Übereinkommen von 1890 „erneuert" worden ist. Die Streitfrage, ob das alte Übereinkommen erst hierdurch wieder Geltung erlangt oder ob es sie niemals verloren gehabt habe (darüber v. d. Leyen in JW. 1924 S. 1361 zu Nr. 9 und 10), hat für den vorliegenden Fall nur theoretischen Wert....

RGZ. 124, 95.

1. Wann entsteht im internationalen Eisenbahnfrachtverkehr der Anspruch des Absenders gegen die Versandbahn auf Zahlung einer eingelösten Nachnahme, und wann wird er fällig? Ist dazu erforderlich, daß die Empfangsbahn den eingezogenen Nachnahmebetrag an die Versandbahn abgeführt hat?

2. Über den Einfluß des Weltkriegs auf Nachnahmesendungen im Eisenbahnfrachtverkehr zwischen preußischen und russischen Staatsbahnen.

3. Unterliegt der Anspruch des Absenders gegen die Deutsche Reichsbahn-Gesellschaft auf Zahlung einer eingelösten Nachnahme der kurzen Verjährung des Art. 45 des Internationalen Übereinkommens über den Eisenbahnfrachtverkehr vom 14. Oktober 1890?

Internationales Übereinkommen über den Eisenbahnfrachtverkehr vom 14. Oktober 1890 Art. 5, 13, 27, 45.

I. Zivilsenat. Urt. v. 17. April 1929.

I. Landgericht Königsberg, Kammer f. Handelssachen. — II. Oberlandesgericht daselbst.

Am 29. Juli 1914 sandte die Klägerin durch die Eisenbahn mit internationalem Frachtbrief, belastet mit 10 000 M Nachnahme, verschiedene Waren von Prostken (Ostpreußen) an die Speditionsfirma M. A. L. in Grajewo in Rußland. Sie behauptet, daß die Sendung am Bestimmungsort eingetroffen und der Firma M. A. L. gegen Zahlung von Fracht und Nachnahme ausgehändigt worden sei, und verlangt von der Beklagten als Rechtsnachfolgerin der preußisch-hessischen Staatsbahngemeinschaft Zahlung der Nachnahme im aufgewerteten Betrage von 6000 RM nebst 6 % Zinsen seit dem 17. November 1914 als dem Tage der Mahnung. Das Landgericht erklärte den Klaganspruch dem

Grunde nach für gerechtfertigt. Das Oberlandesgericht wies die Berufung der Beklagten zurück. Ihre Revision hatte keinen Erfolg.

Gründe:

Das Oberlandesgericht legt seiner rechtlichen Beurteilung zutreffend das Internationale Übereinkommen über den Eisenbahn-Frachtverkehr vom 14. Oktober 1890 (IÜ.) zugrunde. Es nimmt an, daß danach der Anspruch des Absenders gegen die Bahn auf Zahlung des Nachnahmebetrags *begründet sei, sobald der Empfänger die Nachnahme* eingelöst habe. Es sieht übereinstimmend mit dem Landgericht als erwiesen an, daß diese Einlösung im vorliegenden Falle am 30. Juli 1914 erfolgt sei, also noch vor Ausbruch des Weltkrieges. Die letztere Feststellung beruht auf einer rechtlich bedenkenfreien Beweiswürdigung, in der das Berufungsgericht frei war, und wird auch von der Revision nicht angegriffen. Dagegen sucht die Revision darzulegen, daß der Nachnahmebetrag erst mit Empfang der Anzeige der Bestimmungsabfertigung (Abfertigungsstelle Grajewo) über die Zahlung der Nachnahme zahlbar werde, und meint, daß die Beklagte, weil sie bisher keine solche Anzeige erhalten habe und infolge des Weltkrieges und seiner Folgen auch nicht mehr erhalten könne, von der Verpflichtung zur Zahlung überhaupt befreit sei.

Dem kann nicht beigetreten werden. Zweifelhaft kann höchstens sein, ob die Forderung des Absenders gegen die Bahn auf Zahlung der Nachnahme erst durch die Einlösung der Nachnahme zur Entstehung gebracht wird oder ob sie schon früher entsteht, nämlich mit dem Abschluß des Frachtvertrags oder bei nachträglicher Belastung des Gutes mit Nachnahme in diesem Zeitpunkt, wenn auch nur als aufschiebend bedingt durch die Zahlung der Nachnahme. Hierauf kommt es aber bei der festgestellten Sachlage nicht entscheidend an. Jedenfalls bietet weder das Internationale Übereinkommen selbst noch seine Entstehungsgeschichte den geringsten Anhalt dafür, daß der Anspruch des Absenders auf Zahlung einer Nachnahme (nach deren Eingang) erst in einem späteren Zeitpunkt als in dem der Einlösung der Nachnahme entstehen soll. Art. 13 Abs. 3 schreibt nur vor, daß die Eisenbahn nicht verpflichtet ist, dem Absender die Nachnahme eher auszuzahlen, als bis der Betrag vom Empfänger gezahlt ist. Daraus ist zu schließen, daß der Anspruch des Absenders spätestens mit dieser Zahlung begründet ist. Selbstverständlich kann die Versandbahn erst zahlen, wenn sie die Nachricht von der Einlösung der Nachnahme erhalten hat. Aber daraus folgt nur, daß die Fälligkeit des schon vorher begründeten Anspruchs durch diesen in der Natur der Sache liegenden Umstand zeitlich hinausgeschoben wird. Eine weitere Bedeutung kann auch der Zusatzbestimmung 5 des deutschen und niederländisch-russischen Eisenbahngütertarifs nicht zukommen. Nr. 3 der Zusatzbestimmungen zu § 51 des Betriebsreglements des Vereins Deutscher Eisenbahnverwaltungen hat den regelmäßigen Fall des Eingangs der Nachnahme bei der Versandstation im Auge, besagt aber nicht, daß der Anspruch des Absenders auf Zahlung erst mit dem Eingang entstehe. Das wäre mit dem Internationalen Übereinkommen nicht vereinbar. Ebensowenig kann die Rede davon sein, daß, wenn in einem Einzelfall wie in dem vorliegenden die Benachrichtigung der Versandbahn durch die Empfangsbahn unterbleibt, damit die Zahlungspflicht der Versandbahn überhaupt entfällt. Die Rechtsfolge ist vielmehr nur die, daß die Versandbahn dann zahlen muß, sobald sie von der Einlösung der Nachnahme anderweit Kenntnis erhält. In allen diesen Beziehungen ist den zutreffenden Ausführungen des Berufungsgerichts beizutreten. Daraus ergibt sich, daß der Klaganspruch entstanden ist, bevor der Weltkrieg ausbrach. Ob dieser die Aufhebung des Internationalen Übereinkommens im Verkehr zwischen Deutschland und Rußland zur Folge gehabt hat, ist unerheblich, da hierdurch der einmal begründete Anspruch nicht mit rückwirkender Kraft wieder beseitigt werden konnte. Daß sich der Anspruch gegen die Beklagte als Rechtsnachfolgerin der preußisch-hessischen Eisenbahngemeinschaft richtet, ist nach Art. 27 Abs. 3 IÜ. nicht zweifelhaft.

Ob die Abrede über die Nachnahme einen Teil des Frachtvertrags bildet oder sich als ein daneben bestehender besonderer Vertrag darstellt, und welche rechtliche Natur dieser Vertrag hat, worüber im Schrifttum gestritten wird (vgl. L o e n i n g Intern. Übereink. usw. vom 23. Oktober 1924 Art. 19 Anm. 1), bedarf keiner Entscheidung. Wie man sich auch zu diesen Fragen stellen mag, erheblich ist für den vorliegenden Fall nur, ob die Verpflichtung der Versandbahn zur Zahlung des Nachnahmebetrags voraussetzt, daß die Empfangsbahn der Versandbahn die eingezogene Nachnahme übermittelt. Dies richtet sich nach dem von der Revision angezogenen § 667 BGB., sondern hängt davon ab, wie die rechtlichen Beziehungen des Absenders zur Versandbahn und der mehreren beteiligten Bahnen untereinander im Internationalen Übereinkommen geregelt sind. Nun findet sich darin zwar keine ausdrückliche Bestimmung über diese Frage; die Gesamtheit seiner Vorschriften läßt aber hinreichend erkennen, daß sie nicht im Sinne der Beklagten zu beantworten ist. Insbesondere kommen hier Art. 27 über die Haftpflicht der Bahnen in der Beförderungsgemeinschaft, Art. 47

über das Rückgriffsrecht der Bahnen untereinander und Art. 57 über Errichtung eines Zentralamts und seine Zuständigkeit in Betracht. Daraus ist zu schließen, daß der Absender, dem das Wahlrecht zusteht, welche von den in Art. 27 bezeichneten Bahnen er in Anspruch nehmen will, nicht gezwungen sein soll, sich an die Empfangsbahn zu halten, wenn diese die von ihr eingezogene Nachnahme nicht abführt, sondern daß die Bahnen deswegen untereinander ihren Rückgriff nehmen müssen. Denn zu den Ansprüchen aus dem internationalen Frachtvertrag im Sinne des Art. 27 Abs. 3 gehören auch die Nachnahmeforderungen (Eger, Das Intern. Übereinkommen usw., 3. Aufl., Art. 27 Anm. 149 bei Ziff. II in Verb. mit Art. 26 Anm. 144 bei Ziff. IV 2). Das allein entspricht auch im vorliegenden Falle der Billigkeit, da die Beklagte und das hinter ihr stehende Deutsche Reich weit eher in der Lage sind, die Nachnahme einzutreiben als der Kläger, wenn er daran dächte, die Sowjetrepublik oder einen anderen Staat oder eine Eisenbahn als Rechtsnachfolgerin des früheren russischen Reiches oder der Empfangsbahn in Anspruch zu nehmen. Der Gesichtspunkt einer übermäßigen Belastung der Beklagten durch die Klagforderung und ähnliche Ansprüche anderer Personen muß gänzlich ausscheiden. Die unglücklichen Folgen des Weltkrieges können nicht einem einzelnen aufgebürdet, sondern müssen von der Allgemeinheit getragen werden.

Die Einrede der Verjährung ist vom Berufungsgericht zutreffend beschieden worden. Art. 45 IÜ. betrifft nur bestimmte dort bezeichnete Ansprüche, zu denen der Anspruch auf Zahlung einer eingelösten Nachnahme nicht gehört.

Die Revision sucht unter Bezugnahme auf Art. 5 Abs. 1 Nr. 3 IÜ. und auf § 323 BGB. auszuführen, daß der Weltkrieg mit seinen Folgen als höhere Gewalt anzusehen sei und die Erfüllung der Verpflichtung zur Zahlung des Nachnahmebetrags unmöglich gemacht habe. Die erstere Bestimmung besagt indessen nur, daß die Pflicht der Bahnen zur Beförderung von Gütern im internationalen Verkehr entfällt, wenn als höhere Gewalt zu betrachtende Umstände die Beförderung verhindern. Sie bezieht sich also nicht auf die Auszahlung einer Nachnahme. Abgesehen davon ist aber überhaupt nicht anzuerkennen, daß die Erfüllung der Vertragspflicht der Beklagten gegenüber der Klägerin durch höhere Gewalt verhindert oder unmöglich geworden ist. Da dieser Anspruch nach dem vorher Gesagten nicht davon abhängt, daß die russische Bahn den eingegangenen Betrag an die Beklagte abführt oder, von der Frage der Fälligkeit abgesehen, ihr die Einlösung der Nachnahme anzeigt, so wird er durch die nach seiner Entstehung eingetretenen Ereignisse nicht berührt, selbst wenn, was hier nicht geprüft zu werden braucht, die russischen Staatsbahnen ohne einen Rechtsnachfolger geblieben sein sollten. Diese Umstände können höchstens die vertraglichen Beziehungen der an der Beförderung beteiligten Bahnen untereinander beeinflussen.

Es kann der Revision auch nicht zugestimmt werden, wenn sie geltend macht, daß die preußische Staatsbahn die Beförderung und die Zahlung der Nachnahme nur unter der selbstverständlichen Voraussetzung des Fortbestehens der Zwangsgemeinschaft mit den russischen Staatsbahnen übernommen habe. Denn zum Inhalt des Vertrags ist das nicht gemacht worden, und die Verpflichtung der Beklagten gegenüber der Klägerin wird durch nachträgliche Auflösung der Zwangsgemeinschaft nicht aufgehoben. Diese Verpflichtung kann auch nicht deshalb geleugnet werden, weil die Grundlage des Frachtvertrags einschließlich des Nachnahmeauftrags weggefallen und der Beklagten daher die Vertragserfüllung nach Treu und Glauben nicht mehr zuzumuten sei. Eine derartige Vertragsgrundlage hat nicht bestanden. Wer mit einer Eisenbahn einen Frachtvertrag mit Nachnahmebelastung auf Grund des Internationalen Übereinkommens abschließt, kann sich vielmehr darauf verlassen, daß er die Nachnahme von der Versandbahn ausgezahlt erhält, wenn der Empfänger die Nachnahme eingelöst hat, und kann es der Versandbahn überlassen, sich wegen ihres Rückgriffsanspruchs gegen die Empfangsbahn mit dieser auseinanderzusetzen.

Auch die sonstigen Revisionsrügen, soweit sie den Hauptanspruch betreffen, sind unbegründet. Die Urteilsgründe lassen keinen Zweifel darüber, daß die Entscheidung lediglich auf einer Anwendung des Internationalen Übereinkommens über den Eisenbahnfrachtverkehr vom 14. Oktober 1890 mit seinen Änderungen und Ergänzungen beruht. Nur nebenher ist zur weiteren Stütze für die Richtigkeit der Auslegung dieses Abkommens auf einzelne Bestimmungen des Internationalen Übereinkommens über den Eisenbahnfrachtverkehr vom 23. Oktober 1924 hingewiesen worden. Rechtliche Bedenken bestehen dagegen nicht.

Solche Bedenken bestehen nur insoweit, als das Oberlandesgericht den Beginn des Verzugs der Beklagten auf den 17. November 1914 angenommen hat. Denn solange die Forderung der Klägerin nicht fällig war, konnte die Beklagte nicht in Verzug geraten; die Fälligkeit ist aber nach dem vorher Gesagten erst eingetreten, als die Beklagte mangels einer Nachricht über die Einlösung der Nachnahme davon anderweitig Kenntnis erhielt. Dies ist vermutlich erst im Laufe des Rechtsstreits durch die Beweisaufnahme geschehen. Seitdem muß sie Verzugszinsen entrichten, da hierauf im weiteren Verlauf des Prozesses durch die Klägerin unbedenklich ein der Mahnung gleichstehender Rechtsakt, durch Verlesung ihrer Anträge oder Zustellung eines Schriftsatzes, erfolgt ist. Dies genügt für den Grund des Anspruchs auch in Ansehung der Verzugszinsen. Der genaue Zeitpunkt der Inverzugsetzung betrifft nur seine Höhe. Er kann deshalb der Feststellung im Nachverfahren vorbehalten bleiben.

RGZ. 127, 289.

1. Kann die Reichsbahn-Gesellschaft auch anderen Personen als denen, die mit ihr einen Vertrag über Einstellung von Privatgüterwagen abgeschlossen haben, dann, wenn jene eine Tarifvergünstigung für die Leerbeförderung solcher Wagen in Anspruch nehmen, entgegenhalten, daß gegen den Einstellungsvertrag verstoßen worden sei?

2. Zum Begriff der Umstationierung von Privatgüterwagen.

Internationales Übereinkommen über den Eisenbahn-Frachtverkehr vom 14. Oktober 1890 Art. 11, 12 Abs. 4.

I. Zivilsenat. Urt. v. 26. Februar 1930.

I. Landgericht Oppeln. — II. Oberlandesgericht Breslau.

Die Speditionsfirma W. in Beuthen O/S. hat in der Zeit von Mitte Februar 1926 bis Mitte Dezember 1926 121 leere Privat-Kesselwagen von Station Beuthen zur Beförderung nach Station Sniatyn-Zalucze in Polen an die Speditionsfirma Sch. daselbst mit internationalen Frachtbriefen aufgegeben. Diese Privatgüterwagen waren (bis auf 10 Stück) in den Wagenpark der Deutschen Reichsbahn-Gesellschaft eingestellt, sollten aber in den Park der rumänischen Staatsbahn eingestellt werden und der Leerlauf der Wagen sollte ihrer Überführung nach Rumänien dienen. In den Frachtbriefen war als Zweck des Leerlaufs angegeben „leer zur Umstationierung" und ferner vermerkt „zu befördern gegen ermäßigte Fracht". Die polnische Eisenbahnverwaltung hat jedoch die Fracht von der Grenze bis zur polnischen Bestimmungsstation nicht nach dem ermäßigten Satz berechnet, sondern die gewöhnliche Fracht mit 23 289,30 Zloty erhoben. Der ermäßigte Satz für den Leerlauf eingestellter Privatwagen hätte nur 2395,80 Zloty betragen. Die Klägerin, der sowohl die Absende- wie die Empfangsfirma ihre Ansprüche abgetreten haben, fordert den Mehrbetrag von 20 893,50 Zloty, abzüglich eines von der polnischen Bahn später zurückgezahlten Betrags von 426,50 Zloty, somit 20 467 Zloty nebst Zinsen zurück oder, nach

Wahl der Beklagten, den zur Anschaffung des Zlotybetrags am Zahlungstag nötigen Reichsmarkbetrag.

Die Beklagte behauptet, die von der polnischen Bahnverwaltung berechneten Frachtsätze entsprächen dem hier maßgeblichen deutsch-polnischen Eisenbahn-Güter- und Tiertarif, gültig gewesen vom 15. Juni 1925 ab (Nr. 183 des deutschen Tarifverzeichnisses). Die maßgebenden Bestimmungen dieses Tarifs lauten im Abschnitt V:

Nr. 1. Privatgüterwagen sind die in den Park einer Eisenbahnverwaltung eingestellten Wagen, die dem Einsteller gehören oder die er von einem Dritten oder der Bahn auf längere Zeit zur ausschließlichen Benutzung gemietet hat. . . .

Nr. 12. Die leeren Privatgüterwagen werden als Frachtgut gegen eine ermäßigte Fracht, und zwar in Deutschland von 5 Reichsmark für den Wagen, in Polen von 3 Groschen für den Wagen und das Tarifkilometer, befördert, sofern der Absender im Frachtbriefe vorschreibt:

a) in der Spalte „Zeichen und Nummer" das Eigentumsmerkmal, die Heimatstation sowie die Gattung und Nummer des Wagens,

b) in der Spalte „Inhalt" die Bezeichnung „Wagen leer" und den Zweck des Leerlaufs, z. B. „zur Beladung", „zurück nach Entladung", „zur Wiederherstellung in Werkstätten" und dergleichen,

c) den Vermerk „zu befördern gegen ermäßigte Fracht".

Das Landgericht wies die Klage ab, indem es sich dem inzwischen in einer gleichliegenden Sache ergangenen Reichsgerichtsurteil vom 3. März 1928 (RGZ. Bd. 120 S. 268) anschloß.

Hiergegen legte die Klägerin Berufung ein. Das Oberlandesgericht trat der Klägerin bei und kürzte nur die von ihr geforderte Summe um 1965,40 Zloty; der Abstrich beruht darauf, daß bei 10 Kesselwagen die Einstellungsverträge bei Auflieferung der Wagen zur Beförderung nicht mehr in Kraft waren. Die Revision der Beklagten hatten keinen Erfolg.

Gründe:

Der hier zu entscheidende Fall entspricht dem im Urteil RGZ. Bd. 120 S. 268 entschiedenen. Dort waren zwei Gründe dafür angegeben worden, daß eingestellte Privatwagen, die auf Grund des deutsch-polnischen Gütertarifs (gültig gewesen vom 15. Juni 1925 ab) von Deutschland zur Einstellung in den Park der rumänischen Eisenbahn nach Polen befördert wurden, für die Leerbeförderung nach Polen unter den gewöhnlichen Frachttarif fallen.

Bei dem ersten Grund ging der Senat gemäß dem damals festgestellten Sachverhalt von der Annahme aus, daß das Herausziehen der Privatwagen aus dem Bereich der Beklagten nicht im Einverständnis mit ihr, sondern einseitig und entgegen den Einstellungsverträgen erfolgt sei. Vorher durfte, so hieß es im früheren Reichsgerichtsurteil, „der Einsteller die Wagen überhaupt nicht herausziehen". Das Urteil fährt dann fort: „Ein einseitiges, unbefugtes Vorgehen des Einstellers vermochte ihm keinesfalls die Vorteile des Tarifs zu verschaffen." Das bedeutete: Die Tarifvergünstigung für leer laufende Privatwagen kann nur in Anspruch genommen werden, wenn und solange die Privatwagen im Rahmen der Einstellungsverträge benutzt werden; nur eine solche Benutzung ist Leerlauf im Sinne der Tarifvergünstigung. Dies gilt auch für Dritte, welche eingestellte Privatwagen aufgeben; denn nach § 4 Nr. 1 der Einstellungsbedingungen sind sie der Bahn gegenüber als Bevollmächtigte des Einstellers anzusehen (entsprechend Abschnitt V Nr. 5 und 7 des deutsch-polnischen Tarifs). Diesen Grundsätzen, die von der Vorinstanz mit unzutreffenden Ausführungen bekämpft worden sind, ist aber durch neue tatsächliche Feststellungen des Berufungsgerichts die Grundlage entzogen worden. (Wird ausgeführt.) Jener erste Grund, einseitiges vertragswidriges Vorgehen der Einsteller, ist damit fortgefallen.

Der zweite Grund, aus dem damals die Anwendbarkeit der Tarifvergünstigung verneint worden ist, ging dahin: es handle sich bei der Fortschaffung der Privatwagen nach Rumänien gar nicht um eine Umstationierung im Sinne des maßgebenden deutsch-polnischen Tarifs. Denn damit seien nur Verlegungen nach Stationen der Eisenbahnverwaltungen des anzuwendenden Tarifs gemeint. Nach Abschnitt V Nr. 1 des deutsch-polnischen Tarifs seien Privatgüterwagen die in den Park „einer Eisenbahnverwaltung" eingestellten Wagen. Welche Eisenbahnverwaltungen gemeint seien, gehe aus dem hinter dem Vorwort des Tarifs abgedruckten Verzeichnis der beteiligten Eisenbahnverwaltungen hervor. Dies seien aber allein die dort genannten deutschen und polnischen Eisenbahnverwaltungen. Eine Umstationierung im Sinne der Tarif-Ermäßigung könne also nur vorkommen, wenn die neue Heimatstation zu einer dieser Eisenbahnverwaltungen gehöre. Andernfalls hörten die Wagen auf, als Privatwagen eingestellt zu sein, gleichviel wie der Einstellungsvertrag sein Ende erreicht habe. Eine solche Auslegung entspreche auch allein dem wirtschaftlichen Zweck der Tarifermäßigung, den Verbandsbahnen durch Frachteinnahmen aus regelmäßig wiederholten Fahrten der immer nach einer Heimatstation im Verbandsbezirk zurückkehrenden Privatwagen einen Ausgleich zu bieten.

An dieser Ansicht kann indes mit Rücksicht auf das im gegenwärtigen Rechtsstreit neu beigebrachte Auslegungsmaterial nicht festgehalten werden, wenngleich die Gründe, welche die Vorinstanz gegen das frühere Reichsgerichtsurteil vorgebracht hat, nicht stichhaltig sind. Unrichtig ist in letzterer Beziehung zunächst, daß die Heranziehung wirtschaftlicher Gesichtspunkte überhaupt unzulässig sei. Denn gerade da, wo die Auslegung des Tarifs Anlaß zu Zweifeln gibt, ist die Frage am Platze, welcher wirtschaftliche Zweck mit der Tarifbestimmung, hier der Tarifermäßigung, verfolgt wird. Und es bleibt unwiderlegt, daß der im früheren reichsgerichtlichen Urteil hervorgekehrte Zweckgedanke für die dort vertretene Auffassung spricht. Zu Unrecht glaubt die Klägerin die Entscheidung in RGZ. Bd. 120 S. 101 (103 a. E.) entgegenhalten zu können. Es handelte sich dort um einen anderen chemischen Stoff als den im Tarif bezeichneten; der Fall hat mit der hier zu entscheidenden Frage nichts zu tun. Ebensowenig steht jenem Zweckgedanken das im Tarif angeführte Leerlaufbeispiel („zur Wiederherstellung in Werkstätten") entgegen. Selbstverständlich müssen die Privatwagen von Zeit zu Zeit nachgesehen und ausgebessert werden, damit sie nachher wieder beladen über die Bezirksstrecken gehen können. Dies steht also mit dem dort angenommenen wirtschaftlichen Zweck nicht in Widerspruch. Ebensowenig läßt sich der früheren Auslegung der Umstand entgegenhalten, daß „bei der Versetzung nach einem anderen Heimatorte desselben Landes nach dem eigenen Vortrag der Beklagten" die Frachtermäßigung eintritt. Denn hiervon ist im früheren Urteil nicht nur ausgegangen, sondern es ist noch weiter angenommen worden, daß die Umstationierung von einem Tarifverbandland zum anderen die Tarifvergünstigung genießt, wenn es sich eben um die im deutsch-polnischen Tarif aufgeführten Eisenbahnverwaltungen handelt. Endlich liegt zutage, daß aus der späteren ausdrücklichen Änderung der Tarife im Sinne der Auslegung des früheren Reichsgerichtsurteils nichts folgt, weil immer der Zweifel bleibt, ob dadurch nur der frühere Rechtszustand erläutert oder neues Recht geschaffen werden sollte.

Die Entscheidung hängt nach alledem von der Frage ab, was im Abschnitt V des deutsch-polnischen Gütertarifs (vom 15. Juni 1925) in Nr. 1 unter dem Satz zu verstehen ist:

„Privatgüterwagen sind die in den Park einer Eisenbahnverwaltung eingestellten Wagen",

ob damit nur die im Vorwort aufgeführten Verwaltungen zu verstehen sind oder jede Eisenbahnverwaltung eines dem Internationalen Übereinkommen (J. Ü.) angehörenden Landes.

Nach den vorher in Geltung gewesenen deutschen Eisenbahn-Gütertarifen, Teil I Abt. B, gültig vom 1. April 1918 und gültig vom 1. Dezember 1920 ab, waren die leeren Privatwagen ganz frachtfrei; frachtpflichtig war dagegen die Beförderung der leeren Wagen zum Zwecke der Einstellung oder der Umstationierung. Nach dem vom 1. August 1925 ab geltenden deutschen Eisenbahn-Gütertarif, Teil I Abt. B § 53 S. 27 werden leere Privatwagen gegen eine ermäßigte Fracht von 5 RM für den Wagen als Frachtgut befördert und die Ausnahme für Umstationierungen ist dort fortgefallen. In den Tariferläuterungen auf S. 29 heißt es ferner zu § 53 Abs. 9:

„Es ist zu unterscheiden zwischen Privatwagen, die in den Park einer deutschen oder außerdeutschen Eisenbahn eingestellt sind . . . und nicht eingestellten Privatwagen. Nicht eingestellte leere Privatwagen sind nach dem Fahrzeugtarif abzufertigen. Bei Leerläufen eingestellter Privatwagen wird bei Aufgabe als Frachtgut für jeden Lauf (z. B. zur Beladung, zum Zwecke der Umstationierung oder zur Wiederherstellung in Werkstätten) eine ermäßigte Fracht für den Wagen (s. § 53 Abs. 9) erhoben . . . ."

Hiernach unterscheidet dieser Tarif nicht danach, ob die Privatwagen in den Park einer deutschen Eisenbahn eingestellt sind oder in denjenigen einer außerdeutschen Eisenbahn. Es genügt ihm vielmehr, daß sie überhaupt eingestellt sind, sei es hier oder dort. Und ferner behandelt er den Leerlauf der solchermaßen eingestellten Wagen zur Umstationierung ohne Beschränkung auf Deutschland wie jeden anderen Leerlauf. Der deutsche Eisenbahn-Gütertarif ist aber für die Auslegung der hier streitigen Bestimmung von wesentlicher Bedeutung. Denn nach Art. 11 I. Ü. (1890) wird die Fracht „nach Maßgabe der zu Recht bestehenden, gehörig veröffentlichten Tarife" berechnet, also vorbehaltlich besonderer Tarifübereinkommen von jedem Land nach seinem allgemeinen Tarif. Die besondere Tarifvereinbarung über den Eisenbahnverkehr zwischen Deutschland und Polen ist in Nr. 183 des deutschen Tarifverzeichnisses niedergelegt und entspricht inhaltlich in Abschnitt V Nr. 12 den Bestimmungen in § 53 Abs. 9 des bezeichneten deutschen Eisenbahn-Gütertarifs Teil I Abt. B. Das gleiche trifft aber zu für den polnischen Eisenbahn-Gütertarif, gültig vom 1. Januar 1925

S. 34 und 35 der deutschen Übersetzung: auch dort finden sich keine Ausnahmebestimmungen von der Tarifvergünstigung für den Fall einer Umstationierung. Es heißt dort in Abschnitt XXI unter Nr. 1:

„Privatwagen sind solche, die auf Grund besonderer Vereinbarungen zum Wagenpark einer Eisenbahn gehören . . . ."

Nach Nr. 87 zu b ist im Frachtbrief der Grund des Leerlaufs anzugeben, „z. B. ‚zur Verladung', ‚zurück nach der Verladung' und dgl.". Auch hier wird also kein Unterschied in der Behandlung gemacht, bei welcher Eisenbahn der Privatwagen eingestellt ist; er muß nur äußerlich ebenso bezeichnet sein wie nach den Bestimmungen des deutschen Tarifs (Zeichen P; Firma des Privateigentümers; Angabe der Heimatstation; Bezeichnung der Güter, für die der Wagen bestimmt ist). Daneben sind noch, was indessen hier ohne Belang ist, polnische Privatwagen, die keine Spezialwagen sind, mit dem Zeichen W zugelassen. Wären also die streitigen Wagen gesondert über die deutsche und über die polnische Strecke befördert worden, so wäre in beiden Fällen nur der ermäßigte Frachtsatz zu berechnen gewesen.

Ein fernerer Umstand, der für die Auslegung der Klägerin spricht, ist die Tatsache, daß die Beklagte ihrerseits für die Beförderung der streitigen Privatwagen nur die ermäßigte Fracht eingezogen hat, was bei der großen Zahl von Wagen, um die es sich gehandelt hat, und der dadurch gegebenen Höhe des Frachtunterschieds stark ins Gewicht fällt.

Schon hiernach läßt sich nicht verkennen, daß die Beantwortung der vorher aufgeworfenen Frage zweifelhaft erscheinen muß. Dieser Zweifel ist aber durch das neu beigebrachte Material noch erheblich verstärkt worden. Hervorzuheben ist einmal das „Übereinkommen für die gegenseitige Benutzung von Güterwagen im internationalen Verkehr (RIV.)", das sich insoweit, als es hier in Frage kommt, mit dem Vereinswagenübereinkommen (VWÜ.) deckt. Dort heißt es in § 18 S. 34:

„Die im internationalen Verkehr zugelassenen Privatwagen sind Wagen der nachstehend angegebenen besonderen Bauarten, die eine Eisenbahnverwaltung auf den Namen eines Privaten (Person oder Gesellschaft) einstellt und mit dem Unterscheidungszeichen P versieht".

Man unterscheidet also auch hier wieder in keiner Weise nach dem Land, in dessen Park der Privatwagen eingestellt ist.

Ferner ist von Wichtigkeit der deutsch-rumänische Eisenbahn-Gütertarif, gültig vom 1. November 1925 an, der u. a. auch für den

Verkehr zwischen Deutschland und Rumänien über Polen gilt. Dort findet sich unter B („besondere Bestimmungen für Privatwagen") die gleiche Begriffsbestimmung der Privatwagen wie in den vorher behandelten Tarifen („die in dem Park einer Verwaltung eingestellten Wagen"), ebenso die gleichen Voraussetzungen für Frachtermäßigung bei Beförderung von leer laufenden Privatwagen. Werden aber danach eingestellte Privatwagen, die von Deutschland unmittelbar nach Rumänien umstationiert werden sollen und über Polen geleitet werden, zu dem ermäßigten Satz befördert, so würde ein nicht erklärlicher Zwiespalt entstehen, wenn für solche Wagen, falls sie zunächst nur nach einer polnischen Station aufgegeben werden, die gewöhnliche Fracht berechnet werden könnte.

Überwiegende Gründe sprechen somit dafür, die Frachtermäßigung des deutsch-polnischen Gütertarifs, gültig vom 15. Juni 1925 an, auch auf solche in den Wagenpark der Beklagten eingestellten Privatwagen anzuwenden, die zum Zwecke der Umstationierung nach Rumänien nach einer polnischen Station aufgegeben werden. Zum mindesten bleiben so erhebliche Zweifel bestehen, daß nach anerkannten Grundsätzen (vgl. RGZ. Bd. 120 S. 268 [271]) dieser Zweifel den Eisenbahnen, die den Tarif aufgestellt haben, zum Nachteil gereichen muß. Mit dieser Begründung ist dem Berufungsrichter im Ergebnis beizutreten. . . .

RGZ. 130, 76.

Inwieweit sind außerhalb des Beförderungszwanges freie Vereinbarungen der Bahn mit einem Beförderungsbeteiligten zulässig?

Eisenbahn-Verkehrsordnung (EVerkO.) v. 23. Dezember 1908 §§ 2, 3, 78, 85. HGB. §§ 453 flg.

I. Zivilsenat. Urt. v. 8. Oktober 1930.

I. Landgericht Frankfurt a. M. — II. Oberlandesgericht daselbst.

Im Jahre 1926 und in der Folgezeit hatte die Klägerin Bauarbeiten für eine in der Lahn bei Dausenau zu errichtende Wehr- und Schleusenanlage auszuführen und mußte zu diesem Zwecke Gerätschaften und Baustoffe an die Baustelle befördern. Da der Bahnhof Dausenau damals keine für den Güterverkehr eingerichtete Station im Sinne von § 453 HGB. war, aber ein Überholungsgleis besaß, wandte sich die Klägerin mit Schreiben vom 28. August 1926 an das Reichsbahnbetriebsamt in Limburg mit der Bitte, ihr für die Entladung der nach der Baustelle bestimmten Bahnwagen das in der Nähe der Baustelle befindliche Überholungsgleis in Dausenau zur Verfügung zu stellen. Die Beklagte erklärte sich hiermit gemäß ihrem Schreiben vom 16. September 1926 und der ihm in Abschrift beigefügten „Dienstanweisung" einverstanden. Danach sollten die aus Richtung Oberlahnstein kommenden Wagen zunächst über Dausenau bis Nassau und dann von dort wieder nach Dausenau geleitet werden für die Beförderung von Nassau nach Dausenau sollte jedoch die tarifmäßige Fracht von Nassau bis Ems gezahlt werden; dies sollte zunächst für die Zeit bis zum 20. November 1926 gelten. Mit Schreiben vom 25. Oktober und 20. November 1926 beantragte die Klägerin bei der Beklagten, ihr auch weiterhin das Überholungsgleis in Dausenau für die Entladung der Wagen zu überlassen. Die Beklagte erteilte diese Genehmigung wiederum unter Befristung und verlängerte die Genehmigung auf erneuten Antrag der Klägerin. Die für die Klägerin nach Dausenau bestimmten Wagen sind dann in der vereinbarten Weise befördert worden; die Frachten von Nassau nach Dausenau sind nach der tarifmäßigen Gebühr für die Strecke Nassau—Ems berechnet und von der Klägerin bezahlt worden.

Mit Schreiben vom 4. Oktober 1927 teilte die Klägerin der Beklagten mit, daß die auf Grund der bisherigen „Abmachung" der Parteien von der Klägerin gezahlten Frachtsätze für sie nicht erschwinglich seien; sie bat um Festsetzung einer geringeren Vergütung, und zwar mit Rückwirkung vom 30. August 1926 ab. Nach längeren Verhandlungen erklärte sich die Beklagte mit Schreiben vom 16. März 1928 unter ausdrücklichem Ausschluß jeder Rückwirkung bereit, für die Beförderung von Nassau nach Dausenau lediglich eine Anschlußgebühr für Anschlüsse auf freier Strecke und außerdem, falls die Wagen aus der Richtung Limburg kämen, zwei Stellgebühren, falls sie aber aus der Richtung Oberlahnstein zunächst nach Nassau geführt würden, eine Stellgebühr einzusetzen. Die Klägerin nahm diesen Vorschlag an und zahlte nunmehr für die Folgezeit die ermäßigten Entgelte. Die Klägerin versuchte wiederholt, die Ermäßigung auch für die Vergangenheit zu erreichen, was aber die Beklagte ablehnte.

Die Klägerin behauptet, die Beklagte habe mit ihrer ersten Gebührenabmachung gegen § 6 Abs. 1, § 68 RVerkO. verstoßen und eine zu hohe Beförderungsgebühr erhoben. Es sei auch nicht etwa eine Vereinbarung der Parteien über diese, angeblich übersetzte, Beförderungsgebühr zustande gekommen. Sollte aber eine solche Abrede getroffen sein, so würde sie nach den maßgebenden Vorschriften unzulässig und nichtig sein. Demgemäß habe die Klägerin nach einer von ihr eingereichten Aufstellung 7236,85 RM zuviel gezahlt. Sie hat mit der gegenwärtigen Klage die Zahlung dieser Summe nebst Verzugszinsen unter dem Gesichtspunkt der ungerechtfertigten Bereicherung verlangt.

Die Beklagte hat eingewendet, daß im vorliegenden Falle keine tariflichen Bestimmungen in Frage kämen, daß vielmehr eine freie vertragliche Vereinbarung über Leistung und Gegenleistung zwischen den Parteien möglich gewesen und auch zustande gekommen sei. Auf Grund dieser Vereinbarung seien die streitigen Gebühren ordnungsmäßig berechnet und gezahlt worden.

Die Instanzgerichte haben die Klage abgewiesen. Die Revision der Klägerin hatte keinen Erfolg.

Gründe:

Maßgebend ist die Eisenbahnverkehrsordnung vom 23. Dezember 1908, dagegen nicht, wie die Klägerin behauptet hat, die vom 16. Mai 1928.

Die Parteien sind darüber einig, daß Dausenau keine „für den Güterverkehr eingerichtete Station" im Sinne von § 453 HGB., § 53 EVerkO. ist oder zur maßgeblichen Zeit war. Die streitigen Leistungen der Beklagten lagen also außerhalb des ihr gesetzlich auferlegten Beförderungszwanges. Dementsprechend hat auch die Klägerin vor den Instanzgerichten ausdrücklich zugegeben, daß die Beklagte die betreffende Beförderung von vornherein ablehnen und, soweit sie sich nicht der Klägerin gegenüber gebunden hatte, rechtswirksam widerrufen konnte. Es handelte sich aber auch insofern um besondere und eigenartige Leistungen der Beklagten, als an Beförderungen der hier vorgesehenen Art, soweit ersichtlich, damals nur die Klägerin und nicht etwa irgendwelche anderen Personen ein Interesse hatten. Die Klägerin hat auch die Angaben der Beklagten nicht bestritten, daß aus betriebstechnischen Gründen für die Beförderung nach Dausenau nur der Bahnhof Nassau (und nicht auch der Bahnhof Ems) in Frage kam, so daß die für die Klägerin bestimmten Wagen, einerlei ob sie aus Richtung Limburg oder Oberlahnstein kamen, zunächst bis Nassau geleitet werden mußten, um dann in der Art, wie dies im Schreiben der Beklagten vom 16. September 1926 nebst Dienstanweisung näher angegeben war, von Nassau nach Dausenau befördert und später (leer) von dort nach Ems geschafft zu werden.

Das Berufungsgericht hat zutreffend darauf hingewiesen, daß diese Leistungen der Beklagten weder in der Eisenbahn-Verkehrsordnung von 1908 noch in den maßgeblichen Tarifen der Beklagten vorgesehen waren . . . Allerdings sind in § 85 EVerkO. Beförderungen vorgesehen nach einem Bestimmungsort, wo sich keine für die Abfertigung des Gutes eingerichtete Güterabfertigungs- oder Nebenstelle befindet. In solchen Fällen soll für die Weiterbeförderung von der letzten für die Güterabfertigung eingerichteten Eisenbahnstation oder Güternebenstelle bis zum Bestimmungsort die Bahn grundsätzlich als Spediteur und nur dann gemäß der Eisenbahnverkehrsordnung als Frachtführer haften, wenn sie für diese Weiterbeförderung besondere Einrichtungen im Sinne von § 78 Abs. 1 EVerkO. getroffen hat. Aus den Feststellungen des Berufungsgerichts ist aber zu entnehmen, daß *letzteres hier nicht* der Fall ist. Denn als solche Einrichtungen können nach Sinn und Zweck jener Vorschrift nur solche Maßnahmen angesehen werden, die nicht, wie im vorliegenden Fall, ausschließlich für bestimmte vorübergehende, nur einem einzelnen Unternehmer als solchem dienliche Sonderzwecke getroffen sind, sondern für einen größeren Kreis von Beteiligten Wert und Bedeutung haben (§ 6 EVerkO.: „jedermann"). Auch bezieht sich § 78 Abs. 1 EVerkO. nur auf „Stückgüter", während für die hier maßgeblichen Beförderungen ausschließlich Wagenladungen in Betracht kommen. Dahingestellt werden kann daher eine weitere Frage, die sich aus der Verweisung auf § 78 Abs. 1 EVerkO. ergibt. Dort heißt es nämlich, daß die Bahn die Stückgüter innerhalb des Stationsortes oder nach benachbarten — nicht an der Bahn gelegenen (§ 468 HGB.) — Orten „gegen eine durch Aushang bekanntzumachende Gebühr" zuzuführen hat. Unerörtert bleiben kann also, ob hieraus entnommen werden muß, daß auch die Weiterbeförderung nach § 85 Abs. 2 nur gegen eine durch solchen Aushang bekanntgemachte Gebühr erfolgen durfte. Dabei ist zu beachten, daß § 85 EVerkO. lediglich die Haftung der Bahn für Verlust, Minderung oder Beschädigung des Gutes regelt, also an sich mit Tariffragen nichts zu tun hat.

Ferner hat das Berufungsgericht ausgeführt: Die in § 6 Abs. 1 EVerkO. der Beklagten auferlegte Verpflichtung, Tarife aufzustellen, die „über alle für den Beförderungsvertrag maßgebenden Bestimmungen, über die Beförderungspreise und die Nebengebühren Auskunft geben", hindere eine freie Vereinbarung über das an die Beklagte zu leistende Beförderungsentgelt nur bei den für den Güterverkehr eingerichteten Stationen (§ 453 HGB.). Dies folge daraus, daß die Tarifpflicht durch den in § 453 HGB. und § 3 EVerkO. angeordneten Beförderungszwang bedingt sei. Wenn dieser Beförderungszwang nur bei den für die Güterverkehr eingerichteten Stationen gelte, so sei es bei der Tarifpflicht ebenso. Denn die Tarifpflicht solle die Durchführung des § 453 HGB. gewährleisten, indem durch die Tarifpflicht der Beklagten verboten sei, im Einzelfall die Gebühren willkürlich festzusetzen und dadurch unter Umständen Dritte von der Beförderung auszuschließen. Die Vorschriften in § 85 RVerkO. und § 468 HGB. ständen einer freien Vereinbarung über das Beförderungsentgelt nicht nur nicht im Wege, sondern zeigten gerade dadurch, daß hier eine Haftungsbeschränkung (auf Spediteurpflichten) zugelassen sei, die Möglichkeit vertraglicher Regelung. Eine solche sei auch nicht durch § 78 EVerkO. ausgeschlossen. Vielmehr griffen in allen Fällen, *in denen, wie hier, eine lückenlose Regelung* im 7. Abschnitt des dritten Buches des Handelsgesetzbuchs, in der Eisenbahn-Verkehrsordnung und in den Bestimmungen der deutschen Eisenbahngütertarife nicht getroffen sei, die Vorschriften des Handelsgesetzbuchs über den Frachtvertrag (§§ 425 flg.) und des Bürgerlichen Gesetzbuchs über den Werkvertrag ein (Düringer-Hachenburg HGB. 2. Aufl. Vorbem. II B 4 vor § 453 S. 915/16, § 471 Anm. 6 S. 970/71; Rundnagel in Ehrenbergs Handbuch des gesamten Handelsrechts Band V Abteilung II S. 260 flg.; Fritsch Das deutsche Eisenbahnrecht S. 310).

Diesen Ausführungen ist jedenfalls insofern beizutreten, als es sich hier um einen Sonderfall handelt, für den weder in den maßgeblichen Tarifen ein Beförderungsentgelt eingesetzt noch die tarifmäßige Festsetzung eines solchen Entgeltes erforderlich war. Das letztere ergibt sich aus dem vom Berufungsgericht zutreffend dargelegten allgemeinen Grundsatz, daß nach Sinn und Zweck der einschlägigen Vorschriften der Tarifzwang nur zur sachgemäßen Durchführung des Beförderungszwangs dienen soll und daher nicht weiter reicht als dieser, in Verbindung mit dem Umstand, daß die Sondervorschriften in § 78 EVerkO. über eine durch Aushang bekanntzumachende Gebühr hier nicht in Betracht kommen. Die von der Revision in Bezug genommenen Vorschriften in § 2 EVerkO. über Abweichungen von den Tarifen betreffen nur solche Fälle, wo eine tarifmäßige Regelung erfolgt oder vorgeschrieben ist. Der von ihr geltend gemachten Besorgnis, daß der Rechtsstandpunkt des Berufungsgerichts der Eisenbahn die Möglichkeit gäbe, bei neu auftretenden Verkehrsbedürfnissen nach einer für den Güterverkehr nicht eröffneten Station willkürlich Frachten für Bereitstellung in dieser Station zu fordern und die Auflieferung nach dieser Station dem einen Absender zu bewilligen, dem andern zu verweigern, kann hier, wo es sich um vereinzelte und vorübergehende, einem einzelnen Unternehmer eigentümliche Sonderinteressen handelt, keine entscheidende Bedeutung beigemessen werden. Nach alledem hat das Berufungsgericht ohne Rechtsirrtum angenommen, daß eine rechtswirksame freie Vereinbarung zwischen den Parteien über das streitige Beförderungsentgelt möglich war.

Das Berufungsgericht hat auf Grund des Schriftverkehrs der Streitteile, insbesondere des Schreibens der Klägerin vom 28. August 1926 und des Schreibens der Beklagten vom 16. September 1926 nebst „Dienstanweisung" in Verbindung mit dem Schreiben der Klägerin vom 7. Dezember 1927, ferner auf Grund der damals gepflogenen mündlichen Verhandlungen sowie auf Grund der lange Zeit hindurch zwischen ihnen gehandhabten tatsächlichen Übung festgestellt, daß die von der Beklagten behauptete Vereinbarung über das Beförderungsentgelt zustande gekommen ist. Auch diese Ausführungen des Berufungsgerichts, die zum wesentlichen Teil auf tatsächlichem Gebiete liegen, lassen keinen Rechtsirrtum erkennen. Der Vorwurf der Revision, daß der Vorderrichter die Rechtsnatur derartiger Dienstanweisungen verkannt habe, ist unbegründet. Er verwendet bei seinen Erwägungen jene Dienstanweisung nicht in ihrer Eigenschaft als Anordnung der vorgesetzten an die untergebene Eisenbahn-Behörde im inneren Dienstverkehr, sondern nur als der Klägerin bekanntgemachte und als Vertragsgrundlage in Bezug genommene Beilage zum Schreiben der Beklagten vom 16. September 1926. Aus dieser Beilage ergab sich für die Klägerin, daß im Verhältnis der Parteien für die nach Dausenau bestimmten Güter — einerlei, ob sie aus der Richtung Limburg oder Oberlahnstein kamen — zunächst die tarifmäßige Fracht bis Nassau und dann die tarifmäßige Fracht von Nassau bis Ems berechnet werden sollte. Unbestritten sind auf dieser rechnerischen Grundlage die Güter befördert und abgeliefert sowie die jetzt streitigen Frachten berechnet und von der Klägerin damals ohne Beanstandung gezahlt worden. Aus diesen Vorgängen in ihrer Gesamtheit und in ihrem Zusammenhang konnte das Berufungsgericht eine Vereinbarung über das von der Klägerin zu leistende Beförderungsentgelt in der tatsächlich berechneten und gezahlten Höhe entnehmen und dementsprechend ohne Rechtsirrtum die Klage auf Rückforderung der gezahlten Beträge aus dem Gesichtspunkt der ungerechtfertigten Bereicherung für unbegründet erklären.

RGZ. 135, 188.

1. Besteht im internationalen Eisenbahnfrachtverkehr ein Anspruch des Frachtberechtigten gegenüber der Eisenbahn auf Ergänzung der Tatbestandsaufnahme?

2. Kann im internationalen Eisenbahnfrachtverkehr der Frachtberechtigte von der Eisenbahn Einsicht in diejenigen Urkunden fordern,

die außerhalb der Tatbestandsaufnahme über einen Schadensfall entstanden sind?

Internationales Übereinkommen über den Eisenbahnfrachtverkehr (IÜG.) vom 23. Oktober 1924 Art. 43, 53. BGB. §§ 666, 681, 810.

I. Zivilsenat. Urt. v. 10. Februar 1932.

I. Landgericht Dresden. — II. Oberlandesgericht daselbst.

Die Firma K. M. van D. in E. (Holland) gab am 2. Oktober 1928 der Eisenbahn auf der Grenzstation Oldenzaal (Holland) den von ihr selbst verladenen offenen Bahnwagen Stuttgart Nr. 37 420 mit Baumwollabfällen im Gewicht von 11 750 kg mit durchgehendem internationalem Frachtbrief zur Beförderung an die Deutschen Textilwerke M. AG. in L., Bestimmungsstation Plauen i. V., auf. Während der Beförderung wurde am 5. Oktober 1928 auf dem Bahnhof in Altenburg festgestellt, daß der Wagen in Brand geraten war. Die Ladung wurde beschädigt. Am gleichen Tage nahm die Güterabfertigungsstelle in Altenburg darüber eine Tatbestandsaufnahme auf, der sie am 9. Oktober 1928 einen Ergänzungsbericht und eine Feststellung und Abschätzung beifügte. Die Sendung wurde auf Verfügung der Empfängerin an die Firma U. in W. ausgehändigt. Die klagende Versicherungsgesellschaft ersetzte nach ihrer Behauptung der Empfängerin den Brandschaden durch Zahlung von 17 822 RM gegen Abtretung aller Schadensersatzansprüche gegen die Beklagte. Sie meldete ihre Ersatzansprüche bei der Beklagten an, und diese ließ ihr eine Abschrift der Tatbestandsaufnahme vom 5./9. Oktober 1928 zugehen, weigerte sich aber, Ersatz zu leisten. Um den Haftungsausschließungsgründen der Beklagten entgegentreten und ihr ein Verschulden nachweisen zu können, forderte die Klägerin Einsicht in die Tatbestandsakten und eine Ergänzung der Tatbestandsaufnahme. Das verweigerte die Beklagte; sie gab indessen der Klägerin Auskünfte gemäß ihren Schreiben vom 21. März, 9. August und 6. September 1929. Die Klägerin hat darauf Klage erhoben, und zwar in erster Reihe mit dem Antrage auf Verurteilung der Beklagten, gemäß Art. 43 IÜG. eine Ergänzung des Tatbestandes über die Ursache der Beschädigung dahin vorzunehmen, ob Selbstentzündung des Gutes vorliege, ob und in welcher Form Funkenflug in Frage komme, ob die Einstellung des verbrannten Wagens in ursächlichem Zusammenhange mit dem Brandschaden stehe, ob die Funkenfänger der Lokomotive des eigenen und eines etwa entgegenfahrenden Zuges in Odnung gewesen seien, ob das Zugbegleitpersonal nicht durch vorschriftswidriges Rauchen den Brand verursacht habe und ob zur Verhütung des Brandes beim

Löschen alle notwendigen Maßnahmen getroffen worden seien, in zweiter Reihe, ihr oder ihrem Vertreter Einsicht in diejenigen Urkunden zu gestatten, die außerhalb der vordruckmäßigen Tatbestandsaufnahme durch die gemäß Art. 43 IÜG. bewirkte Feststellung über die Beschaffenheit der am 5. Oktober 1928 in Altenburg in verbranntem Zustand eingetroffenen Sendung Baumwollabfälle, über die Höhe des Schadens, seine Ursache und den Zeitpunkt der Beschädigung entstanden seien.

Das Landgericht hat die Klage abgewiesen. Die Berufung und die Revision der Klägerin sind zurückgewiesen worden.

Gründe:

Das Oberlandesgericht versteht unter dem Begriff der Tatbestandsaufnahme in Art. 43 § 1 Abs. 1 des Internationalen Übereinkommens über den Eisenbahnfrachtverkehr vom 23. Oktober 1924 die von einem Eisenbahnbeamten hergestellte, zusammenfassende Niederschrift, in der sofort nach Entdeckung, Vermutung oder Behauptung eines teilweisen Verlustes oder einer Beschädigung des Gutes dessen Zustand und Gewicht und möglichst auch der Betrag, die Ursache und der Zeitpunkt des Schadens festgestellt worden ist. Es sagt, hiervon seien die Grundlagen der Tatbestandsaufnahme, über deren Form im Internationalen Übereinkommen nichts vorgeschrieben sei und die nicht schriftlich zu sein brauchten, scharf zu trennen. Der Frachtberechtigte könne vor Abschluß der Tatbestandsaufnahme durch Anregung von Ermittlungen einen Einfluß auf ihre Abfassung ausüben. Sei sie aber einmal in einer den Erfordernissen des Art. 43 § 1 Abs. 1 IÜG. entsprechenden Weise vollendet, so sei der Frachtberechtigte nur noch befugt, gemäß Art. 43 § 1 Abs. 2 das. eine Abschrift der Tatbestandsaufnahme zu verlangen oder, wenn er deren Feststellungen nicht anerkenne, nach § 2 derselben Bestimmung zu fordern, daß der Zustand und das Gewicht des Gutes sowie die Schadensursache und der Betrag des Schadens gemäß den Gesetzen und Reglementen des Staates, wo die Ablieferung stattgefunden habe, gerichtlich festgestellt werde. Dagegen bestehe kein Recht auf Ergänzung der Tatbestandsaufnahme. Im Streitfalle sei die Tatbestandsaufnahme, wie näher dargelegt, ordnungsmäßig erfolgt, wenn auch darin eine bestimmte Feststellung der Ursache, des Betrags und des Zeitpunkts des Schadens, die nicht möglich gewesen, fehle. Das Fehlende habe die Beklagte aber auch durch ihre Auskünfte vom 21. März, 9. August und 6. September 1929, soweit dies habe geschehen können, ergänzt. Der in erster Reihe erhobene Anspruch auf Ergänzung des Tatbestandes sei hiernach unbegründet.

Diese Ausführungen lassen keinen Rechtsirrtum erkennen, sind vielmehr durchaus zutreffend. Nach der Meinung der Revision würde die Ansicht des Berufungsgerichts zu dem unannehmbaren Ergebnis führen, daß die Möglichkeit für den Berechtigten, von den Feststellungen, die nur die Eisenbahn vorzunehmen in der Lage sei, für seine Beweisführung Gebrauch zu machen, von dem Zufall abhänge, ob nach Lage der Sache eine sofortige Tatbestandsaufnahme im Sinne des Art. 43 § 1 Abs. 1 IÜG. möglich gewesen sei. Das ist nicht zutreffend. Zunächst ist nicht einzusehen, warum die erforderlichen Feststellungen nur von der Eisenbahn und nicht auch von den Gerichten getroffen werden können. Überdies berücksichtigt die Revision nicht, daß Art. 43 § 2 IÜG. dem Berechtigten die Befugnis gibt, gerichtliche Feststellung zu verlangen, wenn er die Feststellungen der Tatbestandsaufnahme nicht anerkennt, gleichviel aus welchen Gründen dies geschehen mag. Der Standpunkt der Revision läuft darauf hinaus, daß der Berechtigte die Wahl haben soll, ob er eine Ergänzung der Tatbestandsaufnahme durch die Eisenbahn oder durch das Gericht herbeiführen will, oder gar, daß er beide Behörden nebeneinander deswegen angehen könnte. Das wäre eine offensichtlich so unzweckmäßige Regelung, daß dafür besondere Gründe vorliegen müßten. An diesen fehlt es aber. Die Fassung der in Betracht kommenden Bestimmungen des Internationalen Übereinkommens spricht durchaus für die Ansicht des Berufungsgerichts. Es liegt nichts dafür vor, daß der Eisenbahn weitergehende Verpflichtungen auferlegt werden sollten, als sie im Übereinkommen ausdrücklich festgelegt worden sind. Auch wäre es mit dem Betriebe der Eisenbahn schwer verträglich, wenn sie genötigt werden könnte, über die Ursache eines Schadens, der vielfach nicht sofort festgestellt werden kann, auf Verlangen des Berechtigten unter Umständen langwierige Ermittlungen anzustellen. Daß die in Art. 43 § 1 Abs. 1 IÜG. vorgeschriebene Tatbestandsaufnahme für den Berechtigten nicht immer eine genügende Grundlage zur Verfolgung seiner Schadensersatzansprüche geben kann, folgt schon daraus, daß sie sofort erfolgen soll. Das haben die Vertragsparteien bei Abschluß des Internationalen Übereinkommens gewiß nicht verkannt. Deshalb ist gerade dem Berechtigten die Befugnis eingeräumt worden, gerichtliche Feststellung zu verlangen. Sie setzt allerdings voraus, daß er die Feststellungen der Tatbestandsaufnahme nicht anerkennt, daß also eine Tatbestandsaufnahme vorliegt. Aber daraus ist für den vorliegenden Fall nichts zu folgern. Es mag sein, daß neben dem Schadensersatzanspruch ein Anspruch auf Tatbestandsaufnahme besteht und daß die Eisenbahn, wenn sie sich weigert, diesem zu genügen, dazu im ordentlichen Rechtswege gezwungen werden kann. Es mag ferner eine Ergänzung der Tatbestandsaufnahme vor den ordentlichen Gerichten dann gefordert werden können, wenn darin ein nach Art. 43 § 1 Abs. 1 IÜG. zu behandelnder Punkt ganz übergangen ist. Darüber bedarf es hier keiner Entscheidung. Denn die Tatbestandsaufnahme, wie sie vorliegt, genügt nach der ohne Rechtsirrtum getroffenen Feststellung des Berufungsgerichts den gesetzlichen Anforderungen.

Der hier vertretene Standpunkt wird, soviel ersichtlich, in Schrifttum und Rechtsprechung überwiegend geteilt. Ausscheiden müssen dabei die zu den entsprechenden Bestimmungen der Eisenbahnverkehrsordnung geäußerten Meinungen, da die Regelung in beiden Gesetzen keine vollständig gleiche ist.

Der in erster Reihe erhobene Klaganspruch ist hiernach mit Recht abgewiesen worden. Aber auch hinsichtlich des Hilfsantrags auf Gestattung von Urkundeneinsicht ist dem Berufungsgericht beizutreten. Nach seinen zutreffenden Ausführungen werden durch Art. 43 §§ 1 und 2 IÜG. die Rechte des Frachtberechtigten vor, bei und nach der Tatbestandsaufnahme erschöpfend geregelt. Für die Anwendung des Art. 53 das. ist hiernach kein Raum. Auch die Voraussetzungen des § 810 BGB. liegen nicht vor, da die Klägerin nach der getroffenen Feststellung mit ihrem Antrage den Zweck verfolgt, aus den Urkunden die Unterlagen für Schadensersatzansprüche gegen die Eisenbahn zu gewinnen, in solchen Fällen aber nach der Rechtsprechung des Reichsgerichts kein rechtliches Interesse an der Urkundeneinsicht anzuerkennen ist. Ebensowenig läßt sich der Anspruch aus § 666, § 681 Satz 2 BGB. begründen, weil die Eisenbahn bei der Aufnahme der außerhalb der Tatbestandsaufnahme errichteten Urkunden kein Geschäft für die Klägerin besorgt, sondern lediglich ihre eigenen Angelegenheiten betrieben hat.

RGZ. 137, 123.

1. War die Eisenbahn in der Zeit vom Januar bis zum Juli 1926 nach dem vom 1. August 1925 ab gültigen Deutschen Eisenbahn-Gütertarif Teil I Abt. B Nebengebührentarif Ziff. IX B, C berechtigt, bei der Ausfuhr von Gütern nach Frankreich, die keinem Ausfuhrzoll unterlagen, deren Ausfuhr aber behördlicher Bewilligung bedurfte, eine Abfertigungsgebühr oder eine Vorführungsgebühr zu erheben?

2. Zur Frage der Zulässigkeit ergänzender Auslegung von Eisenbahntarifen und über die rechtliche Bedeutung der Erläuterungen zu den Tarifstellen.

Deutscher Eisenbahn-Gütertarif vom 1. August 1925 Teil I Abt. B Nebengebührentarif Ziff. IX B, C. EVO. (1908) § 65.

I. Zivilsenat. Urt. v. 13. Juli 1932.

I. Landgericht Köln. — II. Oberlandesgericht daselbst

In der Zeit vom Januar bis zum Juli 1926 führte der E. Bergwerksverein in K. 5439 Wagen mit Kohlen und Koks von Aachen nach Frankreich aus. Die Beklagte erhob hierfür 9790 RM als Abfertigungs- und Vorführungsgebühr. *Der Bergwerksverein meint, die Gebühren seien* zu Unrecht erhoben worden. Er trat den Anspruch auf Rückerstattung an die Klägerin ab, die von der Beklagten Zahlung der 9790 RM nebst 6 % Zinsen fordert. Das Landgericht wies die Klage ab. Das Oberlandesgericht erklärte den Klaganspruch für beide Gebühren dem Grunde nach für gerechtfertigt. Die Revision der Beklagten hatte keinen Erfolg.

Gründe:

Die Gebühren, deren Erstattung im vorliegenden Rechtsstreit gefordert wird, sind erhoben worden nach dem Nebengebührentarif Ziff. IX B (Abfertigungsgebühr) und C (Vorführen der Güter) des vom 1. August 1925 ab gültigen Deutschen Eisenbahn-Gütertarifs Teil I Abteilung B. Die Ziffer IX des Nebengebührentarifs trägt die Überschrift „Gebühren für die Erfüllung der Zoll-, Steuer-, Polizei- und statistischen Vorschriften (§ 65 EVO.)". Unter B b daselbst ist für jede Wagenladung eine Abfertigungsgebühr von 1,50 RM und, wenn die Wagenladung im Zuge oder auf den Zuggleisen abgefertigt wird, von 1 RM vorgesehen. Nach 1 b der Anmerkung dazu wird diese Gebühr berechnet beim Grenzausgang für Ausfuhrgüter, deren Ausfuhr nachzuweisen ist oder die einer zoll- oder steueramtlichen Behandlung unterworfen sind, sowie für Durchfuhrgüter. Um Durchfuhrgüter handelt es sich im vorliegenden Falle nicht, sondern um Ausfuhrgüter, nämlich Kohlen und Koks, die von Deutschland nach Frankreich ausgeführt wurden. Diese Waren unterlagen unstreitig keinem Ausfuhrzoll, ihre Ausfuhr bedurfte aber, wie das Oberlandesgericht unangefochten festgestellt hat, in der Zeit vom Januar bis zum Juli 1926 einer behördlichen Genehmigung.

Das Oberlandesgericht ist der Ansicht, daß die Beklagte die Abfertigungsgebühr zu Unrecht erhoben habe, und begründet diese Auffassung mit folgenden Erwägungen: Die Einführung der Abfertigungsgebühr sei in der 99. Sitzung der Tarifkommission am 3. und

4. September 1909 beschlossen worden. Die demgemäß aufgenommene neue Tarifstelle habe auf Grund des Beschlusses der Tarifkommission in der 113. Sitzung am 23. und 24. Juni 1914 eine neue Fassung erhalten, die, abgesehen von dem Zusatz „sowie für Durchfuhrgüter", der heute gültigen entspreche. Aus dem der Tarifkommission erstatteten Bericht ergebe sich als Zweck der Neufassung die genauere Bezeichnung der Fälle, in denen eine Abfertigungsgebühr habe berechnet werden sollen. Einfuhrsendungen hätten ausnahmslos, Ausfuhrsendungen nur in bestimmten Fällen gebührenpflichtig sein sollen. Aus dem Bericht gehe auch hervor, für welche Güter im Sinne der Tarifstelle die Ausfuhr nachzuweisen sei. Es seien das die im Vereinszollgesetz (VZG.) erwähnten Güter, die im gebundenen Verkehr durchgeführt würden, also vom Zollausland durch das Zollinland wieder ins Zollausland gingen, oder deren Freilassung vom Zoll abhängig sei von dem Nachweis der Ausfuhr. Um ähnliche Fälle handle es sich in den §§ 41 bis 43 der Eisenbahnzollordnung (EZO.), die im Bericht als Fälle besonderer zollamtlicher Behandlung angezogen seien. Danach habe die Abfertigungsgebühr nur erhoben werden sollen bei einer Behandlung der Güter auf ihre Zollpflichtigkeit. Eine andere Behandlung von Ausfuhrgut sei in den Jahren 1909 und 1914, abgesehen von der statistischen Überwachung, auch nicht in Betracht gekommen. Insbesondere hätten damals keine Ausfuhrverbote bestanden. Eine Vorschrift, nach der die Ausfuhr ausfuhrbewilligungspflichtiger Güter nachzuweisen sei, bestehe nicht. Es widerspreche dem klaren, natürlichen Wortsinn, wenn die Beklagte die Erhebung der Abfertigungsgebühr bei den Kohlen- und Kokssendungen damit zu rechtfertigen suche, daß die Ausfuhr dieser Sendungen nachzuweisen sei. Nicht ihre Ausfuhr, sondern das Vorhandensein einer Ausfuhrbewilligung für sie sei nachzuweisen. Diese Sendungen seien auch keiner zoll- oder steueramtlichen Behandlung im Sinne der Tarifstelle unterworfen. Nur ihre Ausfuhr unterliege der behördlichen Bewilligung und Aufsicht, bei der die Beklagte in der Weise mitwirke, daß sie durch ihre Beamten prüfe, ob die Ausfuhr bewilligt sei, beim Fehlen von Ausfuhrbewilligungen für ihre Beschaffung sorge, die Ausfuhrbewilligungen mit den übrigen Begleitpapieren in Verwahrung nehme und sie an der Grenzstation der Zollbehörde übergebe oder dieser doch Gelegenheit zur Entnahme gewähre. Wolle man den Begriff der „zollamtlichen Behandlung" im Sinne der Tarifstelle auch auf eine solche Tätigkeit erstrecken, so würde ihm ohne weiteres auch die dort genannte erste Gruppe, nämlich die der Güter, deren Ausfuhr nachzuweisen sei, unterfallen. Die

unterscheidende Aufzählung beider Gruppen würde dann keinen Sinn haben. Mindestens aber beständen Zweifel, ob die Tätigkeit der Beklagten bei nur ausfuhrbewilligungspflichtigen Sendungen einer der beiden Gruppen zugerechnet werden könne, und diese Unklarheit müsse zu Lasten der Beklagten wirken.

Der Vorderrichter hat weiterhin untersucht, ob sich eine entsprechende Anwendung der Tarifstelle rechtfertige. Dabei hat er ihrer Entstehungsgeschichte entnommen, daß die Abfertigungsgebühr nicht ein Entgelt für eine bestimmte, im Einzelfall festzustellende Leistung, sondern eine Art pauschaler Entschädigung für allgemeine, durch die Einzelgebühren nicht erfaßte persönliche und sachliche Aufwendungen gewähren solle. Er hat bei näherer Betrachtung gefunden, daß die Leistungen der Beklagten bei den hier in Rede stehenden Sendungen gleichartig seien, führt aber im Anschluß hieran aus: In den Erläuterungen zu der Tarifstelle heiße es, daß die Fälle, in denen die Abfertigungsgebühr zu erheben sei, im Tarif in der Anmerkung zu B einzeln bezeichnet seien. Das sei ja auch der Zweck der Neufassung der Tarifstelle im Jahre 1914 gewesen. Man müsse also annehmen, daß die Aufzählung erschöpfend sein solle. Da aber die Tarifstelle nach ihrer Entstehungsgeschichte wie nach ihrem Wortsinn den Fall der Ausfuhrüberwachung nicht umfasse, würde ihre entsprechende Anwendung im Ergebnis die Einführung einer neuen Gebühr bedeuten. Eine ergänzende Auslegung, die Schaffung neuen Vertragsrechts, werde dann als geboten erachtet, wenn sonst das ganze Vertragswerk gefährdet wäre. So liege es hier aber nicht. Bei Einführung der Ausfuhrüberwachung habe man das gegebene Mittel einer Tarifänderung nicht ergriffen. Heute würde es nach § 33 Abs. 2 des Reichsbahngesetzes dazu der Genehmigung der Reichsbehörde bedürfen. Das verstärke die Bedenken gegen eine ergänzende Auslegung. Die Erhebung der Abfertigungsgebühr für Sendungen ausfuhrbewilligungspflichtiger Güter bedeute eine starke Mehrbelastung des Verkehrs. Wenn diese Mehrbelastung anscheinend zunächst widerspruchslos hingenommen worden sei, so möge sich das daraus erklären, daß sie infolge der bald einsetzenden Inflation weniger fühlbar gewesen sei. Dazu komme, daß nach den insoweit auf einer Entscheidung des Unterausschusses für die Tarifauslegung vom Jahre 1911 beruhenden und im Jahre 1926 noch gültigen Erläuterungen zu der Tarifstelle eine von der Zollverwaltung zum Zwecke der Warenstatistik vorgenommene Untersuchung nicht als zollamtliche Untersuchung im Sinne der Tarifstelle anzusehen sei.

Diesen Ausführungen ist im Ergebnis und im wesentlichen auch in der Begründung beizutreten. Der Vorwurf der Revision, daß darin an die Wortfassung des Tarifs ein zu strenger Maßstab angelegt werde, ist nicht gerechtfertigt. Daß die Ausdrucksweise des Tarifs dem Verständnis der zu seiner Anwendung berufenen Eisenbahnbeamten anzupassen war, hat das Berufungsgericht kaum verkannt; dafür liegt jedenfalls nichts vor. Seine Ansicht aber, daß die Tarifstelle gerade für Fälle der vorliegenden Art ausreichender Klarheit entbehre, ist nicht zu beanstanden.

Ohne Grund wirft die Revision dem Berufungsgericht ferner vor, daß es den Ausführungen des Berichters der Ständigen Tarifkommission vom Jahre 1914, soweit dieser von Einzelheiten spreche, Bedeutung beimesse, weil hiervon in den Beschluß der Ständigen Kommission nichts übergegangen sei, sondern die beschlossene Fassung des Tarifs allgemein von „zoll- oder steueramtlicher Behandlung" spreche. Der Bericht konnte vielmehr ohne Gesetzesverletzung zur Auslegung der Tarifstelle herangezogen werden. Es ist auch unbedenklich, wenn das Berufungsgericht daraus als Zweck der Neufassung die genauere Bezeichnung der gebührenpflichtigen Fälle entnommen hat. Tatsächlich ist auch die Fassung von 1914 gegenüber der von 1909 bestimmter und geht mehr ins Einzelne. Daß es sich bei der ersteren um eine erschöpfende Aufzählung der gebührenpflichtigen Sendungen handelt, unterliegt keinem Zweifel. Ebensowenig läßt sich die Beurteilung beanstanden, die das Berufungsgericht dem Verhältnis der beiden Tatbestände der Anmerkung 1 b zur Tarifstelle IX B (Ausfuhrgüter, deren Ausfuhr nachzuweisen ist, und Ausfuhrgüter, die einer zoll- oder steueramtlichen Behandlung unterworfen sind) für den Fall hat zuteil werden lassen, daß man den Begriff der zollamtlichen Behandlung auch auf die Tätigkeit der Beklagten bei ausfuhrbewilligungspflichtigen Gütern erstrecken wollte.

Die Revision bezeichnet ferner die Darstellung des Berufungsgerichts über die Mitwirkung der Beklagten bei der Ausfuhrüberwachung insofern als unrichtig und ohne Grundlage im Parteivorbringen, als es dort heiße, daß die Ausfuhrbewilligung an der Grenzstation der Zollbehörde zu übergeben oder doch jedenfalls ihr Gelegenheit zur Entnahme zu geben sei. Es hat indessen für das Urteil des Berufungsgerichts augenscheinlich keine Rolle gespielt und kommt für die Entscheidung nicht darauf an, ob es der Beklagten in allen Fällen obliegt, die Ausfuhrbewilligung der Zollbehörde zu übergeben, oder ob es allgemein oder doch unter Umständen genügt, wenn sie der Zollbehörde Gelegenheit zur Entnahme gibt.

Die Revision rügt weiterhin, daß das Berufungsgericht aus der Stelle der Erläuterungen zur Tarifstelle:

> Die Fälle, in denen die Abfertigungsgebühr unter B für die bahnseitige Betreibung der zollamtlichen Abfertigung zu erheben ist, sind im Tarife in der Anmerkung zu B einzeln bezeichnet.

Schlüsse ziehe, obwohl dieser Satz unrichtig sei, weil sowohl in der Tarifstelle wie in dem der Tarifkommission im Jahre 1914 erstatteten Bericht jede Aufzählung von Einzelfällen fehle. Es kann indessen nicht zugegeben werden, daß der bezeichnete Satz der Erläuterungen unrichtig sei, zumal wenn man die ganz allgemeine Fassung der Tarifstelle vom Jahre 1909 in Betracht zieht. Im übrigen handelt es sich an der bezeichneten Stelle der Urteilsgründe weniger um eine Schlußfolgerung des Berufungsgerichts aus den Erläuterungen als um eine solche aus dem Zweck der Neufassung vom Jahre 1914, der dort aus der Entstehungsgeschichte der Tarifstelle, und zwar nach dem oben bereits Gesagten rechtsirrtumsfrei, hergeleitet wird.

Als wichtigen, vom Berufungsgericht nicht genügend berücksichtigten Auslegungsbehelf bezeichnet die Revision, daß die beteiligten Verkehrskreise, insbesondere die großen Kohlensyndikate, die Erhebung der Abfertigungsgebühr nicht nur in der Inflationszeit, wie das Berufungsgericht annehme, sondern auch später in den Jahren 1924 bis 1927 ohne Widerspruch hingenommen hätten, obwohl sie im Ausschuß der Verkehrsinteressenten stark vertreten seien. Für Sendungen nach Frankreich sei die Ausfuhrbewilligung seit 1920 stets vorgeschrieben gewesen und daher die Abfertigungsgebühr immer und ohne Unterbrechung erhoben worden. Eine Feststellung, daß die Verkehrsunternehmungen und die sonst in Betracht kommenden Kreise die durch Erhebung der Abfertigungsgebühr bei ausfuhrbewilligungspflichtigen Gütern entstehende Mehrbelastung widerspruchslos hingenommen hätten, ist indessen nicht getroffen und eine Prozeßrüge mit Bezug hierauf nicht erhoben worden. Aus diesem Grunde muß die Revisionsrüge versagen.

Die Revision beanstandet weiterhin die Ausführungen, die das Berufungsgericht zu der Erläuterung der Tarifstelle gemacht hat, wonach eine von der Zollverwaltung zum Zwecke der Warenstatistik vorgenommene Untersuchung des Gutes nicht als zollamtliche Untersuchung angesehen werden kann. Es kommt jedoch für den vorliegenden Fall nicht darauf an, ob die Beklagte, wie das Berufungsgericht anscheinend annimmt, rechtlich an die Entscheidung des Unterausschusses vom Jahre 1911, auf der die angezogene Stelle der Erläuterungen beruht, gebunden ist und ob diese Entscheidung sachlich zutrifft. Für die Auslegung der Tarifstelle ist mit Recht Gewicht darauf gelegt worden, daß die Entscheidung des Unterausschusses ergangen und von der Beklagten in die Erläuterungen zu der Tarifstelle aufgenommen worden ist.

Aus dem Erlaß des Reichsministers der Finanzen vom 15. Dezember 1924 läßt sich ein zwingender Schluß zugunsten der von der Beklagten vertretenen Rechtsauffassung nicht ziehen.

Zu eng ist dagegen nach allgemein anerkannten Rechtsgrundsätzen die Ansicht des Berufungsgerichts, daß eine ergänzende Auslegung nur dann geboten sei, wenn andernfalls das ganze Vertragswerk gefährdet werden würde. Aber eine ergänzende Auslegung der Tarife der Eisenbahn kann, wenn sie auch grundsätzlich nicht völlig ausgeschlossen sein mag, doch nur in sehr beschränkten Grenzen zugelassen werden. Zwar enthalten sie Vertragsrecht, sofern ihre bindende Kraft daraus fließt, daß sich die Parteien im Einzelfall ihren Bedingungen unterwerfen (vgl. RGZ. Bd. 99 S. 251). Da sie aber für jedermann in derselben Weise anzuwenden sind (§ 6 Abs. 1 Satz 3 EVO. vom 23. Dezember 1908), kann bei der richterlichen Ausfüllung von Vertragslücken dem Willen der Vertragsparteien nicht dieselbe Bedeutung zukommen, die ihm die Rechtsprechung sonst in solchen Fällen einräumt.

Die Revision steht auf dem Standpunkt, daß nicht eine entsprechende, sondern eine unmittelbare Anwendung der Tarifstelle auf die Kohlen- und Kokssendungen des Rechtsvorgängers der Klägerin geboten sei. Das ist vom Berufungsgericht mit Recht abgelehnt worden. Zu den Ausfuhrgütern, deren Ausfuhr nachzuweisen ist, können die Sendungen nicht gerechnet werden. Ihre Ausfuhr war nicht nachzuweisen, sondern nur mit behördlicher Bewilligung zulässig. In dem der Tarifkommission im Jahre 1914 erstatteten Bericht wird zur näheren Kennzeichnung der Güter, deren Ausfuhr nachzuweisen ist, auf die §§ 58 und 59 EZO. in der vom Jahre 1912 ab gültigen Fassung verwiesen. Die Eisenbahnzollordnung ist das in § 73 VZG. vorgesehene Regulativ, das die näheren Bestimmungen über die zollamtliche Behandlung des Güter- und Effektentransports auf den Eisenbahnen enthalten soll. Die Begriffsbestimmung der Güter, deren Ausfuhr nachzuweisen ist, muß daher dem Vereinszollgesetz entnommen werden. Dieses trifft in § 56 unter der Überschrift „Behandlung der Waren, deren

Ausfuhr nachgewiesen werden muß" Bestimmungen über die zollamtliche Behandlung von Waren, bei denen es auf den Beweis der erfolgten Ausfuhr ankommt, und letzteres ist bei Waren der Fall, die im Begleitschein- oder Begleitzettelverfahren aus dem Ausland zollfrei durch das Zollinland wieder nach dem Ausland hindurchgeführt werden sollen (§§ 33, 43, 71 Abs. 2 VZG.), und ferner bei gewissen Deklarationsschein- und Marktgütern, Rückwaren und Gegenständen des Veredelungsverkehrs, die aus besonderen Gründen von der Erhebung eines Zolles befreit sein sollen (§§ 111 flg. VZG.). Hierunter fallen nicht die Warensendungen, die den Anlaß zu dem vorliegenden Rechtsstreit gegeben haben.

Es kann sich nur fragen, ob sie einer zoll- oder steueramtlichen Behandlung im Sinne der Tarifstelle IX B Anmerkung 1 b unterlegen haben und daher der zweiten Gruppe der dort aufgeführten Güter zuzurechnen sind. Das ist zum mindesten außerordentlich zweifelhaft. Eine Erhebung von Zoll kam bei ihnen nicht in Frage. Nur ihre Ausfuhr bedurfte behördlicher Genehmigung auf Grund der Verordnung über die Außenhandelskontrolle vom 20. Dezember 1919 (RGBl. S. 2128), in der erstmalig eine Ausfuhrbeschränkung zugelassen worden ist. Diese Verordnung sieht zwar in § 6 eine bei der Ausfuhrbewilligung zu erhebende, in die Reichskasse fließende Abgabe vor. Diese Abgabe wird aber im Schrifttum (T r a u t v e t t e r im Handbuch des Reichssteuerrechts, herausgegeben von S t r u t z, S. 905), weil sie nach § 6 Satz 2 a. a. O. lediglich zur Förderung sozialer Aufgaben verwendet werden soll und weil der Grund ihrer Erhebung nicht in der Überführung der Waren über die Zollgrenze liegt, nicht als Ausfuhrzoll im Sinne des Zollrechts angesehen. Wenn daher die Zollbehörden und bei Beförderung mit der Eisenbahn deren Beamte mit der Durchführung der Außenhandelskontrolle in gewissem Umfang betraut worden sind, so handelt es sich dabei nicht um eine nach der Natur der Kontrolle notwendige, sondern um eine bloße Zweckmäßigkeitsmaßnahme. Wie zweifelhaft die Auslegung der Tarifstelle ist, erhellt am besten daraus, daß die Beklagte selbst im ganzen ersten Rechtszuge und anfangs auch noch in der Berufungsinstanz die Ansicht vertreten hat, daß es sich bei den Kohlen- und Kokssendungen um Ausfuhrgüter handle, deren Ausfuhr nachzuweisen sei, eine Auffassung, die nach dem Gesagten nicht gebilligt werden kann, und daß sie erst ganz zuletzt dazu übergegangen ist, diese Sendungen den einer zoll- oder steueramtlichen Behandlung unterworfenen Ausfuhrgütern zuzurechnen. Die Gleichartigkeit der Leistungen, die das Berufungsgericht feststellen zu können glaubt, vermag diese Zweifel nicht auszuschließen. Die Eisenbahn muß aber, weil sie dem verkehrsbedürftigen Publikum gegenüber eine unangreifbare Monopolstellung einnimmt, jede unklare Fassung der von ihr selbst aufgestellten Tarifvorschriften gegen sich gelten lassen; das ist in der Rechtsprechung des Reichsgerichts schon oft gesagt worden (RGZ. Bd. 99 S. 253, Bd. 120 S. 271, Bd. 127 S. 295).

Hiernach hat die Beklagte die Abfertigungsgebühr unberechtigterweise erhoben. Denn nach den Allgemeinen Bemerkungen hat nur der Inhalt des Tarifs rechtsverbindliche Kraft, während die Erläuterungen dazu den Inhalt des Tarifs näher erklären, das Verständnis für ihn, seine Entstehung und Absicht fördern, seine richtige Anwendung erleichtern und damit Frachterstattungsanträgen und Nacherhebungen zum Vorteil der Eisenbahn und der Verkehrtreibenden nach Möglichkeit vorbeugen sollen. Deshalb ist es unerheblich, wenn es in den Erläuterungen zu der Tarifstelle heißt, daß die Abfertigungsgebühr für die ausfuhrbewilligungspflichtigen Güter erhoben werden müsse.

Der Nebengebührentarif enthält unter IX C eine Gebühr für Vorführen der Güter, die bei Vorführung im Wagen und an Wagenladungen für den Wagen 2 RM, wenn der Wagen aber im Zug oder auf den Zuggleisen oder wenn der zur Entladung gestellte Wagen auf dem Entladegleis oder der zur Beladung gestellte Wagen auf dem Verladegleis vorgeführt wird, 80 RPf. beträgt. Nach der Anmerkung dazu soll diese Gebühr jedesmal erhoben werden, wenn das Gut von der Eisenbahn vorgeführt, d. h. zu einer zoll- oder steueramtlichen Beschau gestellt wird. In den Erläuterungen heißt es:

> Im übrigen werden neben der Abfertigungsgebühr Nebengebühren nur dann erhoben, wenn die Eisenbahn die unter C—H des Abschnitts vorgesehene Tätigkeit wirklich leistet: u. a. namentlich die Vorführungsgebühren unter C, wenn und so oft die Eisenbahn die Güter vorführt. Wenn das Gut vorzuführen ist, ist in der EZO. im einzelnen bestimmt. Vorführung ist die Gestellung des Zollgutes zum Zweck einer zollamtlichen (allgemeinen oder einzelnen) oder steueramtlichen Beschau, d. h. jede Tätigkeit der Eisenbahn, die vorgenommen wird, um die Untersuchung des Gutes zu ermöglichen, sei es eine körperliche Bewegung des Gutes, sei es die Mitwirkung der Eisenbahnbediensteten bei der Besichtigung. Hiernach ist die Vorführungsgebühr für Wagenladungen im besonderen auch für die Freischreibung zollfreier Massengüter im Zuge oder auf den Zuggleisen und bei Vorführung auf bestimmten Stellen des Bahnhofs zu erheben. Anderseits wird für das Vorführen der von der Eisenbahn

gebildeten Stückgutwagen für die einzelnen darin verladenen Sendungen die unter C 1 des Nebengebührentarifs vorgesehene Vorführungsgebühr nicht erhoben, solange die einzelne Sendung tatsächlich nicht vorgeführt wird.

Das Berufungsgericht führt aus: Die in den Erläuterungen zur Tarifstelle angezogene Eisenbahnzollordnung kenne keine Vorführung von Ausfuhrgut aus Anlaß einer Ausfuhrkontrolle. Es sei indessen bedenklich, schon diese Erwägung als entscheidend anzusehen. Andere Gründe führten jedoch zu dem gleichen Ergebnis. Aus der Anmerkung der Tarifstelle und den Erläuterungen dazu gehe hervor, daß die Vorführungsgebühr ein Entgelt sein solle für eine von der Eisenbahn im Einzelfalle wirklich geleistete Tätigkeit. Nach den Verhandlungen der Tarifkommission vom Jahre 1914 und dem in der 21. Sitzung des Unterausschusses erstatteten Bericht könne diese Tätigkeit bei Vorführung ganzer Züge, die hier in Frage stehe, entweder in Verschubbewegungen oder in der Unterstützung und Begleitung der Zollbeamten bei einer Beschau bestehen. Auf Grund einer Auskunft des Hauptzollamts in Aachen sei festzustellen, daß die Zollbehörde in der hier in Betracht kommenden Zeit vom 1. Januar bis Ende Juni 1926 keine Beschau von Kohlenzügen mehr vorgenommen habe. Verschubbewegungen zum Zweck einer Vorführung könnten aber naturgemäß nur gebührenpflichtig sein, wenn die Zollbehörde eine Vorführung verlangt habe. Das ergebe sich auch aus dem in der 21. Sitzung des Unterausschusses erstatteten Bericht und aus einer zu den Akten überreichten Äußerung der Reichsbahndirektion Berlin. Im Jahre 1926 habe kein Vorführungszwang mehr bestanden; er sei bereits durch den Erlaß des Reichsfinanzministers vom 15. Dezember 1924 beseitigt worden. Von diesem Erlaß habe die Beklagte auch Kenntnis gehabt, wie sich aus ihm selbst und aus den Veröffentlichungen der Beklagten in ihrem Tarif- und Verkehrsanzeiger ergebe. Nach dem Inhalt des Erlasses sei auf die Vorführung für die Regel verzichtet, dagegen sei es den örtlichen Dienststellen überlassen worden, ausnahmsweise eine Vorführung zu verlangen. Tatsächlich hätten die Zollbehörden nach der Auskunft des Hauptzollamts in Aachen im Jahre 1926 keine Vorführung mehr verlangt. Nach der Auffassung der Beklagten bestehe eine Vorführung schon in folgender Tätigkeit: Sie leite alle über die Grenze ein- oder ausgehenden Züge auf besondere Zollgleise und lasse sie an den für die Zollbeamten besonders leicht zugänglichen Stellen während einer für die Beschau erforderlichen Zeit halten. Die Zollgleise seien durchgehende Gleise, auf die also die Züge bei der Einfahrt durch eine

Weichenstellung gelenkt würden. Diese Tätigkeit der Bahn, die Leitung der Züge auf Zollgleise und das Haltenlassen der Züge, könne den Begriff des Vorführens im Sinne der Tarifstelle nicht erfüllen. Andernfalls müßte die Vorführungsgebühr von allen über die Grenze ein- und ausgehenden Sendungen erhoben werden. Das würde dem Tarif widersprechen. Man könne deshalb unter einer Bewegung des Gutes, die nach den Erläuterungen die Gebührenpflicht entstehen lasse, nicht eine solche allgemein angeordnete Leitung auf durchgehende Zollgleise verstehen. Vielmehr müsse, wie auch die angeführten Berichtsstellen nahelegten, eine Verschubbewegung nach dem Einlaufen in den Bahnhof, eine Überführung an eine andere Stelle des Bahnhofs, wodurch Rangierleistungen nötig würden, stattgefunden haben. Warum für geschlossene Kohlenzüge, wie die Beklagte anzunehmen scheine, eine andere Auffassung begründet sein solle, sei nicht ersichtlich. Eher sei zu bezweifeln, ob es eine organisatorische Rücksicht erfordere, diese Züge in den Zollgleisen statt in den Zuggleisen beschauen zu lassen.

Diesen Ausführungen ist in allen wesentlichen Punkten beizupflichten. Unbegründet ist es, wenn die Revision dem Berufungsrichter vorwirft, daß er zur Entstehung der Vorführungsgebühr Verschiebung auf besondere Zollgleise erfordere. Davon steht in den Urteilsgründen nichts. Die Fassung der Tarifstelle und die Erläuterungen dazu sprechen durchaus für die Ansicht des Berufungsgerichts. Mindestens bleiben Zweifel, die nach dem schon Gesagten zu Lasten der Beklagten gehen müssen. Wie die Vorführungsgebühr zu berechnen ist, wenn aus Kohlenzügen nur einzelne Wagen zur Beschau vorgeführt werden, ist hier nicht zu entscheiden.

RGZ. 142, 241.

1. Treten nach dem vom 1. Juni 1929 ab gültigen deutsch-belgischen Eisenbahngütertarif Tariferhöhungen erst in Kraft, wenn die dafür in § 6 Abs. 4 der Eisenbahn-Verkehrsordnung vom 16. Mai 1928 und im belgischen Recht bestimmten Voraussetzungen — insbesondere hinsichtlich der Veröffentlichungsfrist — erfüllt sind?

2. Ist die Vorschrift in § 6 Abs. 4 Satz 3 der Eisenbahn-Verkehrsordnung vom 16. Mai 1928 zwingend, wonach bei Tariferhöhungen, wenn der Reichsverkehrsminister eine Abkürzung der Veröffentlichungsfrist von zwei Monaten genehmigt hat, diese Genehmigung aus der Veröffentlichung ersichtlich sein muß?

3. Über Sinn und Tragweite des § 33 des Reichsbahngesetzes 13. März 1930.

4. Sind Frachtbeträge zu erstatten, die überhoben sind, weil ihre Berechnung nach erhöhten Tarifsätzen erfolgte, obgleich die Vorschriften über Tariferhöhungen in Art. 9 § 1 des Internationalen Übereinkommens vom 23. Oktober 1924 und in § 6 Abs. 4 der Eisenbahn-Verkehrsordnung vom 16. Mai 1928 nicht beobachtet waren?

5. Über die Bedeutung der Ausführungsbestimmung zu § 95 der Eisenbahn-Verkehrsordnung vom 16. Mai 1928.

6. Setzt die Hemmung der Verjährungsfrist durch Reklamation nach Art. 45 des Internationalen Übereinkommens vom 23. Oktober 1924 nur voraus, daß die in Art. 40 das. für die Reklamation gegebenen Vorschriften beobachtet sind? Kommen hierbei Bestimmungen des Landesrechts in Betracht?

Deutsch-belgischer Eisenbahngütertarif, gültig vom 1. Juni 1929 ab[1]). Internationales Übereinkommen über den Eisenbahnfrachtverkehr vom 23. Oktober 1924 — IÜ. — (RGBl. 1925 II S. 183) Art. 9, 40, 45, 61. Eisenbahn-Verkehrsordnung vom 16. Mai 1928 — EVO. -- (RGBl. II S. 401) §§ 1, 6, 70. Reichsbahngesetz vom 13. März 1930 (RGBl. II S. 369) § 33. Ausführungsbestimmung zu § 95 EVO.[2]).

I. Zivilsenat. Urt. v. 11. November 1933.

I. Landgericht Essen.

Im Juli 1930, nach dem zweiten Tage dieses Monats, wurden von belgischen Stationen 308 Wagenladungen Kartoffeln zur Beförderung nach Stationen der Reichsbahndirektion Essen mit internationalen Frachtbriefen aufgegeben. Die Sendungen kamen an den Bestimmungsorten an. Die Frachten wurden von den Empfängern bezahlt. Sie wurden nach dem vom 1. Juni 1929 ab geltenden deutsch-belgischen Eisenbahngütertarif berechnet, und zwar derart, daß für die deutschen Frachtberechnungsabschnitte der Ausnahmetarif 14/114 und für die belgischen Frachtberechnungsabschnitte der Ausnahmetarif 24a zugrundegelegt wurde. Letzteres geschah, weil die belgischen Eisenbahnen eine Änderung der Frachtsätze vorgenommen hatten. Nachdem von ihnen nämlich für eine vorübergehende Zeit eine Ermäßigung der Fracht für Kartoffelsendungen eingeführt worden war, wurde sie im Juni 1930 wieder aufgehoben und diese Änderung in Deutschland im Tarif- und Verkehrsanzeiger für Güter- und Tierverkehr der Deutschen Reichsbahn-Gesellschaft und der Deutschen Privateisenbahnen vom 19. Juni 1930 mit der Tarifvorschrift 119 und in Belgien im Moniteur Belge in

[1]) Nicht im Buchhandel.

[2]) Abgedruckt bei Richter EVO. S. 596.

Brüssel vom 26. Juni 1930 Nr. 179 bekannt gemacht. Die Bekanntmachung der Reichsbahn hatte folgenden Wortlaut:

Im Ausnahmetarif 14/114 für Kartoffeln wird im Abschnitt C die Ziffer 1 wie folgt geändert: I. Für die belgischen Strecken: Es gelten: a) für Sendungen von 5000 kg die allgemeinen belgischen Frachtsätze des Heftes 2, b) für Sendungen von mindestens 10 000 kg die belgischen Frachtsätze des Ausnahmetarifs 24a. Diese Änderung tritt am 2. Juli 1930 in Kraft.

Die Klägerin, der die Empfänger ihre Ansprüche abgetreten haben, ist der Meinung, daß die Frachten für den belgischen Berechnungsabschnitt zu Unrecht nach dem Ausnahmetarif 24a statt nach den vorher gültigen niedrigeren Sätzen berechnet worden seien, und verlangt von der Beklagten Erstattung der danach zuviel gezahlten Beträge von zusammen 6184,65 RM nebst Zinsen. Das Landgericht hat der Klage stattgegeben. Die von der Beklagten unmittelbar eingelegte Revision hatte keinen Erfolg.

Gründe:

Die Beklagte hält die Frachtberechnung für die belgischen Frachtberechnungsabschnitte nach dem Ausnahmetarif 24a für zutreffend, weil dieser Tarif zur Zeit des Abschlusses der Frachtverträge bereits gegolten habe. Sie stützt sich hierfür auf das Vorwort zum deutsch-belgischen Eisenbahngütertarif Heft 1, gültig vom 1. Juni 1929, in dem es heißt:

Für Erhöhungen und Erschwerungen sowie für die Aufhebung dieses Tarifs ist eine Veröffentlichungsfrist von 14 Tagen einzuhalten. In Belgien kann diese Frist auf 24 Stunden begrenzt werden.

Die Beklagte sieht hierin eine Zusatzbestimmung im Sinne des Art. 61 IÜ., durch welche die Anwendung der Eisenbahnverkehrsordnung vom 16. Mai 1928 gemäß § 1 Abs. 2 das. ausgeschlossen werde. Diese Auffassung kann nicht gebilligt werden. Die Zusatzbestimmungen zum Internationalen Übereinkommen finden sich in dem genannten deutsch-belgischen Eisenbahngütertarif, Heft 1, in dem hinter dem Vorwort folgenden Abschnitt A und enthalten über Veröffentlichungsfristen nichts. Das läßt erkennen, daß die erwähnte Bestimmung im Vorwort zum Verbandstarif nicht als Zusatzbestimmung zum Internationalen Übereinkommen gedacht und vereinbart worden ist. Dazu kommt folgendes: nach Art. 61 § 2 IÜ. dürfen Zusatzbestimmungen, die zur Ausführung des Übereinkommens von einzelnen beteiligten Eisenbahnen erlassen werden, die Vorschriften des Übereinkommens nicht abändern. Eine solche Änderung würde aber die Bestimmung im

Vorwort enthalten, wenn sie die ihr von der Beklagten zugeschriebene Bedeutung hätte. Denn Art. 9 § 1 IÜ. schreibt vor:

Die Fracht und die Nebengebühren werden nach den in jedem Staat zu Recht bestehenden und gehörig veröffentlichten Tarifen berechnet.

Man hat also, von einzelnen Grundsätzen abgesehen, für die am Übereinkommen beteiligten Staaten kein einheitliches Tarifrecht geschaffen, sondern die Frachtberechnung soll nach den Tarifen der Vertragsparteien erfolgen. Daß diese Tarife zu Recht bestehen und gehörig veröffentlicht sein müssen, sagt Art. 9 § 1 ausdrücklich. Es entspricht das der Vorschrift in Art. 11 Abs. 1 Satz 1 des alten Internationalen Übereinkommens vom 14. Oktober 1890 (RGBl. 1892 S. 793), die, soviel bekannt geworden, immer dahin verstanden worden ist, daß die Frage, ob ein Tarif zu Recht besteht, hinsichtlich aller ihrer Voraussetzungen nach den Vorschriften des betreffenden Staates zu beurteilen ist (vgl. Eger IÜ. 3. Aufl. Erl. 75 Nr. 1 S. 134). Daß dies der Sinn des Art. 11 IÜ. (alt) war, fand seine Bestätigung auch in Nr. III des Schlußprotokolls, wonach von den Vertragsstaaten anerkannt worden ist, daß durch das Übereinkommen die in jedem Staat in Geltung stehenden Bestimmungen über die staatliche Genehmigung der Tarife und Transportbedingungen nicht berührt würden. In dem gleichen Sinne ist auch das jetzt geltende Internationale Übereinkommen auszulegen (ebenso Loening IÜ. Art. 9 § 1 Bem. 3 S. 210 und Seligsohn IÜ. Art. 9 Anm. 3). Hiernach ist das Landesrecht insbesondere für den Zeitpunkt maßgebend, von dem ab ein Tarif Rechtswirksamkeit erlangt. Für Deutschland gilt § 6 Abs. 4 EVO. Der dort im letzten Satz vorgesehene Fall, daß ein Tarif nur für eine bestimmte Zeit eingeführt war, liegt nach dem Vortrag der Parteien hier nicht vor, da die Frachtermäßigung für die belgischen Bahnstrecken zwar nur zeitweilig, aber für eine nicht bestimmte Zeit, nämlich „bis auf weiteres", d. h., wie erläuternd bemerkt worden ist, für die Zeit der Kartoffelernte 1930, eintreten sollte. Der Fortfall dieser Vergünstigung bedeutete eine Tariferhöhung, die nach Satz 2 a. a. O. nicht vor Ablauf von zwei Monaten nach ihrer Veröffentlichung in Kraft treten konnte, wenn nicht die Verkürzung der Veröffentlichungsfrist vom Reichsverkehrsminister genehmigt war. Außerdem schreibt Satz 3 a. a. O. vor, daß diese Genehmigung aus der Veröffentlichung ersichtlich sein muß.

Wie nach den Entscheidungsgründen des angefochtenen Urteils anzunehmen ist, ist es im ersten Rechtszug unstreitig gewesen, daß im vorliegenden Fall die Abkürzung der Veröffentlichungsfrist nicht genehmigt worden ist. Fehlt es an der erforderlichen Genehmigung der Abkürzung der Veröffentlichungsfrist von zwei Monaten, so darf der neue Tarif erst nach Ablauf der Frist angewendet werden, und wenn, wie hier geschehen, vorher der Frachtberechnung die neuen erhöhten Sätze zugrunde gelegt worden sind, so ist der überhobene Betrag zu erstatten (§ 70 EVO.; Art. 18 IÜ.). Daß dies die Bedeutung von § 6 EVO. mit Art. 9 IÜ. ist, erscheint nach der Fassung der Bestimmungen nicht zweifelhaft. So sagen denn auch Blume-Weirauch EVO. 4. Aufl. § 6 Anm. 13 ausdrücklich: „Nicht gehörig veröffentlichte Tarife können einer Frachtberechnung nicht zugrunde gelegt werden." Derselben Ansicht ist offenbar auch Richter EVO. § 6 Anm. 4a, wo es heißt: „Bei Tariferhöhungen oder anderen Erschwerungen der Beförderungsbedingungen müssen weiter die in Abs. 4 vorgesehenen Fristen abgelaufen sein." § 6 Abs. 4 EVO. dient dem Schutz der am Eisenbahngüterverkehr beteiligten Personenkreise, auf deren Wunsch die früher vorgesehene sechswöchige Frist in eine solche von zwei Monaten geändert worden ist (Eger EVO. 3. Aufl. § 6 Bem. 27 Abs. 3 S. 25). Wenn sich die Ausführungen der Beklagten dahin, daß § 6 Abs. 4 EVO. keine zwingende Vorschrift sei, auf die hier erörterte Frage beziehen sollen, so kann ihnen demnach nicht zugestimmt werden. Die Vorschrift ergibt unmittelbar und unzweideutig, daß ein Tarif, der gegenüber dem bis dahin in Geltung befindlichen eine Erhöhung der Frachtsätze verordnet, mangels einer Genehmigung der Abkürzung der Veröffentlichungsfrist durch den Reichsverkehrsminister nicht vor Ablauf von zwei Monaten nach der Veröffentlichung angewendet werden darf.

Die Beklagte hat sich für ihre abweichende Ansicht auf die Schrift von Adolph „Eisenbahn-Gütertarifwesen" berufen. Dort wird allerdings auf S. 53 bis 55 der Standpunkt vertreten, daß im Internationalen Übereinkommen über den Beginn der Wirkung von Tariferschwernissen keine besonderen Bestimmungen getroffen seien und daß es daher keine unzulässige Abänderung, sondern nur eine nach Art. 61 zulässige Ergänzung des Internationalen Übereinkommens darstelle, wenn in zwischenstaatlichen Verbandstarifen die Veröffentlichungsfrist anders als in § 6 Abs. 4 EVO. bestimmt werde. Allein der Ausgangspunkt dieser Erwägung kann nicht als zutreffend anerkannt werden Wenn nämlich Art. 9 § 1 IÜ. vorschreibt, daß die Fracht nach den in jedem Staat zu Recht bestehenden Tarifen berechnet werde, so werden damit auch diejenigen Bestimmungen der an dem Übereinkommen beteiligten Staaten für maßgebend erklärt, die Veröffentlichungsfristen festsetzen. Denn vor deren

Ablauf bestehen Tarife eben nicht zu Recht. Es ist nicht angängig, diese Gesetzesworte dahin zu verstehen, daß damit nur die Genehmigung der Tarife durch die zuständigen Stellen und ihre vorschriftsmäßige Veröffentlichung gemeint sei. Die Notwendigkeit gehöriger Veröffentlichung wird in Art. 9 § 1 IÜ. besonders hervorgehoben („zu Recht bestehenden und gehörig veröffentlichten Tarifen"); und was die Genehmigung betrifft, so ist sie nur eine von mehreren Voraussetzungen für die Geltung eines Tarifs im Sinne seiner Anwendbarkeit im Eisenbahngüterverkehr. Auf letztere allein ist es aber offenbar den beteiligten Staaten bei Festsetzung der Bestimmung in Art. 9 § 1 Satz 1 IÜ. angekommen. Es bestand für sie kein Bedürfnis, die Genehmigung der Tarife durch die zuständige Stelle vorzuschreiben. Vielmehr genügte insoweit, wenn die Freiheit der Vertragsstaaten in der Regelung ihres Tarifwesens zum Ausdruck gebracht wurde, wie es durch die Worte „in jedem Staate" geschehen ist. Dagegen waren für die Beförderungsbedingungen, insbesondere für die im zwischenstaatlichen Eisenbahngüterverkehr zu berechnenden Preise, die nötigen Grundsätze aufzustellen, und hierbei mußte auch die Frage geregelt werden, von wann ab Tarife, die Frachterhöhungen enthalten, der Frachtberechnung zugrunde gelegt werden dürfen. Deshalb sind die Bestimmungen, die in den dem Übereinkommen beigetretenen Staaten bestehen, auch insoweit für anwendbar erklärt worden. Das ist auch die von Seligsohn Art. 9 Anm. 3 und von Loening Art. 9 § 1 Bem. 3a vertretene Ansicht. Die Vereinbarung in einem Verbandstarif, welche die Veröffentlichungsfrist anders festsetzt, als es dem Recht der beteiligten Staaten entspricht, enthält daher eine unzulässige Abänderung des Internationalen Übereinkommens.

Die Abhandlung von Toggenburger über die sog. Zusatzbestimmungen zum zwischenstaatlichen Beförderungsvertrage in der Zeitschrift für den internationalen Eisenbahntransport Bd. 33 (1925) S. 107 flg., 134 flg., auf die sich die Revision ebenfalls beruft, sind nicht auf die hier zur Entscheidung stehende besondere Frage abgestellt, sondern allgemein gehalten. Dort wird (S. 135/6) geprüft, ob die Eisenbahnen durch Zusatzbestimmungen Verhältnisse ordnen dürfen, für welche die Übereinkommen zufolge ausdrücklicher Vorschrift die Regelung durch das Landesrecht vorbehalten haben. Dazu wird gesagt: „Aber auch, wo das Landesrecht für den Binnenverkehr über die fraglichen Verhältnisse eine ausdrückliche Regelung enthält, sind abweichende eisenbahnseitige Zusatzbestimmungen für den zwischenstaatlichen Verkehr als zulässig anzusehen, sobald diese in der vorgeschriebenen Form erlassen und von der Landesaufsichtsbehörde genehmigt sind; sie werden dadurch ebenfalls Bestandteile des Landesrechts, das damit für den Binnenverkehr und den zwischenstaatlichen Verkehr verschiedene Vorschriften aufstellt." Dieser auch von Loening Art. 61 Bem. 3 S. 989 geteilten Ansicht stehen insoweit keine Bedenken entgegen, als anzuerkennen ist, daß Deutschland durch die Vorschriften des Internationalen Übereinkommens nicht gehindert wird, die Bestimmungen in § 6 Abs. 4 EVO. über Veröffentlichungsfristen und die Form der Veröffentlichung mit Wirkung für den zwischenstaatlichen Verkehr zu ändern. Das ist aber nicht geschehen. Wenn der Reichsverkehrsminister, wie die Beklagte behauptet, den deutsch-belgischen Eisenbahngütertarif einschließlich seines Vorworts genehmigt hat, so liegt darin weder die Genehmigung der Abkürzung der Veröffentlichungsfristen bei späteren Tariferhöhungen für jeden einzelnen Fall noch eine Änderung des § 6 Abs. 4 EVO. für den Eisenbahngüterverkehr zwischen Deutschland und Belgien. Die Fassung des Vorworts läßt deutlich erkennen, daß darin nur Vertragsvereinbarungen der Eisenbahnverwaltungen beider Staaten niedergelegt sind. Die Eisenbahnverwaltungen sind danach gegeneinander verpflichtet, die vereinbarten Veröffentlichungsfristen einzuhalten, wozu die Deutsche Reichsbahn-Gesellschaft auf dem Wege des § 6 Abs. 4 EVO. durch Einholung der Genehmigung des Reichsverkehrsministers zur Abkürzung der Veröffentlichungsfrist bei Tariferhöhungen in der Lage ist. Und wenn der Reichsverkehrsminister den deutsch-belgischen Verbandsgütertarif mit seinem Vorwort genehmigt hat, so bedeutet das nur, daß er gegen die Übernahme der Vertragspflicht nichts einzuwenden gehabt hat. Damit erübrigt sich eine Prüfung der Frage, ob der Reichsverkehrsminister zur Abänderung der Vorschriften in § 6 Abs. 4 EVO. für den zwischenstaatlichen Verkehr befugt gewesen wäre (Art. 91 RVerf.; Verordnung, betreffend Ermächtigung des Reichsverkehrsministers zur selbständigen Ergänzung und Änderung der Verordnungen, die den Bau, den Betrieb und den Verkehr der Eisenbahnen regeln, vom 29. Oktober 1920, RGBl. S. 1859).

Fritsch wendet sich in JW. 1932 S. 2562 gegen den vom Oberlandesgericht Frankfurt in dessen daselbst abgedruckten Urteil ausgesprochenen Satz, daß unter „Bestimmungen" im Sinne des § 1 Abs. 2 EVO. nur gesetzliche Bestimmungen zu verstehen seien. Auf diese Frage kommt es hier nicht entscheidend an. Wenn Fritsch aber weiter ausführt, daß für den Verkehr mit ausländischen Bahnen die Tarife den Vorrang vor der Eisenbahn-Verkehrsordnung hätten, daß das

Vorwort zum deutsch-belgischen Eisenbahngütertarif vom 1. Juni 1929 eine das Veröffentlichungswesen regelnde besondere Bestimmung im Sinne des § 1 Abs. 2 EVO. enthalte und daher insoweit für die Anwendung des § 6 Abs. 4 das. kein Raum sei, so wird dabei der Sinn des § 1 Abs. 2 verkannt. Er soll offensichtlich nur das Geltungsgebiet der Eisenbahn-Verkehrsordnung abgrenzen, wie dies erforderlich war wegen des im ersten Absatz enthaltenen allgemeinen Ausspruchs, daß die Eisenbahn-Verkehrsordnung auf allen dem allgemeinen Verkehr dienenden Eisenbahnen Deutschlands gelte. Abs. 2 enthält eine Einschränkung dieses Satzes für den Verkehr mit ausländischen Bahnen, auf den die Eisenbahn-Verkehrsordnung nur insoweit Anwendung finden soll, als er nicht durch besondere Bestimmungen geregelt ist. Er besagt aber nicht, daß im Verkehr mit ausländischen Bahnen die Tarife den Vorrang vor der Eisenbahn-Verkehrsordnung haben sollen. Er enthält nichts darüber, welche Bestimmungen für den zwischenstaatlichen Eisenbahngüterverkehr maßgebend sein sollen, sondern setzt solche nur voraus. Die Frage aber, ob eine Bestimmung für diesen Verkehr gilt, kann allein nach dem Internationalen Übereinkommen beantwortet werden. Das ist nur der Fall, wenn sie darin entweder selbst getroffen oder doch zugelassen ist, aber nicht, wenn sie mit dessen Vorschriften im Widerspruch steht. Letzteres wäre, wie gezeigt wurde, hier der Fall, wenn man dem Vorwort des deutsch-belgischen Eisenbahngütertarifs vom 1. Juni 1929 die ihm von der Beklagten beigemessene Bedeutung geben wollte; er enthält daher insoweit keine besondere Bestimmung im Sinne des § 1 Abs. 2 EVO.

Die Eisenbahn-Verkehrsordnung hat, wie das Landgericht zutreffend annimmt, durch § 33 RBahnG. keine Abänderung erfahren. Was die Revision hiergegen vorbringt, ist rechtsirrig. Es wird dabei die Tragweite des § 33 verkannt, in dem nur die Rechtsstellung der Deutschen Reichsbahn-Gesellschaft gegenüber der Reichsregierung geregelt wird und nicht ihre hier allein in Betracht kommenden Beziehungen zu den am Eisenbahngüterverkehr beteiligten Personenkreisen. Wie sich aus der bei Sarter-Kittel Die Deutsche Reichsbahn-Gesellschaft 3. Aufl. Anm. I zu § 33 mitgeteilten Begründung ergibt, sollte dadurch ein Interessenausgleich zwischen dem Reich und der Gesellschaft geschaffen werden, da für das Reich die Aufrechterhaltung der Tarifhoheit ebenso wichtig ist wie für die Gesellschaft eine gewisse Freiheit in der Tarifgestaltung. Darum wurde bestimmt, daß die Gesellschaft zunächst die im Zeitpunkt der Übernahme des Betriebs geltenden Tarife zu übernehmen hätte und daß zu jeder Änderung der Tarife die Mitwirkung der Reichsregierung und der Gesellschaft erforderlich sei. Um eine Erschwerung des Geschäftsgangs zu verhüten, wurde unter anderem ferner verordnet, daß die Genehmigung der Reichsregierung als erteilt gelten solle, wenn der Gesellschaft nicht innerhalb von 20 Tagen auf ihren Antrag von dem zuständigen Reichsminister Antwort zugehe. Eine Abänderung der Eisenbahn-Verkehrsordnung oder der in Staatsverträgen enthaltenen Bestimmungen über Tarife war weder beabsichtigt noch ist sie in § 33 RBahnG. zum Ausdruck gekommen. Im Gegenteil heißt es in Abs. 1 das., daß die Gesellschaft die geltenden Tarife anzuwenden und die in Staatsverträgen enthaltenen Bestimmungen über Tarife einzuhalten habe, und ferner werden in § 33 im Verhältnis zwischen der Reichsregierung und der Gesellschaft die Voraussetzungen späterer Tarifänderungen festgesetzt. Welche Folgen eintreten würden, wenn die Gesellschaft eigenmächtig ohne die hiernach erforderliche Genehmigung der Reichsregierung eine Tarifänderung vornehmen sollte, braucht hier nicht erörtert zu werden; denn jedenfalls darf der Berechnung der Frachten nur ein solcher Tarif zugrunde gelegt werden, der nach den maßgeblichen Vorschriften des Internationalen Übereinkommens und der Eisenbahn-Verkehrsordnung in Kraft getreten ist.

Ob auch § 471 HGB. der Ansicht der Beklagten entgegensteht, kann hiernach ebenfalls auf sich beruhen.

Die in § 6 Abs. 4 EVO. bestimmte Veröffentlichungsfrist von zwei Monaten ist, wie gesagt, im vorliegenden Fall nicht eingehalten worden. Eine Feststellung über die nach belgischem Recht einzuhaltende Frist hat das Landgericht nicht getroffen. Letzteres war auch nicht erforderlich, da die Frachtenberechnung, wie sie erfolgt ist, auch dann unrichtig ist, wenn die Vorschriften des belgischen Rechts über Tariferhöhungen beobachtet worden sein sollten. Allerdings sieht der Ausnahmetarif 14/114 Schnittfrachtsätze in dem Sinne vor, daß für die belgischen Strecken andere Sätze als für die deutschen gelten, so daß es an sich möglich gewesen wäre, die Frachten danach auch dann zu berechnen, wenn bei der angeordneten Tariferhöhung, die nur die belgische Strecke betrifft, lediglich die belgische Veröffentlichungsfrist einzuhalten gewesen wäre und eingehalten worden ist. Allein der deutsch-belgische Eisenbahngütertarif ist ein einheitlicher Verbandsgütertarif, der auch durchgerechnete Frachtsätze von dem Versand- bis zum Bestimmungsbahnhof enthält und für diese Fälle in § 1 Abs. 3 Satz 2 der Allgemeinen Tarifvorschriften Heft 1 S. 10 eine Frachtberechnung für die Gesamtstrecke nach diesen Frachtsätzen anordnet. Jedenfalls insoweit würde die Frachtberechnung, wie das Oberlandesgericht Frankfurt a. M. in JW. 1932 S. 2562 Nr. 13 zutreffend bemerkt, oft auf große Schwierigkeiten stoßen, ja mangels ausdrücklicher Regelung geradezu unmöglich sein, wenn man annehmen wollte, daß der Tarif in den beteiligten Ländern zu verschiedenen Zeitpunkten in Kraft treten könnte. Letzteres wäre auch mit der Natur des Verbandstarifs nicht vereinbar, der es entspricht, daß er in allen Teilen des Verbandsgebiets nur gleichzeitig Geltung erlangen kann. Daher muß angenommen werden, daß ein zwischen Eisenbahnen verschiedener Länder vereinbarter direkter Tarif, wie es der deutsch-belgische Eisenbahngütertarif ist, wenn in den Ländern verschiedene Veröffentlichungsfristen bestehen, erst nach Ablauf dieser sämtlichen Fristen in Kraft tritt. Diese Meinung wird auch von Seligsohn IÜ. Art. 9 Anm. 4 a. E. vertreten. Derselben Ansicht sind Gerstner Intern. Eisenbahn-Frachtrecht § 28 I 2 S. 202 und Rosenthal Intern. Eisenbahn-Frachtrecht § 13 S. 95 Fußnote 7. Die Entscheidung des Kassationshofs in Turin vom 13. Februar 1910 in Egers Eisenbahn- u. Verkehrsrechtl. Entsch. Bd. XXVIII S. 167 läßt den ihr zugrundeliegenden Sachverhalt nicht völlig klar erkennen, indem darin einmal von einem internationalen (italienisch-französischen) und an anderer Stelle von einem italienischen Tarif die Rede ist. Anscheinend ist allerdings der Kassationshof der Ansicht gewesen, daß in einem Fall wie dem vorliegenden, wo die höheren Frachtsätze nur für die belgischen Eisenbahnstrecken berechnet und die Güter in Belgien zur Beförderung aufgegeben und daher dort die Frachtverträge geschlossen worden sind, die Innehaltung der im belgischen Recht vorgeschriebenen Veröffentlichungsfrist hinreichend sei, die Frachtberechnung zu rechtfertigen. Dem könnte nicht zugestimmt werden. Die dafür gegebene Begründung ist auch nicht überzeugend. Insbesondere gilt dies von der Erwägung, daß, wenn die Sendungen freigemacht wären, sich der Absender bei Zahlung der Fracht in Paris, wo der Frachtvertrag abgeschlossen worden, „auf keine Weise der Anwendung jener in Frankreich ordnungsmäßig veröffentlichten Tarifänderung hätte entziehen . . . können". Denn nach dem geltenden Internationalen Übereinkommen hat der Absender, der die Fracht im voraus bezahlt hat (Art. 17), ebenso einen Anspruch gegen die Eisenbahn auf Erstattung des zuviel erhobenen Betrags wie der Empfänger, der einen zu hohen Frachtbetrag entrichtet hat. Art. 18 § 1 schreibt allgemein und ohne jede Einschränkung für den Fall, daß der Tarif unrichtig angewendet worden ist oder bei Festsetzung der Fracht und der sonstigen Kosten Fehler vorgekommen sind, Erstattung des Mehr- oder Minderbetrags vor, und Art. 41 § 1 erklärt ohne Einschränkung denjenigen, der die Zahlung geleistet hat, für befugt, Ansprüche auf Rückerstattung von Zahlungen gerichtlich geltend zu machen, die auf Grund des Frachtvertrags geleistet worden sind. Das ist bei Freimachung der Absender. Ähnliche Vorschriften enthielt auch schon das alte Internationale Übereinkommen in Art. 12, 26. Es besteht also auch bei Freimachung ein Erstattungsanspruch, wenn zuviel Fracht erhoben worden ist, und die Frage ist eben die, ob die Berechnung der Frachten mit den geltenden Tarifen in Einklang steht.

Auch die weiteren Erwägungen, mit denen die Revision ihren von der hier vertretenen Ansicht abweichenden Standpunkt zu stützen sucht, greifen nicht durch. Allerdings mag es wünschenswert und zur Erleichterung des Verkehrs dienlich sein, wenn in allen am Internationalen Übereinkommen beteiligten Staaten für Tariferhöhungen dieselbe Veröffentlichungsfrist gälte. Aber diese Einheitlichkeit hat das Internationale Übereinkommen nicht gebracht und offensichtlich auch nicht bringen wollen, weil in Art. 9 § 1 trotz bestehender Verschiedenheit der Veröffentlichungsfristen in den Staaten die Berechnung der Fracht nach den in jedem Staat zu Recht bestehenden und gehörig veröffentlichten Tarifen vorgeschrieben worden ist. Einen Weg, wie der damit verbundene Nachteil vermieden werden kann, bietet, wie schon erwähnt, für Deutschland § 6 Abs. 4 EVO., wonach mit Genehmigung des Reichsverkehrsministers die gewöhnliche Veröffentlichungsfrist für Tariferhöhungen von zwei Monaten abgekürzt werden kann. Dieser Weg ist hier nicht eingeschlagen worden.

Den vorstehenden Erörterungen liegt die Annahme zugrunde, daß die Abkürzung der Veröffentlichungsfrist im vorliegenden Fall nicht genehmigt worden ist. Die Beklagte hat dies indessen in der mündlichen Verhandlung vor dem Revisionsgericht als nicht unstreitig bezeichnet. Sie will den Satz in den Entscheidungsgründen des angefochtenen Urteils: „Es ist unstreitig, daß diese Vorschrift für eine Abkürzung der Veröffentlichungsfrist von der Beklagten in vorliegendem Fall nicht eingehalten worden ist, nur darauf beziehen, daß die Vorschrift in § 6 Abs. 4 Satz 3 EVO.: „Die Genehmigung muß aus der Veröffentlichung ersichtlich sein" nicht beobachtet worden ist. Das würde aber zu keinem für die Beklagte günstigeren Ergebnis führen. Denn die Vorschrift, daß die Genehmigung aus der Veröffentlichung ersichtlich sein muß, ist, wie ihre Fassung erkennen läßt, zwingend. Es handelt sich dabei nicht um eine bloße, von dem Sprachgebrauch der neueren Gesetze und Verordnungen abweichende Ungenauigkeit der Ausdrucksweise. Denn die Vorschrift stammt aus neuester Zeit. Sie fand sich noch nicht in der Eisenbahn-Verkehrsordnung vom 23. Dezember 1908 (RGBl. 1909 S. 93), sondern ist erst in die neue vom 16. Mai 1928 aufgenommen worden. Und dies ist geschehen, nachdem das Reichsgericht in seinem Urteil vom 7. Juli 1920, RGZ. Bd. 99 S. 250 (253), die in engem Zusammenhang mit dem Tarifrecht stehende Vorschrift des § 2 Abs. 3 Satz 2 der damals geltenden Eisenbahn-Verkehrsordnung vom 23. Dezember 1908 als zwingend bezeichnet hatte unter Hinweis darauf, daß die Mußform in der neueren Gesetzgebung angewendet werde, um eine Vorschrift als zwingende, die Nichtigkeit des Rechtsgeschäfts bei Nichtbeachtung herbeiführende zu kennzeichnen. Unter solchen Umständen ist anzunehmen, daß das Wort „muß" in § 6 Abs. 4 Satz 3 der neuen Eisenbahn-Verkehrsordnung absichtlich gewählt worden ist, um die zwingende Natur der Vorschrift anzuzeigen. Das hat auch einen guten Sinn, indem dadurch die am Eisenbahngüterverkehr beteiligten Personenkreise der Notwendigkeit überhoben werden sollen zu prüfen, ob der Reichsverkehrsminister die Abkürzung der Veröffentlichungsfrist genehmigt hat. Hiernach hat die Beklagte der Frachtberechnung die höheren Frachtsätze auch deshalb zu Unrecht zugrundegelegt, weil die Genehmigung der Tariferhöhung in der Veröffentlichung darüber nicht ersichtlich gemacht worden ist.

Die Klage ist sonach begründet, wenn ihr nicht die Verjährungseinrede entgegensteht und wenn ferner die Klägerin zur Geltendmachung des erhobenen Anspruchs berechtigt ist.

In letzterer Beziehung bemängelt die Beklagte, daß der Ausführungsbestimmung zu § 95 EVO. nicht genügt sei. Diese lautet:

> Wird ein Anspruch aus dem Frachtvertrag auf einen Dritten übertragen, so muß für jede Frachtbriefsendung eine besondere Abtretungserklärung abgegeben werden.

Das Landgericht stellt zwar fest, daß entgegen dieser Bestimmung in den Abtretungsurkunden mehrere Ansprüche aus verschiedenen Frachtbriefsendungen abgetreten worden seien, hält aber dafür, daß die Beklagte daraus keine Rechte herleiten könne, weil sie damit gegen Treu und Glauben verstoßen würde, nachdem in anderen Verfahren die Abtretungserklärungen von ihr nicht bemängelt worden seien. Diese Begründung unterliegt, wie der Revision zuzugeben ist, rechtlichen Bedenken. Die Ausführungsbestimmung dient offensichtlich nur der Erleichterung des geschäftlichen Verkehrs. Deshalb muß dem Ermessen der Beklagten überlassen bleiben, ob sie im Einzelfall auf Innehaltung der Bestimmung bestehen will oder nicht. Ein Verstoß gegen

Treu und Glauben könnte nur unter ganz besonderen, hier nicht festgestellten und nicht ersichtlichen Umständen in Frage kommen. Aber im Ergebnis ist dem Landgericht beizutreten. Daß die Empfänger der Sendungen der Klägerin ihre Ansprüche auf Frachterstattung abgetreten haben, ist nach dem Tatbestand des angefochtenen Urteils unstreitig. Die Frachtbriefe sind vorgelegt worden; die Abtretungsurkunden befinden sich bei der Beklagten oder in den Akten. Im Laufe des über zwei Jahre schwebenden Streitverfahrens hat die Beklagte reichliche Gelegenheit zur Prüfung der Klageforderung gehabt. Die geschäftliche Behandlung, zu deren Erleichterung die Ausführungsbestimmung allein dienen soll, kann daher durch den rein äußerlichen Mangel besonderer Abtretungsurkunden für jede Frachtsendung nicht mehr nennenswert erschwert werden. Der Zweck der Ausführungsbestimmung ist ohnehin erreicht.

Was die Einrede der Verjährung anlangt, so streiten die Parteien lediglich darum, ob die einjährige Verjährungsfrist des Art. 45 § 1 Abs. 1, § 2 c IÜ. nach § 3 das. durch schriftliche Reklamation gemäß Art. 40 IÜ. gehemmt worden ist. Daß eine Reklamation erfolgt ist, stellt die Beklagte nicht in Abrede. Sie macht nur geltend, daß die Reklamation nicht ordnungsmäßig gewesen sei, weil die Klägerin Sammel- und nicht Einzelabtretungserklärungen vorgelegt habe. Sie stützt sich also auch insoweit nur auf die Ausführungsbestimmung zu § 95 EVO. Allein, daß diese Bestimmung auch für das Reklamationsverfahren nach dem Internationalen Übereinkommen gelten soll, ist diesem nicht zu entnehmen. Der das Reklamationsverfahren regelnde Art. 40 erklärt in keiner Beziehung Vorschriften des Landesrechts für maßgebend. Eine solche Bezugnahme enthält nur die einheitliche Zusatzbestimmung 3 zu Art. 40[1]). Hier ist vorgeschrieben, daß Ansprüche, die von anderen als den nach Art. 41 berechtigten Personen eingebracht werden, mit einer Bescheinigung zu belegen sind, daß der Berechtigte mit der Auszahlung des Betrags an den Fordernden einverstanden ist. Diese Bescheinigung hat den gesetzlichen Vorschriften des Staates zu entsprechen, dem die für die Behandlung zuständige Eisenbahn angehört. Sie deckt sich rechtlich nicht mit einer Abtretungserklärung nach der Ausführungsbestimmung zu § 95 EVO., so daß letztere Vorschrift nicht anwendbar ist. Wollte man aber auch das Gegenteil annehmen, so hat doch ihre Nichtbeachtung nicht die Unwirksamkeit der Reklamation mit Beziehung auf die Hemmung der Verjährung zur Folge.

---

1) Abgedruckt bei Seligsohn a. a. O. S. 519.

sondern es muß hierfür die Beobachtung der in Art. 40 IÜ. selbst gegebenen Vorschriften genügen. Diese Ansicht wird u. a. von Seligsohn a. a. O. Art. 40 Anm. 3 a. E., Anm. 5 vertreten, ebenso von Loening a. a. O. Art. 40 §§ 3, 4 Bem. 3. Für ihre Richtigkeit spricht insbesondere die von Loening a. a. O. S. 815 wiedergegebene Entstehungsgeschichte, nach der es abgelehnt worden ist, in das Internationale Übereinkommen eine Bestimmung dahin aufzunehmen, daß den Frachtreklamationen Dritter eine Erklärung beizufügen sei, wonach der Berechtigte mit der Auszahlung an den Dritten einverstanden sei. Das Internationale Übereinkommen selbst regelt danach die an eine Reklamation zu stellenden Anforderungen vollständig, jedenfalls soweit sie die Verjährung hemmt. Daher ist auch für die Anwendung der Gesetze und Reglements, die für den inneren Verkehr jedes der an dem Übereinkommen beteiligten Staaten gelten, insoweit kein Raum (Art. 53 IÜ.; Seligsohn a. a. O. Art. 45 Anm. 17 S. 582).

RGZ. 143, 57[+].

1. Ist ein Anspruch aus Verschulden bei Vertragsschluß ein solcher aus dem Frachtvertrage im Sinne des Art. 27 des Internationalen Übereinkommens über den Eisenbahn-Frachtverkehr vom 14. Oktober 1890?

2.—3. . . .

Internationales Übereinkommen über den Eisenbahn-Frachtverkehr vom 14. Oktober 1890 (RGBl. 1892 S. 793) Art. 27.

I. Zivilsenat. Urt. v. 23. Dezember 1933.

I. Landgericht Stettin. — II. Oberlandesgericht daselbst.

Im Jahre 1926 versandte die Firma R. in Kattowitz von ihren in Polnisch-Oberschlesien belegenen Gruben Kohlen an die Firma H. G. in Stettin. Die Sendungen wurden mit internationalen Frachtbriefen von der Polnischen Staatsbahn abgefertigt und gingen von Lublinitz in Polnisch-Oberschlesien bis Cziasnau durch polnisches Gebiet, von dort bis Costau-Leka durch deutsches Gebiet, von dort bis Dratzigmühle wieder durch polnisches Gebiet und endlich durch Deutschland über Kreuz nach Stettin. Die polnische Staatsbahn berechnete die Frachtsätze für diese Sendungen für die polnischen Strecken nach dem Ausnahmetarif XIX, der für Kohlen billigere Frachtsätze vorsieht, und für die deutsche Strecke Cziasnau-Costau nach dem „Eisenbahn-Güter- und Tiertarif für den Verkehr zwischen polnischen Stationen (einschließlich

Stationen im Gebiete der Freien Stadt Danzig) über Lubliniec-Costau", im folgenden „Tarif Polen-Polen" genannt, und zwar nach dem hierin vorgesehenen Ausnahmetarif I für Brennstoffe. Der Beklagte berechnete die Frachten für die deutsche Strecke Kreuz-Stettin nach dem deutschen Binnentarif und erhob gleichzeitig für die Strecke Cziasnau-Costau den Unterschiedsbetrag nach, der zwischen den von der polnischen Staatsbahn zugrundegelegten Sätzen des Ausnahmetarifs I und den Normalsätzen des Tarifs Polen-Polen besteht. Dieser Unterschied betrug 6,75 Goldfranken für den 15 to-Wagen. Die Klägerin ist der Ansicht, daß die Versenderin so gestellt werden müsse, wie wenn sie vorgeschrieben hätte die Anwendung des „Eisenbahn-, Güter- und Tiertarifs für den Verkehr zwischen den Stationen der deutschen Eisenbahnen einerseits und den Stationen der in Polen sowie auf dem Gebiet der Freien Stadt Danzig gelegenen polnischen Staatsbahnen und den Stationen der durch die polnischen Staatsbahnen verwalteten Eisenbahnen anderseits", im folgenden „Wechseltarif" genannt. Dann hätten nämlich, wie sie annimmt, die deutschen Teilstrecken Cziasnau-Costau und Kreuz-Stettin zusammengestoßen werden müssen, und es wäre der Frachtsatz nach dieser Gesamtstrecke zu berechnen gewesen. Der Unterschied gegenüber der tatsächlich gezahlten Fracht betrage 11,90 RM für den 15 to-Wagen, mithin für die 67 Wagenladungen, deretwegen die Klage erhoben worden ist, 797,30 RM. Mindestens aber könne die Versenderin verlangen, so gestellt zu werden, wie wenn der Tarif Polen-Polen mit seinen Ausnahmesätzen zur Anwendung gekommen wäre. Dann würde sich ein Unterschied für den Wagen von 6,75 Goldfranken gleich 5,50 RM, mithin für 67 Wagen ein solcher von 368,50 RM ergeben. Demgemäß hat die Klägerin gegen die Beklagte auf Zahlung von 797,30 RM nebst Zinsen Klage erhoben mit folgender Begründung: Vor Abfertigung der Sendungen habe die Polnische Staatsbahn ihre Versandstationen angewiesen, die Sendungen nur mit internationalen Frachtbriefen anzunehmen und nur, wenn in den Frachtbriefen die Strecke über Cziasnau-Costau und die Anwendung des Parifs Polen-Polen vorgeschrieben sei. Sie habe auch in Nr. 16 des Okolnik Handlovo Taryfowy (d. h. des Tarif- und Verkehrsanzeigers der Staatsbahn) vom 10. Juni 1926 eine Anweisung veröffentlicht, der die Versenderin habe entnehmen müssen, daß die Staatsbahn mit der Beklagten eine Vereinbarung über die Anwendung des Tarifs Polen-Polen auch für Sendungen bis Stettin getroffen habe. In Wirklichkeit sei eine solche Vereinbarung aber nicht getroffen worden, weshalb die Beklagte die Anwendung des Tarifs Polen-Polen und insbesondere des Ausnahmetarifs I verweigert und lediglich aus Entgegenkommen den Normalsatz des Tarifs Polen-Polen angewendet habe. Damit habe die Polnische Staatsbahn schuldhaft die Pflichten verletzt, die ihr beim Vertragsschluß gegenüber der Absenderin obgelegen hätten. Für den daraus entstandenen Schaden hafte auch die Beklagte, die die Güter zuletzt mit den Frachtbriefen übernommen habe. Die Beklagte hafte aber auch aus eigenem Verschulden. Sie habe nämlich, nachdem die Sendungen anfänglich unbeanstandet den Weg über Cziasnau-Costau gegangen seien, der Versenderin diesen Weg mit dem Einwand abzuschneiden versucht, daß der Wechseltarif auf diese Strecke nicht anwendbar sei, und dadurch die Polnische Staatsbahn zu dem geschilderten Verhalten veranlaßt. Dadurch habe sie Art. 437 des Genfer Abkommens über Oberschlesien vom 15. Mai 1922 und Art. 1 und 11 (nebst den einheitlichen Zusatzbestimmungen 1 und 2 zu Art. 11) des Internationalen Übereinkommens über den Eisenbahnfrachtverkehr vom 14. Oktober 1890 verletzt, da der Wechseltarif habe angewendet werden müssen, die Beklagte ihn aber schuldhaft nicht habe anwenden wollen. Eine Verletzung der bezeichneten Bestimmungen des Internationalen Übereinkommens liege auch darin, daß die Beklagte den Ausnahmetarif I für Brennstoffe des Tarifs Polen-Polen nur habe anwenden wollen, wenn die Sendungen mit polnischem Frachtbrief bis Dratzigmühle und von da unter Benutzung eines neuen Frachtbriefs bis Stettin aufgegeben würden. Die Absenderin Firma R. habe ihre Ansprüche gegen die Beklagte aus diesem Sachverhalt an die Empfängerin, die Firma G., abgetreten, die sie ihrerseits wieder an die Klägerin abgetreten habe. Die Firma G. sei Spediteurin der Firma E. F. in B. gewesen, für deren Rechnung die Sendungen nach Stettin gegangen seien, und habe daher die Befugnis gehabt, deren Schadensersatzansprüche geltend zu machen. Diese Befugnis habe sie ebenfalls auf die Klägerin übertragen.

Im zweiten Rechtszug hat die Klägerin die Klage auch darauf gestützt, daß die Beklagte unter Verletzung des Art. 437 des Genfer Abkommens für die Sendungen aus Polnisch-Oberschlesien keinen Tarif mit gleichen Sätzen wie für die Sendungen aus Deutsch-Oberschlesien erlassen habe. Hierdurch sei die Absenderin gezwungen gewesen, den Weg bis Kreuz über rein polnische Strecken zu wählen, um den höheren Sätzen zu entgehen, die enthalten seien im „Eisenbahn-Gütertarif für den Verbandsverkehr zwischen den Stationen des Staatsbahndirektionsbezirks Kattowitz einerseits und den Stationen Deutschlands (ausgenommen den Stationen des Reichsbahndirektionsbezirks Oppeln) im Durchgange durch den Reichsbahndirektionsbezirk Oppeln anderseits", im folgenden „Verbandstarif" genannt. Diese Strecken habe dann aber die Polnische Staatsbahn nicht zur Verfügung gestellt. Deshalb habe der Weg über Cziasnau-Costau-Leka-Dratzigmühle eingeschlagen werden müssen.

Diesem letzten Vorbringen gegenüber hat die Beklagte Klagänderung gerügt. Sie hat ferner schon im ersten Rechtszug Widerklage erhoben mit dem Antrage auf Anerkennung, daß der Klägerin aus den (im einzelnen aufgeführten) Abtretungen die darin genannten Ansprüche auf Rückzahlung von angeblich zuviel gezahlter Fracht, herrührend aus den Kohlenversendungen des Jahres 1926 von Polnisch-Oberschlesien nach Stettin über Lublinitz-Costau-Kreuz, im Betrage von 10019,53 RM nicht zuständen. Den Widerklageanspruch hat sie damit begründet, daß die Klägerin selbst in Höhe von mindestens 10019,53 RM Beschwerden wegen angeblich zuviel erhobener Frachten aus dem Jahre 1926 für Sendungen von Polnisch-Oberschlesien nach Stettin über die genannten Stationen erhoben habe.

Die Klägerin hat die Unzulässigkeit der Widerklage gerügt und ihre Abweisung beantragt.

Die Polnische Staatsbahn ist der Beklagten als Streitgehilfin beigetreten und hat sich deren Anträge angeschlossen.

Die Vorinstanzen haben die Klage abgewiesen und nach dem Antrag der Widerklage erkannt. Die Revision der Klägerin hatte keinen Erfolg.

Gründe:

Die Klägerin hat den mit der Klage verfolgten Anspruch als Schadensersatzanspruch wegen unerlaubter Handlung und Verschuldens bei Vertragsschluß, überdies aber auch als Bereicherungsanspruch bezeichnet. Von diesen Rechtsgründen scheidet der letzte ohne weiteres aus. Denn als die Leistung, durch die die Beklagte bereichert sein soll, kommen nur die von ihr erhobenen Frachtbeträge in Betracht. Diese aber hat die Beklagte nicht ohne rechtlichen Grund erlangt, sondern nach den klaren Angaben der Klägerin selbst im zweiten Rechtszug auf Grund der zu Recht bestehenden und gehörig veröffentlichten Tarife, die zur Zeit der Beförderung für die beförderten Kohlen auf dem benutzten Wege anzuwenden waren und richtig angewendet worden sind. Es kann sich also nur darum handeln, ob die Klägerin wegen der von ihr der Beklagten und deren Streitgehilfin zur Last gelegten schuldhaften und unerlaubten Handlungen verlangen kann, so gestellt zu werden, wie sie gestanden hätte, wenn die Kohlen auf einem anderen Wege oder unter Anwendung ihr günstigerer Tarife befördert worden wären. Das ist aber ein Schadensersatzanspruch wegen Verschuldens bei Vertragschluß und aus unerlaubter Handlung; ein anderer Rechtsgrund steht nicht in Frage.

Die Klägerin behauptet zunächst, daß die Streitgehilfin der Beklagten, die Polnische Staatsbahn, bei Abschluß der Frachtverträge schuldhaft gehandelt und sich einer unerlaubten Handlung schuldig gemacht habe. Das Oberlandesgericht hat die Klage insoweit deshalb abgewiesen, weil aus diesen Gründen nicht die Beklagte, sondern nur die Polnische Staatsbahn im Prozeßwege in Anspruch genommen werden könne. Dem ist zuzustimmen. Maßgebend ist das Internationale Übereinkommen über den Eisenbahnfrachtverkehr vom 14. Oktober 1890 mit seinen Änderungen und Ergänzungen (I. Ü.) zufolge Beitritts der Republik Polen zu diesem Übereinkommen (Bekanntmachung vom 9. Februar 1922, RGBl. 1922 S. 210) und gemäß Art. 437 des deutsch-polnischen Abkommens über Oberschlesien vom 15. Mai 1922 sowie der Ausführungsbestimmung 1 dazu. Nach Art. 27 Abs. 3 I. Ü. können gegen die Beklagte als diejenige Bahn, welche die Güter zuletzt mit den Frachtbriefen übernommen hat, im Wege der Klage nur Ansprüche aus dem internationalen Frachtvertrage gerichtet werden, insoweit allerdings auch, wenn sie nicht in ihrem Betriebe entstanden sind. Ein Anspruch, der aus einer unerlaubten Handlung hergeleitet wird, ist aber unzweifelhaft kein Anspruch aus einem Frachtvertrage. Eher ließe sich diese Ansicht für Ansprüche aus Verschulden bei Vertragsschluß vertreten. Das ist der Standpunkt der Klägerin, die sich auf das zu den Akten eingereichte Gutachten von Dr. Otto Loening, auf das Schrifttum und die neuere Rechtsprechung des Reichsgerichts beruft. Die Frage kann indessen nicht auf Grund allgemeiner rechtsbegrifflicher Erwägungen darüber beantwortet werden, ob ein Anspruch wegen Verschuldens bei Abschluß eines Vertrages als vertraglich oder als außervertraglich zu gelten hat, sondern nur im Wege der Auslegung des Internationalen Übereinkommens. Dies hat Loening versucht; ihm kann darin aber nicht gefolgt werden. Er stützt sich vornehmlich auf Art. 30 I. Ü., entnimmt ihm, daß Anweisungen der Eisenbahn oder des Absenders bei Vertragsschluß unter Umständen eine vertragliche Haftung begründen, und zieht daraus den Schluß, daß im allgemeinen, falls nicht besondere Umstände vorlägen, in Art. 27 Abs. 3 I. Ü. unterAnsprüchen aus dem Frachtvertrag auch solche wegen Verschuldens beim Vertragsschluß zu verstehen seien. Ob er sich hierfür mit Recht auf Eger, I. Ü. 3. Aufl. S. 316 mit S. 302 beruft, ist zum mindesten zweifelhaft. Denn dort ist S. 316 unter Nr. II in den letzten drei Sätzen nur von Ansprüchen die Rede, die nicht aus dem internationalen Eisenbahnfrachtvertrag hervorgehen, und nur für solche soll, wie es scheint, die im letzten Satz dieses Absatzes enthaltene Bezugnahme auf die Erläuterungen bei Art. 25 (richtig 26) Anm. 144 S. 301—302 gelten. In Bezug genommen sind danach nur die Erläuterungen, die sich auf S. 301 und 302 unter IV 1 finden, wo die Rechte aufgezählt werden, welche nicht aus dem internationalen Eisenbahnfrachtvertrag im Sinne des Art. 26 *I. Ü. entspringen.* Nicht in Bezug genommen sind dagegen die Erläuterungen unter Nr. 2 auf S. 302 und 303, die sich mit den aus dem internationalen Eisenbahn-Frachtvertrage entspringenden Rechten beschäftigen. Unter dieser Nr. 2 steht aber gerade die Stelle, auf die sich L o e n i n g in seinem Gutachten beruft, indem dort zu den aus dem internationalen Eisenbahnfrachtvertrag entspringenden Rechten im Sinne des Art. 26 auch gerechnet werden Rechte „aus der Auflage gesetz- und reglementswidriger Transportbedingungen". Sollten die Bemerkungen E g e r s aber die ihnen von L o e n i n g beigelegte Bedeutung haben, so könnte ihnen nicht zugestimmt werden. Denn was für die Auslegung einzelner anderer Bestimmungen des Internationalen Übereinkommens zutreffen mag, kann nicht ohne weiteres auf die Bestimmung in Art. 27 Abs. 3 übertragen werden. Art. 27 begründet eine Haftungsgemeinschaft aller an einer internationalen Eisenbahnbeförderung beteiligten Bahnen für die Ausführung der Beförderung nach Inhalt des Frachtbriefes, die entgegen der Regelung auf anderen Rechtsgebieten nur voraussetzt, daß eine Bahn, wie es in Abs. 2 heißt, das Gut mit dem ursprünglichen Frachtbrief übernimmt. Dadurch tritt sie lediglich „nach Maßgabe des letzteren" in den Frachtvertrag ein und übernimmt die selbständige Verpflichtung, „den Transport nach Inhalt des Frachtbriefes auszuführen". Hierauf beschränkt sich aber auch ihre aus der Übernahme des Guts mit dem ursprünglichen Frachtbrief entstehende Verpflichtung. Sie haftet also selbständig dafür, daß das Gut ohne Verlust, Beschädigung oder Verspätung in der aus dem Frachtbrief ersichtlichen Beschaffenheit und Menge nach Maßgabe des ursprünglichen Frachtvertrages befördert wird und in die Hände des Empfängers gelangt, auch wenn schädigende Ereignisse nicht bei ihr, sondern bei einer der anderen beteiligten Bahnen eingetreten sind. Diese Haftung kann im Einzelfall zu weitgehenden Folgen führen, ist aber noch erträglich, weil die übernehmende Bahn sich bei Übernahme des Guts von seinem Vorhandensein, seiner Menge und seiner Beschaffenheit überzeugen und aus den Angaben des Frachtbriefs ausreichend ersehen kann, welche Verpflichtungen sie eingeht. Daran aber würde es völlig fehlen, wenn man sie für alle Schäden verantwortlich machen wollte, die durch ein Verschulden bei Abschluß des Frachtvertrags derjenigen Bahn entstanden sind, die das Gut mit dem Frachtbrief zur Beförderung angenommen hat. Daß die am Internationalen Übereinkommen beteiligten Staaten die Haftung der Bahn, die das Gut mit dem Frachtbrief übernimmt, auf den Ersatz von Schäden hätten erstrecken wollen, die durch Verschulden einer vorangegangenen Bahn bei Abschluß des Frachtvertrags entstanden wären, kann deshalb nicht ohne weiteres angenommen werden. Eine solche Absicht wäre aller Wahrscheinlichkeit nach in der Fassung des Übereinkommens klar zum Ausdruck gebracht worden. Daran fehlt es aber. Aus den beiden ersten Absätzen des Art. 27 geht eine solche Absicht nicht, jedenfalls nicht mit der erforderlichen Deutlichkeit hervor. Der dritte Absatz des Art. 27 erweitert aber die Haftung nicht, sondern verordnet vielmehr insofern eine Einschränkung des Grundsatzes der Gesamthaftung, als danach die Ansprüche aus dem internationalen Frachtvertrage im Wege der Klage nicht gegen alle an der Beförderung beteiligten Bahnen, sondern nur gegen bestimmte einzelne von ihnen erhoben werden können. Die Worte im Art. 27 Abs. 3 „Ansprüche aus dem Frachtvertrage" sind daher nicht in dem weiten Sinne zu verstehen, den ihnen Loening beilegt. Es ist vielmehr der freilich nicht näher begründeten Ansicht von Seligsohn zuzustimmen, der in seinem Kommentar zu dem neuen internationalen Übereinkommen über den Eisenbahnfrachtverkehr A 3 zu Art. 42 Ansprüche wegen schuldhaften Verhaltens bei Abschluß des Vertrags von der Regelung des Art. 42 ausnimmt.

Das Ergebnis ist hiernach, daß die Klage sich als unbegründet erweist, soweit sie auf das Verhalten der Polnischen Staatsbahn gestützt ist.

. . .

RGZ. 150, 308.

1. Steht der Berechnung einer „Verschubnebengebühr" auf den österreichischen Bundesbahnen für Gütersendungen zwischen Deutschland und Italien das Internationale Übereinkommen über den Eisenbahnfrachtverkehr entgegen?

2. Zur Frage der Bestimmtheit und der gehörigen Veröffentlichung dieser Gebühr.

Internationales Übereinkommen über den Eisenbahnfrachtverkehr vom 23. Oktober 1924 (RGBl. 1925 II S. 183) — IÜG. — Art. 9 §§ 1, 4.

I. Zivilsenat. Urt. v. 26. Februar 1936.

I. Landgericht München I.

Für 2400 Wagenladungen, die von verschiedenen Verfrachtern in der Zeit von April 1933 bis April 1934 auf Grund des derzeitigen Deutsch-Italienischen Eisenbahn-Verbandsgütertarifs[1]) von italienischen nach deutschen Stationen über Österreich befördert worden sind, ist von den Empfängern eine im Gütertarif der österreichischen Bundesbahnen mit Wirkung vom 15. April 1933 eingeführte Verschubnebengebühr im Betrage von je 6 österreich. Schillingen, insgesamt umgerechnet in 6606,50 RM, erhoben worden. Die Gütertarifänderung ist im Anzeigeblatt für Verkehr Folge 31 vom 14. April 1933 unter Nr. 31 veröffentlicht worden. Danach soll die Gebühr eingehoben werden für Sendungen von Leichen, lebenden Tieren und Gütern, für welche der Ermittlung der Fracht ein (näher bezeichnetes) Gewicht zugrunde gelegt wird, und zwar

a) . . .

b) im Verkehr von allen Grenzbahnhöfen und Staatsgrenzen nach allen Bahnhöfen und Staatsgrenzen sowie im Verkehr von allen Bahnhöfen und nach allen Grenzbahnhöfen und Staatsgrenzen im Betrage von 6 Schillingen.

Die in den Frachtbriefen vermerkten Verschubleistungen sind, wie im Tatbestand des Landgerichtsurteils als unbestritten bezeichnet ist, tatsächlich erfolgt.

Die Klägerin, der die Berechtigten ihre Erstattungsansprüche abgetreten haben, verlangt Rückzahlung der 6606,50 RM nebst Zinsen wegen unrichtiger Anwendung des Tarifs. Sie hält die Erhebung einer Verschubnebengebühr für unzulässig, sowohl nach dem Internationalen Übereinkommen über den Eisenbahnfrachtverkehr vom 23. Oktober 1924 als auch nach der österreichischen Eisenbahnverkehrsordnung. Außerdem sei die Gebühr nicht, wie erforderlich, klar und deutlich in der österreichischen Verlautbarung gekennzeichnet. Ferner sei diese wegen ungenügender Veröffentlichung nach dem Deutsch-Italienischen Gütertarif unverbindlich. Endlich beziehe sie sich überhaupt nicht auf Durchfuhrsendungen.

---

[1]) Herausgegeben von der Reichsbahndirektion München; soweit bekannt nicht im Buchhandel.

Die Beklagte dagegen erklärt die Nebengebühr für zulässig, ihre Kennzeichnung für klar, die Veröffentlichung der Verlautbarung für genügend und deren Erstreckung auf Durchfuhrsendungen für zweifelsfrei. Keinesfalls sei der Zinsanspruch begründet.

Das Landgericht hat die Klage abgewiesen. Die von der Klägerin beim Reichsgericht unmittelbar eingelegte Revision blieb ohne Erfolg.

Gründe:

I. Die Berechnung von Nebengebühren, um die allein der Streit der Parteien geht, ist nach § 19 des den Frachtverträgen zugrunde liegenden Deutsch-Italienischen Gütertarifs den einzelnen Verwaltungen überlassen, in deren Bereich sie erwachsen. Zu den Eisenbahnen, deren Verwaltungen auf ihren Linien die Warenbeförderung auf Grund jenes Tarifs übernommen haben, gehören die österreichischen Bundesbahnen, für welche die hier berechnete und von der Klägerin beanstandete Verschubnebengebühr eingeführt worden ist. Bei ihrer Einführung waren in erster Reihe die Vorschriften des Internationalen Übereinkommens über den Eisenbahnfrachtverkehr vom 23. Oktober 1924 zu beachten; zu ihnen darf der österreichische Tarif sich nicht in Widerspruch setzen.

Hier ist von vornherein das eine festzuhalten: Das Internationale Übereinkommen beruht auf dem Grundsatz, daß in die Tarifhoheit der einzelnen Vertragsstaaten nicht eingegriffen werden solle. Sinn des Art. 9 § 1 Satz 1 IÜG. ist nicht etwa der, den Vertragsteilnehmern irgendwelche Vorschriften über die Ausgestaltung ihrer Tarife zu machen; vielmehr soll damit die willkürliche Gebührenberechnung durch Einzelvertrag unmöglich gemacht und angeordnet werden, daß stets allein maßgebend die Tarife seien. Und von diesen wird nur verlangt, daß sie einmal zu Recht bestehen, also nach Zustandekommen und Inhalt den Gesetzen des betreffenden Staates entsprechen, und ferner gehörig veröffentlicht sind. Aus dem Nebeneinander von Fracht und Nebengebühren (oder Frachtsätzen, Nebengebühren und Auslagen in § 4 das.) läßt sich nicht mehr folgern, als daß man alles treffen wollte, was die Tarife enthalten könnten, und daß man der Tatsache der neben der eigentlichen Fracht üblicherweise berechneten Nebengebühren Rechnung trug. Dabei mag man ferner von der Vorstellung ausgegangen sein, daß neben der eigentlichen Beförderung häufig Sonderleistungen in Betracht kommen und daß für diese die Nebengebühren zu berechnen seien. Daß aber damit auch die Vorstellung jedes einzelnen Vertragschließenden maßgebend bestimmt, daß ihm irgend etwas für die Abgrenzung zwischen Fracht und Nebengebühren auferlegt werden sollte, dafür fehlt es an jedem Anhalt im Wortlaut des Übereinkommens, für den hier gegenüber dem Grundsatz der Tarifhoheit der Staaten eine klare Einschränkung unerläßlich gewesen wäre. Eine solche ließe sich selbst dann noch nicht feststellen, wenn sich (von den hier nicht maßgebenden deutschen Gesetzen ganz abgesehen) im Internationalen Übereinkommen, insbesondere in seinem nach Art. 63 Abs. 3 maßgebenden französischen Text, ein einheitlicher Begriff wenigstens des Wortes Fracht (*frais, frais de transport, prix de transport, taxes de transport*) fände. Auf die Unstimmigkeiten, die das Landgericht in dieser Beziehung glaubt aufdecken zu können, braucht danach nicht näher eingegangen zu werden; von ausschlaggebender Bedeutung sind gerade sie nicht. Wesentlicher ist — worauf das Landgericht gleichfalls hingewiesen hat —, daß die vom Grundsatz der Tarifhoheit dennoch gemachten Ausnahmen anderweit klar hervorgehoben worden sind (vgl. Art. 7 § 7).

Auch die Entstehungsgeschichte des Art. 9 IÜG. führt das angefochtene Urteil zutreffend als Stütze für seine Ansicht an, daß im Übereinkommen die Begriffe von Fracht und Nebengebühren nicht sachlichrechtlich festgelegt werden sollten, daß ihre Abgrenzung vielmehr den Tarifen der einzelnen Vertragsstaaten überlassen blieb. Zwar wurde ursprünglich neben der Fracht eine Vergütung für besondere Leistungen hervorgehoben. Im Schweizer Entwurf Art. 7 Abs. 3 hieß es, daß nichts berechnet werden dürfe außer „des taxes de transport et des frais nécessités par des prestations spéciales" (vgl. Procès-Verbaux de délibérations de la conférence internationale — Berne 1878 — S. XIII), während der deutsche Gegenentwurf (vgl. a. a. O.) neben „des taxes de transport" nannte: „des bonifications pour des prestations spéciales prévues par les tarifs". Wie wenig hier aber an eine sachlich-rechtliche Festlegung von Begriffen gedacht war, wie vielmehr nur die tarifmäßige Sicherheit gegenüber der Willkür des Einzelvertrags erreicht werden sollte, das läßt gerade die deutsche Denkschrift zu dem Entwurf (a. a. O. S. XXXXIX) erkennen, in der unter IV (a. a. O. S. LIII) für zweckmäßig gehalten wird, ausdrücklich auszusprechen, daß die Frachten nur nach den veröffentlichten Tarifen berechnet werden sollten, in der dann aber unmittelbar anschließend der von der Schweiz hervorgehobene Grundsatz gebilligt wird, daß das Übereinkommen keinerlei Beschränkung der Vertragschließenden enthalten solle, in dem Recht, ihre Tarife frei festzusetzen. Es zeigt sich also, daß den an den Beratungen Beteiligten nichts ferner lag, als etwa den einzelnen Staaten oder Eisenbahnverwaltungen vorzuschreiben, was sie unter den besonderen Leistungen, für die eine Vergütung außer der Fracht gefordert werden dürfe, zu verstehen und wie sie Fracht und Nebengebühren gegeneinander abzugrenzen hätten. Auch aus dem auf von Savignys Antrag in der 10. Sitzung der Konferenz aufgenommenen Zusatz „légalement en vigueur" zu „tarifs" (= zu Recht bestehende Tarife) ist zu entnehmen, daß das Streben immer nur auf die tarifmäßig sichere Verankerung jeder Gebühr nach dem Recht jedes einzelnen Vertragsstaates ging. Und daran hat sich in der Folgezeit nichts mehr geändert. Im Gegenteil: die Ausdrucksweise ist nur farbloser geworden. Zunächst schon in der endgültigen Fassung des alten Übereinkommens, in der der deutsche Text mit seiner Hervorhebung der besonderen Leistungen zwar unverändert blieb, der französische dagegen nur noch die Nebengebühren als solche — „des frais accessoires ou spéciaux prévus par les tarifs" — neben der Fracht nannte (Art. 11 Abs. 2; vgl. Meili Internationale Eisenbahnverträge, Hamburg 1887, S. 71/72). Und dann noch mehr im neuen Übereinkommen, in dessen Art. 9 § 4 der französische Text die Worte „ou spéciaux" fallen ließ, während der deutsche in Anpassung an den französischen die „Vergütungen für besondere im Tarif vorgesehene Leistungen" einfach durch „Nebengebühren" ersetzte. Eine sachliche Änderung war damit ersichtlich nicht beabsichtigt. An sich bleibt noch heute, wie früher, die Frage die gleiche, ob der Begriff der Nebengebühren — wie früher der der besonderen Leistungen — sachlich-rechtlich festgelegt sein sollte oder der tarifmäßigen Ausgestaltung des einzelnen Staates überlassen blieb. Wie früher, so sollte aber auch durch das neue internationale Übereinkommen keineswegs eingegriffen werden in die Tarifhoheit der Vertragsstaaten.

Diesem Grundsatze zuwider den jetzigen Art. 9 §§ 1 und 4 IÜG. auszulegen, zwingt nach dem Dargelegten nichts. Es läßt sich danach schon kaum — jedenfalls nicht so allgemein — die Frage stellen, ob es berechtigt wäre, in philologischer Wortauslegung die Freiheit der einzelnen Gesetzgebungen und Tarife dahin zu beschränken, daß sie nur für wirklich außerhalb der Beförderung liegende Leistungen Nebengebühren erheben dürften, wie dies im Schrifttum zum Teil angenommen wird. Denn zweifellos haben dann die einzelnen Vertragsstaaten doch darüber zu befinden, was für eine Leistung sie als dergestalt außerhalb der Beförderung liegend ansehen wollen, daß sie dafür eine Nebengebühr festsetzen. Dabei kann der Beweggrund für ihre Einführung sehr wohl — ebenso wie für eine Erhöhung von Frachtsätzen — auch der sein, allgemein die Einnahmen aus der Güterbeförderung zu steigern. Daß mit dieser überhaupt ein Zusammenhang bestehen muß, ist allerdings eine selbstverständliche Voraussetzung. Sie trifft aber für die Verschubnebengebühr zu. Anderseits gehört der Verschub (das Rangieren) nicht etwa begriffsnotwendig zu jeder Beförderung von Frachtgut; es ist denkbar, daß Einladen sowohl wie Fahrt ganz glatt in einer Gleisrichtung des Güterzuges vor sich gehen. In Österreich ist nun durch Einführung der Verschubnebengebühr für Frachtsendungen innerhalb eines fest begrenzten Kreises festgestellt worden, daß sie — wenn auch vielleicht nur in aller Regel — irgendeines Verschubes bedürfen (sei es z. B. beim Einladen, sei es unterwegs). Ob die Gebühr etwa für Sendungen, die wirklich einmal ohne jeglichen Verschub stattfinden sollten, nicht angerechnet werden dürfte, steht hier nicht zur Entscheidung, wo (entgegen der Ausführung der Revision) ausweislich des Tatbestandes des angefochtenen Urteils unbestritten ist, daß durchweg Verschubleistungen irgendeiner Art in Innsbruck erfolgt sind. Und der Sachverhalt nötigt ferner nicht, zu der Frage Stellung zu nehmen, ob unter Umständen die Einführung einer Nebengebühr einen so krassen Mißbrauch der dem einzelnen Vertragsstaat belassenen Freiheit der Entscheidung, etwa im Hinblick auf eine verschleierte Frachterhöhung, bedeuten könnte, daß sie nach Treu und Glauben für unzulässig erklärt werden müßte. Dazu sei nur bemerkt, daß es für den einzelnen Verfrachter wohl kaum von Belang sein dürfte, ob sich seine Beförderungskosten durch höhere Frachtsätze oder durch Nebengebühren erhöhen, daß aber die Vertragsstaaten untereinander trotz ihrer grundsätzlichen Bestimmungsfreiheit auf die Einhaltung äußerster Grenzen zwischen einseitig festzusetzenden und zwischenstaatlich gebundenen Beförderungspreisen Wert legen könnten. Für alle Regelfälle jedoch weist das Landgericht zutreffend darauf hin, daß die sachlich-rechtliche Nachprüfung, ob eine die Nebengebühr auslösende Nebenleistung vorliege, zu einer unerträglichen Unsicherheit bei der Anwendung der Tarife führen würde. Und was den vorliegenden Fall anlangt, so kann das angefochtene Urteil mit Recht daran erinnern, daß — wie Baumgarten dies in Eger Eisenbahnrechtl. Entsch. Bd. 25 S. 93 flg. im einzelnen dargelegt hat — Österreich und Ungarn in den ersten Jahren des Jahrhunderts schon zu der Übung übergegangen waren, neue Nebengebühren einzuführen und daß das trotz verschiedener Prozesse im wesentlichen unbeanstandet geblieben ist, auch bei Beratung des neuen Übereinkommens keinen Anlaß zu irgendwelchen Erörterungen, wie sie jetzt die Klägerin anregt, gegeben hat.

Nach allem hat das Landgericht — im Gegensatz zum Urteil des Landgerichts Berlin vom 14. Juni 1935 (206 S 1566/35) und zum Urteil des Handelsgerichts in Prag vom 9. Dezember 1935 (Cn. I. 98/34), in Übereinstimmung aber mit dem Urteil des Obersten Bundesgerichts in Wien vom 13. März 1929 (2 Ob 851/28) — mit Recht angenommen, daß das Internationale Übereinkommen der Einführung einer Verschubnebengebühr in Österreich nicht im Wege stand.

Dasselbe hat es für die österreichische Eisenbahnverkehrsordnung (öst. EVO.) ausgeführt. An sich wäre es beim Fehlen von tarifbeschränkenden Bestimmungen im Internationalen Übereinkommen nach dessen Art. 53 möglich, daß die österreichische Gesetzgebung ihrerseits Beschränkungen eingeführt hätte. Hierzu legt aber das Landgericht (in der Revisionsinstanz nach § 549 Abs. 1 ZPO. nicht nachprüfbar) dar, daß der § 6 öst. EVO. mit der Bestimmung in Abs. 1, daß die Tarife alle zur Berechnung der Beförderungspreise und der Gebühren für die Nebenleistungen der Eisenbahn (Nebengebühren) notwendigen Angaben enthalten müßten, ebensowenig wie das Internationale Übereinkommen eine sachlich-rechtliche Begriffsbestimmung der Nebengebühren hat geben wollen.

II. Die — wie die Revision an sich mit Recht hervorhebt — in erster Reihe durch Art. 9 § 1 Satz 2 IÜG. (und nur gleichlautend durch § 6 öst. EVO.) vorgeschriebene Bestimmtheit der für die zu erhebende Nebengebühr erforderlichen Angaben läßt die Verlautbarung vom 14. April 1933, wie das Landgericht zutreffend ausgeführt hat, keineswegs vermissen. Wenn für bestimmt bezeichnete Sendungen eine Verschubgebühr erhoben werden soll, so liegt darin der Ausspruch, daß derartige Sendungen auf dem einen oder anderen Bahnhof einen Verschub nötig zu machen pflegen, der die Erhebung einer besonderen Gebühr rechtfertigt. Damit weiß jeder Verfrachter, woran er ist. Und es ist auch in diesem Zusammenhang eine müßige Betrachtung, daß es unter Umständen auch einmal ohne Verschub gehen möge, da er doch im vorliegenden Fall unstreitig überall stattgefunden hat.

III. Zur Frage gehöriger Veröffentlichung, die nach Art. 9 § 1 Satz 1 IÜG. Voraussetzung für die Verbindlichkeit eines Tarifs ist, legt das Landgericht in rechtlich einwandfreier Weise dar, daß sich die im Vorwort des Deutsch-Italienischen Gütertarifs für Österreich vorgesehene besondere Art der Veröffentlichung von Tarif- und Beförderungsmaßnahmen ausgesprochen nur auf Maßnahmen im Rahmen jenes Gütertarifs bezieht. Die Einführung von Nebengebühren ist aber nach § 19 des Tarifs ausdrücklich den einzelnen Verwaltungen überlassen. Die Auffassung der Revision, daß durch diese Verweisung die vom Einzelstaat eingeführte Nebengebühr nun auch im Rahmen des Deutsch-Italienischen Gütertarifs erwachse, geht fehl. Vielmehr ist diese Tarifbestimmung damit ausdrücklich aus dem Deutsch-Italienischen Gütertarif ausgeschieden worden. Zur Nachprüfung, ob seine Auslegung auch sinngemäß ist, zieht das Landgericht mit Recht heran, daß die weit wichtigeren italienischen Nebengebühren — wie auch die deutschen — keineswegs der besonderen Veröffentlichungsvorschrift des Vorworts zum Deutsch-Italienischen Gütertarif unterliegen und daß es ferner für jeden Beteiligten das Nächstliegende ist, sich über österreichische Gebühren in Österreich und nach dessen Vorschriften zu unterrichten. Daß aber für Österreich die Veröffentlichung im Anzeigeblatt für Verkehr ausreichte, ist unbestritten.

IV. Endlich legt das Landgericht die Verlautbarung zu b so aus, daß sie auch den Durchgangsverkehr durch Österreich treffen solle. Dabei hat es nicht unterschieden, ob ein „direkter" oder „gebrochener" Tarif angewandt wird, und läßt jeden Verkehr zwischen allen Grenzbahnhöfen und Staatsgrenzen unter die Vorschrift fallen. Was die Revision hierzu vorbringt, kann nach § 549 Abs. 1 ZPO. vom Revisionsgericht nicht nachgeprüft werden, soweit es sich auf die Auslegung österreichischen Rechts bezieht. Daß aber das Internationale Übereinkommen einer solchen Belastung des Durchgangsverkehrs nicht entgegensteht, ist bereits dargelegt.

RGZ. 155, 193.

1. Unter welchen Umständen ist die Brandgefahr durch Kurzschluß auf elektrisch betriebener Strecke eine mit der Beförderung im offenen Eisenbahnwagen verbundene Gefahr?

2. Wie ist die Haftung der Eisenbahn zu beurteilen, wenn sowohl Verschulden von ihrer Seite wie Verschulden des Absenders in Frage kommt?

Eisenbahnverkehrsordnung vom 16. Mai 1928 (RGBl. II S. 401) — EVO. — § 82 Abs. 1, § 83 Abs. 1a.

I. Zivilsenat. Urt. v. 29. Mai 1937.

I. Landgericht Frankfurt a. O. — II. Kammergericht Berlin.

Am 12. Mai 1934 wurde ein von der Firma T. auf offenem Eisenbahnwagen verladener und zur Beförderung von Guben nach Magdeburg aufgegebener Möbelwagen, der Umzugsgut enthielt, mit

Inhalt in der Nähe der Station Gommern durch Feuer vernichtet. Der Brand entstand durch Kurzschluß mit der Starkstromleitung der elektrisch betriebenen Strecke Brödel—Gommern—Magdeburg.

Die klagenden Versicherungsgesellschaften haben den Eigentümer des Umzugsguts mit je 5098,36 RM entschädigt. Die Erstklägerin hat auch der Firma T. den Wert des Möbelwagens im Betrage von 1400 RM ersetzt. Beide Klägerinnen haben ferner gewisse Beträge für die Schätzung des Schadens durch Sachverständige aufgewendet. Unter Bezugnahme auf § 67 des Gesetzes über den Versicherungsvertrag vom 30. Mai 1908 (RGBl. S. 263) haben sie von der Beklagten Ersatz der aufgewendeten Beträge verlangt. Das Landgericht hat sie abgewiesen und das Kammergericht ihre Berufung zurückgewiesen. Ihre Revision führte zur Aufhebung und Zurückverweisung.

Gründe:

1. Der Berufungsrichter stellt fest, es habe sich ein Teil der Zinkbedachung des Möbelwagens auf der Fahrt gelöst, sei gegen die Starkstromleitung geschlagen und habe dadurch den Kurzschluß und den Brand des Möbelwagens und des Umzugsguts verursacht. Im Hinblick auf die Anwendbarkeit des § 83 Abs. 1a EVO. (§ 459 Abs. 1 Nr. 1 HGB.) erwägt er sodann, bei auf offenem Wagen verladenen Möbelwagen sei die Gefahr des Kurzschlusses wesentlich größer als bei gedeckten Eisenbahnwagen, weil ihre Ladehöhe das Profil gedeckter Eisenbahnwagen gewöhnlich überschreite; bei dem geringen Abstand zwischen dem Möbelwagendach und der Starkstromleitung sei die Möglichkeit einer Berührung viel leichter gegeben. Dahingestellt läßt er, ob das Dach des Möbelwagens bei der Aufgabe zur Beförderung von mangelhafter Beschaffenheit gewesen sei. Er begnügt sich in dieser Hinsicht mit dem Ergebnis, bei dem Alter des im Jahre 1919 hergestellten Möbelwagens sei eine einwandfreie, gegenüber dem Fahrwind ausreichende Befestigung nicht ohne weiteres vorauszusetzen. Er weist auch darauf hin, daß der Möbelwagen hinsichtlich seiner Beschaffenheit nicht ohne weiteres den unter ständiger Aufsicht der Eisenbahnbediensteten stehenden gedeckten Eisenbahnwagen gleichgestellt werden könne. Aus diesen Erwägungen folgert er die Möglichkeit, daß das Dach des Möbelwagens gegen den Fahrwind weniger gesichert gewesen sei als das Dach eines gedeckten Eisenbahnwagens. Abschließend stellt er fest, der Brandschaden habe nicht nur aus einer mangelhaften Beschaffenheit des Daches, sondern auch aus der durch die Verladung in einem offengebauten Wagen bedingten größeren Lade-

höhe des Möbelwagens entstehen können. Mangels eines Verschuldens der Beklagten hält er danach deren Haftungsbefreiung im Hinblick auf die Vermutung des § 83 Abs. 2 EVO. für gegeben.

Diese Ausführungen sind nicht frei von Rechtsirrtum. Nicht zu beanstanden ist, daß der Berufungsrichter bei dem durch Brand eingetretenen Verlust des Wagens und seines Inhalts einen die Haftungsbefreiung aufhebenden Verlust ganzer Stücke nicht angenommen hat (RGZ. Bd. 70 S. 174). Gegenüber der von der Revision erbetenen Nachprüfung ist auch eine im Einklang mit der Rechtsprechung des Reichsgerichts (RGZ. Bd. 34 S. 42, Bd. 104 S. 47) stehende Ansicht zu billigen, daß es sich im Streitfall um eine Beförderung auf offengebautem Wagen gehandelt habe.

Die Folge der tarif- und vereinbarungsgemäß im offenen Wagen erfolgenden Beförderung ist, daß die Reichsbahn für die mit dieser Beförderungsart verbundene Gefahr nach § 83 Abs. 1a EVO. (§ 459 Abs. 1 Nr. 1 HGB.) nicht haftet. Gemeint ist hiermit nur eine wirklich bestehende besondere Gefahr. Es muß sich daher bei der Beförderung im offenen Wagen im Vergleich mit der im gedeckten Wagen um eine Gefahrerhöhung handeln, die nach verständiger Auffassung und den Anschauungen des Verkehrs sich als wirklich beachtlich und nicht bloß unwesentlich darstellt (RGZ. Bd. 104 S. 49). Infolgedessen hat die Reichsbahn, wie der Zusammenhang von Abs. 1 und 2 des § 83 EVO. (§ 459 Abs. 1 und 2 HGB.) ergibt, zunächst zu beweisen, daß die Gefahr des Brandschadens durch Kurzschluß bei der Beförderung im offenen Wagen in dem angeführten Sinn in beachtlichem Maße erhöht war. Hierbei ist zu beachten, daß das Erfordernis einer wirklich vorhandenen Gefahrerhöhung die Notwendigkeit eines Eingehens auf die Besonderheit des jeweils vorliegenden Sachverhalts in sich schließt. Es ist also in jedem Falle zu prüfen, ob unter den gegebenen Verhältnissen, insbesondere nach der Art der Verladung und Verpackung, die Gefahr der Inbrandsetzung durch Kurzschluß für das Gut im offenen Wagen wesentlich größer war, als wenn es in einem gedeckten Wagen befördert worden wäre (RGZ. Bd. 105 S. 283). Mit der hiernach gebotenen Prüfung hat die Vermutung des § 83 Abs. 2 EVO. nichts zu tun. Sie bezieht sich vielmehr nur auf den ursächlichen Zusammenhang zwischen der von ihr als bestehend vorausgesetzten besonderen Gefahr und dem Eintritt des Schadens. Insoweit hat die Reichsbahn weiter zu beweisen, daß der Schaden den Umständen nach aus der in Rede stehenden Gefahr entstehen konnte. Gelingt ihr auch dieser Beweis, so greift die Vermutung mit dem Erfolge ein, daß der ursächliche Zusammenhang vorbehaltlich eines Gegenbeweises als gegeben anzusehen ist (RGZ. Bd. 105 S. 285). In dem Umfange, in dem hiernach die Reichsbahn beweispflichtig ist, dürfen allerdings die Anforderungen an ihre Beweisführung nicht überspannt werden. Insbesondere können ihr geeigneten Falles die Regeln des Beweises vom ersten Anschein zustatten kommen.

Die Ausführungen des Berufungsrichters lassen nicht erkennen, daß er den dargelegten, getrennt zu behandelnden Fragen hinreichende Beachtung geschenkt hat. Zunächst hätte geprüft werden müssen, ob für das Umzugsgut im Möbelwagen und für diesen selbst die Gefahr der Inbrandsetzung durch Kurzschluß mit der Verladung im offenen Wagen gegenüber der im gedeckten Wagen wesentlich gesteigert worden ist. Diese Prüfung wird nicht entbehrlich durch die Tatsache, daß die Beförderung eines Möbelwagens mit oder ohne Inhalt in einem gedeckten Wagen an sich nicht möglich ist, denn daraus würde nur zu folgern sein, daß der Absender eine etwa mit der Beförderung im offenen Wagen verbundene besondere Gefahr mit der Folge der Haftungsbefreiung der Reichsbahn auf sich nehmen muß (RGZ. Bd. 34 S. 45). Bei einem Vergleich beider Beförderungsarten ergibt sich zunächst der Unterschied, daß bei der Beförderung von Möbelwagen und Umzugsgut im offenen Wagen das schützende Dach des gedeckten Eisenbahnwagens fehlt. Auch dieser Unterschied ist bei der Beurteilung der Gefahrenlage zu berücksichtigen, weil sich aus dem gewissermaßen zusätzlichen Schutz, den das Dach eines gedeckten Eisenbahnwagens geboten haben würde, für Möbelwagen und Umzugsgut eine größere Sicherheit gegen einen Brandschaden durch Kurzschluß ergeben konnte, und zwar sowohl im Hinblick auf die Verhinderung der Inbrandsetzung wie auch auf die Möglichkeit einer rechtzeitigen Entdeckung und Löschung des Brandes (RGZ. Bd. 34 S. 45, Bd. 111 S. 335). Auch hierbei darf indessen nicht übersehen werden, daß § 83 Abs. 1a EVO. eine wirklich vorhandene und nach der Verkehrsanschauung wesentliche Gefahrerhöhung voraussetzt. Es läßt sich daher im Einzelfall nur unter Würdigung aller die Kurzschlußgefahr begünstigenden oder ihr entgegenwirkenden Umstände, insbesondere der getroffenen Schutzmaßnahmen, entscheiden, ob schon der angeführte Gesichtspunkt zur Annahme einer wesentlichen Erhöhung dieser Gefahr für Möbelwagen und Umzugsgut im offenen Wagen ausreicht.

Zu bemängeln ist, daß der Berufungsrichter dahingestellt gelassen hat, ob das Dach des Möbelwagens bei der Aufgabe zur Beförderung von nicht einwandfreier Beschaffenheit war, gleichwohl aber bei der Beurteilung der Gefahrenlage unterstellt hat, daß die Ablösung eines

Dachteils bei dem Möbelwagen zufolge mangelhafter Unterhaltung oder einer gegen den Angriff des Fahrwindes weniger widerstandsfähigen Befestigung des Daches leichter möglich gewesen sei als bei einem ständiger Aufsicht der Reichsbahn unterliegenden gedeckten Eisenbahnwagen. Hierbei verkennt der Berufungsrichter, daß die Reichsbahn beweispflichtig ist, soweit sie eine Gefahrerhöhung für die Beförderung im offenen Wagen daraus herleitet, daß das Dach des Möbelwagens im Hinblick auf die Kurzschlußgefahr eine geringere Sicherheit geboten habe als das Dach eines ordnungsmäßig unterhaltenen gedeckten Eisenbahnwagens. Eine andere vom Berufungsrichter noch zu prüfende Frage ist, ob mit Rücksicht auf den Hergang des Schadensfalles und die für die Ablösung eines Dachteils während der Fahrt in Betracht kommenden Möglichkeiten bei dieser Beweisführung zugunsten der Reichsbahn die Regeln des Beweises vom ersten Anschein herangezogen werden können (RGZ. Bd. 112 S. 231). Zu beanstanden ist weiter, wie die Revision der Klägerinnen mit Recht rügt, daß der Berufungsrichter auch darüber keine Feststellungen getroffen hat, in welchem Maße die Ladehöhe des Möbelwagens das Profil gedeckter Eisenbahnwagen überschritt, obwohl die Parteien hierüber bestimmte Behauptungen aufgestellt hatten. Insbesondere erhellt aus seinen Ausführungen nicht, bei welchem Abstande des Daches von der Starkstromleitung überhaupt mit einem Funkenüberschlag zu rechnen war, ob es in dieser Hinsicht einen Unterschied machte, daß das Dach des Möbelwagens im Gegensatz zu dem Pappdach eines gedeckten Eisenbahnwagens aus Zinkblech bestand, und ob ferner die Ablösung eines Dachteils als mitwirkende Ursache hinzukommen mußte, um die Brandgefahr durch Kurzschluß für Möbelwagen und Umzugsgut auf dem offenen Wagen wirksam zu machen. Von der Beantwortung dieser Fragen sowie weiter von der Art, der Schnelligkeit und dem Umfang der Entzündung bei Inbrandsetzungen von der elektrischen Leitung aus wird es abhängen, ob sich die Brandgefahr durch Kurzschluß für Möbelwagen und Umzugsgut nach der Verkehrsanschauung wesentlich gemindert haben würde, wenn diese in einem sie vollständig umschließenden gedeckten Eisenbahnwagen befördert worden wären. Sollte der Berufungsrichter wiederum zu einer Bejahung dieser Frage kommen, so wäre weiter zu prüfen, ob den Umständen nach der Brandschaden aus der besonderen Gefährdung von Möbelwagen und Umzugsgut im offenen Wagen entstehen konnte (§ 83 Abs. 2 EVO., § 459 Abs. 2 HGB.).

2. Auch die Behandlung der Frage, ob die Berufung der Beklagten auf den erörterten Haftungsbefreiungsgrund durch ein ihr zur Last

fallendes Verschulden ausgeschlossen wird (§ 83 Abs. 3 EVO., § 459 Abs. 3 HGB.), ist zu beanstanden. Der Berufungsrichter hat dabei rechtsirrig außer Betracht gelassen, daß der Beklagten als Frachtführerin die Sorgfaltspflicht für die Gestellung eines zweckmäßig ausgewählten Eisenbahnwagens oblag. Fällt ihr in dieser Hinsicht durch Stellung eines zu hohen, als Transportmittel auf elektrisch betriebener Strecke ungeeigneten Beförderungsmittels ein Verschulden zur Last, durch das die Inbrandsetzung von Möbelwagen und Umzugsgut verursacht oder auch *nur im Sinne einer mitwirkenden Ursache erleichtert worden ist*, so hat sie gemäß § 83 Abs. 3 EVO. dafür einzustehen (RGZ. Bd. 111 S. 337). Dem Spediteur als Absender kann allerdings ein nach § 254 BGB. hinsichtlich der Ursächlichkeit für den Brandschaden gegenüber dem Verschulden der Reichsbahn abzuwägendes Mitverschulden zur Last fallen, wenn er als Absender bei der von ihm übernommenen Verladung des Möbelwagens die mangelnde Eignung des gestellten offenen Wagens hätte erkennen können. Grundsätzlich nicht zu bemängeln ist die Ansicht des Berufungsrichters, daß der Spediteur sich darüber hätte vergewissern müssen, über welche Strecke die Beförderung ging, und ob dafür eine solche mit elektrischem Betrieb in Frage kam. Ob aber der Spediteur besonderen Anlaß hatte, die Ladehöhe des Möbelwagens nachzuprüfen und von der Beklagten die Stellung eines niedrigeren Wagens zu verlangen, obwohl er an sich davon ausgehen durfte, daß die mit den Betriebsverhältnissen besser vertraute Beklagte bei der Wahl des Beförderungsmittels den elektrischen Betrieb der in Rede stehenden Strecke berücksichtigen werde, hängt im wesentlichen von Art und Umfang der dem Möbelwagen und dem Umzugsgut im Falle einer Profilüberschreitung drohenden Gefahr und ihrer Erkennbarkeit für den Spediteur ab. Ein bei der Abwägung nach § 254 BGB. zu berücksichtigendes Mitverschulden des Spediteurs könnte auch darin bestehen, daß er einen Möbelwagen zur Beförderung aufgegeben hat, dessen Dach sich nicht in ordnungsmäßigem Zustande befunden hat. Sollte die von der Beklagten erst in der Revisionsbeantwortung aufgestellte und daher im Revisionsverfahren nicht zu berücksichtigende Behauptung zutreffen, daß bei allen für die Beförderung von Möbelwagen in Betracht kommenden Wagen die Entfernung von der Schienenoberkante bis zum Wagenboden die gleiche sei, so würde dieser Umstand die Beklagte dennoch nicht ohne weiteres von der Verantwortung für einen mit der Profilüberschreitung in ursächlichem Zusammenhang stehenden Brandschaden entlasten. Es würde vielmehr alsdann zu erörtern sein, ob sie den Möbelwagen mit dem Umzugsgut zur Vermeidung einer Gefährdung durch die Profilüberschreitung über eine Strecke mit Dampfbetrieb hätte befördern können und müssen. War dies ohne Mehrkosten nicht ausführbar, so käme in Frage, ob sie den Spediteur hierauf hätte hinweisen müssen.

3. Soweit der Berufungsrichter sich mit der Frage befaßt hat, ob die Eisenbahn nach § 82 Abs. 1 EVO. (§ 459 HGB.) von der Haftung befreit ist, hat er übersehen, daß für den Möbelwagen ein nicht erkennbarer Mangel der Verpackung nicht in Frage kommt, soweit er Frachtgut ist, da er als solches unverpackt ist. Sowohl für das Umzugsgut wie auch für den Möbelwagen bedarf dagegen der Erörterung, ob den Spediteur ein die Haftung der Eisenbahn ausschließendes Verschulden trifft, weil er einen Möbelwagen mit nicht ordnungsmäßig unterhaltenem Dach zur Beförderung aufgegeben hat. Auch im Rahmen des § 82 Abs. 1 EVO. kommt es auf eine Abwägung des beiderseitigen Verschuldens gemäß § 254 BGB. an, wenn beiden Vertragsteilen hinsichtlich der Eignung des Eisenbahnwagens als Beförderungsmittels ein Verschulden zur Last fallen sollte.

Sachregister

Die Ziffern bedeuten die Seitenzahlen dieses Bandes
EVO. = Eisenbahnverkehrsordnung
IÜ. = Internationales Übereinkommen über den Eisenbahnfrachtverkehr

FSC
www.fsc.org
MIX
Papier | Fördert
gute Waldnutzung
FSC® C083411

Kolibri 360 GmbH
Ferdinand-Jühlke-Straße 7
99095 Erfurt, Deutschland
produktsicherheit@kolibri360.de